第 **6** 集

XINAN CAIJING DAXUE
BENKESHENG KEYAN XIANGMU
CHENGGUO HUIBIAN

西南财经大学
本科生科研项目成果汇编

主　编　　卓　志
副主编　　蔡　春　　毛洪涛　　谢　红　　罗　静
　　　　　张文举

编　委　　王　海　　周伟峰　　罗　立　　张　煜
　　　　　赵　莹　　杨宇熙　　刘　鹏　　杨真龙
　　　　　夏逸云　　郑皓誉　　陈了一

西南财经大学出版社
Southwestern University of Finance & Economics Press

序 言

当今世界，科技迅猛发展，以信息为特征的知识经济时代已经来临。社会的发展、民族的振兴，呼唤大批高素质的科研创新性人才。当今的大学生，正是推进科研创新风潮的领军人物。本科生学习期间的科研活动，逐渐成为激励大学生进行科研创新的契机与平台。

近年来，我校科研工作在学校党政领导下，突出特色、强化优势，整合科技资源，倡导科技作风，增强创新实力，积极推进成果转化。全校科研氛围呈现出快速发展的态势，在大学生科学研究和发展上取得了长足的进步。学生自主对课程命题进行调研，独立探究科研结论，一定程度上提升了学生独立思考的能力，培养了看待问题的敏锐性。学生科研能力的提升，侧面反映出我校学术氛围的增强。我校将继续秉承"经世济民，孜孜以求"的精神，努力打造西南财经大学繁荣经济科学、服务金融事业、发展地方经济的科研特色。

为进一步鞭策和激励大学生提高学习能力、实践能力和创新能力，展示学生科研水平和创新能力，加强和改进大学生思想政治教育，繁荣活跃校园科技文化，提升大学生人文素养、科学精神和创新意识，为社会选拔创新人才和科技成果提供平台，学校特举办第七届本科生科研项目竞赛。该竞赛极大地调动了大学生的学习积极性和主动性，在校园中再次掀起科研科创的风潮。

此次活动，得到广大同学的积极参与，经过专业老师的严格审核、仔细研究，共有52个项目进入校级评审正式立项，最终结项41个。其中，共有17个项目分获一、二、三等奖：《调，还是不调？这是个问题——对20所高校学生调换宿舍影响因素的实证研究》等四个项目获得一等奖，《高校周边餐饮卫生监管措施研究——以西南财经大学柳林校区为例》等六个项目获得二等奖，《国际化视角下的灾后重建融资模式——基于都江堰市基础设施重建和住房重建的调查研究》等七个项目获得三等奖。

本书汇集了此次活动的获奖项目，内容包括社会、经济金融、管理、教育等社会科学类社会调查报告和学术论文，涉及内容贴近生活、紧跟时事，参与团队深入调研、全面剖析，体现了实事求是、追求创新进取的精神。

本书的顺利出版，离不开学校领导的高度重视与关心，离不开科研处、教务处、学工部、校团委等部门的大力支持，离不开各学科老师的用心指导与评审老师的严格评判。借此，特表示衷心的感谢！

编者

2012 年 2 月

目 录

社会类

经济金融类

管理类

教育类

社会类

基于提高地铁广告效果的
"地域广告整合营销" 模式的探索

——以成都地铁为例

王梦阳　王海　韩冷　邱世池　薛宁翔

【摘要】近年来，地铁热在中国悄然兴起，越来越多的大中城市已经建成或正在修建地铁。地铁穿行于城市繁华地段地下，不仅极大地方便市民出行，缓解沿线地面交通拥挤状况，还给城市的发展带来强烈的地铁效应，形成巨大的地铁经济圈。地铁封闭的空间和数以十万百万计的巨大人流量为地铁广告创造了与其他户外广告不同的传播环境。地铁媒体相对于其他广告媒体，具有高到达率、受众数量稳定、受众质量优越、视觉冲击力强等特点。地铁广告所承载的广告信息逐渐成为人们在这一封闭空间里搜索所需信息、分散注意力、放松的最佳选择，其广告价值随之而来，媒介优势凸显，因此，地铁媒体受到了企业界和营销领域的高度重视。

继北京、上海、广州、天津、南京、深圳、重庆之后，成都是第八个拥有地铁的城市。地铁在给蓉城市民出行带来极大便利的同时，也将对成都的广告市场格局产生重要影响，甚至面临重新"洗牌"。从北京、上海、广州等城市的地铁广告发展进程看，成都的地铁广告必将成为成都广告媒体市场的一大有力竞争者。作为一种新兴媒体，如何开发好、利用好有限的地铁广告资源，对广告投放者、广告经营者以及地铁公司等都具有重要的意义。

对广告的研究，最重要的方面就是如何提高广告的效果，最大限度地发挥其经济效益，这也是本文的研究目的。为了提高成都地铁的广告效果，我们提出了"以地域为单位的广告整合营销模式"——将地铁（包括站点、列车）作为一个整体，如何使其广告效果达到最大化。通俗地讲就是如何把最合适的广告以最合适的形式放在最合适的地方。

我们通过实地调查分析发现，影响广告效果的主要因素有受众属性、站点商圈属性、广告属性、广告位置及展示形式。因此，我们首先明确了成都地铁广告市场的良好前景。之后详细分析了成都地铁广告受众群体的人口属性、媒体接触行为、乘坐地铁目的，地铁沿线站点所处商圈特点及该区域主要人群，广告属性、产品属性（包括产品类型和产品生命周期）和广告投放时间，地铁广告的摆放位置和表现形式。最后，我们用广告界常用的6M方法对整个科研报告作了概括总结，并提出了相应的建议。论文中的大部分数据都是我们通过实地调研取得，所以以上分析结果对成都地铁广告的经营管理有较强的现实意义，可以为广告投放者、广告经营者和地铁公司提供参考。

【关键词】地铁广告　以地域为单位的广告整合营销模式　受众分析　商圈分析　广告属性　广告位置　广告形式

一、全国地铁广告市场发展前景

地铁作为城市的基础交通设施,以其快速、高效、环保等特点逐渐成为各大城市建设发展的重点。地铁不仅已经成为生活的一部分,更是逐渐成为发布信息、广告投放的重要平台。与其他户外媒体相比,地铁媒体作为优质信息平台的优势更为明显,特别在广告制作精美、发布品牌的档次、整体的媒体空间感方面更为突出。地铁媒体作为广告媒介的新生力量,发展势头却越来越迅猛,正成长为一个趋于主流化的优质媒体。2005 年已跃居广告媒体类型的第二名。地铁广告随着人流量的"丰收",在 2006 年广告价格又全线上涨 10%,其发展前景可见一斑①。

(一)全国主要城市地铁广告现状及前景

随着经济的发展,北京、上海、广州三大中心都市先后步入轨道交通时代。轨道交通线路辐射城区,途经人口稠密、商业网点集中,交通繁忙的市区中心腹地,且具有快捷、方便、舒适等营运优势,成为众多大都市人出行的必选交通工具。

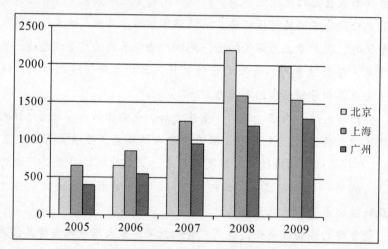

图 1　北京、上海、广州三大城市地铁广告收入逐年比较图（单位：人民币百万元）

数据来源：CMMS2009 秋季数据

随着轨道交通线网的扩张,地铁客流量逐年稳步攀升,给地铁媒体的发展提供了巨大的发展空间。目前,北京、上海、广州三大城市的地铁乘客渗透率均已超过 70%,地铁广告投放量已经占当地户外广告市场 20% 以上的份额,超过单一媒体、候车亭广告和公交车身广告,成为当地的主流户外广告发布平台。2009 年北京、上海、广州地铁户外广告收入占户外总体市场份额如图 2、图 3、图4 所示。

---

① 数据来源：《2006 年中国广告业统计数据分析》.

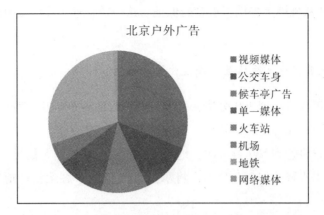

图2   2009 年北京地铁户外广告收入占户外总体市场份额

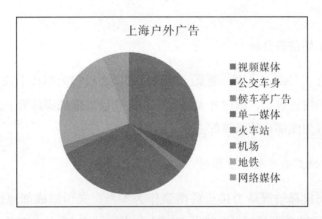

图3   2009 年上海地铁户外广告收入占户外总体市场份额

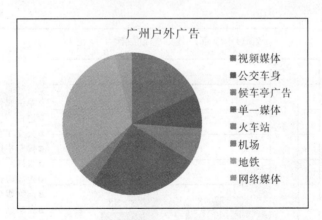

图4   2009 年广州地铁户外广告收入占户外总体市场份额

数据来源：CMMS2009 秋季数据

　　北京、上海、广州交通轨道系统对城市交通格局的有效改善，促使深圳、天津、南京、重庆、成都、杭州等发达城市相继效仿，预计到 2014 年，国内拥有地铁的城市将会达到 20 个，全国地铁广告市场的发展将会更加蓬勃，将促进地铁广告由区域新兴媒体转变为全国网络型主流媒体，其话语权将获得进一步提高。

　　城市公共交通的发展已经成为城市功能的必要组成部分，政府从政策上已经明确了城市交通的发展以公共交通为优先，这意味着未来作为大城市交通动脉的地铁无论在总量上还是覆盖范围上都将有大的发展，这给地铁媒体从规模上提供了重要的保证。这一切将进一步为城市地铁媒体的拓展提供更多的空间。

（二）2010年国内主要城市地铁站及广告投放量展望

● 北京地铁线网总里程将达到300公里，日客运量将增加到600万~700万人次，承担城市总客运量的25%；地铁媒体投放额将达到5亿元。

● 上海地铁日客运量将达到580万人次；地铁媒体投放额将达到5亿元。

● 广州地铁线网总里程将达到255公里，将承担50%的城市客运量；地铁媒体投放量将达到4亿元。

● 深圳地铁日客运量占城市客运总量的比重将上升到20%~50%，地铁媒体投放量额将达到1.5亿元。

二、成都地铁广告市场前景分析

成都是继北京、上海、广州、天津、南京、深圳、重庆之后国内第八个开通地铁线路的城市。得益于以上城市地铁广告的快速成长，国内外大品牌广告主均已对地铁媒体有一定认识。成都地铁广告将会迅速渡过导入期，成为成都户外媒体的主要广告投放点。

（一）成都地铁1号线广告市场容量预测

我们选择经济总量与成都情况最为接近的南京作为参考，来预测成都地铁1号线的广告市场容量。南京地铁1号线于2005年开通运营，全长21.72公里，站点16个。在开通4年后，2009年度南京1号线广告份额为15%。

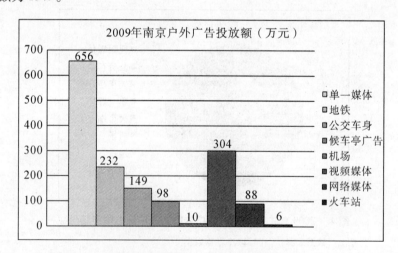

图5 2009年南京户外广告投放额

数据来源：北京中天星河管理咨询有限公司

假设2010年成都户外广告比2009年增长15%，参考南京地铁1号线的市场份额比例推算，成都地铁媒体市场容量在2.57亿~4.28亿元之间。在经营初期地铁线网尚未成熟之际，媒体市场仍处于培育期，建议市场容量取低值为参照值。

根据目前我们掌握的实际市场情况，2009南京地铁广告实际经营收入约为0.6亿元，而第三方监测值为 2.32 亿元,因此,我们可以推断出市场容量评估调整系数为 0.6/2.32 ＝0.2586(调研检测数据没有考虑到媒体折扣率和登挂率的因素,本调整系数的作用就是结合这两个因素去调整)。鉴于成都地铁开通首年的客流量不会一下子达到预计目标,而且媒体形式的种类也会比南京地铁少得多,根据市场检测机构的数据进行预测,计算得出成都地铁 1 号线成熟年度的广告收入为 6646 万元。由于成都地铁新开通,需要进行市场推广培育,利用南京地铁开通后首个年度 2006 年收入占 2009 年收入的百分比,以及考虑设为 15% 的中国户外广告增长速率、物价指数等对目标收入进行再调整,得出成都 1 号线地铁 2011 年度的广告收入约为 4562.63 万元。计算过程如下:

成都地铁广告市场容量:单线估值:$14.89 \times (1 + 15\%) \times 15\% = 2.57$ 亿元

多线估值:$14.89 \times (1 + 15\%) \times 25\% = 4.28$ 亿元

成都地铁 1 号线成熟后年度收入:$2.57 \times 0.2586 = 0.6646$ 亿元

成都地铁广告折算首年预测收入:$6646 \times (1 + 15\%)^3 \times 0.45 = 4562.63$ 万元

(二) 成都地铁媒体的市场地位

成都地铁 1 号线已于 2010 年 9 月底开始试运行,在给市民出行带来极大便利的同时,也将对成都的广告市场格局产生重要影响,甚至面临重新 "洗牌"。从北京、上海、广州等城市的地铁广告发展进程看,成都的地铁广告必将成为成都广告媒体市场的一大有力竞争者。

相对于其他广告媒体,成都地铁媒体具有以下独特优势:

(1) 城市中轴,商务纽带

成都地铁一号线由南往北覆盖整条人民路,位于成都的自然中轴线上并连接火车北站和火车南站交通枢纽、市政府行政中心、锦江宾馆购物中心、四川大学文化中心、数码市场和高新区科技中心,线路沿线商业卖点充足,广告潜力巨大。

(2) 城市名片,媒体热点

作为成都市的第一条开通的地铁线路,一号线不仅会成为成都一张新的城市名片从而受到社会各界的高度关注,还会对城市的规划布局产生一定影响,沿线众多商业地块也将汇聚大量人气,刺激地铁媒体成为公众关注的热点。

三、成都地铁广告效果因子分析

(一) 地铁广告的竞争优势分析

1. 地铁广告八大优势

地铁媒体相对于公交车、候车亭、阅报栏等其他传统户外媒体,拥有八大独特优势。

(1) 广告传播效果最佳

虽然地铁广告属于户外广告,但它却藏于地下,没有噪音的干扰,不受日晒雨淋,与整洁亮丽的地铁环境融为一体,使品牌形象进一步得以升华。同时,地铁广告设置在封闭的空间内,让过往乘客的视线无法逃避,使其主动搜索广告信息进行阅读。这是地铁广告相对于电视广告、报刊广告等其他媒体的最大优势。

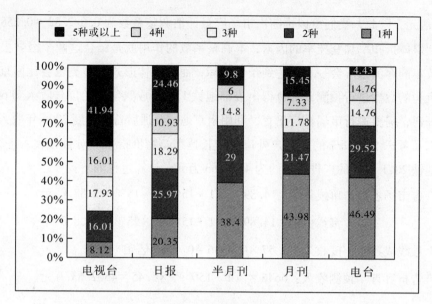

图6 居民平均接触媒体个数

（2）不受户外广告整治的影响

2008 年以来，一股户外广告整治之风相继席卷北京、上海、广州、南京、重庆、成都、昆明等大城市，众多楼顶广告牌和单立柱纷纷被强拆，广告客户的投放策略也进行了大调整。而地铁内的广告设施与地铁站整体规划建设相协调并与站内环境融为一体，不受传统户外广告规划变动的影响。稳定的广告发布规则和优质的维护质量，可让广告客户的投放高枕无忧。

（3）高到达率

据调查，地铁乘客每次搭乘平均花费时间 30 分钟，而且乘客在这段时间大部分是属于无干扰的静态环境，他们会选择主动观看广告来打发时间，所以地铁广告的受关注度和信息传递效率极高，如图 7 所示。

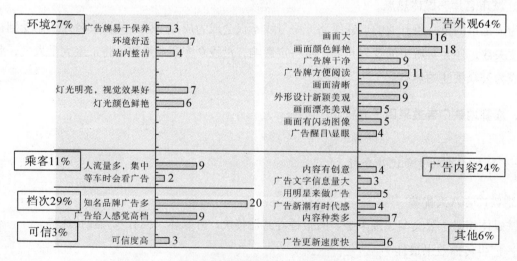

图7 乘客留意地铁广告的原因

（4）受众数量稳定

据调查分析，乘客搭乘地铁的主要目的是上下班、回家和外出办公。由于地铁的准点、快捷、舒适等特点，大部分乘客放弃了地面拥堵的交通转而搭乘地铁，他们对地铁的忠诚度很高，每天的乘坐次数基本稳定。因此，地铁广告被接触的频次高。

（5）受众质量优越

由于地铁票价稍高于公交车以及线路站点多为商业购物聚集地等客观原因，因此，地铁乘客的特点集中体现为年轻、高学历、高收入、高消费等。地铁乘客素质较高，是中高端产品广告的传播目标，地铁媒体因而受到业界的追捧。地铁线乘客年龄分布如图8所示，地铁广告受众质量如图9所示。

● 活泼好动的年轻人，较中年人更热衷于户外活动。

● 舒适、快捷、现代的地铁成为越来越多年轻人外出交通工具的选择。

● 连接市内各大商业中心的地铁网络，让年轻人的外出休闲购物活动更加方便、快捷，更增添一份潮流时尚的感觉。

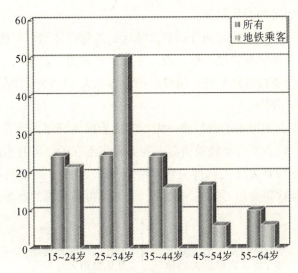

图8　地铁线乘客年龄分布

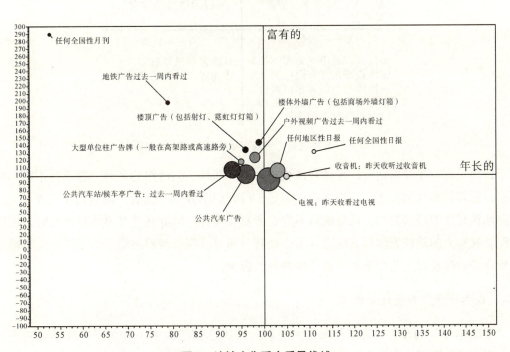

图9　地铁广告受众质量优越

（6）视觉冲击力强，体现高档品牌形象

● 与视线平行的广告画面；

● 日夜不间断的灯光展示；

● 先进的广告制作工艺，画面清晰亮丽、逼真传神；

● 站厅灯箱可以近距离地冲击乘客的视觉，而站台广告则可以与乘客进行面对面的对话。

（7）媒体形式丰富多样

● 超过 8 种媒体可供选择，各有特色，创意空间无限；

● 配合不同的创意投放要求及预算，丰俭由人；

● 全程黄金广告时机。

（8）标准化媒体管理

● 统一的广告尺寸、固定的展示位置；

● 除站台媒体需要避让列车运行时间外，其余站厅、通道媒体均可快速登挂和拆换广告画面；

● 地铁公司完善的日常维护和管理工作，避免了广告被破损、被涂鸦、日晒雨淋等；

● 专业保洁维修队伍及监控管理系统，保障灯箱广告全天 17 个小时的最佳发布状态。

2. 成都地铁媒体 SWOT 分析

成都地铁 1 号线拥有庞大的市场潜力与独一无二的优势媒体资源，沿线覆盖成都市各类型功能商圈，受众人群多为高学历、高素质的年轻消费群，拥有众多潜在的、可开拓的高端客户资源。在高举差异化产品战略的同时紧贴城市发展的脉搏，开发沿线 CBD 商圈、高新区科技产业、新型楼盘的潜在客户，未来与其他新开通线路资源形成网络效应，全方位覆盖成都的商务人群。

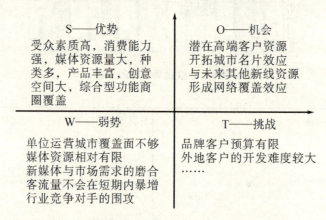

图 10　成都地铁 1 号线市场定位的 SWOT 分析

由于目前只有一条线路运行，媒体资源相对局限。而且，新线路的开通，客流量不高，处于起步发展状态；新媒体形式的面市，广告客户也需要一段时间的观望和培育。综合以上几个因素，成都 1 号线一期地铁媒体的经营初期，将会面对不少业务发展难题。因此在选择媒体运营商时，需要一位成熟、资深、有实力的地铁媒体运营商进行悉心经营，通过其现有客户网络、成熟的营销策略、前瞻性的媒体改良经验弥补以上几个不利因素产生的负面影响。

（二）成都地铁广告受众分析

在"受众本位"的今天，为了获取最大利润，媒体主和广告主一方面要争取受众的注意力，另一方面要争取受众注意力向购买力的转化。这一切，都离不开对广告受众的研究。

而要对广告媒体受众进行研究，首先就要找出影响消费者行为的因素。根据传播学受众理论，受众的属性一般表现为四个方面，即人口特征、媒介接触行为、媒介素养和动机，如表1所示。

表1　受众属性

受众属性	具体描述
人口特征	性别，年龄，职业，教育程度，经济水平
媒介接触行为	媒介接触种类，媒介接触频度，媒介接触时间
媒介素养	对各种媒介符号意义的把握，对媒介内容的了解，对影响媒介内容因素的了解，对媒介真实和社会真实的差异的判断力
动机	信息寻求动机，娱乐消遣动机，社会功利动机

动机影响着媒介接触行为，而媒介接触行为又影响着媒介使用效果。媒介受众受到媒介的影响，同时受众的属性也影响着受众接受媒介信息的效果。但是地铁媒体与其他媒体的一个显著差异，在于地铁媒体形式丰富，它包括平面墙画、灯箱、视频、主题站和主题列车等立体广告，如果从媒介素养角度调查受众对各种地铁内各个广告位媒体的理解，内涵太过微妙复杂，受访者难以确定其答案，可能会导致回答失真，故在本次研究中暂不作细化研究。

针对成都地铁广告，受众动机即为受众出行目的，可分为四类：以上班上学为出行目的的人群，以下班放学为出行目的的人群，以开展业务为出行目的的人群，娱乐购物者。

综上所述，本研究的受众属性按以下模式分析，如图11所示。

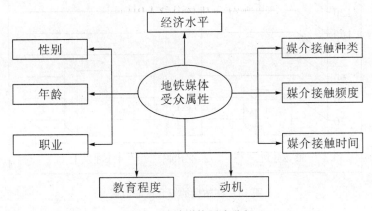

图11　地铁媒体受众分析

（1）受众的人口属性

根据问卷结果分析，我们得到成都地铁乘客有以下的人口属性特征：

● 性别：男女性别比例相当；

● 年龄：以年轻人为主，18～45岁占受访者的83.4%；

● 职业：学生（主要为大学生）、公司职员和管理人员；

● 教育程度：学历较高，大学以上的占69.3%；

● 经济水平：主要为中等收入人群，月收入3000～5000元比例最高，占到40.1%。

从以上数据可以看出，成都地铁广告的主要受众，无论是在社会角色还是消费角色上，他们都是主角，同时也恰恰是强力消费群体，是单位的中流砥柱和家庭核心。他们有一定的财富积累，有一定的消费能力和比较成熟的消费理念，是很多市场和产品的目标群体与必争对象。地铁广告对于这一人群显然很有传播优势，可以利用较为明确的受众群体，更有目的地传达产品和企业信息。

（2）受众的媒介接触行为

①媒介接触频度　　香港浸会大学信息沟通调查部（1996）研究香港地铁广告内容及其受众认知时，发现乘车频率对媒体态度影响较大。对地铁广告受众而言，广告频次就相当于乘车频次。

考虑到成都地铁刚刚开通，本研究中乘车频次以受众预估正常运营后一周内乘车次数来衡量，通过分析问卷，我们得到成都地铁乘客如图12所示的乘车频率。

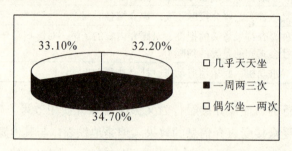

图12　成都地铁1号线乘客乘车频次

②媒体接触时间　　通过调查统计，乘客在站台的媒体接触时间一般为2~4分钟，如图13所示。

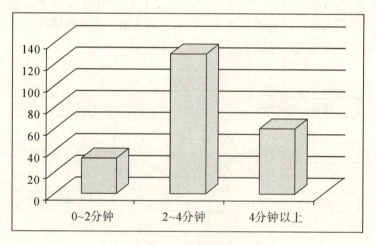

图13　在站台的媒介接触时间

（3）受众出行目的

地铁广告受众社会角色不同，接触广告时所受到的时间压力是不同的，在高时间压力条件下，受众会加快对信息采集的速度，对广告自由回忆出的内容也会明显少于低时间压力组。另外，同一个受众可能因出行目的不同而接受广告的意愿也会有所不同。例如：当一个人在上班或上学的路上，可能因其目的就是为了工作和学习，心理上更多的是去想工作或是为一天将开始的工作和学习养精蓄锐，而不愿意花费任何的精力去关注广告；相反，当一个人出行的目的是购物娱乐时，他本身就在搜集能够满足自己需求的信息，就会积极地去接受提供信息的广告，接受广告的意愿就会增加。

因此有必要按出行目的将地铁媒体受众分为上班和上学、下班和放学、业务、娱乐购物四类，下面将分别予以分析，如表2所示。

表2　成都地铁乘客出行目分类

受众分类	特征
上班和上学者	此出行目的的受众多集中在早上 6:00~9:00 之间，时间压力较大，大多行色匆匆，只是想着赶路，即使在赶路不太紧张的情况下，很多人也在想着工作或学习的事情，无心顾及周围的广告，接受广告的意愿较低。但此类广告受众另一个重要的特点是周一到周五，81% 的人每天有固定路线
下班和放学者	此出行目的的受众在结束了一天紧张的工作和学习之后，对于家都有种归心似箭的感觉，但同时也意识到该是放松的时候了，也会去寻找自己感兴趣的信息，故在这种情况下，对于地铁广告，他们是高时间压力同时也是高兴趣的。和出行目的为上班和上学的人一样，下班和放学者周一到周五，大部分的人每天有固定路线
外出业务者	在地铁上的时间本身就是工作时间的一部分，因此对于时间压力就不会那么高。但他们会花更多的时间和精力在自己接下来的业务开展上，而对周围不太相关的信息关心的就相对较少，因此接受广告的意愿也较低
娱乐购物者	此类人群外出的目的就是休闲放松，对于时间的压力就较低，也会积极地搜寻各种信息，对于能够给他们带来有益信息的地铁广告的兴趣就较高

从图 14 可以看出，地铁乘客大多为上班放学或下班下学者，他们有固定的乘车路线。娱乐购物者比例也很大，这主要是因为成都地铁 1 号线附近商圈分布较多。

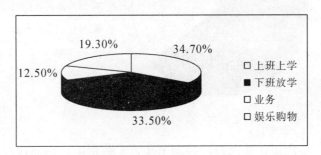

图 14　成都地铁 1 号线乘客不同出行目的

（4）受众对地铁广告态度

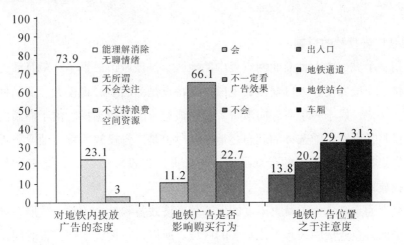

图 15　成都地铁乘客对地铁广告态度统计

从图 15 所示的调查统计分析可以看出：

①成都地铁乘客能够接受地铁作为广告的载体：97% 的乘客认为地铁广告是对地铁资源的良好利

用，最起码不是一种浪费行为。

②77.3%的乘客会受到地铁广告的影响改变购买行为。

③31.3%的乘客认为车厢广告最容易引起他们的注意，29.7%的乘客认为站台广告最容易引起他们的注意，20.2%的乘客表示最容易注意到通道内的广告。在月台等车的乘客中，47.7%的人也会有意无意地注意到站内墙壁上的广告。车厢中有25.7%的人看过车厢内的广告。地铁乘客对广告的注意态度有明显的区别，在月台的乘客更多的是有意注意，而在走廊的乘客更多的是无意识的注意。

④大多数乘客比较倾向于接受感性诉求的广告作品。画面的独特、新奇、与众不同似乎更能引起乘客对地铁广告的注意和兴趣。

⑤由于地铁广告的主要受众偏向于年轻化和高学历者，所以他们很关注与流行时尚相关的商品（服务）和娱乐信息。同时，也关注与日常生活相关的商品信息。

（5）成都地铁广告受众的阅读习惯

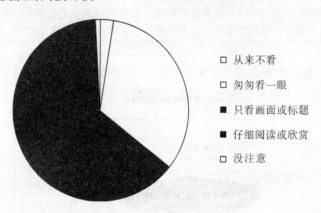

- □ 从来不看
- □ 匆匆看一眼
- ■ 只看画面或标题
- ■ 仔细阅读或欣赏
- □ 没注意

图16　地铁乘客对广告的关注度

调查统计数据说明，成都地铁乘客对广告的关注点主要集中在画面或标题上，文案的吸引程度低，在设计广告时需要多加注意这点。

（三）商圈分析

1. 商圈对地铁广告投放的影响

商圈通常是指一个城市中大型商业网点集中的地区，是该城市最繁华、最具活力、最具投资价值的地区。一般都位于交通方便、人口众多的地段，其特点是商店多、规模大、商品种类齐全，聚集了各种购物、休闲、文化、娱乐等场所，向消费者提供最充分的消费选择。由于商圈内人流量大、消费能力强，这里不仅是各商家店铺选择的理想之地，同时也是广告投放的黄金地段。不同地段的商圈由于其不同的行业聚集特点以及不同的受众群体，在选择广告投放地点时，要充分考虑自身产品的属性，选择最佳的投放地点。

地铁作为公共交通系统，为了最大限度的发挥其经济效益和社会效益，政府在规划时一般都会将站点设在商业集中区、企业集中区等人流众多的区域。所以，在投放地铁广告时同样要充分考虑地铁站点所在商圈的特点，选择符合自身产品属性的商圈，以达到最大广告效果。比如耐克在广州投放地铁广告时，以广州体育中心站为核心根据地，依托天河体育中心的体育特色，达到了很好的广告效果。

2. 成都地铁站点广告等级划分

成都地铁 1 号线贯穿成都市核心区域，连动百万人群，覆盖了成都市各类型功能的商圈，商业卖点充足，广告潜力巨大。

我们通过对各站点所在商圈的现状及发展趋势（如商场、写字楼、交通、住宅等）分析，将 17 个站点划分为 A＋＋、A＋、A 和 B 四个广告等级，并结合各站点的商圈特点，进一步明确了不同站点的核心受众群体。

（1）A＋＋级广告站点

①天府广场站　天府广场站位于天府广场中心区域，邻近春熙路商圈，覆盖仁和春天百货、新城百货、茂业百货、摩尔百盛、西御饭店、四川科技馆、锦宫艺术城、人保俱乐部。作为成都市城市客厅，吸引着大批休闲娱乐人群和中外游客，是 1 号线规模最大的地铁中心。根据地铁方提供的《1 号线运营客流评估报告》显示，天府广场站将会成为全线客流量最大的站点，如图 17 所示。

核心受众：购物娱乐群体，饮食消费群体，中外游客

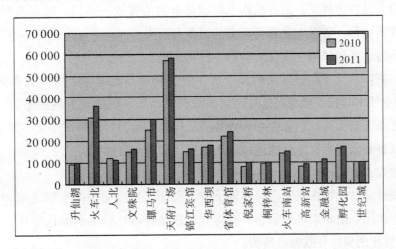

图 17　地铁 1 号线工作日全日站点乘降量图

资料来源：成都地铁公司《1 号线运营客流评估报告》

②骡马市站　骡马市站连接人民中路一段和二段，地处金融 CBD，紧邻顺城大街商业圈，周边包括铂金城、太平洋百货、中行大厦、交行大厦、富力、罗曼大酒店、喜来登酒店。它是周围白领商务精英娱乐、休闲、购物首选区域。

核心受众：商务投资群、知名企业商务办公人士、时尚白领群

③省体育馆站　省体育馆站位于人民南路与一环路南三段交叉口（跳伞塔路口）下方，总体呈南北走向，为 1 号线与 3 号线的换乘站。位于成都磨子桥—跳伞塔高科技电子商圈中，是目前整个中国西部最著名的 IT 区域，涵盖数码广场、@世界、省博物馆、西华大学、省体育馆、华西医大附属医院，吸引了大批的年轻的消费群体。

核心受众：IT 消费族、时尚休闲消费人群

④锦江宾馆站　锦江宾馆站位于人民南路南二段，车站呈南北向布置，邻近盐市口商圈，毗邻美美百货、LV 旗舰店、汇日央扩广场、天一广场、锦江宾馆、岷山饭店、省人大，是成都高端消费的聚集地，商业 CBD，吸引大量追求时尚潮流的人士前来消费购物。

核心受众：高端消费群体，商务群体，外来游客流动群体

（2）A＋级广告站点

①火车北站站　　火车北站站连接成都火车站、荷花池、五块石汽车客运站，是成都市最大的陆路客运交通中心。站前路一带的荷花池服装批发市场、大成市场、金荷花服装城、人民商场北站分场、四川图书大厦批发市场等批发中心，形成一个独特的成熟商业圈。它是成都乃至西南地区出名的物流、商流集散地。

核心受众：服装类批发商、采购商流、国内外旅客

②华西坝站　　华西坝站位于人民南路三段与小天竺街交叉路口附近，西侧紧邻川大华西口腔医院，北端为锦江。该区域是蓉城人文教育比较集中的区域，周围有四川大学华西医学院的口腔、妇幼、综合诊治等大型医院，还有着四川大学华西医学院、成都信息工程学院等高校学府。

核心受众：文化教育人群、周边地区居民群、就医患者群

③倪家桥站　　倪家桥车站位于人民南路和领事馆路及倪家桥路十字交叉口下方，车站呈南北向布置。周边覆盖威斯顿联邦大厦、仁和春天百货、美领馆等，站点东侧的棕北小区是成都最早的高档居民社区，各种商业品牌店林立；领事馆路也是成都著名的餐饮一条街；站点西侧的玉林生活小区，有着玉林生活美食圈之称，吸引大量慕名而来的消费者前来。

核心受众：周边地区居民群、饮食消费群、外籍人士

④高新站　　高新站位于高新区天晖路下方，紧邻成都高新国际广场（高新区管委会、四川联通大厦）、成都职业技术学校、融城理想住宅区、成都高新区人民法院审判法庭等。这里是南部新区的中心区域，邻近南部新区科技创业中心，以及高新区管委会，将成为城南又一繁华区域。

核心受众：从事高新技术群体、周边地区居民群、公务员群体

（3）A级广告站点

①桐梓林站桐梓林站设置在人民南路四段下方，位于天府立交与航空路之间。周边有国航大厦、商鼎国际、新希望集团、凯宾斯基酒店、首座等。周围是蓉城比较高档的住宅区，比如锦绣花园等；一旁还有2006年亮相的桐梓林欧洲风情街。

核心受众：周边居民群、商务人群、游客群

②人民北路站　　人民北路站位于人民北路与一环路交接处下方，北接荷花池商圈，南邻城市中心，地处交通要道。邻近成都铁路局、四川省地勘局、有色金属研究院等国企事业单位，附近有金麒麟饭店、西藏饭店等商业设施，邻近城隍庙电子市场。

核心受众：国企职工群、周边居住人群、游客群体

③文殊院站　　文殊院车站位于人民中路二段西侧道路下方，横穿江汉路与文武路。毗邻精图大厦、亚都大厦、四川省人民检察院、成都市公安局等。周边西南侧是成都三大商圈之一的骡马市商圈，是商业繁华区域。另外东北侧的文殊坊是目前蓉城较繁华的仿古街区。

核心受众：国内外游客群体、饮食消费群体

④火车南站站　　火车南站站上方的天府立交斜拉桥是蓉城最大斜拉桥桥顶上的"太阳神鸟"图案来自于金沙遗址出土的"太阳神鸟"雕塑，目前这一图案已成为中国文化遗产标志。斜拉桥也是蓉城首座展示蜀文化的桥梁。目前该桥不仅是蓉城的一座标志性建筑，也是展示城市形象的一大窗口。目前周边有火车南站花市、瑞典零售巨头宜家、LG电子成都物流中心，以及迪卡侬体育用品超市和富森美家居国际商城。

核心受众：家具采购/销售群体、旅客群体

⑤孵化园站　　地铁孵化园车站位于南都西路与孵化园北路的丁字路口下方，横穿孵化园北路，呈南北走向，车站南端位于成都高新孵化园区内，为1号线和远期规划6号线支线的换乘站。在孵化园北路的南侧有已建成的成都高新孵化园区，该区域目前主要以高新技术产业为主。主要人流为该地区工作人员。

核心受众：IT精英、高新技术开发人群、商务人士

（4）B级广告站点

①升仙湖站　　升仙湖车站是地铁1号线工程的起始站，车站位于红花堰和双水碾片区的大沙河区域，沙河古称"升仙水"，而升仙湖站正处在沙河与小沙河"包围"的区域内，且车站北侧正是沙河的人工湖——升仙东湖、升仙西湖。周边有比较成熟的居住群，金府世家、凌江尚府、兴元绿洲等大型小区，紧邻沙河公园，是近郊旅游的首选区域。

核心受众：周边居住人群、休闲度假人群、游客群

②金融城　　金融城车站位于成都市南部新区规划道路A7线与A2线的丁字路口下方，呈南北走向。站点东侧是南部新区科技创业中心，再往东走过天府大道是新益州公园，北面紧邻府城大道，南面是高新孵化园区。这里聚集了大量的政府工作人员和外来办事人员。

核心受众：政府工作人群、办公人群、外来公干人员

③世纪城站　　世纪城车站位于天府大道西侧绿化带下方，呈南北向，为1号线工程终点站。车站西侧紧邻地铁OCC（控制中心）大楼，东侧为"世纪城"新会展中心，目前该区域的"世纪城"新会展中心是中国西部建筑规模最大、功能配套最完备、设施最先进的多功能会议会展中心。该会展中心还带动了酒店、商务办公区、商业住宅的发展。随着地铁OCC大楼的建成，该区域成为蓉城重要的商务中心。

核心受众：参展人群、商务人群、商务旅客群

表3　成都地铁1号线站点级别划分

车站	商圈卖点	等级
升仙湖站	风景旅游区	B
火车北站	铁路枢纽	A+
人民北路站	老城区中心	A
文殊院站	CBD旁，著名旅游地	A
骡马市站	未来换乘站，金融CBD区域	A++
天府广场站	未来与2号线换乘站，城市地标中心商圈	A++
锦江宾馆站	商务CBD	A++
华西坝站	四川大学所在，文化与教育中心	A+
省体育馆站	成都数码广场电子一条街	A++
倪家桥站	威斯顿联邦大厦、美领馆所在地	A+
桐梓林站	写字楼和高档住宅区集中	A
火车南站	连接火车南站枢纽	A
高新站	高新开发区，未来新商圈	A+
金融城站	新市政府所在地，行政中心	B
孵化园站	南部新区拉德方斯大厦，在建的软件基地	A
海洋公园站	新的旅游地标	B
世纪城站	新国际会展中心、城南新区标志	B

（四）广告性质

广告性质是指广告的类型、广告的属性、画面、标题、设计理念、背景音乐、发布量等因素，它是地铁广告投放效果的评价指标之一。一个好的广告，能吸引广大消费者，打动消费者，使消费者产生偏爱，最终下定决心进行购买，与宣传广告的性质有很大关联。对广告性质进行评估，是保证广告效果能够最好地达到预期目标的重要措施，也是支付了巨额广告费用的广告主最为关心的问题。

1. 商品属性

商品属性包括商品类型和商品生命周期。

（1）商品类型

表4　被试者希望从广告中得到的信息类型

希望从地铁广告中得到信息的类型	人数（个）	占总体百分比（%）
数码产品	110	27.4
服装类	78	19.4
食品饮料类	70	17.4
日用家居用品	53	13.2
化妆品	48	11.9
户外用品	23	5.7
虚拟用品	13	3.2
母婴用品	7	1.7

从调查统计可以看出，位居前八名的广告类型依次是数码产品、服装类、食品饮料类、日用家居用品、化妆品、户外用品、虚拟用品、母婴用品。通过对成都地铁1号线各站点实地考察，发现数码产品类、化妆品类、家居用品类、通讯产品类、食品饮料类商品都有少量的广告投放。这说明地铁广告的投放仍处于初级阶段，投放量还有上升区间，并且投放的产品类型覆盖面可以根据乘客的需求扩大。如扩大旅游类、服装类、户外用品类、虚拟用品、房地产类商品的广告数量。

表5　男性被试者希望从地铁广告中得到信息的类型

希望从地铁广告中得到信息的类型	男性被试者	
	人数（个）	所占男性总体百分比（%）
数码产品	65	30.1
户外用品	32	14.6
日用家居用品	25	11.7
服装类	23	10.7
食品饮料类	23	10.7
化妆品	21	9.7
虚拟用品	15	6.8
母婴用品	13	5.8

表6　女性被试者希望从地铁广告中得到信息的类型

希望从地铁广告中得到信息的类型	女性被试者	
	人数（个）	所占女性总体百分比（%）
服装类	38	20.7
化妆品	38	20.7
数码产品	32	17.1
食品饮料类	18	9.9
日用家居用品	18	9.8
户外用品	16	8.6
母婴用品	14	7.4
虚拟用品	10	5.6

同时，在调查中发现，男性和女性所喜好的信息的异同点。男性被试者更关注一些卷入度高、价格不菲的商品，即"优化"生活的商品，如数码产品、家用电器、虚拟用品。这些商品的重复购买性很低，而主要消费群又是男性，这就对广告提出了挑战。采用千人一面的广告内容，其效果是令人质疑的。女性消费者更关注一些带有美丽、浪漫色彩的商品（服务），即"美化"生活的商品（服务），如化妆品、服装类、食品饮料类，而她们也恰恰是这些商品的最终购买决策者，提供一些吸引女性消费者的信息是这类商品（服务）的当务之急。

与2006年上海地铁广告效果调查结果不同的是，被试者并不特别热衷于虚拟用品广告，无论男性还是女性，对虚拟用品的喜爱程度都在各自排行榜的第七位和第八位。两次结果的不同，主客观条件的影响都很大。2005年正处于网站热火朝天的发展阶段，使得许多购物和游戏网站急于在短时间内进入人们的视野；另一方面，广大受众也希望了解更多的网站信息，增添自己的上网乐趣，因而虚拟用品广告有很广阔的消费者市场。广告与市场紧密结合，促成了当时虚拟广告多的现象。但是，5年后的2010年网站进入了成长和稳定的阶段，人们所需要的网站数量已经濒临饱和，只有一些工具性作用较强的网站需要不断出现来提醒人们的注意，如求职网站。

（2）商品生命周期

地铁广告适合于处于产品投入期的产品扩大知名度，成熟期的商品建立和维护品牌形象。作为投入期商品的广告一般都会寻求某种引人注目的方式出现在地铁中。陌生产品的广告有着与生俱来的奇异感，会引起人们的注意，地铁极高的客流量和低廉的成本，能使广告得到很高的到达率和暴露频次，但地铁中乘客对广告的注意一般都是短暂的，所以还需要该产品在其他媒体上广告的跟进，以使产品信息得到完善。典型的如伊莱克斯。与之相反，成熟期的商品由于之前的传播活动打下的基础和自身的发展，已经成为人们耳熟能详的产品品牌了，那么选择地铁媒介作为持续的广告宣传手段，可以用更低的成本，获取大量的注意力，使受众不断得到品牌信息的提醒，从而建立牢固的品牌形象。典型的如奥妙。这类品牌必须承受一定程度上受众的喜新厌旧。因为太熟悉的品牌的广告往往使人们认为理所当然，对于在哪些地方看到过它们，印象多少有些模糊。

2. 广告属性

广告属性包括广告的画面和标题、投放量、背景音乐、商品新颖程度、替代品等。

（1）画面

表7　乘客注意广告的原因

你注意地铁广告的原因是	反应	
	人数（个）	百分比（%）
画面吸引人	101	23.8
闲着没事，看着当消遣	94	22.1
新广告	34	8.0
位置抢眼	58	13.6
某则广告发布量特别多	24	5.6
标题吸引人	38	8.9
对产品特别有兴趣	32	7.5
音乐吸引人	35	8.2
在电视上见过	9	2.1
总数	425	100.0

根据调查结果显示，地铁广告引起人们注意的主要原因是画面吸引人，这也是绝大多数户外广告传播的首要重点和难点，流动的人群与流动的传播形式可能会引起视觉的模糊，而静止的平面广告的画面如果能在色彩、艺术感或是创意上夺人眼球，对广告信息的传播效果是有决定性的帮助的。

（2）标题

仅有8.9%的被试者选择标题吸引人，这一结果与近一半的被试者认为自己对地铁广告的注意程度是看画面或标题的调查结果相比较而言，可以推断出看画面的乘客比看标题的多。这就对画面的信息传达力提出了很高的要求，因为一般而言，标题承担着主要的传达商品信息的责任。而受众对标题的注意力低，也说明标题的创作还有待进一步提高。

（3）音乐

由于客流量大，特别是在上下班和周末的高峰时段，地铁很难有安静环境，广告中的音乐再优美，但有了诸多噪音的干扰，也难以达到一鸣惊人的效果。

（4）新广告

地铁广告周期普遍较长，使得整体环境变化频率较低，变化范围较小，这就使新广告在发布的初期较容易出位。

（5）投放量

与研究者假设的广告量大会引起人们的注意矛盾的是，受众并不认为量大的广告会使他们去有意的注意，仅有1/5的人认为某则广告的量大是吸引注意力的原因之一。

（6）替代品

另一个出人意料的结果恐怕就是电视与户外广告作用的相互关系。通常户外广告是作为对电视广告的补充被广告主所选择的，但结果显示被试者中绝大多数并不是因为电视广告的影响而选择自己注意的广告信息。

3. 商品发布时机

地铁广告的发布时机是没有明确界定的，但事件性广告还是值得探讨的。目前，地铁广告发布时机在季节性方面并不十分明显，大部分投放广告的产品都长期发布。而在重要节日期间，地铁广告的面貌就会变动很大。由于投放到地铁媒介的广告产品一般都是时尚产品和日常生活用品，节日都各施解术，这时的广告多以促销为目的，当然也有形象广告。相比之下，喜力的事件广告别具一格。以 "喜力全情赞助网球大师杯" 为广告语的事件广告借助大师杯的全民知名度，增加受众对品牌的好感，提升自身的品牌形象。

（五）地铁广告形式及位置

不同的地铁媒体表现形式，其媒体位置、媒体特点、外观尺寸、媒体运用与优势及呈现出的创意空间也不一样，如表8所示，但最主要的影响是媒体到达率及品牌关注度。根据我们的研究，我们发现近十年来广告客户对地铁媒体的投放呈现出 "多元化" 的特点。"多元化" 是指客户对于媒体形式的选择总在不断变化，不断尝试新媒体的同时还会要求传统媒体玩出新花样来，其最主要的原因莫过于媒体形式的不同选择，其所承载的广告信息的受关注度具有优劣之分，潜在的商品购买能力也会出现差异。

表8　广告形式对于注意度的影响

广告形式	人数（个）	占总体百分比（%）
电视广告	133	37.6
墙面广告	66	18.6
灯箱广告	48	13.6
立柱广告	23	6.5
磁卡车票广告	27	7.6
车站播音广告	22	6.2
地铁报	19	5.4
其他	16	4.5
总计	354	100

根据我们对成都1号线客流的调查，从表8可以看出，被试者对广告形式的注意度由高到低依次为电视广告（站厅，站台、车厢）、墙面广告（包括墙贴、主题大厅、品牌通道等）、灯箱广告（包括12封、4封灯箱，12封灯箱套装）、磁卡车票广告、立柱广告（包括圆形、方形立柱）、车站播音广告。电视广告、墙面广告和灯箱广告都受到了大部分被试者的青睐，而这三者也确实在表现力度、发布量和发布位置上都占了先机。

电视广告囊括了乘客从购票、候车、坐车这三个主要乘车环节，这三个环节都是人流量大的接触点，受众面广，广告媒体到达率高。

墙面广告依靠全线的大批量发布，性价比极高，可一款画面连续发布，信息重复到达；亦可用连环画形式，多角度深层次地传播。接触频次密，有利于形成深刻记忆。信息的反复传递及连贯发布，有利于品牌的深度传播；在天府广场、锦江宾馆、省体育馆、骡马市、华西坝、火车北站等人流量大的站点，被试者普遍觉得其站点的主题站厅及品牌通道整齐划一，画面优美、气势磅礴，被试者表示印象深刻，品牌认识度加深。

的确这两种新型的媒体形式不仅避开了其他广告的干扰，独占性强；广告画面环绕整个封闭环境，令人置身于品牌的海洋。它是提升品牌美誉度、品牌形象塑造的最佳媒介选择。灯箱广告主要位于地铁站厅、通道出口、候车站台两侧，是进出站、购票、候车必经之地，拥有与广告受众的接触时间长、接触频次高、覆盖范围大、反复提示效应强、视觉距离近的优势，适合传播较为丰富的广告信息。而立柱广告由于数量有限，而且柱状的形式多少扭曲了原平面广告的视感，吸引注意力的效果受到了一定程度的影响。移动电视广告、墙面广告和灯箱广告的高注意度并不出奇，但是有7.6%的被试者注意磁卡车票广告的选择值得思考。其实利用磁卡车票的票身做广告还只是曾用在部分地铁交通卡上，目前使用的统一单程票上并没有广告出现，从调查中看来，如果条件允许，磁卡车票广告也值得发展。车站播音广告因其形式的独特性，把广告内容巧妙地融入乘客地铁出行指南的功能中，它的广告实质被人为地弱化了。这就使得被试者在对广告形式的选择时，没有感觉到它的影响，但在随后对车站播音广告商品进行回忆时，能回想起大部分信息。

从调查数据可以看出，如表9所示，在对广告形式的注意程度上，女性被试者比男性被试者在对形式的选择上更为宽泛和平均，而男性被试者对灯箱广告、电视广告、墙面广告的注意倾向十分明显。

表9 性别因素对广告形式被注意度的影响

广告形式	男性被试者		女性被试者	
	人数（个）	占男性总体比例（%）	人数（个）	占女性总体比例（%）
电视广告	72	32.1	40	35
墙面广告	65	29.0	31	27.9
灯箱广告	56	25	22	19.8
立柱广告	11	4.9	11	9.9
磁卡车票广告	6	2.7	12	10.8
车站播音广告	2	0.9	11	9.9
地铁报	12	5.4	9	8.1

真正最佳的广告位置是人流量大、流向明显和干扰性最小的位置。显然在地铁有限的公共空间里，不同广告位置将直接影响着广告信息的到达率。

调查结果显示，如表10所示，四个主要发布地铁广告的广告位对注意力的影响依次为地铁车厢、地铁站台、通道、地铁出入口。数据分别为：29.7%的乘客认为站台广告最容易引起他们的注意；31.3%的乘客认为车厢内广告最容易引起他们的注意；20.2%的乘客表示最容易注意到通道内的广告。

表10 地铁广告发布位置对注意度的影响

广告位	人数（个）	占总体比例（%）
地铁车厢	115	31.3
地铁站台	109	29.7
通道	74	20.2
出入口	51	13.8
其他	18	5
总计	367	100

跟踪调查显示：有90%的过往乘客至少看过一次通道两侧墙壁上的广告（包括灯箱广告、品牌通道及主题站厅），在通过通道的整个过程中，平均每人看广告的时间约为7.5秒钟。当然，多数属于无意注意。在站台等车的乘客中，47.7%的人也会有意无意地注意到站内轨行区灯箱广告及站台电视广告。车厢中有25.7%的人看过车厢内的广告。显然，地铁乘客对广告的注意状态有明显的区别，在站台的乘客更多的是有意注意（乘客在回答问卷时是主观的、有意识的），而在通道的乘客更多的是无意识的注意。

拥挤的人群、陌生人高度集中的环境使得人们旺盛的注意力无所适从，阅读广告成为人们释放注意力的主要途径。根据调查我们发现97.5%的地铁乘客会去阅读地铁广告，这包括商业广告和公益广告，可以说地铁广告获得了其他媒体难以企及的广告注意力。当人群处于相对静止的状态时，这种注意力会更集中，因此站台和车厢成为带给人们印象最深的广告段。车厢内的广告载体主要包括车载电视和车厢海报等。车载电视的"移动性"，能很好地随时填补信息空缺。加之在地铁环境当中，地铁车载电视具有空间封闭、强迫收视、频道固定等特点。这种环境特质就最大限度地降低受众分心干其他事情的可能性，使受众群得以保证。垄断性传播决定地铁电视具有无可比拟的广告优势，能够避免广告信息流失，有利于广告信息的到达率，使广告的传播效果更佳。而对于车厢海报，一般情况下，每一趟列车的车厢内的广告位都会由某一产品垄断，而车身的广告也是由另一产品垄断。在这种情况下，受众接触的媒体信息既单一又霸道，想不注意都很难。

地铁站台的位置一向被众多商家看好，几乎每一个地铁车站的站台两侧都有轨行区灯箱广告，站台中央的立柱上也都被某一产品的平面广告所包围，形成一种独特的环境。随着地铁线路的增加，四通八达的地下通道也成了广告的展示场，许多广告商更是大手笔地买断百米通道的整个一侧，用同样尺寸和内容的平面广告一幅接一幅地连接成一堵堵"广告墙"，也就是我们所说的墙贴和品牌通道。当人们通过这样一个广告天地时，其全面包围，立体视觉的包装，给人气势磅礴的震撼感，传播效果显著。可是，并不是所有的人每天都会经过不同的通道，地铁的常客们每天都有固定的路线，而通道广告的更换速度又相对较慢，所以一段时间后，人们就会对它们熟视无睹，只有更换时，才能使行人眼前一亮，感受到与以往的不同。

从调查结果看来，地铁出入口的注意程度似乎并不理想。但有些广告主常年坚持只在出入口处做广告，由于这一广告段是进出地铁站必经之地，其广告信息可以反复传递，连贯发布，有利于品牌的深度传播，到达率较高，也不失为一种长效的方法。

男女性别的差异对地铁广告发布位置的注意度没有明显的影响。只是女性较男性更注意站台广告，而男性较女性更注意车厢广告，如表11所示。

表11 男女性别的差异对地铁广告发布位置的注意度

广告位	男性被试者		女性被试者	
	人数（个）	所占男性总体比例(%)	人数（个）	所占女性总体比例(%)
地铁车厢	89	55.3	73	49
地铁站台	70	47.9	80	53.8
通道	56	26.1	43	27
出入口	30	17.0	21	12.9
总计	245	146.3	217	142.7

对地铁公共空间进行进一步的细分可以发现在不同区域广告获得乘客关注的方式不同。总体看来，被动接触广告是乘客看广告的主要原因，有限的空间加强烈的视觉冲击使得广告以拦截的方式捕获乘客的注意力。在入口与站台之间的通道里这种广告推广方式得到最佳的利用，广告主利用空间优势推出的覆盖整个墙体的广告，42.9%的乘客认为通道"广告看上去很有吸引力"。

之前展示了站台与车厢在凝结注意力方面的优势，而乘客也表达了在这一流程中观看广告是无奈之举，超过40%的被访者表示"无聊时阅读"是在站台和车厢内看广告的首要原因。站台上人流汇集、陌生人高度集中，人们之间缺少互动，因此不得不通过阅读广告来转移注意力。此时，广告无论创意或者视觉效果如何都很容易得到全面的关注。因此，站台和车厢内的广告可以采用更为的文字以传播更多详细的信息。

在整个乘坐流程中，广告依靠内容获得注意力的是在出入口处。这里虽然没有充足的广告空间，但是凭借与周围商圈的紧密结合、向乘客提供日常所需的购物、消费信息使得出入口处的广告通过信息诉求获得乘客关注。

（六）地铁广告效果实证分析

1. 模型的建立

（1）选择评价指标

对于某特定类型的产品广告，我们通过建立模型寻找它的最佳投放位置和最好的展现形式。选取广告形式（电视广告、墙面广告、灯箱广告）×广告位置（地铁车厢、地铁站台、通道、出入口）这12项指标来评价广告的具体效果。

（2）建立综合评价指标

指标体系 $U = \{U_1, U_2, U_3, U_4, U_5, U_6, U_7, U_8, U_9, U_{10}, U_{11}, U_{12}\}$，指标类的权重 $W = \{w_1, w_2, w_3, w_4, w_5, w_6, w_7, w_8, w_9, w_{10}, w_{11}, w_{12}\}$，其中 $\sum_{k=1}^{12} w_k = 1$。总的

$$U = w_1 \times U_1 + w_2 \times U_2 + w_3 \times U_3 + w_4 \times U_4 + w_5 \times U_5 + w_6 \times U_6 + w_7 \times U_7 + w_8 \times U_8 + w_9 \times U_9$$
$$+ w_{10} \times U_{10} + w_{11} \times U_{11} + w_{12} \times U_{12}$$

下面运用层次分析法计算各个指标的权重。

① 建立层次结构模型，将影响因素集分层。本题将影响因素分2层，最高层是目标层，次级是指标层，包括 $U_1, U_2, U_3, U_4, U_5, U_6, U_7, U_8, U_9, U_{10}, U_{11}, U_{12}$ 这12个指标。

② 构造判断矩阵，判断与量化各元素间影响程度大小。采用 $1 \sim 9$ 标度方法，对不同情况的评比给出数量标度，如表12所示。

表12　标度及含义

标度 a_{ij}	含义
1	U_i 与 U_j 的影响相同
3	U_i 比 U_j 的影响稍强
5	U_i 比 U_j 的影响强
7	U_i 比 U_j 的影响明显的强
9	U_i 比 U_j 的影响绝对的强
2, 4, 6, 8	U_i 与 U_j 的影响之比在上述两个相邻等级之间
1, 1/2, …, 1/9	U_j 与 U_i 的影响之比为上面 a_{ij} 的互反数

根据上表可以得到成对比较矩阵 $\mathbf{A} = (a_{ij})_{12 \times 12}$，表示两两因素之间的对广告效果影响程度的大小（数据来源于问卷），其中，$a_{ij} > 0$，$a_{ji} = \dfrac{1}{a_{ij}}$

计算求得的成对比较矩阵的特征值 $\lambda = 12.162$，归一化的特征向量为 $\omega = (0.12, 0.12, 0.08, 0.05, 0.11, 0.11, 0.07, 0.05, 0.10, 0.09, 0.06, 0.04)^T$。对所得到的成对比较矩阵进行一致性检验通过。

因此，评价某类型广告效果的总的指标 $U = 0.12U_1 + 0.12U_2 + 0.08U_3 + 0.05U_4 + 0.11U_5 + 0.11U_6 + 0.07U_7 + 0.05U_8 + 0.10U_9 + 0.09U_{10} + 0.06U_{11} + 0.04U_{12}$

2. 模型的结果——以数码产品为例

表13 数码产品的效果与广告位置形式的关系

权重	广告形式与位置
0.12	灯箱广告 出入口
0.12	墙面广告 出入口
0.11	墙面广告 通道
0.11	电视广告 通道
0.10	墙面广告 地铁站台
0.09	墙面广告 地铁车厢
0.08	电视广告 出入口
0.07	灯箱广告 地铁站台
0.06	电视广告 地铁站台
0.05	灯箱广告 通道
0.05	灯箱广告 地铁车厢
0.04	电视广告 地铁车厢

3. 结果分析

对于数码产品而言，它的最佳位置和与其匹配的最好形式是：灯箱广告和出入口；墙面广告和出入口。

因此，建议在广告投放时，考虑将数码类产品投放在出入口，并以灯箱和墙面广告进行宣传。其他类别的产品都可以根据问卷调查数据建立结构模型来推算最佳位置和最好的表现形式。

我们建立本模型的目的就是为了检验上述分析所得到的结果：在最佳的位置使用最好的形式摆放最合适的产品。

四、科研结果论述

以策划和创意为中心，进行科学管理，是现代广告活动的一个重要特征。基于对成都特色地铁广告的调查和研究，我们将营销的理念引入地铁广告并引入全新的"以地域为单位的广告整合营销理论"。该理论以先进的整合营销理论为基础，以具有较为突出特点的地域为单位，以提高广告效果为目的，在调查研究的基础上对地域广告进行科学指导和统一管理。

我们提出的地域广告整合营销就是对环境进行统一科研调查，随后根据环境特点对各种广告媒体工具和广告手段进行统一管理和科学规划，在避免个别企业盲目投放广告的同时达到地域广告效果的最大价值。通俗地讲，该理论是关于地域广告效率最大化的研究，也就是将合适的广告用合适的形式投放在合适的地方。

表14　传统广告整体营销和区域广告整体营销的对比

	传统广告整体营销	区域广告整体营销
广告对象	一个厂家或商品	多个厂家和商品
广告类型	系列广告、由始及末	该地域内的特定广告
整合优势	充分突出该产品特点	充分发挥该地域优势
整合单位	广告公司	地域负责单位

近期，成都地铁开通，作为广告必争之地，我们对其广告投放效果进行了调研并在第三部分阐述了我们的研究过程，现在就以成都地铁广告为例，并采用广告界常用的6M方法（即市场、商品、动机、信息、媒体、测定6个方面），阐述地域广告整合营销的推广过程，如图18所示。

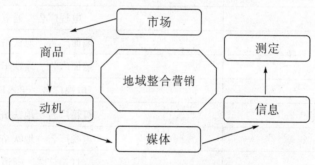

图18　地域整合营销6要素

（一）市场（Markets）

根据对调研数据进行的受众分析，我们在市场方面提出如下方案：

地铁作为一个固定的市场，通过调查数据可以发现，该市场有着较为稳定的市场环境。通过实地研究、数据搜集和整理、理论研究等多种形式，分析了成都地铁的市场环境，如表15所示。

表15　成都地铁乘客人口特征主要因素

人口数量	成都地铁地处繁华购物区，人流量大，每班车都非常满
人口素质	主要是较高端消费者和白领阶层，文化水平较高
性别分布	男女比例基本持平
人口结构	以年龄段在20～40岁为主，是社会的主要劳动力和购买力

①根据科研调查，地铁受众坐车频率较为频繁，所以，地铁广告更新效率要高，避免同一则广告对受众产生边际效用递减的效果。

②根据等候时间，广告的信息量应该在两分钟内比较合适，使乘客可以完整的阅读某一则广告信息。

③针对地铁目标受众特点，有选择性地投放商品广告。我们认为，如教育类、时尚类以及日常消

费品是地铁广告投放的主要方向。地铁媒体所覆盖的主流群体为城市白领阶层，这一阶层生活节奏快、重时尚、讲究品味、看重个性的体现，其消费实力处于全社会中等及偏上水平。故此适合白领阶层消费的产品与服务在地铁广告媒体领域具备广阔的发展空间。

通过对市场的分析，我们可以得出主要的客户群，根据客户群的特点进行针对性的商品广告投放，也就是投其所好。地域广告整合营销可以针对特定地域特点进行研究，在这样的基础上选择的广告更具有消费人群准确度。

（二）商品（Merchandise）

针对调研中商品属性的研究，如表16所示，我们得出了如下结论：

客户和消费者是企业的中心环节，企业针对市场需求生产满足客户需求的商品。根据此营销的理念，要针对地铁客户的需求选择商家的产品，并制作具有针对性的广告介绍服务和产品信息。我们根据调研建议如下几种商品广告进入地铁广告。

产品周期方面，投入期的产品需要在表现形式方面入手吸引人的关注，而成熟期的产品应该把关注点放在信息和持续度上。

在市场及顾客信息对商品进行确定之后，我们就可以根据商品的自身优势结合地铁客户群特点进行广告设计。地域性广告选择了更适合的商品进行广告，一方面增加了广告的整体投放效果；另一方面，避免了一些商家将广告播放给非产品购买者的广告受众。

表16　商品类别分析

商品类别	商品属性	内容
科技产品、网站等	针对客户群	白领阶层
	类别特点	高端、时尚、具有吸引力和感染力
	广告任务	让客户知道科技产品的最新功能及优势
品牌树立	针对客户群	所有
	类别特点	权威可信、经典大气
	广告任务	让客户群加深品牌印象
楼盘、汽车等高端品	针对客户群	较高收入的购物者和白领
	类别特点	豪华大气，彰显名家风范
	广告任务	让消费者确信产品的高品质，了解性能和价格
超市产品	针对客户群	各阶层消费者
	类别特点	表现形式多样、突出特点
	广告任务	让消费者了解该产品的存在及相对于竞争品的优势

（三）动机（Motives）

针对调研中对广告属性的研究，我们得出了如下结论：

广告不是为了增加阅听率，但优秀广告阅听率的增加会使广告信息更被了解，商品的价值和服务更被认可，更多潜在购买者成为购买的行动者。所以，我们利用广告的4I原则来保证广告的高阅听率。

①趣味原则（Interesting）：将营销信息的"鱼钩"巧妙地包围在趣味情节的糖衣之中，是吸引顾客"上钩"的有效方式。

②利益原则（Interests）：无论是功能、服务、心理满足等，产品给消费者带来的利益必须体现。同时，带有资讯的广告往往更能受到消费者的青睐，因为它们直接为消费者提供利益。

③互动原则（Interaction）：消费者亲自参与互动的营销过程，可以为营销带来独特的竞争优势。

④个性原则（Individuality）：个性化营销显然更容易满足消费者被"焦点关注"的心态，更容易引发购买行为。

地铁广告投放位置的选择对地铁广告起到很重要的作用。与电视广告的频道时段、杂志报纸广告的版面选择相同，影响地铁广告注目率的重要因素就是地铁广告的位置选择。通常来讲，可供选择的广告位置包括通道、月台、车厢内、扶梯两侧等。从广告投放效果看，我们认为车厢广告由于空间的封闭性，对受众有一种强制性关注的作用。在开车后，地铁车厢相对封闭，广告就更容易让受众集中精力阅读。同时乘坐的乘客比较固定，地铁广告内容又不像电视或广播广告信息转瞬即逝，反复阅读的可能性很大，容易加深印象。因此在新产品的投放上首先可以选择车厢广告，而且最好整个车厢广告位由一家广告主统一投放，这样广告效果会更佳。其次是月台广告，由于版面较大，位置独特，视觉冲击力较强，在广告的投放上可以采用更多的文字以传播更多详细的信息。再次是通道两侧广告，由于乘客往往是匆匆走过通道，对通道两侧广告更多的是无意识的注意，为了提高乘客的关注度，建议可以选择墙贴、品牌通道、主题站厅等媒体形式作为广告投放载体，主动吸引回头率及提高广告到达率。最后是出入口处，虽然没有充足的广告空间，但是可以利用此处与周围商圈紧密结合的特征向乘客提供日常所需的购物、消费信息来提高出入口广告信息获得乘客关注的程度。

在了解了广告消费者的广告传媒偏好之后，就可以从消费者的需求下手，选择传媒进行广告。地域广告整体营销在整体客户需求的把握上，保证了每一则广告的有效性，提高了整体广告的质量。

（四）媒体（Media）

基于对媒体的研究，我们在媒体方面提出如下建议：

广告推动的基本过程分别是认知、了解、确信购买。基于不同任务阶段，地铁广告的媒体选择不同。

1. 不同购买决策阶段媒体的选择

表17 不同购买决策阶段分

购买决策阶段	认知	了解	确信购买
商品属性	科技、时尚，富有表现力，形式多样。	内容丰富、信息详细	具有针对性，信息单一而详细
媒体选择	电视、大型灯箱	电视、报纸	门贴广告，海报

媒体资源作为一种重要的资源是有限的，地域广告整合营销正是将这种有限的资源合理分配，避免资源浪费，产生资源效用最大化的效果。

2. 新媒体的开发

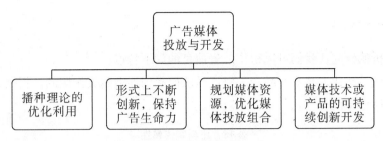

图 19 广告媒体投放与开发

（1）播种理论的优化利用

地铁广告不仅要加大投放的密度，而且要有系统的质量策划，才更有可能从众多产品中脱颖而出，不然就无法突出品牌，甚至还有可能为他人做了嫁衣，这有违加大投放量的传播初衷。比如12封大灯箱套装、墙贴、主题站厅、品牌通道等新型广告形式都以巨幅的大面积的投放空间，给人们造成了视觉上的强大冲击。避开了其他广告的干扰，独占性强。新颖的购买形式也为客户提供了非常广阔的创意空间。尤其是在目前地铁广告中竞争对手产品过多，极大分散了地铁广告的效果的情况下，上述广告媒体发布形式较好地解决了这个问题。

（2）形式上不断创新，保持广告生命力

地铁广告在形式上只有不断创新，才能确保广告的投放效果。人们对地铁广告如何投放已经形成了一种模式，但是只有不断创新，地铁广告才能始终保持生命力。此外地铁广告空间的有限性也要求我们不断地创新。目前的地铁广告似乎是把能用的广告位置资源都利用了，但是还有新的发展空间。现在，地铁的地面还空空如也，隧道还黑暗一片，它们将是地铁广告接下来的战场。当然，如果在地铁的地面印刷或铺设广告画，结果只会被成百上千的往来乘客踏于足下，天长日久其势必惨不忍睹，将会严重影响受众对产品的好感度，使产品的档次下滑。所以，更好的办法是采用地面投影广告。虽然成本会相对增加，但以如此新颖的广告形式，把科技的发展注入传统表现形式众多的环境中，其吸引力可想而知。而隧道广告在国外已经开始启用，在中国还处于尝试阶段，但考虑到其所花费的成本，可能会使许多广告主望而却步。另外，多画面动感灯箱一改传统平面广告给人的静态视觉，正悄然兴起，其效果值得关注。

（3）规划媒体资源，优化媒体投放组合

对媒体资源进行规划，优化媒体投放组合，常规媒体与特殊媒体有机结合。未开通线路的广告媒体规划及设置上：从地铁新线建设规划期即介入收集相关资料及推进广告媒体的规划及设置工作。包括商圈预测、制定站点广告级别、车站内人流预测、广告媒体的规划设置工作等。已开通线路的广告媒体规划及设置上：包括进行二次媒体资源规划、客流情况分析、媒体调整、定期开发等。再则通过广告媒体的深度拓展实现与商场、候车亭等传统户外灯箱媒体的差异化定位。利用组合拳效应，在现有常规媒体基础上，增加液晶广告、隧道广告等新型特殊媒体作为创意发布的点缀，丰富高端产品线，进一步挖掘潜在客户的投放需求。

（4）媒体技术或产品的创新开发

透过强大的媒体研发平台，为成都地铁1号线引入更多的高科技互动技术，如可听的、可触摸的、可嗅觉的、可即时投票的甚至可下载信息的种种超出我们想象力的新技术，结合未来的发展机会推出一系列的创新经营措施，为广告受众提供前所未有的广告体验，从而有效提升媒体价值。包括建立数码平面广告系统、开发地铁区域短信广告平台、采用多媒体互动技术等。

（五）信息（Messages）

基于对受众分析的研究，我们可以得出广告信息的如下特点：

优秀的广告必须是能让人喜欢产品、了解产品从而起到促进购买作用的。根据宣传对象和类型的不同，所选择的媒体也不同。

表 18　不同宣传属性

	品牌宣传	优惠资讯	新品宣传	业务活动宣传
宣传属性	高档次、权威可信、加强记忆、形式丰富	信息详尽、方便获取，及时更替	有感染力，表现形式多样，可重复阅读	具有较强吸引力和感染力，具有针对性
信息量	较少	详尽	较多	一般

在广告属性方面的具体建议是：继续保持画面的吸引力，改善标题效果、使之更加醒目、弱化声音效果、使之只起到吸引作用，不用追求较大投放量；同时，可根据季节更换发布的信息。

地域广告整合营销可以在不同广告之间通过不同作用对信息量的要求控制总体信息量，并保证信息的质量，达到信息总量合适并被顾客所接受的目的。

（六）测定（Measurements）

可通过实验法、问卷法、销售效果分析、市场占有率的分析等方法对广告经济效益、社会效益和心理效益的增加进行测量，并测量广告任务的完成程度。地域广告整合营销可以统一进行测定，避免了各个公司分别测定带来的对消费者的重复打扰和公司本身资源的浪费。

广告只是产品推广中行销组合的一部分，我们需要和其他推广力量结合，定好目标和任务，将顾客推向购买。

参考文献

[1] 陈亮. 广告媒介投放实施方法. 北京：机械工业出版社，2006.

[2] 杰拉德·J. 泰斯利. 广告评估效果. 北京：中国劳动社会保障出版社，2005.

[3] 乔治·E. 贝尔奇，迈克尔·A. 贝尔奇. 广告与促销整合营销传播视角. 第 8 版. 北京：中国人民大学出版社，2009：10－50.

[4] 程瑶，张慎成. 广告评估效果. 安徽：合肥工业大学出版社，2009：5－100.

[5] 中国市场调查网. 2011—2015 成都地铁建设规划研究报告. www. cnscdc. com.

[6] 新生代市场监测机构. 中国市场与媒体研究 2009 年秋季数据. wenku. baidu. com.

[7] 成都市规划管理局. 成都市城市快速轨道交通建设规划（2005—2015）调整方案. wenku. baidu. com.

附录

关于我市地铁广告投放效果的调查问卷（调查站点：_____）

感谢您填写这份调查问卷。目前成都市地铁已经开始进入大众的生活，但地铁的广告策划尚存在一些有待解决的问题。为此，作为西南财经大学科研项目小组，我们希望通过这次调查，了解您对成都地铁广告的认识和建议，请您提供最真实的想法，以便我们做出正确的分析和判断，为您提供更方便、更舒适、更安全的地铁广告环境。本问卷不记姓名，答案无所谓对错。您的回答将按照国家统计法予以保密。占用了您的宝贵时间，在此向您表示衷心的感谢！

第一部分　选择题

1. 您是否是本地居民：□A. 是　　　　　　　　□B 否

2. 您的性别是：　　　□A. 男　　　　　　　　□B. 女

3. 您所属的年龄阶段是：

□A. 18 岁以下　　　　□B. 18～30 岁

□C. 30～45 岁　　　　□D. 45～60 岁　　　　□E. 60 岁以上

4. 您家庭的月收入大致为：

□A. 3000 元以下　□B. 3000～5000 元　□C. 5000～7000 元　□D. 7000 元以上

5. 你的职业（范畴）是：

□A. 学生　　□B. 教师　□C. 工人　□D. 农民　□E. 服务业　□F. 公务员

□G. 医疗行业　□H. 金融保险　　□I. 交通运输　　　□J. 商贸　□K. 其他

6. 考虑所有因素，您认为以下哪种交通工具最为理想？

□A. 地铁　　　□B. 私家　　□C. 公交车

□D. 自行车　　□E. 徒步　　□F. 出租车　□H. 其他

7. 您乘坐地铁的目的是（多选）

□A. 上班上学　　　　　　　□B. 下班放学

□C. 业务　　　　　　　　　□D. 娱乐购物

8. 您一般在什么时间段乘坐地铁？（多选）

□A. 早上 7 点～早上 11 点　　　　□B. 上早 11 点～下午 2 点

□C. 下午 2 点～下午 5 点　　　　　□D. 下午 5 点～晚上 8 点

□E. 晚上 8 点～晚上 11 点　　　　　□F. 其他_____

9. 您平时坐地铁频率：

□A. 几乎天天坐　　　　　　□B. 每周 2～3 次

□C. 偶尔坐一两次

10. 您在地铁上经常做哪些活动？（多选）

□A. 看地铁报　　□B. 观看移动电视　　□C. 闭目养神

□D. 观看墙贴的宣传海报　　　　　　　　□E. 其他

11. 您对在地铁内部张贴广告，报以何种态度？

□A. 完全理解，可以消减坐地铁时无聊的情绪

□B. 无所谓，不会关注

□C. 不能理解，只是浪费空间与资源

12. 平时您对地铁广告关注吗？

□A. 从来不看　　　　　　　　□B. 匆匆看一眼

□C. 只看画面或标题　　　　　　□D. 仔细阅读或欣赏

13. 您关心广告是出于何种动机（多选）？

□A. 无聊时阅读　　　　　　　　□B. 被广告颜色、图片等创意吸引

□C. 对广告产品有了解需求　　　□D. 广告投放位置好 属于半被迫阅读

□E. 其他_____

14. 地铁广告是否会让您产生购物冲动？

□A. 会　　　　□B. 说不定，看广告效果　　　　□C. 不会

15. 平时您比较关注地铁的哪些位置？（多选）

□A. 地铁车厢　　　　　　□B. 地铁站台

□C. 通道　　　　　　　　□D. 出入口　　　　　□E. 其他_____

16. 您对以下哪种形式的广告印象最为深刻（多选）

□A. 移动电视　　　□B. 墙面广告　　　□C. 灯箱广告

□D. 立柱广告　　　□E. 磁卡车票广告　　□F. 车站播音广告

□G. 地铁报　　　　□H. 其他

17. 您注意地铁广告的原因是（多选）

□A. 画面吸引人　　□B. 闲着没事，看着当消遣　□C. 新广告

□D. 位置抢眼　　　□E. 某则广告发布量特别多　□F. 标题吸引人

□G. 对产品特别有兴趣　　　　　　□H. 音乐吸引人

□I. 在电视上见过　　　　　　　　□J. 根本无法引起我的注意

18. 您一般在地铁站站台等待多长时间才可以上车

□A. 0~2分钟　　　　□B. 2~4分钟　　　　□C. 4分钟以上

19. 您希望在移动电视中看到什么样的节目（多选）

□A 新闻节目　　　　□B 旅游节目　　　　□C 美食综艺节目

□D 电影电视剧节目　□E 电视购物节目　　□F 什么节目都可以

20. 您会比较关注哪一类产品的广告？（多选）

□A 数码产品　　□B 化妆品　　□C 服装类　　　□D 食品饮料类

□E 日用家具用品　□F 户外用品　　□G 母婴用品

□H 虚拟用品（网游点卡、Q币、话费充值等）

第二部分　问答题

1. 地铁里哪种广告可以吸引您的注意？

2. 请问您在其他城市坐过地铁吗？在那里给您留下最深印象的是什么广告？

3. 请问您对地铁广告投放还有何建议？

高校周边餐饮卫生监管措施研究

——以西南财经大学柳林校区为例

喻琰　宁恺琴　施璐雨　吴瑕　潘书超　陈恩地

【摘要】近年来，高校周边餐饮业卫生情况不容乐观，受到社会公众的广泛关注，我们建立一套针对高校周边餐饮业卫生情况的监管机制的想法由此应运而生。我们以本校为例，从校外餐饮业供求关系稳定、卫生情况堪忧、学生信息需求未满足三点现状分析论证了监管的必要性。之后运用方便抽样调查法、访谈法及实地调研等方法分析探寻合适的监管实施人、监管方式、监管内容、信息公告方式。最终提出了由校内志愿者实施每周一次，以完成《餐饮店卫生调查表》为主的监管，并通过网络信息平台公示信息的监管制度的构想。

【关键词】食品卫生监管　实施人　监管方式　监管对象　信息公布

绪　论

近年来，"三鹿奶粉"、"地沟油"、"洗虾粉"等事件接连发生，食品安全卫生成为社会焦点之一。据中国食品监督网、《山西日报》等媒体报道，高校周边餐饮业卫生情况也不容乐观。

现行的餐饮卫生监管及其效果却并不理想，众多管理学家及相关部门研究者均指出其中存在着一些问题，包括制度、监管检测标准、检测手段等。

关于完善、解决制度问题的方法，有两种较为对立的观点。一方认为应当将监管职能集中、统一到一个政府机构，避免"多头"监管中的互相争执、推诿及衔接不畅[①]；另一方则认为食品安全涉及多方，需要多部门的互相配合。而且多部门交叉配合更有利于监管的稳定性。现行食品卫生标准的不严谨、不全面和相关法律不完善已成为研究者心中餐饮卫生问题屡禁不止的一大原因。而在检测手段上，研究则提出了大众普遍信任度较高的仪器检测存在弊端和感官鉴别的应用。

因此，我们试图建立一套针对高校周边餐饮业卫生情况的监管机制，旨在促进高校周边的食品卫生安全。以本校柳林校区为样例，对校外餐饮业供求关系、卫生情况、学生信息需求等方面做现状分析，运用方便抽样调查法、访谈法及实地调研等方法分析。寻找合适的监管实施人、监管方式、监管内容、信息公告方式。最终提出由校内志愿者实施每周一次、以完成我们制定的《餐饮店卫生调查表》为内容的监管，并通过公告栏和网络信息平台公示的监管制度。

---

① 宗庆后. 关于完善食品监管体制　统一食品安全标准　规范食品抽检程序的建议. 商品与质量，2010 - 03 - 03.

文献分析

一、集中、单独的政府监管机构 VS 引入公民监督

一部分研究者认为，因为多部门共同负责食品卫生的监管工作，相互交叉，各自职责没有理顺、分清，导致一些环节受多方监管，被双重标准检验，被重复收费，而有的环节则又有监管脱节。甚至因为各部门间的分工不明朗，会相互推诿责任，甚至为各自利益产生矛盾。

这使他们提出建立统一、集中的监管体制的解决方案。"学习、参照国外食品安全监管集中化的行政管理模式，将食品安全监管的主要职能集中于一个综合管理机构"。[1]

但也不乏学者认为，多方共同监管其实是有助于监管的有效实施的。研究者引入 Landau 的冗余理论，提出："将冗余构建到组织结构中，也并非都是不利的，它可以避免依靠单一机构所不可避免的风险性，可以使得组织比其任何一个组成部分都可靠"。[2]

还有学者认为，多方共同监管，可防止 Shleifer 和 Vishny 提出的垄断型腐败。

而根据管制领域的理论，在管理制度、规章不完整时，将权力在几个机构中分散比将之集中在一个机构中更好。

所以这一方研究者提出引入公民的监督。但这种公民的参与仍是独立于政府的食品安全监管体系的，只是通过各种渠道将公民纳入对监管机构和企业的监督中来，保证公民可以很容易地表达其意见。即作为一种重复性的渠道设置[3]。这也有助于在改善现有体制的问题后，在长期的方向上，建立起一个网络覆盖的、高效的监督体系[2]。

研究者们普遍提出：我国虽然制定了一系列有关食品安全的法律法规和标准，食品安全标准也基本涵盖了从食品生产、加工、流通到最终消费的各个环节[4]。但种种规章缺乏一定的系统性与可操作性，而且由于制定法规、标准也并没有相关法律约束，导致各种规章泛滥，甚至有多重标准、标准打架的现象。[1]

而且，即便是现有法律，也因其处罚太轻，收不到理想的禁令效果。[5] 而就是在违法成本不高的法律规定之下，实际工作中，由于餐饮行业票据制度不严格，违法处罚还会被降低、减少。

对比国外，可发现我们在食品安全法律、法规和标准体系建设上实在与之差距不小。比如瑞士，正式注册的任何餐饮企业都必须达到 HCE 和 GMP 认证体系的多达数百项标准。[6] 而在美国，相关部门也在法律授权之下有着绝对的执行力。[4]

二、仪器检测的弊端与感官鉴别的应用

在人们的普遍观点中，仪器检测的结果总是科学而可信的，而感官鉴别则具有较强的主观性和偶

---

① 宗庆后. 关于完善食品监管体制 统一食品安全标准 规范食品抽检程序的建议. 商品与质量, 2010-03-03.
② 刘亚平. 中国食品监管体制：改革与挑战. 华中师范大学学报（人文社会科学版）, 2009 (7).
③ 罗建农. 完善食品监管工作的几点建议. 财政监督, 2009 (9).
④ 姚作汀, 徐星明. 加强质量管理确保食品安全——中美食品监管模式比较研究. 浙江经济, 2008 (20).
⑤ 李泽峰. 食品监管中有关问题的剖析. 中国食品卫生杂志, 2009, 21 (3).
⑥ 王维. 瑞士食品监管. 农产品市场周刊, 2009 (30).

然性。但在前期的文献阅读中，我们发现，有不少的原因导致了仪器检测其实存在着一些我们并未认识到的弊端。

第一，技术原因。在我国的实际工作中，仪器检测并没有我们所想的那么精准，很多掺入食品中的有毒有害物质并不一定能检测出来。比如湖北荆州市卫生监督局"曾经在 2002 年查到板鸭加工者在板鸭上涂敌百虫农药来防止苍蝇在板鸭上产卵。检查人员在现场找到了敌百虫，当事人也承认涂了药，但司法机关却因检验报告中没有检出敌百虫，而不能予以追究刑事责任"。①

第二，监管体制问题。基层监管实施者的收入没有一定保证。执法机构和执法人员，原本应严格执法，却为创收受贿，严重影响执法的公正性。①

第三，仪器检测推广度不佳。并非所有食品特性都有相应的仪器能对其进行检验。并且，仪器往往不能随身携带，参与监督检查。另外，消费者个人举报投诉的个案食品检验问题，法律上也没有明确如何处理。高额的检验费也是一大问题。②

相反，感官鉴别的重要性及合法性却一直被公众所忽略。其实，"感官鉴别不仅能直接发现食品感官性状在宏观上出现的异常现象，而且当食品感官性状在微观变化时也能很敏锐地察觉到"。②

我国法律也为感官鉴别立有依据。《中华人民共和国食品卫生法》第六条规定："食品应当无毒、无害、符合应当有的营养要求，具有相应的色、香、味等感官性状。"第九条规定中有："腐败变质、油脂酸败、霉变、生虫、污秽不洁、混有异物或者其他感官性状异常，可能对人体健康有害的食品。"这其中提到的"感官性状"和"感官性状异常"已被"作为法律规定的内容和要求而严肃地提出来"。②

并且，由于感官鉴别简便易行、可靠性高、实用性强，"目前已被国际上普遍承认和应用，是食品监管的重要方法和必要手段"②。

三、小结

对于监管体制问题的解决，针对我们的项目重点——高校周边商业区的餐饮业，我们还是更倾向于后一种理论的解决方案，即引进公民监督，实施多方监管，从而为长期地建立起网络覆盖的、高效的监管系统搭好平台。而对于实际的监管实施操作，鉴于可行性因素的考虑，我们认为应大力发展感官鉴别。当然需确保生理学、心理学和统计学等方面的技术的引用及对卫生监督员进行感官鉴别能力培训并考核，为食品质量感官鉴别的结果判断的准确度提供有力保障。

调研分析

一、监管必要性

大学校园作为居住人口密集且稳定的一类公共场所，吸引了大量餐饮业从商者。高校周边餐饮店铺林立，形成专门针对大学生这一消费群体的饮食一条街。商业区的建立为在校大学生的日常生活带来了便利，但同时也对环境、消防、食品卫生等方面造成隐患。

---

① 李泽峰. 食品监管中有关问题的剖析. 中国食品卫生杂志，2009，21（3）.
② 徐忻，冯起善. 食品卫生监管中感官鉴别的实用性探究. 中国卫生法制，2007（5）.

（一）我校学生与东门外餐饮店形成了稳定的供求关系

1. 东门外餐饮业概况

我校东门外餐饮店主要分布在由柳浪湾北一街、北二街和柳南六路、柳南五路、柳南四路所组成的方形街区内。据统计，目前共有87家店铺。其中餐馆类52家、小吃类25家、饮品类10家。如图1所示。

图1　东门餐饮分布

2. 学生对餐馆依赖程度

本调研小组采用方便抽样的方式，于2010年7月从在校校友中选取126名做了《对我校学生东门外就餐情况的调查》问卷。问卷统计结果显示：该126名同学平均每周出东门就餐4次。如图2所示。

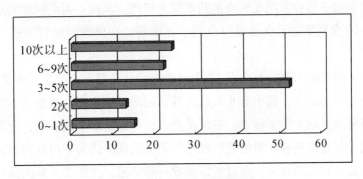

图2　财大学生外出就餐次数

3. 商家对学生依赖程度

在走访商家过程中，"一品老麻"抄手店老板表示该店80%左右的客源是我校学生。同时他还表示，财大学生素质普遍较高，与学生打交道很愉快。从"小吃城"老板和"粤味轩"老板口中得知他们的目标群体主要是我校学生。从宣传对象上看，东门餐馆常利用与校内机构合作、在校门口发传单等方式扩大其在我校学生中的知名度。可见商家对我校学生的依赖程度。

综合以上三方面，可以认为我校东门外餐馆和我校学生之间形成了较为稳定的供求关系。

（二）我校东门外餐饮店卫生状况堪忧

在调查了我校学生与校外餐馆之间依存度后，本调研小组展开了对我校东门外餐饮店卫生状况及学生满意度的调查。

1. 观察餐饮店卫生状况

从 2010 年 6 月起，温江区政府对柳浪湾片区内的商铺进行了综合整治行动。我们于 6 月和 9 月（整改前后）分别为东门外所有餐馆及贩卖食品摊点拍摄了照片，并选取了几家进行走访观察或访谈。整改前，东门外无店面的摊点共 76 家，所有摊点均无供水设施，加工食物及清洗餐具所用水全部是由商贩用大桶从别处打来，洗碗水重复利用，颜色污浊。其他卫生情况如表 1 所示。

表1　我校东门现有摊点卫生情况调查表

餐馆数 卫生	无供水	无手套	地面不洁	食材随意摆放
51	◇	◇	◇	◇
65	◇	◇	◇	
74	◇	◇		

整改后，东门无店面摊点全部拆迁，共有店面 87 家。该片区内餐饮店卫生状况得到了一定程度的改善。所有无固定店面、占道经营的摊点全部拆除。但无健康证、餐具不洁、生熟不分等食品卫生问题仍然广泛存在。

2. 调查学生对餐馆卫生状况满意度

本调研小组在对校内 25 名"决定去哪吃饭"的意见领袖（言论在同学们中有一定影响力的人物）进行了访谈，调查同学们在东门外餐馆就餐过程中是否有受到权益侵害的经历。调研报告显示：有一名同学表示有卖羊肉串的商家用死鸭肉泡药水冒充猪肉、羊肉；两名同学表示在餐饮店吃到过苍蝇、蟑螂、虫子等；10 名同学表示自己或身边同学在用餐后有出现过肠胃不适、腹泻或食物中毒等现象。

访谈涉及是否进入厨房的问题，其中有 12 个同学表示自己没有去过东门外餐馆的厨房。有 13 人回答说有去过东门外餐馆的厨房，其中有 8 人认为餐馆厨房环境不好：很脏、不整洁、原材料和吃剩的东西乱放。碗堆得很高，地上很多油污，东西乱放，厨师做食品不戴手套，交叉污染。并且有同学发现有餐馆用地沟油，并且将其装在黑色塑料桶里。剩下的同学认为东门外餐馆厨房都不是很卫生并认为这种现象比较普遍。另有部分同学路过餐馆发现一些情况，比如炸土豆的油反复用，里面有难闻的味道；烟灰飘进铁板炒饭；装馄饨的碗重复使用等。我校学生对东门外餐饮店卫生状况并不满意。数据如图 4 所示。

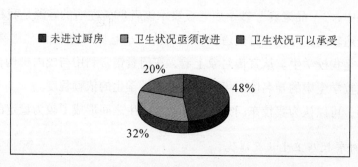

图4　我校学生对东门外餐饮店厨房卫生评价状况

（三）学生信息需求广泛却无从满足

在对校内学生的访谈和问卷调查中，通过对访谈结果的整理和分析，得出图5数据。

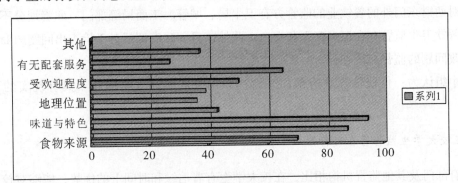

图5　我校学生对东门餐饮店信息需求调查表

我们发现，绝大多数同学都希望能多了解东门外餐馆的更多信息，包括食物来源、价格、味道特色、地理位置、服务态度、有无配套服务、是否用地沟油等。同学们的信息需求量大且广泛，涵盖了餐馆的各个方面，却苦于没有相关信息渠道，平日里只能靠同学之间口口相传。

通过对以上三方面信息的调研分析，我们认为：加强对校外餐饮业的卫生监管，并将监管结果通过一定渠道传达给我校在校生已经十分必要。

二、监管实施人

在探讨了对校外餐饮业卫生监管的必要性之后，我们通过走访政府相关部门、实地调研西南财经大学天府学院对校外餐馆卫生监管情况，进一步探究和寻找合适的监管实施人。

（一）政府监管难度较大

通常情况下，公共场所的食品安全应该由政府部门来负责监管。调研初期，本小组试图通过协助政府部门的工作来解决这一问题。但通过实地调查走访和文献查阅后，本小组发现在我校校园周边食品安全监管问题上，政府部门存在着难以改变的局限性。

政府监管的困难主要表现在以下几方面：

1. 我校东门外餐饮业情况复杂多变，政府难以掌握具体信息

东门外商家多为以家庭为主体的个体经营户，部分商家没有经营许可证，商家流动性极大，进入、退出市场十分容易。政府部门对这部分很难进行监管，而这部分的卫生监管目前基本处在空白状态。本次政府东门整改正是试图解决这个问题。但目前仅停留在整顿违规摊点方面。

2. 政府部门检查的项目和方式单一

我们小组在对政府部门进行访谈时得知，政府部门对商家的检查项目只包括：服务人员有无健康证，店面有无卫生许可证，整体卫生状况如何（检查人员凭感觉）。并不会对每个商家具体的观察和分析，主观色彩浓厚，缺乏客观实际的标准。

3. 政府部门监管频率低、成本高

据政府部门有关负责人介绍，对商家的卫生检查大约一年2～3次。且检查时间较为固定，这就为商家信息造假、应付检查提供了极大的方便。就本次柳浪湾整改效果来看，仍有部分违规摊贩与检

查人员"打游击战",占道经营。

4. 目前政府部门监管存在职责划分不清的问题

据温江区卫生监督执法大队副大队长介绍,根据去年实施的《中华人民共和国食品安全法》的规定,目前对西财东门外的餐饮业的监管方有卫生局、城管、工商局等部门,职责划分不明确。这导致东门外的餐饮卫生监管存在诸多交叉和空白。此外,目前政府部门对于检查出问题的商家的处罚和商家后续整改问题的监督有待加强。

因此本小组认为:仅仅依靠政府部门来解决东门外的食品安全问题不具有现实的可行性和有效性。

（二）在校大学生监管存在可行性

而与政府部门及其他监督机构相比,在校大学生有着地缘和时间上的优势,能够对校园周边餐饮业实施经常性的监督。另外,由于校园周边餐饮业的卫生状况直接关系到在校生的食品安全问题,在校大学生比其他群体更具有监管动机和积极性。因此,我小组试图从在校大学生方面探讨实施监管的可能性。

为此,我小组于2010年7月9日前往绵阳,对西南财经大学天府学院正在实施的"校外餐馆卫生监管行动"进行实地调研。并相继采访了我校勤工俭学"图书馆管理"团队的现任负责人李冰辉同学和两个工作人员。

与李冰辉同学的访谈报告显示:勤工俭学的同学自身的服务和劳动意识比较浓厚,自身工作责任感较高。这些自身素质很大程度上帮助同学踏实完成工作。同时,通过志愿报名和培训的成员对团队有义务和归属感,会从主观上接受任务,完成任务。这样的一个自主团队没有利益的牵涉,容易使团队氛围和谐,且不会为了某些利益而对工作应付了事。此外,专门组织的一个团队从头做一件事,团队成员目标明确且容易建立组织文化和传统氛围。

通过以上分析,我们小组初步认为成立一个志愿团队来负责对我校周边餐饮业实施卫生监督是较为可行的。但也可与校内现有学生组织合作,利用现有资源和组织保障,以保证项目能长期落实。

三、监管对象

作为监管客体,商家对该项目的态度和立场是监管能否持续进行的关键。

在与商家的交谈过程中我们了解到:该街区内商家多为外来人员,在财大校区建成之后才陆续前来做起生意。其中小规模摊贩从前多是农民,缺乏从商经验,不了解学生消费需求,缺乏良好卫生习惯。规模稍大的店铺老板则多为在本地或外地有从商经验并有一定经济基础的个体户。

由于金强大学城商业区的建成及周边商铺的日渐增多,商家们已感觉到日渐增强的竞争压力。他们试图采用发传单,为校内活动提供赞助,在校内各种刊物、网站上打广告,做宣传等方式提高知名度。但从对我校在校生饮食消费习惯的调查中不难发现,这些传统的宣传方式已不再有效。调查中97%的同学表示他们选择餐馆时信赖朋友推荐和自己尝试,而不会轻信宣传单或是广告。餐馆在同学中的"口碑"已经成为同学们消费的第一导向。

此外,从2010年6月起,为改善柳浪湾片区市容市貌,消除消防、卫生、用电、用气等安全隐患及油烟噪声扰民问题,温江区政府联合温江区工商局、卫生局、城市管理行政执法大队等多个政府部门对柳浪湾片区内的商铺进行了综合整治行动。

截至 9 月 1 日，柳浪湾片区内占道经营的摊贩已全部迁至新建成的综合市场或者另行租借铺面经营。此次整治行动给商家经营带来了严重的影响。新落成的综合市场位于柳南三路的南端，距我校东门约有 12 分钟的步行路程，难以吸引客源。因此一些商家采取自行租借或联合租借铺面的方式。但如此则要担负比原来高出 3 倍的房租（原来平均每个摊点 500～600 元/月，现在平均每个摊点 2000～3000 元/月）。在走访中我们了解到，大部分更改了经营地点的商家营利状况都受到了不同程度的影响。通过一家卖粥老板朋友的转述，这家粥店在搬迁前日均销售 1000 碗粥，搬迁后下降到 200～300 碗。目前，摊贩联合租借门面的有两处，一处有 11 个摊贩，租借了一个能容纳近 120 人的店面，形成一个小规模"小吃城"（房租 28 万/年）；另一处有 4 家摊贩联合租借了能容纳 60 人的店面。

此次整治行动给商家经营带来了影响。而对大多数以此为生的商家而言，这一影响更是异常严重的。因此，商家们现在具有强烈的宣传意愿和合作动机。

四、监管方式（案例分析：天府学院卫生监管行动）

为探寻合适的监管方式，我小组从西南财经大学天府学院正在实施的"校外餐馆卫生监管行动"中吸取经验。

（一）西南财经大学天府学院监管项目实施客观条件

西南财经大学天府学院卫生监管项目的实施背景、客观条件与我校现状存在极大不同：其活动是为了配合绵阳市政府相关部门发起的"整顿绵阳餐饮业卫生情况"的项目而开展的。他们有政府作为支撑，具有更广泛的资源。例如，更容易获得卫生监管大队的培训。

1. 商家竞争环境

西南财经大学天府学院内共有学生近 20 000 人，而校外只有 28 家餐饮店。学生如不在校内的 3 个食堂或这 28 家餐饮店就餐就需乘坐 20 多分钟的公交车前往市区才有其他餐馆。调查时我们发现，就餐时间该 28 家餐馆全部座无虚席。

2. 商家与校方的依附关系

西南财经大学天府学院校外餐饮铺面属于学校产业，其用水用电依赖于天府学院，这让学院和商家间存在一定依附关系。

（二）项目实施方式

根据对该项目负责老师王国以及参与项目实施的学生会成员的访谈，我们了解到该项目具体实施方案及人员分工如下：

王国老师作为该项目的总负责人，平时负责协调、指导学生工作；与绵阳市卫生执法大队联系，组织对监管人的培训（每学期 3 次）；商家不合作时出面与商家协商。

每周，学院学生会宿管部部长负责将对 28 家餐饮店的监管任务分配至 5 个宿舍片区的学生会宿管部，由各片区学生会宿管部成员携检查表对商家进行卫生检查，检查完成后所有表格交回学院学生会宿管部进行信息汇总，并在校门口一块写有各餐馆名称的公告栏上以贴五角星的形式将监管结果公布。具体流程如图 6 所示。

宿管部部长分配监管任务 　部员对商家进行卫生检查 　检查表汇总公布检查结果

图6　监管流程图

此外，每两周学院学生会宿管部部长将和各片区宿管部部长一同对每个监管实施人的工作进行评定，选出监管工作认真负责的同学给予每次5元的奖励。宿管部长在访谈中谈到，这种打分不可避免地带有主观色彩，而且也难以确切考证监管调查表的真实、准确性。

当检查结果显示某商家卫生状况不合格时，将先由学生出面进行沟通，劝其整改。当商家不接受检查或不接受整改意见时由校方出面协调，如仍不合作的，校方将停止对其供水供电。

（三）项目实施效果

访谈时，王国老师认为项目达到了他们当初建立"卫生监管队"的目的。效果主要体现在乱摆摊现象已被杜绝。虽然有两家多次受到卫生执法大队通报整治的餐饮店，店主始终不予以配合，但整体来看，学校内外的餐饮店已较为规范。

然而不配合监管的餐饮店主表示："只要我们的味道好、服务好，学校的监管结果公告根本不影响生意。"店主认为校方无监管权，应该由卫生局监管。并对利用水电供应控制来要求整改表示不满。

对于普通同学，"您觉得学校卫生整改行动是否有效果？"问卷调查结果如图7所示。

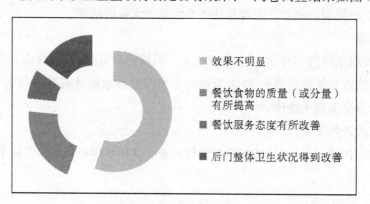

- 效果不明显
- 餐饮食物的质量（或分量）有所提高
- 餐饮服务态度有所改善
- 后门整体卫生状况得到改善

图7　学生对项目效果的评价

同时，据监管实施人透露，有时为图方便省事，他们常常没去检查，在调查表上胡乱编造信息，上交应付了事，或是找前几周的调查表照抄。由此造成监管结果在同学们中不具有公信力。对该项目的建议一栏有同学写道："希望信息及时更新"、"不要流于形式"、"把评级的标准公告"、"加强监督和管理，将政策落在实处"、"公布具体检查结果"等。

通过以上调查分析我们认为：西南财经大学天府学院该项目的实施并未落到实处，成效并不显著。

（四）项目失败原因分析及经验借鉴

我小组认为：将监管工作作为学生会成员的例行工作之一，带有强制性的行政色彩，监管实施人并非自愿承担此项工作，不认可该工作的意义，因此在工作中弄虚作假、敷衍了事，严重影响了项目的实施效果。其次，校方与商家的沟通不到位所导致的商家不配合也是失败的重要原因。再者，信息公告方式及公告内容选择不当。简单的评级无法将具体的卫生信息传达至学生，导致监管结果缺乏公信力。综上所述，我小组总结出以下几点值得借鉴的经验：

1. 双赢监管模式更具可行性

即使是在校方和商家间带有一定依附关系的天府学院，商家不配合的情况也屡屡发生。因此，我们认为，单纯的卫生监管无法得到商家的配合，我们需要寻找一种能够达到双赢效果的监管模式。

2. 对监管实施人的培训值得重视

天府学院虽然计划每学期请卫生监督执法大队前来培训3次，但并未落实。最近一年内未对监管实施人进行任何形式的培训。这导致监管实施人缺乏卫生监管相关知识及技巧，使监管流于形式并进一步导致监管实施人不实施监管，胡编乱造卫生信息。

3. 制订细致、切实、可操作的监管标准

天府学院所制定的监管标准（见调研报告）细致、切实、可操作，这给监管工作的开展创造了重要条件。

4. 对监管实施人的工作评定需要客观公正

天府学院卫生监管项目对监管人工作评定的主要方法是对检查表的信息完整程度、填写态度打分。据学院学生会宿管部部长介绍，评定过程多凭感觉进行主观判断，字迹是否工整漂亮也常常是影响评分的因素。

5. 加强与商家沟通

天府学院该项目使用行政命令的方式逼迫商家接受监管，否则将停止对其供水供电。这一方式导致商家与监管者之间的矛盾激化，容易使商家联合起来形成同盟抵制监管。故监管者应加强与商家的沟通，对项目达成共识。

6. 监管结果的公告方式和公告内容须具体、清晰

天府学院监管结果只以贴五角星的方式公告不够具体清晰。学生无法从3个或5个五角星中辨别出各餐馆的具体卫生状况。同时，贴五角星的方式也没有对同学们形成卫生意识的警示作用。相比之下，政府部门在校内公告栏上贴出的某餐馆大肠杆菌超标的质检报告更受同学们关注。

结论与建议

一、分析结论

通过调研分析，我们认为：我校学生与东门外餐饮店形成了稳定的供求关系；我校东门外餐饮店卫生状况堪忧；我校学生对校外餐饮店存在较大信息需求且目前无法满足。因此，加强对校外餐饮业的卫生监管，并将监管结果通过一定渠道传达给我校在校生已经十分必要。

然而，仅仅依靠政府部门来解决东门外的食品安全问题不具有现实的可行性和有效性。而由于校园周边餐饮业的卫生状况直接关系到在校生的饮食安全，在校大学生比其他群体更具有监管动机和积极性，因此从在校大学生中成立志愿团队来负责对我校周边餐饮业实施卫生监督是较为可行的。也可与校内现有学生组织合作，利用现有资源和组织保障，以保证项目能长期落实。

目前我校东门外餐饮业竞争异常激烈，商家具有强烈的宣传意愿和合作动机。因此，如果能够设

计出一套双赢的监管模式并与商家进行充分沟通，获取商家的合作是可以实现的。

对于监管方式的选择，我小组从天府学院校内外卫生监管项目中吸取经验，认为：监管方式应能实现学生与商家的双赢；对监管实施人的培训值得重视；要制定细致、切实、可操作的监管标准；监管结果的公告方式和公告内容须具体、清晰等。

二、监管及信息公布方案设计

针对研究结论，我小组提出了一套适合西南财经大学柳林校区周边餐饮业的卫生监管方案。该方案中在校大学生作为监管实施人对高校周边餐饮店进行卫生监管，通过网络信息平台公布监管结果，并给店家提供信息发布平台，力求达到学生与店家的双赢。

（一）监管方式设计

1. 监管主体

方案一：与学校学工部合作，将对校园周边餐饮业卫生监管项目纳入"勤工俭学"范畴，从提出勤工俭学申请的学生中进行志愿者选拔。

方案二：与公共管理学院学生会社会工作部合作，由该部门招募志愿者，组织安排监管行动及公布信息等工作。

2. 监管实施人团队组织架构（如图8所示）

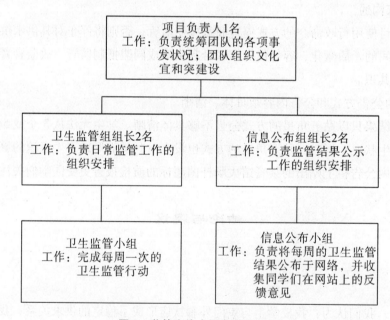

图8　监管实施人团队组织架构

3. 团队志愿者的选拔、培训和退出

机构招募核心人员3人，任期一学期至一年。普通组员从自愿报名的志愿者中进行面试选拔。对所有成员进行为期一周的培训，内容包括组织的工作目的、每次的工作内容、工作时间、工作要求和工作技巧等。普通组员任期为1个月，以增加人员流动性，减少商家行贿的可能，同时防止因为长期重复同样工作造成的倦怠。每月择优挑选2名优秀志愿者留任，做下月组长并对下月志愿者进行培训。

4. 各小组的工作内容

卫生监管小组：每周由卫生监管小组组长选定时间发放《餐饮店卫生检查表》（见附录3）、分配监管任务，志愿者24小时内完成对所负责商家的卫生检查并将检查表交至组长处。在任务分配方面，要求每家商家必须由二三名志愿者共同前往进行检查，可适当交叉重复检查。检查过程须拍照记录，检查表上须有志愿者及商家的签名。进行卫生监管时还须将上周网站上同学们对该商家的意见信息反馈给商家，同时记录商家需要在网站上发布的信息。监管完成后由卫生监管小组组长将监管结果交给信息发布组组长。

信息发布小组：组长接到当周监管结果后须组织组员对结果进行统计整理，并将结果及商家需要发布的信息发布于网站上。并于下周检查前将本周网站上同学们的反馈信息打印交至卫生监管小组组长处。同时负责日常网站维护工作。

5. 与商家的合作

目前，我们已获得7家餐馆的口头合作承诺。在后续研究中，我们将与更多商家展开洽谈，重点表明该项目的非盈利性质及实现商家与学生双赢的目标。与商家签订合作意向书。在店内张贴宣传海报，包含项目介绍、商家承诺、投诉电话、网址、学生反馈意见等信息。

6. 与政府部门的合作

在前期与政府部门的沟通中，该项目构想获得温江区卫生局、柳浪湾街道办事处相关负责人的认可。他们承诺在项目实施中给予必要帮助。在后续研究中，我们将主要在监管人员培训和处理卫生状况差却不接受监管的商家时寻求与政府部门的合作。同时，我们还会把每周的质检报告送交政府。

（二）信息公布方式（网站的内容及运作管理）

为了更好地实现信息沟通和监管透明，监管需开发一套食品卫生监管—评价系统，本系统是学生用户和商家用户间经过 Internet 进行的信息交流活动。提供了信息交流服务平台，志愿者通过对商家信息的更新和卫生调查结果进行录入，学生用户的访问，可以熟悉并了解商家的卫生信息、服务评价、促销信息等。

当食品卫生调查数据、商家信息需要被分享时，用一个交互的系统来实现交互的功能最为合适。通过志愿者的信息发布，学生可以了解到商家的食品安全、卫生等方面的信息；通过学生的评价，也可为商家提供改进服务质量的可能。因此，在客户需求下，我们建议开发近似于 blog 评价系统。

1. 产品功能

产品的功能至少应当包括：用户登录、注册；商家卫生信息发布；商家促销信息发布；商家服务留言板；商家相册；学生评价收集；学生反馈分析。见表2所示。

表2　产品模块功能简表

模块名称	功能名称	功能描述
登录、注册	实现用户登录	已有用户可登录本 blog
	新用户注册	新用户注册成本 blog 用户
商家信息发布	卫生信息发布	对商家的卫生调研信息进行发表
	促销信息发布	商家提供的促销信息发布
	修改	对已经发表的日志进行修改
	更新	定期对商家调查信息进行更新

表2（续）

模块名称	功能名称	功能描述
服务留言板	给商家评论	对商家的服务提出评价
	管理留言	删除留言
相册	添加相册	对相片进行分类添加相册
	上传相片	上传新的相片
	管理相片	管理相片
评价管理	评价录入	将评价收纳入数据库并进行分析
	评价删减	对部分不合理评价进行删除

软件应具有可管理和可维护性，包括：当需求发生变化时的伸缩扩展能力、当技术发生变化时的伸缩扩展能力、当业务发生变化时的伸缩扩展能力和当运行环境发生变化时的伸缩扩展能力等。数据库的管理包括：数据库的设计、数据库的性能、数据库的兼容等。详细要求见表3所示。

表3　主要质量属性详细要求简表

主要质量属性	详细要求
正确性	数据精确
健壮性	遇到异常数据系统会自动处理，不会出现运行错误
可靠性	安全可靠、长期运行稳定
性能、效率	性能稳定，响应时间短
易用性	做到人性化设计，快捷键操作
清晰性	数据简单明了、清晰易懂
安全性	采用高级数据加密技术以及软件本身安全加密
可扩展性	可进行扩展
兼容性	可以与各操作系统以及最新硬件软件的兼容
可移植性	可以移植到别的操作系统中

2. 关于网站开发、运营的风险

因为在软件开发过程中，会遇到各类问题，因此各自都有所要承担的风险。首要风险承担者包括：任务提出者，主要承担项目在开发过程中因为提出方原因所带来的风险；软件开发者，主要承担项目开发过程中间所遇到的问题，以及后期使用过程中所出现的问题。

3. 关于运行环境

软件环境：①系统基于一般能够正常使用的计算机硬件平台之上；②系统可以在 Microsoft Windows XP Professional（Service Pack）版本、Microsoft Windows Service 2003 版本以及 Microsoft Windows Visitant 以上版本使用；③支撑 MySQL Server 5.1 数据库环境。

硬件环境：刀片服务器（机架式服务器）1 台（也可与其他工程共享）；100G 存储

4. 关于产品遵循的标准或规范

考虑到成本问题，建议系统采用 MySQL 数据库，使用 Java 平台进行开发，采取 B/S 架构。数据库设计原则上符合第三范式，且规范、易于维护。采用面向对象程序设计，保证系统的可维护性、可扩展性。

5. 关于安全性、可用性和扩展性

安全性包括数据传输的安全、数据访问安全、存储安全等几个方面。可用性和扩展性分为应用方面和性能方面：其中应用方面包含系统上线后的运行时间（7×16h）和维护时间（7×24h），性能方面包括系统的容量和响应时间（分为日常提交信息响应时间、日常查询响应时间、批量处理响应时间等根据具体项目情况可以增减）。

（三）项目效果评价方案

1. 目的

检验监管方案在运行后是否能真正改善东门餐饮卫生状况并为同学提供有效信息，是我们后续研究的一个必要环节。

经过讨论和构思，本小组决定采取对西南财经大学柳林校区的部分在校学生进行问卷调查的方式来检验监管方案和网络平台在正式运行后的效果。

2. 抽样框的确定

经过分析，我们决定抽取一部分在校同学进行问卷调查。为了方便进行问卷调查和抽样，我们决定将我们科研小组成员所在五个班的 231 名同学名单按学号排序后进行编号，以此作为抽样范围，编制抽样框。

3. 抽样方法

设计出了抽样框后，我们决定在抽样框内使用随机抽样的方法，采用抽签的方式或按照随机数表来抽选必要的单位数。

4. 样本容量的确定

问卷调查的抽样框是西南财经大学柳林校区在校五个班的 231 名同学的名单。要确定样本容量（每次我们抽取进行问卷调查的同学人数），运用统计学的相关知识，我们首先假设对总体比例的估计误差不能超过 10%，置信度为 90%，因为没有现成总体成数的数据，所以 p 取 0.5，即方差 p $(1-p)$ 取最大 0.25 来计算样本容量。

计算总体成数抽样极限误差时的公式为

$$\Delta p = Z_{\alpha/2} \cdot \sqrt{\frac{p\ (1-p)}{n}}$$

用估计总体成数时样本量的公式计算，则应抽取的样本量为

$$n = \frac{Z_{\alpha/2}^2 \cdot\ p\ (1-p)}{\Delta p^2}$$

式中，n 为样本容量；p 为总体成数；$Z_{\alpha/2}$ 为标准度；Δp 为抽样估计误差；$1-\alpha$ 为置信度。

则当置信度为 90% 时，$Z_{\alpha/2}$ 为 1.68，p 为 0.5，Δp 为 0.1，则此时样本量 n 为 70。

5. 具体操作方法

将 5 个班的 231 个同学在 Excel 中按学号汇总，然后用 Excel 生成随机序列，将 231 名同学按姓名随机排序。

每周取固定数额对比每周从上至下选择 70 人进行问卷调查，以检验监管方案是否起到作用。对比监管方案实施前后数据，运用统计相关知识检验差别。

参考文献

［1］宗庆后. 关于完善食品监管体制 统一食品安全标准 规范食品抽检程序的建议. 商品与质量, 2010 (4).

［2］刘亚平. 中国食品监管体制：改革与挑战. 华中师范大学学报（人文社会科学版），2009, 48 (4)：27 - 36.

［3］罗建农. 完善食品监管工作的几点建议. 财政监督, 2009 (5)：39 - 40.

［4］姚作汀，徐星明. 加强质量管理确保食品安全——中美食品监管模式比较研究. 浙江经济, 2008 (20)：41 - 43.

［5］李泽峰. 食品监管中有关问题的剖析. 中国食品卫生杂志, 2009, 21 (3)：258 - 261.

［6］王维. 瑞士食品监管. 农产品市场周刊, 2009 (30)：36 - 37.

［7］徐忻，冯赳善. 食品卫生监管中感官鉴别的实用性探究. 中国卫生法制, 2007 (5)：25 - 30.

［8］广东省工商局. 解决食品监管中的突出问题抓好监管手段创新. 工商行政管理, 2010 (2)：39 - 40.

［9］丁航，徐丽珠. 食品监管的公共选择理论依据. 东方企业文化, 2010 (4)：167.

［10］陈献文，卢江. 由卫生行政处罚探索经济发达地区食品卫生监管的重点. 中国卫生监督杂志, 2007, 14 (3)：213 - 214.

［11］张海潘. 软件工程导论. 北京：清华大学出版社, 2008.

［12］中华人民共和国食品卫生法. 1995 - 10 - 30.

［13］中华人民共和国卫生部. 食品卫生监督程序. 1997 - 03 - 15.

［14］中华人民共和国食品安全法. 2009 - 06 - 02.

附录

一、《对我校学生在东门外就餐情况的调查》

对我校学生在东门外就餐情况的调查

您所在年级和专业：_____

您的宿舍所在园区：_____

您的性别： □男 □女

1. 请问您平均每周有几餐饭出东门吃？

A. 0～1 次 B. 2 次 C. 3～5 次 D. 6～9 次 E. 10 次以上

2. 您一般出去吃饭的原因是什么？

A. 同学聚餐、社交 B. 改善伙食 C. 顺路

D. 性价比高 E. 错过饭点 F. 其他_____

3. 您是通过什么渠道了解到平时常去的餐馆？

A. 别人推荐 B. 自己探索 C. 草堂茗香 D. 百度贴吧 E. 其他_____

4. 将您在选择一家餐馆时最看重的因素是什么？

A. 味道 　　　　B. 特色距离　　C. 价格 　　　　　D. 卫生和环境 　　E. 服务态度

5. 您对东门外面餐馆的卫生状况是否满意？

A. 非常满意 　　　　　　　　　B. 比较满意

C. 不满意，但还是要去吃 　　　　D. 不满意，所以很少去吃

6. 您在东门外餐馆有没有（或者听说过）权益受到侵害的经历？如果有，是_____

7. 您希望了解东门外餐馆的哪些信息？（可多选）

A. 食物来源 　　B. 价格 　　C. 味道与特色 　　D. 卫生情况 　　E. 地理位置

F. 服务态度 　　G. 受欢迎程度 　　H. 是否用地沟油 　　I. 有无配套服务（如外卖）

J. 新开的餐馆情况 　　K. 其他_____

二、《天府学院学生调查问卷》

对天府学院同学的调查表

1. 在您选择学校周边餐馆就餐时，食品卫生状况是您考虑的第几要素？

A. 第一 　　B. 第二 　　C. 第三 　　D. 其他_____

2. 请问您知道学校在对校内及周边餐饮店卫生、服务状况进行监管吗？每周是否都会关注公告栏的更新？

A. 知道，很仔细关注 　　B. 知道，粗略关注 　　C. 知道，不关注 　　D. 不知道

3. 您会因为学校公布的信息而改变自己就餐地点的选择吗？

A. 会 　　　　　　　　B. 得分特别高（低）的会尝试（不会去）

C. 不会 　　　　　　　D. 对不熟悉的餐馆会参考评分结果

4. 您觉得学校该项行动是否有效果？如果有，体现在以下哪些方面？（可多选）

A. 效果不明显 　　　　　　　　B. 餐馆食物的质量（或分量）有所提高

C. 餐馆服务态度有所改善 　　　　D. 后门整体卫生状况得到改善

E. 其他_____

5. 对于校园周边餐饮店铺，您是否还想获得更多信息？

A. 否，现在公布的信息已足够

B. 是，想了解_____

6. 请问您对学校实施的该行动有什么样的建议和意见？

三、《东门外餐饮店卫生调查表》

餐饮店调查表

卫生

1. 就餐区

（1）空气质量（是否有装修材料等产生的异味、空气流通情况）

（2）苍蝇、蟑螂等虫害的情况

（3）店内桌椅摆放的整齐拥挤情况

（4）墙面、桌椅、地面的整洁干净情况（油污、垃圾、水渍等）

（5）店内垃圾的清理是否及时

（6）餐具及纸巾的洁净情况（是否有消毒，茶杯上的茶渍、碗筷上的油污、饭渍等）

（7）茶水、饭菜的洁净情况（是否隔夜、是否茶水浑浊、饭菜内有无异物等）

2. 食品制作区

（1）制作区的环境整洁情况（包括地板、台面、墙壁、柜子、水槽等）

（2）制作区工作人员的个人卫生情况（是否有健康证，制作食物时是否戴帽子、口罩、手套等，收钱与制作食物是否分人进行）

（3）食材的来源及食材是否合格（米面油盐糖等）

（4）食材的存放

（5）处理生熟食物时是否有分开

（6）厨房用具的卫生情况（刀、盘、锅是否有及时清洗等）

质量

1. 饭菜、饮品的分量是否足够（整体份量，是否配菜多主菜少）

2. 味道是否可口（不偏咸、偏油等）

服务

1. 上菜速度

2. 服务人员态度

3. 是否能及时满足客人需求

调查餐饮店名称：　　　　餐饮店编号：　　　　志愿者名字：　　　　调查时间：

国际化视角下的灾后重建融资模式

——基于都江堰市基础设施重建和住房重建的调查研究

孙哲　付婷婷　吴浩宇　张宏阳　徐奕宏

【摘要】"5·12"汶川特大地震给四川地区的经济社会发展带来了严重的灾难，如何选择融资模式，如何有效运用重建资金，成了灾后重建工作应该首要关注的问题。本文基于对四川省都江堰市基础设施重建和住房重建的客观事实，结合经济学相关知识，以国际化视角对二者的融资状况展开调查研究，总结出筹集足够重建资金的有效融资模式及对于重建资金的合理高效利用方法，产生借鉴意义。

【关键词】灾后重建融资模式　基础设施重建　住房重建

一、项目的研究目的和理论意义

"5·12"汶川特大地震给四川地区的经济社会发展带来了严重的灾难。在经历了伟大的抗震救灾之后面临的便是灾后重建工作，灾后重建包括城市规划、基础设施建设、公共服务设施建设等，这些都需要大量经费。而这些巨额资金仅仅依靠国家财政拨款显然是不够的，需要动员全社会的资金，包括从资本市场筹集资金等才能满足重建的需求。如何选择融资模式，使得融资活动既能获得充足的重建经费又能保持国家经济社会的可持续发展；如何有效运用重建资金，成了灾后重建工作应该首要关注的问题。

城市基础设施重建和住房重建是城市经济和社会各项事业发展的重要基础，对于城市的可持续发展意义重大。本项目组选择基于都江堰市基础设施重建和住房重建的调查研究观察国际化视角下的灾后重建融资模式，旨在通过比较各国基础设施和住房重建两个层面的融资模式，结合经济学相关知识，运用区域经济、灾害经济学等相关理论，通过实地调研的具体方式，总结出筹集足够重建资金的有效融资模式及对于重建资金的合理高效利用方法，以产生借鉴意义。具体如下：

1. 契合"三新"精神，服务建设世界田园城市

本课题组本着服务城乡经济发展的宗旨，为提高个人社会实践能力以及团队协作能力，选取创新的实践课题，深入都江堰进行暑期调研。通过对都江堰灾后重建工作的相关调研，结合我们所学习的区域经济学、环境经济学、产业经济学、统计学、社会学等跨学科知识，利用 Excel、Spss 等软件进行调研数据处理，以求得出具有学术价值的成果。在服务城乡发展，为国家城乡统筹发展作出自己的贡献的同时，进行学术调研，寓学于乐，将理论学习与社会实践完美结合。

2. 深化研究成果，解决实际问题

本课题组在之前研究成果的基础之上，通过此次活动，将定量分析与定性分析相结合，针对都江堰灾后重建过程中的成效进行总结，对产生的问题提出政策建议。同时，提炼都江堰发展的成功经验

并推广，努力对其可持续发展道路进行更加深入的研究。

3. 都江堰模式的借鉴意义

本次调研，旨在对以地震为代表的灾害进行经济学层面的理论解析，从以定性分析为主的灾害经济学的层面上讲，灾后重建正是一个将已经发生的既定损失减少的过程，也就是所谓的"负负得正"原理。通俗地讲，灾害对经济发展的作用无疑是破坏性的，但在经济发展进程中，灾害条件下的经济却不一定表现为负增长，因为影响经济发展和经济增长的要素还有资源要素、技术要素、劳动力要素、资本要素等，任何一种要素都能够对经济发展产生促进和阻碍作用。因此，考察灾害与经济发展的宏观关系，还需要考察整个经济发展进程中的所有影响因素。在此，可以通过理论假设来考察灾害所带来的不同经济后果。

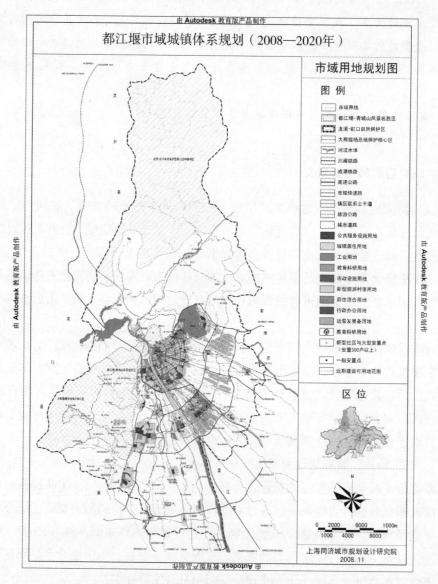

图1 都江堰市域城镇体系规划图

灾后重建的规划过程中，都江堰市建立了在全境范围内发育成相辅相成、浑然一体的宏观旅游网络格局以及以旅游业为基本支撑面的产业格局，促进了都江堰市的旅游经济的回暖，吸引了大量的游客观光旅游，促进了都江堰市的旅游经济的增长，从而保证了经济的发展。旅游业作为都江堰市的拳头产业，在地震中受到了严重的损害，但是在广大人民的努力下，都江堰市的景区在很短的时间内恢复了开放，同时也很快的开放旅游，保证了在灾后困难时期的经济稳步增长，重构风景名胜体系，促进区域旅游突破性发展，为都江堰走向国际旅游城市迈出了坚实的一步。与此同时，这种以地区特有的权重产业带领整个产业经济的回暖模式，对于其他受灾地区是具有借鉴意义。

二、研究成果的主要内容

都江堰的基础设施重建资金由中央地震灾后恢复重建基金、地方政府投入、对口支援、企业自筹、银行贷款、社会募集、创新融资等多渠道筹集。此外，都江堰还通过整合、统筹城乡资源，并采取银行贷款、产权置换、引导民众自筹等方式破解资金缺口，创新融资机制，两年来累计获得近 400 亿元重建资金，为基础设施的恢复重建提供了有力保障。为实现资金使用透明化、规范化，都江堰还创新了资金管理机制，打造援建资金封闭管理体系，实现了对援建资金拨付的全过程控制。

都江堰用统筹城乡的思路和方法引导住房重建，不断探索和创新城乡住房重建融资模式。震后，都江堰提出了原地重建、统规自建、统规统建、异地安置、维修加固等多种形式，群众可根据意愿自由选择，初步缓解了资金压力。将农村住房重建同土地产权制度改革相结合，实施土地确权颁证创造了融资条件，从而引入社会资金联建住房，形成了"指标换住房"、"产权融资建房"等农村住房重建模式，构建了群众自筹、政府补贴、担保贷款、上海支援、社会投资的多元化投入机制，破解了住房重建融资难题。由于城镇没有宅基地、集体建设用地等土地资源，所以采取"大联建"方式，将愿意在同一社区内重建的住户联合起来组合重建，同时推进安居住房和廉租住房建设，顺利推进了城镇住房的恢复重建。

（一）都江堰概况

都江堰市位于成都平原西北边缘与岷山山脉交界处，是成都市"旅游副中心，居家副中心，会议副中心"。地震前，都江堰市经济发展势头迅猛，2007 年全市 GDP 位居成都市三圈层区（市）县之首，地方财政收入在成都市 19 个区（市）县位居第四位，仅低于双流县、龙泉驿区和温江区，但人均地区生产总值仍远低于成都市平均水平。从产业结构看，都江堰市"三二一"特征明显，得天独厚的资源优势和紧邻大成都的区位优势，使都江堰市以旅游业为支撑的服务业发展优势突出，成为成都服务业扩张的重要区域。

1. 灾害损失

"5·12"汶川特大地震发生在龙门山中央断裂带，给都江堰市造成的破坏巨大。地震造成 3091 人死亡，10 560 人受伤，191 人失踪，受灾人口达 62 万人。中心城区受到重创，山区、沿山区道路毁损严重，95% 的房屋倒塌或严重受损。交通运输、水利工程、教育、卫生、文化以及国土资源等不同程度遭受破坏和影响，青城山—都江堰世界文化遗产、龙溪—虹口国家级自然保护区受到严重破坏，旅游业遭受重创，农业、工业损失重大，直接经济损失高达 537 亿元，见表 1。

表1　都江堰市灾害损失情况统计

直接经济损失（亿元）		537
受损耕地（亩）		4592.54
城镇居民住房	倒塌或损毁（万平方米）	70.67
	严重破坏（万平方米）	309.63
农村居民住房	倒塌（万平方米）	366.4
	严重受损（万平方米）	1066.02
损毁农村公路（公里）		853
受灾学校（所）		92
受损卫生服务机构（个）		72

2. 灾害影响评价

地震给都江堰市造成巨大破坏，但发展根基并未动摇。一是核心资源仍在。国家级、世界级旅游资源青城山—都江堰、大熊猫栖息地等核心景区只是局部受损，遭受重创的大多为旅游设施，主要的资源条件未受到根本性的改变，旅游发展的基础仍在。二是优越的生态环境并未因地震而改变。三是区位交通优势仍然明显。灾后，都江堰市作为救援部队最先到达的地方，最先被关注，其区位优势及交通优势在另一个侧面被反映出来。

灾后重建为都江堰市提供了新的发展契机。地震是一场自然灾难，对社会财富的破坏不言而喻，但从另一个角度看，灾后重建又为结构调整和经济快速发展创造了新的契机：一是灾后重建创造了巨大的投资需求，重建工作本身即构成当期的国民生产总值。二是灾后重建工作将在科学评价区域资源环境承载力的基础上展开，城市科学规划将为都江堰市打造全新的国际旅游城市创造条件，更为产业发展带来调整升级的契机。三是城乡住房建设为房地产业发展提供了一定空间。四是上海援建提供了都江堰市与上海全方位对口合作的机会，上海先进的发展理念、管理体制和工作机制将对都江堰市产生较为深刻的影响。

3. 重建目标

到2010年，率先在全省完成灾后重建的主要任务，群众生活生产条件、公共服务设施、基础设施全面恢复并超过灾前水平，初步形成城乡经济社会发展一体化新格局，社会和谐稳定。

——全面完成灾毁住房重建工作，确保城乡无房和危房居民每户有一套安全、实用、卫生的房屋。

——基本形成城市新区（聚源）的承载力，构建功能完善的新型城镇体系。

——恢复完善受损的交通、通信、广电网络、能源、水利等基础设施，满足城乡经济社会发展的需要，实现城乡基础设施一体化。

——实现教育、卫生、文化、广播电视、新闻出版、人口与计生、社会福利、社会保障和政权机构等公共设施的城乡一体化，确保城乡居民享受到基本均衡的公共服务。

——经济结构调整步伐加快，三次产业结构调整到15∶33∶52；城乡居民收入水平普遍提升，城镇居民人均可支配收入达12 000元以上，农民人均纯收入达5800元以上。

——生态功能逐步修复，环境质量提高，防灾减灾能力明显增强。

（二）恢复重建重点任务

1. 城乡居民住房恢复重建

（1）城镇居民住房建设

做好中等破坏房屋加固和轻微损坏房屋维修工作；以安居房为主体，以廉租住房等保障性住房为补充，积极发展普通商品住房，促进二手房交易，以重建工作为契机，进一步优化城镇住房结构体系，丰富住房供应类型，满足不同层次的居住需求。城镇受灾居民的住房建设，力争在 2009 年底前全部开工，在建量达 80%，2010 年底前全部建成入住，恢复重建目标见表 2。

表 2　灾后城镇住房恢复重建

重建规模（万平方米、万套）							投资需求（亿元）				
加固		新建		其中廉租房		配套公建	加固	新建	其中廉租房	配套公建	小计
面积	套数	面积	套数	面积	套数						
762.37	5.65	389.9	4.3	10	0.2	22.78	22.87	83.53	2.5	63.78	170.18

（2）农村居民住房建设

优化调整农村布局，科学选址农村居民聚居点，引导农民向城镇、农村新型社区和聚居点适度集中。尊重农民住房建设意愿，按照"安全、经济、适用、集约用地"的原则，分别采取符合规划原址重建、统一规划统一建设等形式建设，2008 年底前在建量达 60%，2009 年底前基本完成灾后农房重建任务，达到如表 3 所示目标。

表 3　灾后农村居民住房恢复重建

重建规模				投资需求（亿元）		
加固		新建		加固	新建	小计
间数（万间）	户数（万户）	间数（万间）	户数（万户）			
51.1875	8.0283	17.4106	4.3521	24.08	65.8	89.88

2. 都江堰基础设施恢复重建

（1）交通

加快完善都江堰与成都市区以及周边市县之间的交通联系。新建成灌成际铁路 58.457 公里，其中都江堰段 36.95 公里，涉及崇义镇、聚源镇、玉堂镇、幸福镇、经开区、中兴镇、青城山镇，支线 9.77 公里；加快完成对 S106 线、北灌路、蒲虹路、聚青路、彭青路、沙西线、IT 大道等 32 条主要交通干线 535 公里建设与整治；整治乡村公路 450 公里；重建高原大桥、白沙中桥，修复、加固 158 座受损桥梁；新建客运中心枢纽站和青城山交通枢纽站；修复青城后山、龙池、虹口、向峨 4 个乡村客运站。总投资约 135.4 亿元。

表4 灾后交通基础设施恢复重建

序号	项目名称	建设地点	建设内容（项目个数）	开工时间	竣工时间	资金来源	总投资（万元）	里程（公里）
1	北灌路改建工程	天马镇、胥家镇、灌口镇	宽17.5米的道路建设，2008年实施一期	2007.10	2008.09	上级补助政府自筹	1750	8.616
2	蒲阳至虹口公路	蒲阳镇、虹口乡	蒲阳至虹口公路三级26.25公里的公路建设		2009.12	上海市	18 000	26.25
3	虹口旅游路改建	紫坪铺镇、虹口乡	建设虹口旅游路19.482公里，三级		2009.06	成都市交委	9830	14.3
4	龙池旅游公路改建	灌口镇、紫坪铺镇、龙池镇	龙池公路三级35公里的公路重建		2009.06	成都市交委	9875	25.31
5	成灌快速通道（含立交桥及绿化）	胥家镇、聚源镇、天马镇	沙西线都江堰延伸段长11.7公里，宽27.5米道路建设	2008.10	2010.12	成交投公司	87 000	11.7
6	彭青路（彭州至青城山）建设	胥家镇、天马镇、崇义镇、翠月湖镇、石羊镇、青城山镇	二级26.904公里的彭州至青城山公路建设	2007.11	2009.03	上级补助政府自筹	31 566	26.904
7	聚青路（聚源至青城山）	聚源镇、崇义镇、翠月湖镇、中兴镇、青城山镇	建设聚源至青城山一级10.58公里的公路	2008.08	2009.12	上级补助政府自筹	37 800	10.58
8	蒲张路（含复线）	蒲阳镇、向峨乡	长25公里，宽7.5米道路建设	2008.06	2009.10	上级补助政府自筹	6500	26
9	莲花湖旅游公路	项目乡镇	全长10.77公里，沥青混凝土路面，二级公路技术标准进行设计，设计行车速度60公里/小时，路基宽12米，双车道		2009	上级补助政府自筹	15 000	10.77
10	S106 川西旅游环线都江堰段	项目乡镇	S106 川西旅游环线都江堰段37公里改建		待定	成都市交委	46 895	38.32
11	二环路整治	经开区、幸福镇、胥家镇、蒲阳镇、灌口镇	7.2公里道路整治		2008.12	上级补助政府自筹	3000	7.2
12	虹宽路	项目乡镇	改建12.369公里，四级，路面6米		2009	成都市交委	1224	12.369
13	灌温路	项目乡镇	改建13.5公里，二级，改建		2009	成都市交委	2733	13.5
14	玉沿路	项目乡镇	改建29.369公里，三级，改建		2009	成都市交委	7651	29.369
15	青城后山路	项目乡镇	改建18.4公里，四级，改建		2009	成都市交委	2178	18.4
			……					
合计							281 002	1 353 995

（2）通信

根据灾后城镇重建和信息化快速发展的需求，按照"统一规划、集约建设、资源共享、规范管理"的原则，推进信息基础设施合理布局，综合服务能力得到较大提升，公共应急保障和应急指挥体系得到进一步完善，信息基础设施整体水平和可靠性得到全面提高。

（3）能源

恢复重建受损的电力设施，对受损电网进行改造，新建蒲阳、土桥 2 个 220 千伏变电站，新建青城山、城关、聚源新区站、玉堂、河西、土桥、崇义、天马、蒲阳Ⅱ、聚源Ⅱ等 10 个 110 千伏变电站，新建龙池、白沙、虹口 3 个 35 千伏变电站。

表 5　灾后电力基础设施恢复重建

建设时间	项目类别	项目名称	投资（万元）
2008 年	110 千伏项目	青城山 110 千伏输变电工程	5942
	35 千伏项目	白沙 35 千伏输变电工程	1000
		龙池 35 千伏输变电工程	1000
		35 千伏电网改接	2000
		小计	4000
	合计		9942
2009 年	220 千伏项目	蒲阳 220 千伏输变电工程	18 000
	110 千伏项目	都江堰城关 110 千伏输变电工程	5000
		聚源新区 110 千伏输变电工程	5000
		小计	10 000
	35 千伏项目	虹口 35 千伏输变电工程	1000
	合计		29 000
2010 年	220 千伏项目	土桥 220 千伏输变电工程	18 000
	110 千伏项目	河西 110 千伏输变电工程	5000
		玉堂 110 千伏输变电工程	5000
		小计	10 000
	合计		28000
2010 年以后	110 千伏项目	土桥 110 千伏输变电工程	5000
		崇义 110 千伏输变电工程	5000
		天马 110 千伏输变电工程	5000
		蒲阳Ⅱ 110 千伏输变电工程	5000
		聚源Ⅱ 110 千伏输变电工程	5000
		小计	25 000
	合计		25 000
	总计		91 942

图表注：

——以现有城镇供气系统为基础，加快修复彭州至都江堰 219Ø mm 长输管线，并气源单位中石化西南油气分公司大邑—青白江外输管线施工进度情况，同步建设都江堰市第二主输气管线；加快新建都江堰市储气调峰站，迁建蒲阳配气站；大观—安龙—柳街、都江堰城区—虹口、两河天下青城—青城后山泰安寺等天然气输气管线和相关配套设施。

——都江堰市原有规划保留现状加油站 34 座，新增加油站 9 座，至 2010 年加油站总量达到 43 座。由于在此次地震中位于玉堂镇的石牛加油站毁损严重，且周围设施遭到严重破坏，需另行选址迁建。因此，本次灾后重建规划调整为：现状加油站保留 33 座，其中，迁建石牛加油站至新增规划点位，原址重建其余 4 座毁损加油站。

（4）水利

——农村水利基础设施（灌溉渠系）。我市震损灌溉渠系长约 1600 公里，其中严重受损渠系长约 440 公里。亟待整治支渠和较大斗渠约 200 公里，约需资金 2.6 亿元；山区微型水利工程受损 600 余处，亟待整治 400 余处，约需资金 0.4 亿元；恢复重建闸制口启闭及管理设施 77 座，约需资金 539 万元。

——水库。恢复重建龙池水库、月城湖水库、团结水库水库三座，约需资金 2000 万元。

——水土保持设施。治理 13 个小流域 295 平方公里的水土流失，约需资金 2.7 亿元。

——江河堤防。重建岷江金马河、岷江支流、排洪河道、城镇防汛河道堤防 119.01 公里，约需资金 5.12 亿元。山洪灾害防治。重建主要山溪河道 62.2 公里，约需资金 3.39 亿元。

（5）市政公用设施

——加快市政道路、桥梁、绿化等市政工程建设，恢复提升城镇基础设施建设水平。

保障饮用水安全，满足长远需求。加快修复受损水厂及配套管网，新建城市西区水厂、6 座乡镇水厂及供水管网 200 公里，完善农村分散居住群众安全饮水设施，实施水源涵养及水环境保护工程，总投资约 19.9 亿元。

表6　灾后城镇供水基础恢复重建

水厂						供水管网				水源涵养及水环境保护工程（万元）	投资需求（万元）
修复			新建			修复		新建			
数量（座）	供水能力（万吨/日）	投资需求（万元）	数量（座）	供水能力（万吨/日）	投资需求（万元）	数量（公里）	投资需求（万元）	数量（公里）	投资需求（万元）		
20	8	12 000	7	21.2	53 000	382	95 000	200	23 000	16 000	199 000

新建青城山污水处理工程、聚源新区污水处理厂、12 座乡镇污水处理厂和 7 个非建制乡镇污水处理站；新建 165 个居民聚居点污水处理设施；修复城区污水管网 50 公里，新建污水管网 510 公里。总投资约 13.53 亿元。

修复垃圾处理场 1 座，垃圾转运站 24 座，总投资约 1.77 亿元。

加快修复地震造成损坏的市政消防管网，建设青城山景区消防站、聚源消防站、紫坪消防站、石羊消防站，以及人员密集场所、易燃易爆场所等重点防火单位的火灾自动报警远程监控系统。

（6）农村基础设施

新建 50 个农村供水站及配套管网，设计规模为每个 0.1 万吨/日，配套管网为 250 公里，总投资约 1.05 亿元；完成 1838.32 公里的农村电网建设与改造，总投资约 2.76 亿元；新建 6~8 立方米的户用沼气池 3000 口，恢复受损 3500 口，总投资约 1250 万元；新建 15 000 立方米大中型畜禽粪便处理沼气工程，恢复受损 2150 立方米，总投资约 1200 万元；新建生活污水净化沼气池 33 000 立方米，总投资约 2640 万元；恢复重建乡村垃圾收集设施、排水及污水处理设施。

（三）都江堰灾后重建任务完成情况

都江堰市灾后恢复重建规划项目为 1031 个，估算为 398 亿元。截至 2010 年 3 月底，都江堰市灾后恢复重建项目自恢复重建以来累计开工项目 953 个，占项目总数的 92.4%，累计竣工项目 828 个，占项目总数的 80.3%，累计完成投资 301.8 亿元，完成恢复重建目标任务的 75.8%。

（1）城乡住房建设

城乡住房建设主要包括农村住房和城镇住房建设，估算总投资 178 亿元，2010 年城镇住房建设计划完成投资 35 亿元。1～3 月完成投资 5.98 亿元，完成年度投资计划的 17.07%；恢复重建以来累计完成投资 149.9 亿元，完成恢复重建目标任务的 83.98%，其中城镇住房建设完成投资 71.26 亿元，完成恢复重建目标任务的 71.22%。

（2）城镇体系建设

城镇体系建设主要包括市政设施、风景名胜区、历史文化名城名镇名村等，共 43 个项目，估算总投资 60 亿元，2010 年计划完成投资 32.5 亿元。1～3 月完成投资 4.6 亿元，完成年度投资计划的 14.14%；恢复重建以来累计开工项目 37 个，累计竣工项目 13 个，累计完成投资 30.22 亿元，完成恢复重建目标任务的 50.36%。

（3）农村建设

农村建设主要包括农业生产生活设施和以工代赈及贫困村建设等，共 4 个项目，估算总投资 27 亿元，2010 年计划完成投资 8.6 亿元。1～3 月完成投资 4 亿元，完成年度投资计划的 47.02%；恢复重建以来累计开工项目 4 个，累计完成投资 22.61 亿元，完成恢复重建目标任务的 83.3%。

（4）公共服务设施建设

公共服务设施建设主要包括教育、医疗卫生、文化体育、文化遗产（文物）、就业和社会保障、社会管理等，共 427 个项目，估算总投资 56.6 亿元，2010 年计划完成投资 14 亿元。1～3 月完成投资 1.68 亿元，完成年度投资计划的 12.03%；恢复重建以来累计开工项目 359 个，累计竣工项目 288 个，累计完成投资 43.55 亿元，完成恢复重建目标任务的 77%。

（5）基础设施建设

基础设施建设主要包括交通、能源、水利等项目，共 14 个项目，估算总投资 13 亿元，2010 年计划完成投资 6.2 亿元。1～3 月完成投资 1.59 亿元，完成年度投资计划的 25.61%；恢复重建以来累计开工项目 13 个，累计竣工项目 8 个，累计完成投资 9.35 亿元，完成恢复重建目标任务的 70.77%。

（6）生产力布局与产业调整

生产力布局与产业调整项目主要包括工业、旅游、文化、商贸服务和粮食流通、金融服务业等，共 531 个项目，估算总投资 53.8 亿元，2010 年计划完成投资 14 亿元。1～3 月完成投资 2.82 亿元，完成年度投资计划的 20.15%；恢复重建以来累计开工项目 530 个，累计竣工项目 519 个，累计完成投资 43.12 亿元，完成恢复重建目标任务的 80.16%。

（7）防灾减灾

防灾减灾项目主要包括灾害风险治理、应急指挥和救援救助、综合减灾等，共 5 个项目，估算总投资 4.2 亿元，2010 年计划完成投资 3.4 亿元。1～3 月完成投资 5680 万元，完成年度投资计划的 16.91%；恢复重建以来累计开工项目 4 个，累计完成投资 1.32 亿元，完成恢复重建目标任务的31.33%。

（四）基础设施重建融资模式比较

（1）公共基金融资模式

日本在阪神震后创立了阪神复兴基金，由中央政府、地方政府、民间捐赠、赞助的机构与个人等多主体共同筹资。基础设施重建基金被分为两类：第一类是基本基金，主要是政府的投入；第二类是投资基金。基本基金主要是建设基础设施和基本的公共设施项目，而投资基金则是商业性项目，在重建过程中两种基金相互结合发挥作用。公共基金会融资模式的优点在于：①将灾后重建资金由中立的非政府组织管理，便于监督，基金运作规范化、透明化。②基金会能够更多地专注社会重建、生计恢复和文化重建的非规范性、非制度性的应变项目，使资金使用更富于弹性。

（2）国际援助融资模式

印度尼西亚海啸的救灾和重建主要通过国际社会援助的78亿美元融资，政府拨付23亿美元作为恢复重建的辅助资金。此外，印尼政府也建立了一个"多方基金"（Multi - Donor Fund）融资机制，通过与国际社会和民间团体的合作，确保高效统筹资金使用管理用于基础设施重建。但是，由于在国际捐款落实问题上协调不利，印尼产生了地方土地纠纷和官员腐败等问题，严重影响恢复重建的进程。

（3）巨灾保险融资模式

土耳其在马尔马拉地震后，成立了巨灾保险集团，以这种创新的风险融资计划为基础设施重建筹资。巨灾保险集团由政府、民营部门和学术团体的代表组成，它对居民建筑提供强制性保险，以便转移个人和国家预算风险。土耳其巨灾保险集团现在已经成为世界上最大的政府保险机制之一，共向270万土耳其房屋所有人提供了保险金。

（五）住房重建融资模式比较

（1）政府财政补贴

印度古吉拉特邦住房重建的突出特点是由政府财政补助，受灾家庭根据自身需求、速度和意愿，自行安排重建过程。受灾家庭获得住房重建补助的标准取决于统一损失评估方法，保证了透明和合理性。而当地政府则通过提供技术指导，向公众提供20种住房设计供其选择，并允许公众自行设计，但必须符合一定的抗震要求。这种方式确保了重建的住房不是统一设计，而是根据房主和地点的需要进行调整，这符合居民点的自然形成过程。此外，当地政府还将土地使用规划下放给社区管理，保证他们在重建过程中的参与和主导作用。

（2）政府直接出资兴建

土耳其政府在震后一方面出资兴建低成本单元楼，为20万无家可归的人提供住房；另一方面为房屋所有人的住房重建提供了明确的国家担保，将绝大部分的住房重置成本纳入财政预算。此外，土耳其政府还同世界银行和私营再保险公司共同成立了一个"灾难保险库"，目的是将风险从公共部门向私营部门转移。该"灾难保险库"通过公共部门与私营部门开展合作，为住房重建提供融资。此外，土耳其的住房重建还考虑到为灾民提供谋生机会和便利性，重建之后的单元房包括了医疗设施、学校、公园等基础设施，而且使单元房价值和当地住房市场同处一个水平。

三、项目的实践意义和社会影响

1. 都江堰灾后重建过程中的城乡统筹发展，是与科学发展观的完美契合

在地震中旧城由于地震的严重损坏不堪重负，都江堰政府在选定新区后积极开展了筹建工作，农村居民点建设要走集中、集约的发展道路。加快推进农村居民点归并，将村庄人口集中至新型社区，同时整个城市自建恢复与统建改造相结合，新区建设与老区复兴相结合，通过政府主导与市场辅助，共同实现都江堰的居民生活的恢复与再造。这样的城乡统筹发展方式将成为四川其他灾区重建发展的一个范式，是科学发展观的完美体现，在促进城市建设的同时保证了社会的和谐发展。

2. 良好的灾后重建理念诠释了可持续发展的基本内涵

都江堰市重建的发展理念很重要的一点就是生态、经济可持续发展。同时以下列为主要目标：保护好自然、历史文化遗产；建立完整的历史文化名城保护体系框架；协调处理好历史文化名城保护与城市更新发展之间的关系；与城市设计相结合，强化城市的景观风貌特色。在经济发展过程中以生态环保为发展中心，保护都江堰的旅游环境资源。作为一个在灾后需要大幅度地发展的地区，能有这样的可持续发展思想尤为重要。四川作为一个旅游大省，旅游资源丰富，本次地震的受灾地区大部分均为旅游资源十分丰富的地区，都江堰市的可持续生态发展策略对于四川其他地区的重建也具有引导作用，令他们的重建过程也能够参考都江堰环境、生态、历史文化优先的模式，保护自然以及人文资源。

四、项目特色

1. 选题从身边入手，可行性高

团队选题坚持从身边入手，而非刻意地去从事许多我们并不了解也难以深入的项目，或是盲目地追求热点、亮点问题。我们希望从身边的与我们息息相关的社会现象入手，因为其中同样可能存在很多突出或潜在的问题，一些问题被热点掩盖，一些问题尚未浮出水面。同时，这样的对身边问题的研究也具有更高的可行性，更便于获取数据和进行采访，使我们能够按照本团队的调研意愿投入更多努力。

2. 由特殊而见一般，不局限于一地

本次调研主要针对都江堰，然而在汶川大地震中受灾的城市不在少数，如彭州、北川等。我们此次的分析与研究，并非仅仅为了反映都江堰一地之现实，而是希望能够综合了解分析灾后重建的模式。因此我们既会借鉴其他高校或研究单位的既有成果，也希望我们的成果能够为后来的分析研究提供帮助，从而为这一问题的总体研究添砖加瓦。

3. 调研方式多样化

此次调研的资料尽量避免过分依赖数据解释问题，即不单纯依赖有关单位给出的统计数据，而是同时加入对附近居民的走访，与政府的座谈等内容，其目的是为剖析了解许多无法由数据反映的问题，同时用事实说话，避免陷入"数据陷阱"——过分依赖数据解释问题，在全面了解的情况下更加深入分析问题和解决本次调研的核心问题。

4. 实证分析为主，坚守价值中立

在此次调研过程中，我们力求撇开对重建项目的价值判断，而以尽可能准确地描述事实、分析事实为主。即我们确保，不会为政府部门的某项措施的对与错多加吹捧或批评，也不会涉及太多我们的政策建议或其他"规范的"主张，更不会为了得出某一特定结论而"矫正"现实。我们调研的目的，就是以现有数据和访谈记录为基础，客观而真实地反映社会经济现象。

5. 充分运用经济学的研究方法

灾后重建两周年，对于都江堰的灾后重建已有了不少分析研究。为了使我们的调研项目具有更大的现实意义而非仅仅是重复前人的工作，我们将尽量发挥本专业优势，充分运用经济学的研究方法，以期得出一些新的结论。从对重建的具体分析、归纳中，概括出一些基本的理论前提假设作为逻辑分析的起点，然后在这些基于现实得出的假设基础上进行逻辑演绎，推导出一系列结论，并逐步放松一些假设，使理论结论更加接近具体事实。

五、后续深入研究方面

都江堰灾后重建工作是一项复杂的系统工程，在资金这个关键问题上，选择了合适的融资模式后，更重要的是后续实施与资金应用方面，还需要充分发挥都江堰市灾后重建工作委员会的作用，统筹协调实施中的重大问题，跟踪灾后重建工作动态，强化规划的引导作用，尽快形成上下贯通、衔接一致的规划体系，指导灾后重建的全面推进。建立完善监督机制，有制度化的措施保障其有效实施，加强跟踪督查，密切关注实际操作过程中出现的新情况、新问题，并积极进行相关领域内的投融资体制改革和制度创新，广泛听取社会各界意见，主动接受社会各方面的监督。

筹划、论证、筛选、确定本地区的重点项目，建立灾后重建项目储备库。按照灾后重建先生活、后生产的客观需要，分清轻重缓急，科学安排项目的建设时序。并充分抓住上海对口支援的机遇，把对口支援与推动产业优化升级，与参与长三角区域合作、推进国际化进程紧密结合，充分借助上海的区位优势，加强城市整体营销，提升城市国际化水平。树立造血胜于输血的理念，做好与上海市的产业互动和市场对接，增强自我发展能力，变被动接受援助为共同发展。

六、问题与不足分析

1. 对调研对象的实际情况了解不足

都江堰灾后重建仅仅两年，发展方案还在不断的摸索与调整之中，实体的建设与运作情况由于时间较短，产业的发展也还不够成熟，许多问题还未显现。

2. 调研方案准备不足

在实地的调研活动开展之前是资料准备时间，由于种种原因，准备工作略显不足，这主要体现在调研大纲和调查问卷的设置上不够详细，思考不够周密，使得在调研中目的性较为模糊，主旨不够明确，重点不够突出。究其原因主要是团员时间上的冲突和安排上的缺陷以及沟通不足，若以后还有类似的机会在这一点上要十分的注意。

3. 活动时间安排不够合理

活动开展过程中正值几天高温，每天的实际调研活动时间只能安排在稍微较为凉爽的早上至中午这个时间段，导致调研时间不够充分，而在我们的活动开展前的几天则是十分适宜的阴天，这就说明在时间的安排与选择上不够合理。

通过此次的调研活动，深入发展第一线，作为调研人员的我们一方面体会着都江堰市发展规划者的辛苦劳动，另一方面感受着他们劳动带来的成果。虽然过程是辛苦的，也存在很多的不足，但是我们都在这个过程中得到了或多或少的收获，这可以是关于学术的，可以是关于为人处世的。总之，全体队员都对此次调研活动难以忘怀。

参考文献

[1] 陈柳钦. 公共基础设施 PPP 融资模式问题探讨. 甘肃行政学院学报，2008（6）：83－90.

[2] 崔国清，南云僧. 关于公共物品性质城市基础设施融资模式创新的探讨. 经济学动态，2009（3）：39－42.

[3] 崔秀敏. 公共基础设施融资模式的比较研究. 价值工程，2009（4）：140－142.

[4] 李明，金宇澄. 基础设施项目 PFI 融资模式的风险分析与对策. 中国农机化，2009（2）：26－30.

[5] 刘向杰，黄喜兵. 城镇基础设施 PPP 项目投融资模式创新. 商业时代，2009（26）：99＋117.

[6] 匡远配，彭莹，魏金义，李海英. 中国农村基础设施建设融资模式分析. 湖南农业科学，2009（2）：152－154.

[7] 庞家主，陈文杰. 北部湾基础设施建设的融资模式研究. 百色学院学报，2009（2）：60－64.

[8] 乔恒利. 基础设施性质与基础设施项目投融资模式关系研究. 华东经济管理，2008（3）：74－78.

[9] 全桂华. 城市化进程中的基础设施融资模式问题. 山东工商学院学报，2004（5）：46－50.

[10] 康绍大，陈金香，马葵. 利用 BOT 融资模式加快河北省基础设施建设. 会计之友（上旬刊），2010（2）：70－71.

[11] 吴鸣，陈莹莹. 城市基础设施项目融资模式的探讨. 工业技术经济，2010（2）：48－51.

[12] 徐静. 创新地方政府基础设施建设融资模式激活民间资本投资意愿. 广西财经学院学报，2010（4）：77－82.

[13] 徐丽梅，王贻志. 地方政府基础设施融资模式创新研究. 社会科学，2009（11）：56－63，188.

[14] 左新文. 社会公益性设施政府投融资模式探讨. 宏观经济研究，2004（5）：42－44.

用人单位内部规章制度违法问题及法律规制研究

——基于成都市涉诉案例和用人单位的实证分析

晏夏 崔波 李国栋 徐彩慧 张艺 王子宽

【摘要】 在《劳动合同法》和《劳动合同法实施条例》出台的背景下，西南财经大学国创课题小组，通过为期半年的课题研究和实地调研，对用人单位内部规章制度不合法的原因进行深入的分析，对用人单位内部规章制度的法律规制对策进行思考探究，总结《劳动合同法》第四条实施以来的实践经验，为提高《劳动合同法》第四条的实施可行性提出建议。

【关键词】 劳动合同法　用人单位　规章制度

一、我国现阶段的劳动法律法规与用人单位内部规章制度

（一）我国现阶段的劳动法律法规

随着我国社会主义市场经济的发展，农村劳动力向城镇转移，劳动力市场供大于求，出现了"资强本、劳弱工"的局面。伴随着改革开放的深入发展，劳资矛盾已经成为影响中国经济发展和社会发展的主要矛盾之一。同时，虽然劳动法已经颁布施行，但由于多方面因素，实施效果并不明显。《中华人民共和国劳动法》（以下简称《劳动法》）执法中发现的诸多问题，包括不签订合同、短期合同过多、试用期签用、劳务派遣不规范等问题，严重暴露了《劳动法》的执行力不足，特别是合同环节缺少刚性约束。

在《中华人民共和国劳动合同法》（以下简称《劳动合同法》）尚未实施前，我国存在的劳动者合法权益受到侵害主要表现在以下几个方面：一是劳动合同签订率低，出现劳动争议时劳动者的合法权益得不到有效保护。2005 年全国人大常委会在劳动法执法检查中发现，中小型企业和非公有制企业的劳动合同签订率不到 20%，个体经济组织的签订率更低。二是劳动合同短期化，劳动关系不稳定。全国人大常委会劳动法执法检查显示，有 60% 以上的用人单位与劳动者签订的劳动合同是短期合同，多是一年一签，有的甚至一年几签。三是用人单位利用自己在劳动关系中的强势地位侵犯劳动者合法权益。有些用人单位滥用试用期；有些用人单位违反法律、法规规定，拖延、克扣工人工资；有些用人单位不执行劳动定额标准，随意延长劳动时间，不支付加班费。四是劳务派遣用工不规范。劳务派遣工大多没有劳动合同，工资待遇比用工单位直接雇用的员工低很多，不能享受同工同酬的待遇；有的用工单位利用劳务派遣的形式规避对劳动者的法定义务；有的劳务派遣单位从劳务派遣工工资中提取高额管理费，甚至克扣拖欠他们的工资，也不给他们缴纳社会保险等费用。上述问题已经严重影响到劳动关系的和谐稳定。特别是震惊全国的山西"黑砖窑事件"直接促成了增强劳动者权益保护的《劳动合同法》的诞生。

2007 年《劳动合同法》在多次讨论和修改后出台，并于 2008 年 1 月 1 日正式生效。新《劳动合同法》对于劳动者的权益进行了倾斜保护，法条较 1994 年出台的《劳动法》更具体详细，具有非常现实而深刻的意义。《劳动合同法》实施以来，社会各界的评价总体是积极的。但是，由于社会上一些人对《劳动合同法》存在模糊认识，法律出台又遇到国内外经济环境的一些变化，《劳动合同法》实施中遇到了一些矛盾和问题。为了消除分歧和模糊认识，国务院法制办、原劳动和社会保障部再次起草了《劳动合同法实施条例》。该条例在不改变《劳动合同法》大方向的前提下，针对争议较大的几点问题，在操作性和某些细节上做了调整。整体上看，条例主要是针对《劳动合同法》表述上存在一些容易产生不解和歧义的条款作出更为细化的解释和完善，令其在《劳动合同法》框架内更富有操作性。从 2007 年劳动合同法出台至今，立法机关仍在不断地出台后续劳动法律法规，力图完善健全劳动法律体系，将现阶段我国的劳动者和用人单位的关系逐步纳入法律规制的范围内。

2007 年 6 月 29 日，《劳动合同法》在十届全国人大常委会第二十八次会议上通过，于 2008 年 1 月 1 日生效。2007 年 8 月 30 日，第十届全国人民代表大会常务委员会第二十九次会议通过《中华人民共和国就业促进法》，于 2008 年 1 月 1 日起施行。2007 年 12 月 29 日，第十届全国人民代表大会常务委员会第三十一次会议通过《中华人民共和国劳动争议调解仲裁法》，于 2008 年 5 月 1 日起施行。2008 年 9 月 3 日，国务院第二十五次常务会议通过《中华人民共和国劳动合同法实施条例》，自公布之日起施行。至此，我国形成了以《中华人民共和国劳动法》为基本框架，劳动合同法、就业促进法、劳动争议调解仲裁法为三大支柱，《中华人民共和国劳动法实施条例》为细则的劳动法律体系。

（二）用人单位内部规章制度

用人单位的规章制度是用人单位制定的组织劳动过程和进行劳动管理的规则和制度的总和。也称为内部劳动规则，是企业内部的"法律"。规章制度内容广泛，包括了用人单位经营管理的各个方面。根据 1997 年 11 月劳动部颁发的《劳动部关于对新开办用人单位实行劳动规章制度备案制度的通知》，规章制度主要包括：劳动合同管理、工资管理、社会保险福利待遇、工时休假、职工奖惩，以及其他劳动管理规定。规章制度包括行政法规、章程、制度、公约四大类。不同的类别，反映不同的需要，适用于不同的范围，起着不同的作用。

规章制度的制定程序关键是要保证制定出来的规章制度内容具有民主性和科学性。职工参与企业民主管理，是企业管理制度的一个重要内容。职工如何参与企业管理，在哪些事项上，以什么形式和途径参与，我国的相关法律都做了规定。除了《劳动合同法》第四条以外，《劳动合同法》第八十条规定："用人单位直接涉及劳动者切身利益的规章制度违反法律、法规规定的，由劳动行政部门责令改正，给予警告；给劳动者造成损害的，应当承担赔偿责任。"《劳动法》第八条规定："劳动者依照法律规定，通过职工大会、职工代表大会或者其他形式，参与民主管理或者就保护劳动者合法权益与用人单位进行平等协商。"《工会法》第三十八条："企业、事业单位研究经营管理和发展的重大问题应当听取工会的意见；召开讨论有关工资、福利、劳动安全卫生、社会保险等涉及职工切身利益的会议，必须有工会代表参加。企业……"《公司法》第十八条第三款规定："公司研究决定改制以及经营方面的重大问题、制定重要的规章制度时，应当听取公司工会的意见，并通过职工代表大会或者其他形式听取职工的意见和建议。"规章制度的生效要件问题，包括实体的要求和程序的要求。实体的要求包括主体要适格、内容要合法合理、不得与劳动合同和集体合同相冲突、不得违反公序良俗等要求。程序的要求包括：一是经过平等协商程序制定，包括集中程序和民主程序。二是向劳动者公示或告知劳动者。

企业的规章制度是体现企业与劳动者在共同劳动、工作中所必须遵守的劳动行为规范的总和。依法制定规章制度是企业内部的"立法",是企业规范运行和行使用人权的重要方式之一,企业应最大限度地利用和行使好法律赋予的这一权利。成功的企业制度其效果是使企业运行平稳、流通、高效,并可基本上防患于未然。俗话说:"不成规矩,何以成方圆"。成功的企业及规章制度,50%更是直接因它而产生。可以说规章制度的主要功能是:规范管理,能使企业经营有序,增强企业的竞争实力;制定规则,能使员工行为合矩,提高管理效率。其重要意义是:制定企业规章制度是建立现代企业制度的需要,制定企业规章制度是规范指引企业部门工作与职工行为需要,企业的规章制度是完善"劳动合同制",解决劳动争议不可缺少的有力手段。

（三）目前我国关于劳动规章制度的主要法律规定

截至目前,我国尚无全面、系统地规范劳动规章制度的专门法律法规,涉及劳动规章制度的法律法规及规范性文件主要包括:

《劳动法》第四条规定:"用人单位应当依法建立和完善规章制度,保障劳动者享有劳动权利和履行劳动义务。"按照第二十五条第二款规定,劳动者严重违反劳动纪律或者用人单位规章制度,用人单位可以随时单方面解除劳动合同。第八十九条规定:"用人单位制定的劳动规章制度违反法律、法规规定的,由劳动行政部门给予警告,责令改正;对劳动者造成损害的,应当承担赔偿责任。"

《劳动合同法》第四条规定:"用人单位应当依法建立和完善劳动规章制度,保障劳动者享有劳动权利、履行劳动义务。用人单位在制定、修改或者决定有关劳动报酬、工作时间、休息休假、劳动安全卫生、保险福利、职工培训、劳动纪律以及劳动定额管理等直接涉及劳动者的切身利益的规章制度或者重大事项时,应当经职工代表大会或者全体职工讨论,提出方案和意见,与工会或者职工代表平等协商确定。在规章制度和重大事项决定实施过程中,工会或者职工认为不适当的,有权向用人单位提出,通过协商予以修改完善。"第三十八条规定:"用人单位有下列情形之一的,劳动者可以解除劳动合同:（四）用人单位的规章制度违反法律、法规的规定,损害劳动者权益的"。第三十九条规定:"劳动者有下列情形之一的,用人单位可以解除劳动合同:（二）严重违反用人单位的规章制度的"。第七十四条规定:"县级以上地方人民政府劳动行政部门依法对下列实施劳动合同制度的情况进行监督检查:（一）用人单位制定直接涉及劳动者切身利益的规章制度及执行的情况"。第八十条规定:"用人单位直接涉及劳动者切身利益的规章制度违反法律、法规规定的,劳动行政部门责令改正,给予警告;对劳动者造成损害的,应当承担赔偿责任。"

《公司法》、《全民所有制工业企业法》、《城镇集体所有制企业法》等企业法律法规,都对企业规章制度的制定都做出了相应的规定,赋予了企业包括劳动规章制度在内的重要规章制度制定权,并对企业规章制度的制定程序作出了一定的规定。例如,我国《公司法》第十九条第三款规定:"公司研究决定改制以及经营方面的重大问题、制定重要的规章制度时,应当听取公司工会的意见,并通过职工代表大会或其他形式听取职工的意见和建议。"

原劳动部发布了《关于对新开办用人单位实行劳动规章制度备案制度的通知》（以下简称《备案通知》）。按照该《备案通知》,从1998年1月1日起,对新开办用人单位实行劳动规章制度备案制度,各级劳动行政部门要对用人单位劳动规章制度的内容和制定程序的合法性进行审查。此外,该《备案通知》列举了用人单位劳动规章制度应包括的内容:劳动合同管理、工资管理、社会保险福利待遇、工时休假、职工奖惩以及其他劳动管理规定。

2001 年通过的《最高人民法院关于审理劳动争议案件适用法律若干问题的解释（一）》第十九条规定："用人单位根据《劳动法》第四条之规定，通过民主程序制定的规章制度，不违反国家法律、行政法规及政策规定，并已向劳动者公示的，可以作为人民法院审理劳动争议案件的依据。"2006 年10 月开始实施的《最高人民法院关于审理劳动争议案件适用法律若干问题的解释（二）》第十六条规定："用人单位制定的内部劳动规章制度与集体合同或者劳动合同约定的内容不一致，劳动者请求优先适用合同约定的，人民法院应予以支持。"

此外，我国曾经制定并实施的《国有企业内部劳动规则纲要》、《企业职工奖惩条例》等行政法规中，也涉及不少关于劳动规章制度的基本规定，这些法规在我国历史上很长一段时间里，都是用人单位制定劳动规章制度的重要法律依据。但由于它们都产生于计划经济体制时期，与我国当前社会主义市场经济的发展不相适应，目前已被国家明令废止。

二、《劳动合同法》第四条的内容要件与程序要件

《劳动合同法》第四条："用人单位应当依法建立和完善劳动规章制度，保障劳动者享有劳动权利、履行劳动义务。用人单位在制定、修改或者决定有关劳动报酬、工作时间、休息休假、劳动安全卫生、保险福利、职工培训、劳动纪律以及劳动定额管理等直接涉及劳动者切身利益的规章制度或者重大事项时，应当经职工代表大会或者全体职工讨论，提出方案和意见，与工会或者职工代表平等协商确定。在规章制度和重大事项决定实施过程中，工会或者职工认为不适当的，有权向用人单位提出，通过协商予以修改完善。用人单位应当将直接涉及劳动者切身利益的规章制度和重大事项决定公示，或者告知劳动者。"

可以看出，第四条在内部规章制度方面向用人单位提出了以下要求：①内部规章的内容必须合法。规章制度的内容必须符合《劳动法》、《劳动合同法》及相关法律法规的规定。只有依法制定的规章制度才具有法律效力。根据《劳动部关于〈劳动法〉若干条文的说明》中对第四条的说明："依法"应当作广义理解，指所有的法律、法规和规章，包括：宪法、法律、行政法规、地方法规、民族自治地方还要依据该地方的自治条例和单行条例，以及关于劳动方面的行政规章。企业规章制度应当对立法所列举的必备事项做出具体规定，内容应该尽量全面、具体、明确。其内容条款必须体现权利与义务的一致性、职工利益与生产效率并重、奖励与惩罚结合、劳动纪律面前人人平等的精神。其中，关于劳动条件和劳动待遇的规定，不得低于法定最低标准和集体合同约定的最低标准；关于惩罚违纪职工的规定，必须同法定的违纪罚则相符，必须贯彻教育为主、惩罚为辅的原则，不得侵犯职工合法权益。②企业内部规章制度应当公平合理并符合实际情况。每个用人单位的情况千差万别，在同一企业内，各个工种和岗位也各有特点，企业在制定规章制度时，必须综合考虑，根据本单位的实际情况和存在问题制定出相应的内部管理制度和生产技术管理制度。企业在制定规章制度时，除了必须符合法律法规的规定外，还要注意做到公平合理。③内部规章的制定程序必须合法。在制定企业内部规章制度的过程中，凡属于法定必要程序，都必须严格履行。一般而言，制定规章制度必须经过职工代表大会或股东大会、董事会等机构或其他相应的民主程序通过。《最高人民法院关于审理劳动争议案件适用法律若干问题的解释（一）》第十九条规定，"用人单位根据《劳动法》第四条之规定，通过民主程序制定的规章制度，不违反国家法律、行政法规及政策规定，并已向劳动者公示的，可以作为人民法院审理劳动争议案件的依据"。按照 2005 年修改后的《公司法》第十八条的规定："公司研

究决定改制以及经营方面的重大问题、制定重要的规章制度时，应当听取公司工会的意见，并通过职工代表大会或者其他形式听取职工的意见和建议。"因此，企业内部劳动规章草案制定出来后，应广泛征求职工的意见，并依据意见进一步完善。④内部规章制度应当公示告知职工。企业内部规章制度的适用对象是本单位的全体职工和本单位行政的各个组成部分，经公示的规章制度，全体职工和企业的各个组成部分都应当遵守执行。所以必须明确告知广大职工，必须为单位的所有成员所知晓。公示可以采取张贴、印发等手段。

《劳动合同法》第四条着力于规范用人单位内部规章制度。在立法技术上借鉴德国、日本等其他国外相关方面的经验，对用人单位的规章制度从内容、过程生效要件上都作出了相当具体、严格的规定。

三、《劳动合同法》第四条现实执行力与规制力分析

从外界的反应上看，第四条较"劳动合同"、"劳务派遣"而言，聚光率不是很高，争议也不是很大。但从实地调研的情况看，这条法律并没有达到立法的预期目的。在此，课题小组援用调研数据进行详细的说明。

1. 调查问卷

（1）您所在单位所属区域：

□A. 锦江区　　　□B. 武侯区　　　□C. 青羊区　　　□D. 温江区

□E. 青白江区　□F. 龙泉驿区　□G. 成华区　　　□H. 新都区

（2）您所在单位属于：

□A. 国有企业　　　□B. 民营企业　□C. 中外合资企业　□D. 外资企业

□E. 港澳台资企业　□F. 其他企业

（3）（可多选）您所在单位的内部规章制度包括以下哪些内容：

□A. 劳动报酬　□B. 工作时间　　□C. 休息休假　　□D. 劳动安全卫生

□E. 保险福利　□F. 职工培训　　□G. 劳动纪律

（4）您所在单位内部规章制度的制定是否经过了民主讨论（经职工代表大会或全体职工讨论）：

□A. 全部规章制度未经过任何民主讨论

□B. 部分直接涉及职工切身利益的规章制度经过了民主讨论

□C. 全部规章制度经过了民主讨论

（5）您所在单位内部规章制度是否经过了公示：

□A. 全部规章制度未经过任何公示

□B. 部分直接涉及职工切身利益的规章制度经过公示

□C. 全部规章制度经过了公示

（6）（可多选）您所在单位内部规章制度的公示方式是？

□A. 传阅或分发文件　　□B. 层层培训　　□C. 考试　　　□D. 员工手册发放签收

□E. 局域网（公司网站）□F. 会议宣传　　□G. 电子邮件　□H. 作为合同附件

（7）您所在单位的规章制度的执行情况如何？

□A. 全部执行　　　□B. 部分执行　　□C. 全部不执行

（8）您认为单位的规章制度起到的实际作用：

□A. 加强行政管理　□B 保护职工权利　□C. 流于形式　　　□D. 其他

（9）您所在单位是否因规章制度与职工发生纠纷？

□A. 是　　　　　□B. 否　　　　　□C. 不清楚

（10）您所在单位解决劳动纠纷的方式是？

□A. 双方协商　　□B. 劳动委员会仲裁　□C. 诉诸法院解决　　□D. 其他

（11）您所在单位是否在新《劳动合同法》生效之后重新制定颁布劳动规章制度：

□A. 是　　　　　□B. 否　　　　　　□C. 不清楚

（12）您对《劳动合同法》第四条关于内部规章制度的规定是否了解？

□A. 非常了解　□B. 大致了解　　□C. 不太了解　　　□D. 完全不了解

2. 调查问卷统计情况及初步结论

（1）调研企业分布区域

根据调研方案，我们课题小组以温江区为中心，在温江区、郫县、高新区、双流县、金牛区5个区进行了集中调研（见图1）。主要调研了双流的蛟龙港工业区、温江区海峡科技园区企业、青羊区工业园、高新区工业区，采取到企业当面发放问卷的方式，在填写问卷时顺便对填写人进行访谈，取得了较为翔实的数据，主要调研对象是双流县工业区和高新区工业区。

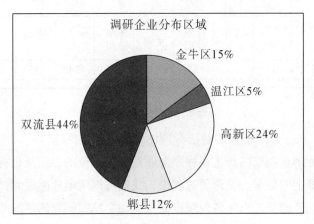

图1　调研企业区域分布图

（2）调研单位类型的选择

调研涉及的企业主要类型为国有企业、民营企业、其他企业和中外合资企业。在此次调研中，这四类企业各自所占的比例也相对较好地反映了我国现有企业的所占比例，其中民营企业占据了主要的地位。这有两方面的原因：一是成都地区中小型民营企业近年来发展势头迅猛；二是针对我们的课题，民营企业更具有代表性。

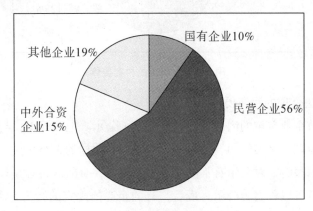

图2　调研单位类型

（3）规章制度内容的探究

调查方案的设计以《劳动合同法》第四条及《劳动法》第四条相关规定为蓝本，以此来收集课题所需的信息。调查结果表明，基本上所有企业的规章制度都涉及法律所规定的各个方面。相比较而言，企业规章制度侧重于对职工劳动报酬、劳动时间、劳动纪律等普遍为人知晓的权利与义务方面等的规定，对于职工的保险福利等带有社会保障性质权利的维护方面相对薄弱。

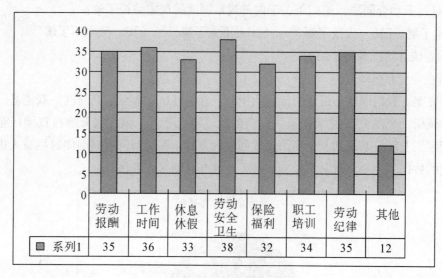

	劳动报酬	工作时间	休息休假	劳动安全卫生	保险福利	职工培训	劳动纪律	其他
系列1	35	36	33	38	32	34	35	12

图3 规章制度内容

（4）《劳动合同法》关于规章制度的合法合理性的规定的要件

从图4可以看出企业规章制度的产生在程序上还是较为规范的，但是仍有部分企业制定单方面的规章制度。当然这只是纸上的数据。在调研过程中，我们可以清晰地感受到，大部分企业这个内容要件是全部缺乏的，填写问卷的员工出于各种顾虑而未能如实填写问卷的情况非常普遍，因此我们小组经过讨论认为，这组数据的失真性较大。

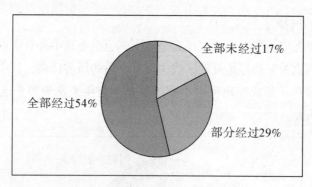

图4 规章制度的内容要件

（5）规章制度的合法合理的程序要件

从表面上看，大多数企业单位的内部规章制度经过了公示。但实际上，与上一个问题同理，大多数员工出于各种顾虑未能填写真实的问卷情况，导致了调查数据的失真性高。其次，由于问题描述的不确切性，企业员工在填写时，对公示有不同的理解。比如，有的认为必须有全方位的公示，而有的认为只要往墙上一贴，就可以称之为公示。最后，有的企业的规定的行为是否属于公示也存在争议，例如只有部分管理层知道，而员工不知道是否属于公示。调研数据如图5所示。

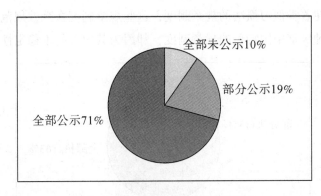

图5 规章制度合法合理的程序要件

（6）企业公示规章制度的方式

对于公示方式企业采用较多的是会议学习、员工手册、内部培训等公示方式。一方面，这些方式在日常生活中较为常见，但是存在一定的漏洞，可能会导致日后的劳资纠纷；另一方面，一些企业对相关的法律法规认识不到位，采取了不恰当的公示方式，导致规章制度的实效不能得到保证。此外，很多人认为公示就是一个过程，只要做过了就行，不注重收集整理公示的证据。而根据一位从事劳动争议仲裁的律师说，如果用人单位不能举证规章制度已经公示，那么这样的规章制度，不能被用作劳动仲裁的有效依据。

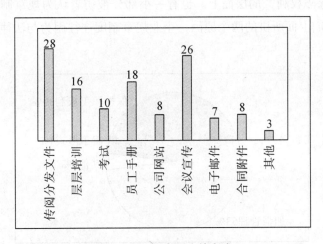

图6 公示规章制度的方式

就某一个方式而言，企业高层管理人也要给予足够的重视，比如以员工手册的方式公示，要有员工的确认签字。（就法理而言，这是企业高层管理人员的一个告知义务）企业要采取合理恰当的公示方式，使得企业规章制度能够真正保障劳资双方权利，我们结合此次调研实践，查阅网上资料，建议企业选择公示方式要保证员工确切知悉，避免不当的方式导致日后的举证难，规章制度没有效力。据我们调查，大家普遍不认同的公示方式有公司网站公示、电子邮件、公告栏。

（7）企业规章制度的执行

规章制度在企业内部还是得到了较好的执行，在调查中我们没有发现有规章制度全部没有执行的状况。但是规章制度的规范性仍然值得我们考察，俗话说"无规矩，不成方圆"，有规矩是一方面，但另一个方面规章制度是否通过了法律法规的检验就值得我们推敲了。在双流蛟龙港的某家企业，我们发现了这样的一件事情，该企业没有成文的规章制度，但是仍然保证了较好的运作。这从一个侧面说明，在这些企业中存在着类似习惯法的规章制度，这些规章制度在默默规范着员工的行为，也在保障员工的工资福利。这种极富中国特色的规章制度，却因为其内含的不稳定性而遭受到社会的质疑。

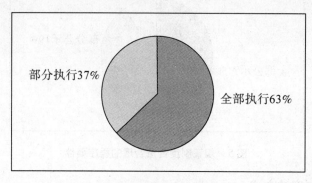

图7 规章制度执行情况

（8）规章制度起到的实际作用

在这里我们看到很多的被访者都认为规章制度强化了企业的行政管理，保护了职工权利。这个问题其实说明了社会公众对于劳动规章制度的性质上的认识。首先，规章制度是管人的，同时规章制度是保障职工基本权利的。结合第三个问题的调查结果，我们认识到，企业在制定规章制度方面存在一定的片面性和专断性，职工权利遭到漠视。其次，大家对于劳动者权利的认识还比较浅，停留在"你干活我给钱，就是保障权利"的层面上。也有一小部分被访者认为规章制度流于形式，没有什么实际作用。正是基于我们上面所讲的两个原因，企业规章制度往往因为与法律法规国家政策不符，成为一纸空文。

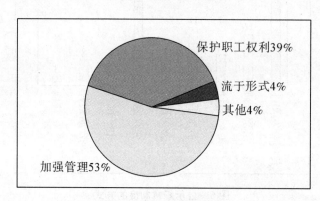

图8 规章制度实际作用

（9）劳动纠纷

多数被访者表示本单位没有发生过因为规章制度与职工发生纠纷的问题，这有三方面的原因：一是企业规章制度因为某些原因，不能够作为解决劳资纠纷的依据，或者在发生纠纷时，大家运用规章制度来解决纠纷的意识比较淡；二是国内劳动力供给充分，一般发生纠纷时，劳动者通常会采取协商等较为和缓的方式来解决矛盾，而非采取司法的维权，这在下一个问题的调查中得到证明；三是我们调查所涉及的多数企业规模较小，管理企业内部关系并不复杂。

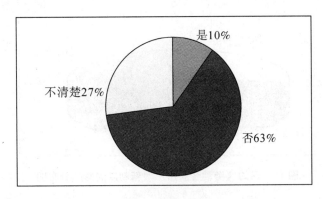

图9　劳动纠纷

（10）单位解决劳动纠纷的方式

从图10看出劳资双方解决纠纷多采取协商的方式，很少采取法律诉讼来解决纠纷。只说明在中国人情伦理的思想观念很重，社会公众习惯于对话的方式来解决问题。而且协商的成本小，负面效应也小。劳动委员会的仲裁也是一个重要途径，这可能是"有困难找组织"的一个比较生动地体现。

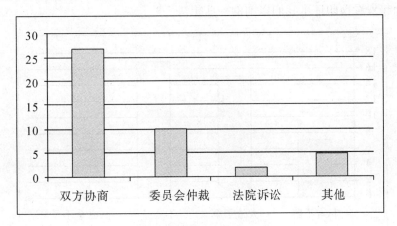

图10　劳动纠纷解决方式

司法途径因为程序繁琐，成本高昂而被较少采用。综上所述，我们可以看到劳资双方解决纠纷的方式遵循了经济人的假设，选择成本小、收益高的途径。其次，据温江区人民法院的陈法官透露，在现有的司法体制下，一旦由于劳动规章制度不合法，通过诉讼解决，根本无法取证，很多案件要求有规章制度原件，而职工根本无法取得。

（11）新的《劳动合同法》的影响

调查中61%的企业在2007年新的《劳动合同法》颁布后重新制定实施了劳动规章制度。从企业管理角度来讲这是企业主动适应外部环境的一个自我调整，这个推动力量来自国家机关。这说明新劳动合同法的颁布，的确起到了规范企业用工，提高企业不规范用工成本的作用；也说明企业的用工观念遭受着新的冲击。

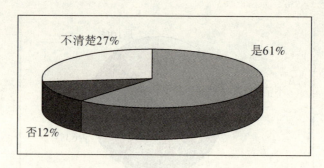

图11　新的《劳动合同法》对新制度的影响分布图

（12）问卷填写者对《劳动合同法》的知悉程度

对比第十个问题的结果，我们看到了很有趣的现象，很多的企业顺应社会环境颁布了新的规章制度，但是对于新法中与规章制度密切相关的第四条的相关规定却表示不太了解。这很可能说明了新法本身存在模糊不清的问题，导致了企业只做到了照抄照搬而没有真正领会法律内涵。这个看似矛盾的现象背后隐藏着的是法律的可操作性问题。也有较多的被访者对于《劳动合同法》第四条的相关规定大致了解，综合起来看这印证了我们以前的一些想法：

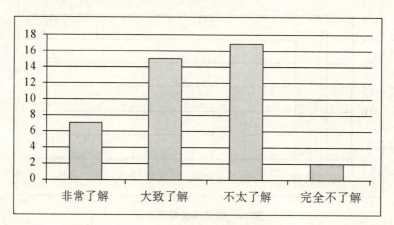

图12　填写人对新法规知悉程度

①普法工作的开展，尤其是《劳动法》、《劳动合同法》的颁布，为劳动者维权提供了法律保障，提高了劳动者维权的意识，提升了劳动者维权的积极性。

②部分企业片面追逐企业利益，管理思想落后，忽视劳动者权益，涉及劳动者切身利益和企业管理依据的企业规章制度制定不合法、不合理，不仅导致劳资关系紧张，而且导致了企业遭遇劳动仲裁胜诉率低。这体现在民营企业等中小企业成为劳动争议案件的高发地。

③法律具有普适性，部分特殊的企业无法适应法律规定，存在市场环境与法律要求的冲突。企业用工的灵活性与法律规定的制度性的不适应。

四、《劳动合同法》第四条执行力弱化的经济学分析和法学分析

从调研数据来看，第四条在大中型企业（以国营企业、合资企业、外资企业、部分民营企业为主）的实施效果较好，而在小企业①（以民营企业为主）的效果不尽如人意。大中型企业对第四条的

---

① 调研数据（问题二）中，25%的企业是属于国有企业和中外合资企业，75%企业属于民营企业和其他企业。

态度相对积极，而小企业也相对消极。

从经济学角度分析其中的原因，首先，大中型企业规模大、员工多、管理规范，内部规章制度已经相对成熟、规范，法律的出台起到的是一个模板的作用，所需的工作是进行进一步的完善，并非全方位的改革或者重新建立一个全新的规章系统，经济成本相对较低。从成本会计学的角度看，企业花费较小的成本，获得的对应收益大大超过成本，那么企业投资这项项目是理性的。首先，对大中型企业来说，建立内部规章制度是企业管理获得规模效应的必要要件。以少量的经济、人力成本来完善内部规章制度获得企业管理的规模效应，是可行、盈利的企业管理项目。其次，大中型企业由于企业管理系统完善，对规章制度的重视更多，充分地运用了规章制度的管理功能，从而更好地进行企业管理，提高企业效益，也就是可以提高经济收入。企业内部规章制度有利于保证生产和经营的安全有效。企业制定规章制度主要是规范内部经营和劳动管理，使企业的生产经营和各项活动规范化，提高生产效率，促进生产经营的发展，增强企业在市场上的竞争力。因此，为了保证企业生产或经营的正常秩序，企业有权对违反规章制度的职工采取某些处理措施，从而有利于保证企业有序生产或经营。最后，大中型企业完善内部规章制度还可以起到规避法律责任的作用，是企业化解和防范法律风险的一个重要方面。法律对企业规章制度的制定规定了监督和制裁办法，《劳动法》第三十条规定，用人单位解除劳动合同，工会认为不恰当的，有权提出意见。《劳动法》第八十九条规定："用人单位制定的劳动规章制度违反法律、法规规定的，由劳动行政部门给予警告，责令改正；对劳动者造成损害的，应当承担赔偿责任。"违反《〈中华人民共和国劳动法〉行政处罚办法》第三条规定："用人单位制定的劳动规章制度违反法律、法规规定的，应给予警告，并责令限期改正；逾期不改的，应给予通报批评。"可见，对企业违反法律规定滥用规章制度侵犯职工合法权益的，会被追究相关的法律责任，会增加企业的法律风险。

相对小企业而言，首先，新建一个符合法律规定且规范科学的内部规章系统的成本是非常昂贵的①。不论内部规章制度的形式要件还是实质要件都需要企业投入大量的人力、物力、财力。从内部规章制度的形式要件上来说，大部分的小企业的内部规章制度处于空白状态，建立规范合法的规章制度需要咨询相关的法律顾问、到行政部门进行层层公正审批，这些会增加企业的管理费用。从内部规章制度的实质要件上说，企业要组织职工代表大会或者全体职工对规章制度进行充分讨论，征求职工意见，占用企业的生产时间，也是变相地增加企业的生产成本。其次，新的内部规章制度系统对小企业而言，大多数都是一纸空文，无法投入管理，不能带来收益，反而成为悬在企业头上的一把利剑。再次，管理者法律意识淡薄，并未意识到法律风险。与大中型企业相比，小企业的管理者的管理理念、法律意识较为落后，管理者对职工的管理还停留在工业时代的传统管理，靠加大劳动强度、增加劳动时间来提高企业收益的情况屡见不鲜。最后，小企业员工的地位也是导致小企业消极对待第四条的原因之一。从调研的情况看，小企业的内部规章制度大多数处于内容要件部分残缺、程序要件完全缺失的状况。

从法学理论方面进行分析，法律由行为模式和法律后果构成。从现实情况看，第四条并未对企业的行为模式产生影响，可以得出的结论是第四条的法律后果没有得到有效落实。从调研的情况看，现阶段的劳动纠纷涉诉案例中涉及劳动规章制度的案件约是1%的比率②。大量的小企业内部规章制度

---

① 在调研了解到的情况中，近70%成都市的民营企业没有职工代表大会。
② 温江区人民法院提供的温江区法院2009—2010年的涉诉案件数据。

不合法，但又没有受到法律的规制。探究其法律原因主要有两方面。一方面从维权动机来说，现有的体制上看，企业内部规章制度不合法要进行法律规制，只能通过劳动者诉之法律。但现有的司法程序对劳动者来说是复杂的，只有在触及劳动者根本利益的情况下，劳动者才可能考虑通过司法程序来维护自己的权益。在不涉及根本利益的情况下，劳动者更愿意通过协商、劳动仲裁等形式来解决①。另一方面，从维权的程序来说，企业的内部规章制度不合法，劳动者要起诉企业需要取证，而民事官司中贯彻"谁主张谁举证"的举证原则，需要举证的证据就是企业的内部规章制度（须是原件），劳动者在实践操作中难以取证，因此，劳动者更多是借助劳动合同或者其他来维护自己的权益，而不是通过劳动规章制度。

五、提高《劳动合同法》第四条规制力与执行力的几点建议

《劳动合同法》第四条对用人单位规章制度的法律规范具有巨大的进步意义。但现阶段，我国的经济状况和企业状况还需要相当较长时间的发展才能够达到现有法律规定的标准。如何将现阶段的企业内部规章制度有效地纳入法律规制是我们思考和研究的目标。希望课题小组在调研中得出的结论能给有关部门提供一点粗浅的建议。

经济基础决定上层建筑，基础是关键。首先要大力地发展企业。内部规章制度在小企业出现"走形"、"变质"的情况，究其根本原因，是因为更换系统的成本对小企业来说难以负担。要组织职工代表大会、要开会讨论，这些都是成本。还有规定中的保险福利、劳动报酬、休息休假，这些也是成本。所以，企业经济要发展是第一位的，这也是将企业内部规章制度纳入法律规制的根本举措。其次，将用人单位规章制度纳入行政单位的监督范围之内（如工商管理部门），劳动合同法的立法理念是通过法律的手段使劳动者和用人单位的地位达到实质的平等，劳动者在劳资关系中处于弱势，通过公权力的介入来使双方的地位趋近平等，从而更好地保护劳动者的合法权益。同时，仅靠劳动者来推动对用人单位的规章制度的法律规制，过程是漫长而又微弱的。一方面劳动者和企业有着利益联系，一旦劳动者向有关单位反映企业的内部规章制度的法律问题，劳动者就极有可能受到企业管理者的打击排斥，难以在企业立足，以至于失去工作；另一方面劳动者在实际的地位中仍然处于弱势地位，企业拥有大量的人力、财力、物力，而劳动者的人力、财力是非常有限的，在司法程序中难以与企业相抗衡。这些种种的因素使得劳动者在维权时仍然有着多方面的顾虑。因此纳入行政单位的监督也不失为一种有效的方法。最后，加强用人单位管理者的法律意识，引导用人单位树立规范内部规章制度的法律意识。企业内部规章制度是法律、法规的延伸和具体化。企业内部规章制度的制定权是法律赋予企业用人权的重要组成部分。《宪法》规定，遵守劳动纪律是公民的一项义务。《劳动法》规定，用人单位应当依法建立和完善规章制度，劳动者应当遵守劳动纪律。制定和实施内部劳动规章制度，是企业在其自主权限内用规范化、制度化的方法对劳动过程进行组织和管理的行为，是企业行使用工自主权的重要方式之一。因此，规章制度也称为"企业内部法"，是相关法律、法规在企业管理过程中的延伸。对违反规章制度的企业应当追究法律责任。职工与企业因执行规章制度发生争议，应当依法定的劳动争议处理程序处理。对企业管理者而言，企业内部规章制度有利于保证生产和经营的安全有效。企业制定规章制度主要是规范内部经营和劳动管理，使企业的生产经营和各项活动规范化，提高

---

① 调研数据（问题十），劳动者和用人单位通过司法程序解决劳动纠纷的比例为4%，通过协商、仲裁程序、其他方式解决劳动纠纷的比例为96%。

生产效率，促进生产经营的发展，增强企业在市场上的竞争力。因此，为了保证企业生产或经营的正常秩序，企业有权对违反规章制度的职工采取某些处理措施，从而有利于保证企业有序生产或经营。因此，建立合法规范的内部规章制度是企业保证生产经营的需要，也是防范法律风险的需要。

参考文献

［1］冯彦君. 劳动法学. 长春：吉林大学出版社，1999：41.

［2］常凯. 劳动关系学. 北京：中国劳动社会保障出版社，2005：30.

［3］黄越钦. 劳动法新论. 北京：中国政法大学出版社，2003：11.

［4］保华. 劳动法论. 上海：上海世界图书出版公司，1999：16.

［5］常凯. 劳权保障社会主义市场经济题中之义. 中国劳动，2004（1）：1-3.

［6］常凯. 论政府在劳动法律关系中的主体地位和作用. 中国劳动，2004（12）：1-2.

［7］董保华. 锦上添花抑或雪中送炭———析《中华人民共和国劳动合同法（草案）》的基本定位. 法商研究，2006（3）：1-4.

［8］董保华. 劳资博弈之道———兼谈劳动合同立法博弈中“强资本、弱劳工”的观点. 社会科学家，2009（1）：1-4.

［9］冯彦君. 我国劳动合同立法应正确处理三大关系. 当代法学，2006（6）：1-4.

［10］冯彦君. 改革开放30年中国社会法学的理论贡献. 当代法学，2009（1）：1-4.

［11］关怀.《劳动合同法》与劳动者合法权益的保护. 法学杂志，2006（5）：1-3.

［12］史探径. 论社会主义市场经济与劳动立法. 法学研究，1987（4）：1-4.

［13］王全兴. 社会法学的双重关注：社会与经济. 法商研究，2005（1）：1-4.

经济金融类

四大国有商业银行网点服务优势与劣势分析

——基于成都市的调查研究

郭蒹葭　何悦　孙永苑　孙峥

【摘要】本文通过将调研所得的信息和数据代入文章创建的 QF（Quality & Feeling）评价模型体系中，得到四大国有商业银行网点服务的得分，围绕该模型得分深入探讨其构成及影响因素，并且进一步将得分与银行盈利状况相匹配，将评价模型与实际相联系，得到影响银行经营状况的网点服务方面因素，由此得到各大银行网点服务质量的改进路径。此外，文章还推论得出不同维度的改进所需投入的单位成本，从而使研究在具备一定的理论基础上还富有深刻的现实意义。

【关键词】评价模型　评价维度　资产回报率　改进路径　成本理论模型

一、背景与意义

（一）背景介绍

1. 行业背景

随着改革开放的不断深化，外资银行进入中国，打破了国有商业银行的垄断地位。外资银行利用它经营理念、管理体制、金融工具、金融创新、服务手段、国际资源等方面的优势，迅速抢占中国市场。股份制银行由于产权明晰、职责 明确、法人治理结构和机制灵活，银行的机构运行更灵活，市场适应性更强，它们的服务体系，从网点、渠道和服务效果等方面都比国有商业银行有优势。总的来说，随着外资银行和股份制银行的迅速 膨胀和网点扩张，国有商业银行面临着全面的竞争压力。

随着行业竞争的加剧，国有商业银行进行股份制改革，推行银行公司制管理。建设银行、中国银行、工商银行、农业银行先后上市。在银行综合化和国际化发展的时代背景下，国有商业银行从体制上和管理上都推行着现代商业银行的改革，这使得四大国有商业银行从市场定位、业务定位、客户定位上更加同质，内部竞争将会愈演愈烈。同时，这种定位和服务内容的同质性也使内部竞争越来越集中到银行效率和服务质量上。

2. 网点服务的重要性

网点作为银行主体中的分支机构，直接承担着与大多数顾客的直接业务，对于整个银行的运营有巨大的作用，包括吸收存款、发放贷款等许多传统存贷业务都依托于此类机构。

而面对着同行业的压力，银行服务的竞争也已经不容忽视。除此之外，客户对服务质量的要求日益提升，传统的业务服务已经不能满足客户的需求。根据《零点银行服务指数———中国公众银行服务传播指数 2005 年度报告》统计显示，有近五成的市民最常去自己认为服务质量最好的银行，而仅三成的市民最常去自己认为实力最强的银行。服务质量的好坏是人们选择银行的主要考虑因素。所以银行无论从硬件还是软件方面都对服务有很重大的作用，尤其是软件方面的提高。这就更需要国有商业银行积极主动提升银行的整体形象，提高硬件设施，提升自身服务，为客户提供更加主动、便捷、全面的服务，提升客户满意度，以提高竞争力。因此银行业服务质量问题正成为一个越来越重要的话题。

3. 网点服务现状

银行网点是国有商业银行的主要构成部分，是银行直接面向客户的服务载体。据统计，四大商业银行网点约有一万余家，它们的服务质量直接影响银行的盈利情况。然而，目前银行网点在服务方面存在许多问题。具体包括：网点设置不尽合理，大多数的网点都具有高度的一致性，没有针对性地提供差异化的服务，未能为客户提供便捷式的服务；对客户的隐私和服务可靠性不够重视，收费不合理，导致客户对服务质量不满意；网点服务人员态度冷淡，服务缺乏灵活性，效率较低；业务人员素质参差不齐，服务效率低，不能提供有保证性的工作质量；缺乏人性化的服务，服务程序机械化，没有能够像外资银行一样，有针对地提供差异化、多元化的服务，此外，没有一个较好的与客户交流的渠道，及时收集客户反馈的意见。以上都是国有商业银行服务中存在已久的一些问题。但也应看到，在多个特性之上，国有商业银行都有进一步改进服务质量的空间。

可以看到的一些进步是，目前商业银行的服务水平总体上还是比较令客户满意的，特别是与过去相比有了很大的进步。但值得注意的是，消费者大多还未体验过外资银行的服务。随着国内市场越来越开放，服务质量对银行竞争力的影响会更加重要，对商业银行的服务质量提出更高的要求。国有商业银行只有更加重视客户需求，从客户出发，为客户提供更加优质、便捷的服务，才能在进一步争夺市场份额的过程中保持原有市场份额并开发新的市场份额，为银行的持续发展提供更加鲜活的动力。

（二）理论和现实意义

1. 理论意义

（1）总的来说，国内已经做过许多量化国有商业银行的服务研究。基于此，我们以 SERVQUAL 模型为指标基础，结合之前的研究成果，进一步细分指标，全面量化银行服务，具体从可执行的指标上衡量国有商业银行的服务质量。此外，我们还增加了顾客满意度打分，从顾客的主观感受来衡量银行网点服务的质量。这样包含客观观察指标和主观问卷指标的评价体系不仅能够全面地反映银行网点服务的情况，而且能够看到银行现有服务与顾客需求之间的差距。再加上访谈信息，更丰富了调研的内容，使得研究成果更可信。

（2）从横向上看，由于国有商业银行制度和环境等都有极大的相似性，国内学者针对这一情况，对四大国有商业银行之间的网点服务进行对比研究，发现中国银行的网点服务在四大商业银行中处于不太有优势的地位。虽然我国以前经历过四大国有商业银行各自只针对某一类产业专营业务的时代，但如今四大国有银行之间的客户已无太大差别，业务也逐渐趋同。因此，银行也逐渐认识到网点服务质量越来越重要了。关于这方面的研究也逐渐兴起，但是正如所有新兴研究一样，有关这方面的研究虽然多，但是研究的深度还远远不够，特别是关于服务质量的量化还不够规范，即使有研究量化了服务质量，并且对四大国有商业银行网点服务的情况进行了对比，也没有更加深入地说明其应用和实际意义。正是由于关于这方面的研究还有所欠缺，我们在此次调查研究不仅对比了四大国有商业银行服务存在的差异，而且还对评价体系所得到的分数赋予一定的经济意义，可以更好地为四大商业银行提供有针对性的改进服务的理论参考，从横向上弥补对国有商业银行的研究。

（3）从纵向上看，国内除了对国有商业银行进行对比研究，还总结得出随着近些年服务理念的转变，国有商业银行服务质量有所提高的结论。并且由于国有商业银行的网点优势，今年国内几个调查机构的调查发现国有商业银行的服务满意度的排名进入了前几名，但是这点没有得到理论研究上的印证。所以我们此次调研做到了综合评价四大国有商业银行服务之后，纵向上评价国有商业银行服务质量是否在原有的基础上有所改进，并且验证改进了的服务从总体上是否已经超过了其他类型的银行，弥补对国有商业银行服务研究的缺失。

2. 现实意义

（1）因为从历史研究来看，国有四大商业银行服务质量与其他类型的银行相比存在着差距，而且从四大国有商业银行内部相互比较，也存在服务质量参差不齐的问题，所以我们本次调研主要是关于成都四大国有商业银行的服务优劣势的对比，再加上与其他类型的银行的比较，从总体上更清晰地认识国有四大商业银行的服务现状。从宏观到微观，具体到每一个可观察指标，清晰地展现出每个银行网点所提供的服务的优势和劣势到底存于哪些指标方面。我们不仅仅从宏观上用分数对比各大银行网点服务，设计的具体指标亦能够很好地告诉银行，究竟是哪些方面的服务做得不好，需要改进。此调研报告针对性和实际可操作性都强于之前的许多只停留在现象层面的研究。

（2）在认清四大国有商业银行的服务现状并且进行对比之后，要直接从对比结果中看出每一家银行的网点服务的改进途径是很困难的。为此，我们利用评价模型当中的权重结合问卷所得信息，构建的重要性和满意度二维分析模型为我们寻找到银行网点服务的改进提供了一个很好的途径。根据二维分析模型，我们建议银行应该优先改进重要性高但满意度低的指标，其次要尽量保持重要性高且满意度高的指标的现状。对于满意度低但重要性也相对较低的指标，我们认为银行应该在其资源充沛的情况下再考虑这部分指标的改进。至于满意度高但重要性又较低的指标，网点可根据实际情况维持现状或者减少对这部分指标的投入。经过这样的分析，要如何从众多的指标中筛选出值得改进的指标，从而寻找到提升国有商业银行网点服务的具体措施，是提高国有商业银行的服务质量和服务效率，增加客户对国有商业银行的满意度，增加客户资源的关键。

（3）银行作为一个以营利为目的的组织，在运营过程中既要争取做到利益最大化，还要考虑成本最小化的问题。为此，我们在研究中设计了一个成本—效益的理论模型，计算得到了要增加一单位的收益，不同维度所要付出的成本公式。即只需要结合本次研究设计的评分体系，对银行网点进行打分，并结合相应维度下的指标成本带入该公式，就能够得到该网点要提高一单位收益每一维度下所需的成本。通过比较成本，银行可以根据指标的满意度情况和自身的资源充分性，有选择地对需要改进的指标项目有先有后地进行有目的地改进。这对于银行制定某项决策有着十分重要的参考意义。

（4）银行网点是银行面向客户的基础点，也是一个银行形象的外在体现，是一个银行的名片。国有商业银行具有广泛的网点分布也拥有广泛的客户，良好的网点名片可以提高整个银行的品牌形象。所以我们希望银行服务质量的提升能够进一步树立国有商业银行良好的品牌形象，实现国有商业银行的品牌效应。

二、研究思路与创新

（一）思路概述

我们首先根据以全面质量管理理论为基础的服务质量的评价体系 SERVQUAL 的改良模型为标准，

对各个网点所要考察的指标进行了定性分类和定量赋值，对银行网点利用观察指标表进行了实地考察，以问卷形式将感性的服务质量指标进行了收集和量化。并以此为基础，进一步利用常用的层次分析法（AHP）对指标进行加权整合，建立起三层分析模型——银行网点服务质量的综合比较模型、维度比较模型和具体项目比较模型。

三层分析模型针对的是三个不同角度对银行网点服务质量进行比较：①综合比较模型，该模型将用于对各大银行的网点服务进行了整体性的描述。②维度比较模型，利用各维度指标比较，揭示各大银行网点服务的薄弱环节，为下一步改进提供大致方向。③具体项目比较模型，从最具体可观的指标中反映各银行网点服务的欠缺，提供了直接可行的改进方向和具体细致的指导思路。

为了使提出的改进建议具有更强的可行性，在上述三层模型分析的基础上，构建了满意度和重要性的二维分析模型。第一，利用 AHP 层次分析法中各项指标进行加权来表示各项指标对于网点服务质量影响的相对重要性。第二，结合各项指标的具体值，对各项服务指标进行量化以确定满意度。第三，用量化的满意度和确定的权数，建立满意度和重要性的二维分析模型。在此基础上，对网点服务质量指标的改进顺序进行排序，这样就能够在资源有限的情况下，尽可能合理配置资源，高效率地提升我国四大国有商业银行网点服务质量，在有限资源下尽量获得最大收益。

此外，我们还充分考虑到银行本身的性质是营利性机构，为此，我们特意选择资本回报率作为其盈利的指标，与五个维度的得分进行拟合比较，寻找各维度与资本回报率之间的偏离比率。在假设投入的边际收益递减的前提下，根据每一维度计算所得的偏离比率，同标准偏离比率想比较，以寻找到改变回报最大的维度，建议银行优先考量该维度下的服务改进，以提高其服务质量，增加其收益。结合上述两种从不同角度出发的改进路径，当中相重叠的指标是一个银行最应该改进的指标，这样的指标对顾客而言很重要，改进这样的指标能够提高顾客的满意度，对于银行来说，能够给它带来较好的回报，是一种双赢的选择。

不仅如此，我们也建立了一个理论模型，来考察改进某一指标以增加一单位顾客满意度而银行所需要投入的成本。由于无法获得改变各项指标所需要投入的成本的准确值，我们只给出了理论模型。该模型具有很强的实用性和可操作性，只要取得相关的数据，就能将投资成本量化，从而清晰地反映出银行如果要改变某一指标需要投入的成本，有助于银行作出决策。

（二）研究创新

1. 理论创新

SERVQUAL 模型虽然严格遵循心理学量表开发的步骤和原则进行设计，其可信度非常高，但其指标主要是从客观指标如有形性（tangible）、可靠性（reliability）、响应性（responsiveness）、保证性（assurance）等指标反映服务水平的高低，而忽视了对于人群主观感受的考察。为了更全方位的考察银行网点服务水平的高低，该研究在 SERVQUAL 模型的基础上结合 SERVPREF 模型，进行了相应的调整；并以问卷形式收集人群对于银行网点服务的满意度数据，从而建立起我们这次调查研究所独有的模型——QF 模型，意指由于我们的指标设计借鉴了 SERVQUAL 模型，设计了许多客观指标来反映银行网点的质量（quality），又引入了 SERVPREF 模型的概念。从主观方面设计了若干问题以问卷的形式来获取顾客对于银行网点服务的满意度，以此衡量顾客的主观感受（feeling）。从而以客观指标与主观指标相结合的方式对银行网点服务质量进行全面分析研究，使银行可观察服务与不可观察评价相结合，以便银行服务质量的改进措施更加有效。

2. 调研创新

此次研究目的在于以成都市各大网点为基点比较四大国有商业银行网点服务的优劣。考虑到不同区域的银行网点面对的主要客户群体不同，不同区域的银行网点所提供的服务可能也存在差别，为了有效地区分不同区域和客户群等因素造成的外部性差异，我们特意将样本点选择的区域进行了固定化分类。区分选择了城市三个具有代表性的功能区——商业区、办公区和居民区，以便在同一功能区域中对比四大银行网点的服务质量的差异化，尽可能地提炼出影响网点服务质量的内部因素。同时为了减小系统差异，对银行网点的调查限定在正常工作日中，尽量在业务高峰期对银行网点服务进行观察和考量，以期真切地观察银行网点的服务质量。此外，在处理和运用调研所获得的信息的时候，我们并不只是单一地从顾客的角度出发，还从银行的角度，考虑到其作为一个以营利为目的的机构，围绕着提高其盈利能力的想法展开讨论。因而最后呈现了一个二维模型和一个偏离比率的排序。二维模型按照最初的设计，以指标的权重来衡量其重要性，这是从顾客的角度出发来衡量讨论银行网点服务的改进路径；而偏离比率对照则是在结合了银行营利能力和综合得分的情况下，拟合各个维度同银行资本回报率的相关性，观察二者之间的联系，并与标准比率进行对照，以此来确定某一维度是应该保持现状、加大投资还是适当减少投入，以寻找到最有利于提高银行营利的指标，从而为银行服务的改进提出了更加经济的参考。

之后，在结合了这两种二维模型的基础之上，我们试图寻找到一种"双赢"的改进路径，即既能够提高顾客的满意度，又有益于银行的盈利率，这是最有效率的改进途径。

最后，我们构建出了一个理论模型，假设每一指标所得的每一分对银行的盈利贡献相同，以指标得分为中介，计算每一指标的所需要的成本，将二者结合起来，从而得到某一维度下，单位成本所带来的收益，该理论模型具有很强的实践性和可应用性，只要代入银行网点的成本数据，并根据我们所设计的评分体系对网点服务进行打分，就能得出结果。该模型对能够将上述的拓展的二维模型量化，更加清晰地反映出究竟应该在哪一维度下增加投资使的银行收益最大，提高银行资源利用的效率。

三、研究过程

（一）区域调研

按照设计好的调查研究思路，我们将成都市划分为商业区、办公区和居民区，以剥离外部因素对银行网点服务的影响。

调研过程中我们走访了两处区域作为商业区，其一是著名的春熙路——盐市口商业区。该区域交通便捷，人流量巨大，并且规划中的地铁 2 号线也将春熙路纳入成都的快捷交通网络系统之中，也在一定程度上促进了其今后的商业发展。商业区商业店铺众多，人流量大，据统计，该区域人流量曾一度超越北京王府井商业街，位居全国第二位。此外，我们还选择了一个人民南路三段附近的新兴商业区。该商业区道路宽敞，交通便利，并聚集着多个世界著名奢侈品品牌商店，属于新兴高档商业区。虽然同属商业区，但在调研过程中我们仍然发现银行网点的分布、规模和服务水平也有明显差异。

办公区的走访主要集中在人民南路四段，以封德国际广场为中心周围聚集着大量的写字楼，调研过程中我们发现办公区有一个特点即商务用车非常多，因此在该区域的银行或者其他写字楼前，常常停满了各种办公商务用车。该区域的银行网点也有其自身的特点，无论是从网点规模、业务、服务水平等方面来看，与商业区是十分不同的。

此外，在调研过程中，我们发现居民区往往聚集在商业区和办公区附近，居民区的特点在于，周围常常有小型或中型的超市，农贸市场以及各种小型快餐店，并且相应的，居民区的银行网点的规模较小，布局设计更加简洁实用，顾客数量较多，所办理的业务也较为单一，与前两个区域有明显的不同之处。

根据之前的设计，我们打算在三个区域共走访 12 家商业银行，但在实地调研中，我们发现这样的样本数远远不够，因此为避免被调研银行网点的特殊性所产生的系统性偏误，我们扩大了被调研网点的数量，共走访了 50 多家银行网点。

整个调研过程主要分为三个阶段，即预调研、正式调研和补充调研。具体的调研行程如下：

第一阶段：实地预调研

在该阶段，小组成员选择在工作日前往商业区（春熙路）进行可行性调查，共走访了 1 个中国银行网点、1 个农业银行网点、2 个建设银行网点和 1 个工商银行网点。由于网点管理较为严格，在网点内发放问卷会在一定程度上影响该网点正常经营，需要获得上级银行的批准，所以难度较大，于是改为在该网点周边地区进行问卷调查，尽可能保证调查对象为该网点客户。

在预调研过程中，根据网点的实际情况对于观察指标的设计进行了一定的调整，删除了一些指标，例如网点 VIP 服务区面积、休息区面积、客户等待时间等不易衡量指标；合并了一些较为特殊的指标如老花镜，计算器等，因为只有较少的网点提供该类服务，所以为了方便统计和满足后期技术处理需要进行了合并考察。另外，也对银行存在较为特殊的服务进行了特殊记录，以求全方位的考察网点服务水平。

由于不能在网点里进行深入调查，所以我们采取了扩大调研区域，增加调查银行数量的措施以补不足，没有局限在一个商业区、居民区或者是办公区，而是走访了多个商业区、居民区和办公区的银行网点，不光是对传统典型区域的网点进行调查，还结合城市规划与发展，走访了新兴的区域。

为了扩大样本数量，减小偏误，我们同时增加了网络问卷调查，针对在成都工作、学习和生活的人群进行进一步的调查，从而从更宽的范围内收集人们对四大国有商业银行网点服务水平的评价。

第二阶段：正式调研

经过前期与调研的准备与调整，该小组一行四人分为两个小队于 2010 年 7 月 26 日至 2010 年 7 月 29 日开展了为期 4 天的实地调研活动。

2010 年 7 月 26 日：小组于上午 10 点左右抵达春熙路商业圈，该商圈以春熙路步行街和盐市口商业区为重点地区，临近天府广场，周围有各大著名的百货商场，是成都市最著名的商业区。我们小组以春熙路为中心，走访附近四大国有商业银行的网点，其中有 1 个中国银行网点、2 个建设银行网点、3 个农业银行网点。

2010 年 7 月 27 日：小组于上午 9 点到达光华村，该区域有著名学府西南财经大学，大型超市，农贸市场，周围有若干居民小区。期间也分布了较多的四大国有银行的网点，我们深入各个居民区，考察了 1 个中国银行网点、2 个建设银行网点、1 个农业银行网点、1 个工商银行网点。

同时对当地居民进行了访谈式调查，收集当地居民对于银行网点服务的评价。

2010 年 7 月 28 日：小组于上午 10:30 左右到达天府广场附近，沿着人民南路走访银行网点，该区域有多幢写字楼以及政府机关分布，是典型的办公区。小组在该区域工调查了 1 个中国银行网点、4 个建设银行网点、3 个农业银行网点、3 个工商银行网点。并且在人民南路三段，有一新兴商业区，该区域分布有各大奢侈品牌商店，小组成员对该区域的银行网点也进行了走访调查。

2010 年 7 月 29 日：小组成员分为两队，一队接着前一天的调查路线以人民南路四段为调查区域，该区域有封德国际广场和若干大型写字楼，是典型的办公区，小队成员在此调研该区域的银行网点，取得丰富信息和数据；另一小队前往了九里堤公交站附近的居民区进行调查，该区域有交大智能一到九期、蓝色港湾等著名的商业楼盘，其中也有很多的规模不同的商业银行网点，该小队就对该区域的网点进行了调查，也对该地区的住户进行了问卷加访谈的调查。两小队共调查了1个中国银行网点、4个建设银行网点、3个农业银行网点、4个工商银行网点。

第三阶段：补充调研

在正式调查结束后，我们对收集到的数据进行了整理，发现一是各大银行调研的网点数目和其在各区域的分布并不均匀，总体看来调研的中国银行总数偏少，商业区数据较少，调研的农业银行网点在办公区的数量不足。二是考虑到此次调研的范围设定为整个成都市，而成都市的发展将会逐步扩大，进而将周边县区纳入市区范围，而前期调研所走访的银行网点都在成都市区内，并没有涉及成都周边的区和县。基于上述两种原因，我们小组决定增加两天的实地调研作为补充，其中一天主要选择中国银行数目集中，且靠近办公区的区域进行调研，以解决中国银行网点总数的缺乏和农业银行网点分布不均的问题；第二天我们选择学校所在的温江区进行调研，作为成都周边区县的代表区域。

2010年9月6日：小组于早上9点左右到达高升桥路段，沿着一环路南—浆洗街—滨江路—新南门——环路南的环线的路线，沿路走访附近的银行网点。该区域的部分路段属于办公区，有的区域属于居民区，还有的路段是典型的商业区，在该区域的调研过程中，小组成员着重调研该区域的中行网点，并注意走访办公区的农业银行网点，当天共走访5个中国银行网点、4个建设银行网点、3个农业银行网点、4个工商银行网点。

2010年9月8日：小组成员于早上9点在西南财经大学正门集合出发前往温江城区，调研区域包括温江县人民医院、人民商场附近、杨柳河附近等区域，主要为居民区和商业区。当天共走访了2个中国银行网点、2个建设银行网点、2个农业银行网点、2个工商银行网点，并有选择的对当地居民进行问卷调查。

调研结果：

在此次调研过程中，小组成员共实地走访了63家银行网点，其中中国银行12个网点，农业银行16个网点，建设银行20个网点，工商银行15个网点。共发放问卷200份，收回有效问卷188份。

（二）指标调整

在立项之初，我们的研究以SERVQUAL模型为基础，结合银行网点服务的特点，建立了五个分析维度，其下共设立了21个项目指标。原维度设计如下：

（1）有形性。指一切可以通过观察可以感受到的物理设施，在这里特指银行网点的物理设施的完备性、自助设备的灵敏性和先进性、服务人员的仪表外观等等。

（2）可靠性。指能够准确可靠地执行所承诺服务的能力，这里特指银行网点服务人员是否能够按照标准的操作规范，准确地完成所承担的业务等方面。

（3）响应性。指服务人员愿意帮助顾客并为顾客提供及时服务，此次研究中我们将其转化为银行网点服务人员对业务的处理效率，对顾客需求的反应的及时性和主动性来考察。

（4）保证性。指服务人员具有一定的专业素质，并有良好的道德修养，能够获得顾客的信任，本次研究，我们既要考察人员的专业素质和综合素质，也考虑了银行网点本身一些可能影响顾客对其信任的客观因素。

（5）移情性。指能否为顾客提供个性化服务，关心客户需求，为此，我们将其理解为"人性化服务"，通过观察银行网点对于细节的重视程度，对不同人群服务的差异化以及对顾客需求的了解程度等来考察这个维度。

每个维度下对应着若干的项目指标，原项目指标设计如表1所示。

表1　五大维度表

分析维度 B	编号	对应项目 C
有形性	1	服务区域布局的合理性
	2	硬件设施的完备性和先进性
	3	窗口服务类别指示的清晰程度
	4	服务人员的着装和仪表
可靠性	5	银行品牌本身的可靠程度
	6	网点的安全程度
	7	服务的隐私保障程度
	8	网点营业的规范性
	9	提供服务的准确性
	10	记录的及时性和准确性
响应性	11	服务人员提供服务的主动性
	12	服务人员提供服务的及时性
	13	服务人员纠正差错的及时性
保证性	14	服务人员让人信赖的程度
	15	服务人员的专业素质
	16	服务人员的礼貌程度
	17	服务窗口数量的充足性
移情性	18	服务人员能够提供个性化服务
	19	服务人员对客户需求的了解程度
	20	营业厅内设置休息区域的合理性
	21	业务所需文具的完备性和便捷性

在最初的设计中，我们将每个项目C下都设计了若干观察指标和问卷指标，但是在实地调研的过程中，我们对原来的设计做出了部分调整。由于有些项目之下的观察指标很难取得，比如网点的面积、休息区的面积、顾客等待的时间等，为此我们直接删除了这部分观察指标，只保留了客观可得的观察指标；此外，像"服务人员的专业素质"，无论是从观察指标还是从问卷指标，我们认为都不能获得准确的信息，为此，我们直接将这一项目删除，将这一项的考察间接反映在问卷中询问客户对服务人员的信赖程度的问题中①。

（三）信息数据化

1. 指标赋值

在收集了足够的信息后，我们按照最初的计划，对所得的信息进行处理，让文本信息转化为数据

---

① 调整之后的观察指标和问卷见附表1和附表2。

信息，为下一步的分析做好准备。

（1）观察指标

首先，观察指标的内容多为二值变量指标，因而，我们直接采取 0 和 1 的赋值方式。其次，由于调研过程中部分观察指标的不可得性，我们去除了包括网点总面积、柜台服务区面积、自助服务区面积、平均业务处理时间、队伍长度在内的一些指标。此外，将"为老年客户提供老花镜"、"为儿童提供板凳"、"提供计算器"三指标合并为"其他指标"。我们将把在四大国有商业银行网点所实际观察到的数据进行排序，按照从好到坏的顺序，我们分别赋予其相对应的虚拟值。

（2）问卷指标

问卷指标多为顾客的主观评价指标，我们按照 SERVQUAL 模型的理念核心，结合各个指标的特点，让顾客根据其主观感受对四大国有商业银行各网点服务质量进行排序和打分，以此反映顾客对其服务的满意程度。

（3）访谈指标

访谈指标并不赋予具体值，只是作为观察指标和问卷指标所获得的信息的辅佐和修正。访谈从两方面考察目前的四大国有商业银行网点服务质量：一方面是从银行角度来了解其对现有网点服务的规章制度和银行对于其网点服务的认知和建设现状；另一方面我们则考虑了对顾客的访谈，这样做的目的在于深入探寻问卷指标所不能反映的信息，既可以对问卷的结果进行修正，又可以感性地了解到客户的满意度和具体需求，以此寻找出今后四大国有商业银行网点服务的改善方向。

2. 指标加权

在给各项指标赋值的过程中，我们按照 AHP，通过分解、加权、评估和选择四个步骤，有效地将复杂、模糊的相互关系转化为定量分析并结合调研过程中的访谈信息，对指标进行排序，再结合 AHP 的结果，对其进行一定程度的调整，最终确立了各项指标的权重。

具体操作中，首先，我们将五个维度进行两两对比，得出它们之间的相对权重。其次，我们再将每个维度的对应项目在内部进行两两对比，进行二次加权，得出各项目在该维度下的相对权重以及对应总体的权重。再次，我们再将各项目下的观察指标、问卷指标两类指标进行两两对比，得出这二者之间的相对权重，这样就得到了 AHP 下的权重。最后，我们还要结合调研的实际情况和访谈获得的信息对指标进行排序，根据排序对 AHP 得到的权重进行调整，得出我们最后处理所需的权重。

此外，按照最初的设想，我们是按照区域选取的网点，为了体现各个区域银行网点的服务差别，我们还对各区域的银行服务进行了赋权。不过由于实际调研过程中，问卷的发放并没有按照最初的设想发放到调研网点的客户手中，而是在网点周边发放调研并结合网络问卷的形式进行信息的收集，因而，分区的赋权，就剔除了问卷指标，直接对观察指标进行赋权。具体赋权结果见表 2、表 3 和表 4。

表 2　维度的权重

分析维度 B	维度排序	维度权重
有形性 B_1	2	4/15
可靠性 B_2	1	1/3
响应性 B_3	3	1/5
保证性 B_4	5	1/15
移情性 B_5	4	2/15

表3 综合比较的权重

分析维度 B	对应项目 C	综合排序	综合权重
有形性 B_1	服务区域布局的合理性 C_1	2	3/10
	硬件设施的完备性和先进性 C_2	1	2/5
	窗口服务类别指示的清晰程度 C_3	3	1/5
	服务人员的着装和仪表 C_4	4	1/10
可靠性 B_2	银行品牌本身的可靠程度 C_5	2	5/21
	网点的安全程度 C_6	4	1/7
	服务的隐私保障程度 C_7	3	4/21
	网点营业的规范性 C_8	1	2/7
	提供服务的准确性 C_9	5	2/21
	记录的及时性和准确性 C_{10}	6	1/21
响应性 B_3	服务人员提供服务的主动性 C_{11}	2	1/3
	服务人员提供服务的及时性 C_{12}	1	1/2
响应性 B_3	服务人员纠正差错的及时性 C_{13}	3	1/6
保证性 B_4	服务人员让人信赖的程度 C_{14}	2	1/3
	服务人员的专业素质 C_{15}	—	—
	服务人员的礼貌程度 C_{16}	3	1/6
	服务窗口数量的充足性 C_{17}	1	1/2
移情性 B_5	服务人员能够提供个性化服务 C_{18}	2	3/10
	服务人员对客户需求的了解程度 C_{19}	3	1/5
	营业厅内设置休息区域的合理性 C_{20}	1	2/5
	业务所需文具的完备性和便捷性 C_{21}	4	1/10

表4 分区比较的权重

分析维度 B	对应项目 C	综合排序	分区权重
有形性 B_1	服务区域布局的合理性 C_1	2	3/10
	硬件设施的完备性和先进性 C_2	1	2/5
	窗口服务类别指示的清晰程度 C_3	3	1/5
	服务人员的着装和仪表 C_4	4	1/10
可靠性 B_2	银行品牌本身的可靠程度 C_5	—	—
	网点的安全程度 C_6	3	1/5
	服务的隐私保障程度 C_7	2	3/10
	网点营业的规范性 C_8	1	2/5
可靠性 B_2	提供服务的准确性 C_9	—	—
	记录的及时性和准确性 C_{10}	4	1/10
响应性 B_3	服务人员提供服务的主动性 C_{11}	1	1
	服务人员提供服务的及时性 C_{12}	—	—
	服务人员纠正差错的及时性 C_{13}	—	—

表4(续)

分析维度 B	对应项目 C	综合排序	分区权重
保证性 B$_4$	服务人员让人信赖的程度 C$_{14}$	—	—
	服务人员的专业素质 C$_{15}$	—	—
	服务人员的礼貌程度 C$_{16}$	2	2/3
	服务窗口数量的充足性 C$_{17}$	1	1/3
移情性 B$_5$	服务人员能够提供个性化服务 C$_{18}$	2	3/10
	服务人员对客户需求的了解程度 C$_{19}$	3	1/5
	营业厅内设置休息区域的合理性 C$_{20}$	1	2/5
	业务所需文具的完备性和便捷性 C$_{21}$	4	1/10

(四) 模型拓展

1. 分层分析模型

在得到指标量化后的具体值后，结合通过 AHP 得出的权重，我们得到如下三个层次的模型：

(1) 类指标得分 M_x

$$M_x = \sum_{x=1}^{n} WS_{xy} \times S_{xy}$$

其中，M_x = 第 x 类指标的得分；S_{xy} = x 类指标下的第 y 个具体指标得分；WS_{xy} = 第 x 类指标下的第 y 个具体指标的对应权重。

(2) 项目指标得分 C_j

$$C_j = \sum_{x=1}^{2} WM_{xj} \times M_{xj}$$

其中，C_j = 第 j 个项目的得分；M_{xj} = j 项目下的第 x 类指标得分；WM_{xj} = 第 j 个项目下的第 x 类指标的对应权重。

(3) 维度得分 B_k

$$B_k = \sum_{j=1}^{n} WC_{jk} \times C_{jk}$$

其中，B_k = 第 k 个维度得分；C_{jk} = k 维度下的第 j 个项目得分；WC_{jk} = 第 k 个维度下的第 j 个项目的对应权重；n = 第 k 个维度下对应的项目个数。

(4) 综合得分 A_m

$$A_m = \sum_{k=1}^{5} WB_{km} \times B_{km}$$

其中，A_m = 第 m 个银行的得分；B_{km} = 第 m 个银行对应的第 k 个维度得分；WB_{km} = 第 m 个银行的第 k 个项目的对应权重。

2. 偏离比率对照分析模型

我们认为在最初的二维分析模型中，其重要性是站在顾客的角度来考虑的，为此我们还需要建立一个从银行角度出发的二维模型。银行本质上是以营利为目的的机构，提高顾客满意度的目的也是为了更好地吸引和留住顾客，从而增加其盈利。本着这样的想法，我们认为应该在分析过程中考虑各个项目在增加顾客满意度的同时还需要分析这些指标是否有益于提高其营业额，增加盈利。为此，我们将四大国有商业银行各自的资本回报率参照，考察五个维度与资本回报率之间的偏离比率，将综合得分与资本回报率的偏离比率作为标准，分析五个维度中究竟哪一些是可以增加投入以增加银行盈利；哪些只要维持现状就好，过多的投入很可能被浪费；或者有些维度的服务投资减少会更有利于银行节约资本，合理配置资源。

并且，如果有指标在最初的二维分析模型与拓展的二维分析模型中相重合，即该指标的提高既能够提高顾客对网点服务的满意度，又能够增加银行的盈利，那么作为这样的"双赢"指标，就更应该是银行关注的重点。

3. 满意度—重要性二维分析模型

在得出了各层得分的基础上，按照最初的设想，我们将这些得分运用起来，结合每项指标的权重，我们构建起一个重要性和满意度的二维分析模型。以所得网点各项指标加总之后的平均得分和各项指标的平均权重作为标准，做出一个"田"字形区域（见表5），将四大国有商业银行网点各自的得分分别对应到四个区域中，以此为依据，寻找到最需要改进的指标：满意度高且重要性高的指标我们建议维持现状，满意度高且重要性低的指标可以考虑减少投入，满意度低且重要性低的指标可在有充足资源的情况下投入改进满意度低且重要性高的指标要优先改进。

表5　满意度—重要性二维表

		重要性	
		高	低
满意度	高	A	B
	低	D	C

4. 成本理论模型

拓展的二维模型定性地分析了提高某一维度的顾客满意度能够给银行带来多少收益，这是从收益的角度来考虑维度和盈利的关系。当银行决定要对某一维度下的指标进行改变，必然要考虑相关的成本投入。为此我们建立了一个理论模型，用来衡量改变某一维度的成本。该模型以维度的得分为中介，首先计算某一维度的每一分能够给银行带来的收益，其次再计算现有得分下的各项指标的成本，进而得到该维度的总成本。只要通过技术处理，让每一分对银行收益的贡献率都是一样，那么要计算该维度下，每单位收益所需要耗费的成本（或每单位成本对应的收益）就不是一件难事。以此模型为基础，只要代入相关的数据，就能得到相应成本，再结合我们之前所设计的打分模型，代入网点服务的得分，就能得出成本相关结果。

四、研究成果

（一）调研结果与分析

1. 综合结果与分析

根据评价体系设计，在综合了观察指标和问卷指标之后，以相对重要性赋权打分综合结果来看①，

---

① 具体打分体系参见论文。

中国银行的网点服务质量以综合分数 0.670 877 位居第一，其次是建设银行和工商银行分别以 0.669 807、0.646 649 2 的综合分数位居第二、第三，相比之下，农业银行网点服务质量的综合得分只有 0.594787，与其他银行差距较大。具体情况见表6所示。

表6　四大国有银行网点服务质量

	工商银行	农业银行	中国银行	建设银行
综合分数	0.646 649 2	0.594 787	0.670 877	0.669 807

根据调查问卷中，银行顾客对四大国有商业银行品牌排序结果，在四大银行分别排名第一的分布中，在问卷调查中，有42.3%的调查对象将建设银行排在第一位，相比而言，只有7.69%的调查对象将农业银行排在第一位；值得一提的是，在中国银行的所有排序分布中，大部分顾客（57.96%的调查对象）将中国银行排在第一位和第三位。如表7所示。

表7　四大国有银行品牌排序结果

	工商银行	农业银行	中国银行	建设银行
排名第一	0.243 59	0.076 923	0.256 41	0.423 077
排名第二	0.358 974	0.128 205	0.179 487	0.294 872
排名第三	0.294 872	0.269 231	0.320 513	0.115 385
排名第四	0.102 564	0.525 641	0.243 59	0.166 667

将四大银行作为整体，分三个区域打分①的结果来看，四大银行在办公区的分数最高，说明四大国有银行在该区域服务比其他区域较好，其次是商业区和居民区。而对四大银行之间分别比较来看，建设银行在商业区和办公区的得分都是最高的，中国银行分别以 0.551 235、0.615 694 紧跟其后。而相比较而言，在居民区的中国银行得分以 0.548 765 位居第三，与位于第一的工商银行的差距有 0.117 901，说明中国银行在该区域的网点服务质量仍然存在较大的提升空间。从中国银行的自身情况来看，它在办公区的服务质量得分高达 0.615 694，是该银行在三个区域中分数最高的。

表8　四大银行分区分数表

	工商银行	农业银行	中国银行	建设银行	所有网点
商业	0.422 777 8	0.508 407	0.551 235	0.555 88	0.526 623 9
办公	0.533 796 3	0.476 852	0.615 694	0.632 546	0.534 392
居民	0.666 666 7	0.418 395	0.548 765	0.594 418	0.512 096

2. 观察指标结果与分析

在分析的过程中，我们首先将观察指标分为了三大类，即标准指标、绩效指标和激励指标。

（1）标准指标是指服务水平没有达到顾客要求会产生不满意，但即使达到或者超出，也不会明显增加满意的指标，这类指标正向的边际效应很小，负向边际效应却很大。

（2）绩效指标是指当超出顾客期望时，会让顾客很满意，但是如果没有达到顾客要求，就会让

---

① 由于问卷还包括网络问卷，故在处理过程中并没有将问卷进行分区，从而区域打分仅根据观察指标来打分。

顾客不满意，有负向的影响。

（3）激励指标是指如果超出顾客的需求，顾客会感到非常满意，但是如果无法达到，也不会有很大的负向影响，即正向的边际效应要高于负向的边际效应。

我们将每一类指标都按照其子指标的属性，分别以有形性、可靠性、保证性、响应性和移情性五个维度来呈现，并且有针对性地分析了部分指标。具体如下：

（1）标准指标——有形性

表9　有形性 B$_1$

维度	标准指标	工商银行分数	农业银行分数	中国银行分数	建设银行分数
有形性 B$_1$	1. 自助服务区面临街面的门	1	1	0.8	0.933 333 333
	2. 休息区	1	1	1	1
	3. VIP 特殊服务区	1	0.769 231	0.8	0.8
	4. 叫号机	1	0.846 154	1	1
	5. 验钞机	0.545 455	0.923 077	0.8	0.733 333 333
	6. 写字台	1.090 909	1	0.9	0.933 333 333
	7. 柜台窗口有明确标识业务类型	0.818 182	0.384 615	0.9	0.4
	8. 显眼处完整清晰的业务流程图	0.545 455	0.384 615	0.8	0.8
	9. 佩戴工作牌	0.863 636	0.692 308	1	0.866 666 667
	10. 女性服务人员盘发	0.681 818	0.692 308	1	0.866 666 667

注：灰色数据将在以下进行说明。

①自助服务区面临街面的门　　从现有文献和实地调研观察结果来看，大部分银行网点的自助服务区都设计有面临街面的门，在银行网点营业时间外，保证顾客也能使用自动存取款机等自主设施，最大限度地方便顾客。从表9的分数看来，中国银行和建设银行有网点的自助服务区并没有设计临街的门，调研中我们发现这几处网点都位于较繁华的商业区，且银行网点的规模较大。此外，还需要提出的一点是，从分数上看农业银行网点的自助服务区都设计有临街的门，但是在调研过程中，我们走访到农业银行成都体育场路支行的时候发现，该网点规模较小，自助服务区虽然有临街的门，但是并不是为自助服务区单独设立的，而是与网点营业区域共用的大门，在网点营业时间外，并不能达到方便顾客的效果。

②叫号机　　叫号机是现代银行网点应当配备的设施之一，而表中的数据显示少数的农业银行网点并没有配备叫号机，结合我们的实地调研情况来看，这部分网点多集中在温江区域内，成都市区的农业银行网点除去个别正在整修的临时营业点外，其余设施都较为齐全，配备有叫号机。

③验钞机　　理论上说银行网点应该配备验钞机（对外），方便顾客点钞、验钞。但是无论是从表中数据看来还是结合我们调研的实际情况，都反映出目前有部分银行网点并没有规范配备验钞机。相比而言，中国银行和农业银行网点的配备比率相对较高，有 80% ~ 90% 的网点配备有验钞机，而工商银行的配备情况较差，只有 54.54% 的配备比率，也就是说，将近有半数的工商银行网点没有配备验钞机。

④写字台　　一般来说，银行网点都应该具备一个写字台，但是从表中数据看来，有少部分中国

· 94 ·

银行和建设银行的网点并没有设计写字台，而农业银行网点中存在有多于一个写字台的情况。事实上，没有写字台的网点通常用大堂经理的办公桌替代写字台，一些较大型的网点业务分区设置，为了方便顾客，也在不同的区域都放置了写字台。

⑤柜台窗口有明确标识业务类型　　从表中的数据看来，中国银行和工商银行的网点在这方面做得较好，有明确表明各窗口的业务类型，如现金业务窗口、非现金业务窗口等。建设银行和农业银行的网点相比之下，做得不太规范。调研中我们发现，建设银行网点的窗口通常只标明了窗口序号，并没有明确说明每一个窗口对应的业务；不过，我们也发现在建设银行的网点，显眼位置都有一个业务分区示意图，其设计的目的和达到的效果同直接在窗口表明业务类型是相近的。

⑥佩戴工作牌、女性服务人员盘发　　银行网点的工作人员应当在上班时间规范着装，佩戴好工作牌，女性工作人员应当做到长发盘发。数据显示，中国银行网点的工作人员在这方面做得比较规范。在调研过程中，我们也观察到，中国银行网点的工作人员在着装方面标准统一，工作人员佩戴工作牌，女性工作人员长发均盘发。相比之下，农业银行网点有部分工作人员并没有规范佩戴工作牌，工商银行和农业银行网点都有部分女性工作人员并没有做到长发盘发，因此这两个银行网点的这两个指标得分较低。

（2）标准指标——可靠性

表 10　可靠性 B_2

维度	标准指标	工商银行	农业银行	中国银行	建设银行
可靠性 B_2	1. 保安佩带警棍	1	1	1	0.866 666 667
	2. 摄像头	1	1	1	1
	3. 消防设施	1	1	1	1
	4. 密码输入遮挡物	1	1	1	1
	5. 密码输入声	1	1	1	1
	6. 一米线	0.909 091	0.615 385	0.7	0.733 333 333

注：灰色数据将在以下进行说明。

①保安佩带警棍　　虽然每一个网点都雇佣了保安来保障银行网点的安全，但是从数据上，我们可以看出，建设银行有部分网点的保安人员并没有按规定佩带警棍，在我们的调研过程也发现，在有些网点，尤其是一些规模较小的网点，其保安人员并没有佩带警棍。这无形中降低了银行网点的安全性和可靠性，且保安人员已俨然为大堂经理承担了一部分咨询的工作，这是可以接受的，但还是应该强调其安保责任。

②一米线　　银行网点应该在各柜台前设立一米线，以有效保障客户的信息安全。根据表10所反映的数据，我们可以看到，四大国有商业银行的网点都存在着没有设立一米线的情况。相比之下，工商银行的大部分网点都按规定设立了一米线，农业银行网点在这方面做得最差，只有61.54%左右的网点设立了一米线，中国银行的情况好于农业银行，但也做得并不太好，只有70%的网点设置了一米线。不过在观察中我们发现，有的网点并没有专门设置专门的一米线，而是在装修时，选用一定大小和特定颜色的地砖组合划出一米线的区域，我们认为这样的网点也算设置了一米线，但是这样的一米线不是很直观，其效果可能会有所减弱。另一方面，我们发现在坐椅较多的地区，客户都倾向于在休息区等待，这样距窗口较远，所以休息区自动分流和隔离客户，对隐私起到一定的保护作用。

（3）标准指标——移情性

表11　移情性B₅

维度	标准指标	工商银行	农业银行	中国银行	建设银行
移情性 B₅	1. VIP 通道	0.727 273	0.692 308	0.8	0.733 333 333
	2. 分业务专门开设服务窗口	0.818 182	0.692 308	0.9	0.533 333 333
	3. 意见簿	0.272 727	0.384 615	0.3	0.866 666 667
	4. 公开投诉电话	0.272 727	0.230 769	0.2	0.4
	5. 休息区干净、整洁	0.954 545	1	1	0.933 333 333
	6. 计算器	0	0	0	0.066 666 667
	7. 柜台或写字台提供笔	1	1	1	1
	8. 单据集中分类摆放	0.818 182	0.846 154	0.9	0.933 333 333

注：灰色数据将在以下进行说明。

①分业务专门开设服务窗口　　从表11中数据来看，中国银行网点以0.9分排名第一，说明中国银行网点有90%的网点都有分业务设置专门的服务窗口，如专门针对汇兑业务设置了"中银汇兑"窗口。建设银行在这部分的得分最低，数据反映只有53.33%的网点才有分业务设置专门的窗口。

②意见簿、公开投诉电话　　意见簿和投诉电话是银行与顾客沟通的一个重要渠道，但是从表中的数据看来，只有建设银行有86.67%的网点将意见簿放在显眼可见的位置，另外三个银行都只有不足半数的网点能够在显眼位置找到意见簿。此外，各网点的投诉电话也不够公开，虽然建设银行的分数相比之下排名第一，但是总体看来，得分都较低。在调研过程中，这一问题十分突出，不能在大堂经理的办公桌上找到意见簿，即使有，有时也被其他单据和文件遮挡，不容易发现；至于投诉电话，大部分网点都只公开了该银行的客户服务电话，而没有针对网点设立投诉电话，这一点是值得注意的。

③计算器　　我们将计算器作为移情性的一个考察指标，无论是从数据还是实地调研的情况都反映出大部分的银行都没有为顾客配置计算器。这说明目前四大国有商业银行在这些细节的处理上还存在不足。

④单据集中分类摆放　　写字台上通常摆放着各种单据，为了方便顾客区分和使用，应当分类摆放。从表中数据看来，大部分银行网点的单据都很好地分类摆放，四大国有商业银行之间的差别不是很大，只有少部分网点的单据没有归类摆放。调研过程中我们还发现，在一些规模较小的网点，大堂经理会直接将单据摆放在自己的办公桌上，在询问了顾客需求后，将所需要填写的单据直接交到顾客手中。

（4）绩效指标——响应性

表12　影响性B₃

维度	绩效指标	工商银行	农业银行	中国银行	建设银行
响应性 B₃	1. 大堂经理主动提示顾客使用叫号机	0.181 818	0.153 846	0.4	0.533 333 333
	2. 大堂经理主动进行客户分流	0.181 818	0	0.666 67	0.714 286

注：灰色数据将在以下进行说明。

①大堂经理主动提示顾客使用叫号机　　随着现代银行逐渐深入人们的生活，人们逐渐适应了去银行网点办理业务时，使用叫号机取号等 待，但这并不意味着所有客户都会主动使用叫号机，为此，大堂经理在此时就应当起到引导作用，提 示客户使用叫号机。根据表12 中的数据，大部分银行网点的大堂经理都没有主动提示，相比之下，建设银行和中国银行的网点情况稍好。至于工商银行和农业银行，只有不到20% 的网点的大堂经理有主动提示客户使用叫号机。

②大堂经理主动进行客户分流　　大堂经理还有一项重要的职责，即分流客户，这样既可以提高网点的工作效率，又能够维护网点秩序。但是，根据表中的数据反映，工商银行和农业银行网点的大堂经理并没有很好地履行自己的职责，农业银行的得分甚至为0 分。建设银行和中国银行网点的大堂经理在这方面做得要好很多。在实际观察的过程中，我们也感受到建设银行、工商银行和农业银行网点的客户相对较多，但是建设银行的大堂经理一直在积极分流客户，整个网点秩序井然，相比之下工商银行的网点就显得更混乱一些，而农业银行网点的大堂经理并没有履行分流客户的职责，整个网点秩序混乱，工作效率低下，客户的抱怨声不断。中国银行网点的客户是四大国有商业银行中相对较少的，但是中国银行网点的大堂经理一直都在休息区附近，分流和提示在休息区等待办理业务的客户，整个网点的管理井井有条，运营有条不紊。

（5）激励指标——可靠性

表13　可靠性 B_2

维度	激励指标	工商银行	农业银行	中国银行	建设银行
可靠性 B_2	粉碎机	0	0	0.1	0.133 333 333

注：灰色数据将在以下进行说明。

银行网点如果有粉碎机，顾客就可以就地粉碎某些单据，以保障自身隐私信息的安全。不过从上述数据来看，工商银行和农业银行的银行网点还没有配备碎纸机，中国银行和建设银行的一些网点配备有碎纸机。

（6）激励指标——移情性

表14　移情性 B_5

维度	激励指标	工商银行	农业银行	中国银行	建设银行
移情性 B_5	1. 休息区提供饮用水	0.454 545	0.615 385	0.5	0.666 666 667
	2. 老花镜	0	0	0.3	0.066 666 667
	3. 为儿童提供板凳	0	0	0	0

注：灰色数据将在以下进行说明。

银行网点会面对不同年龄阶段的客户群，为他们提供不同的服务，能够体现一个银行网点服务的人性化。从表14 数据看来，中国银行网点在人性化服务方面做得较好，有若干网点都有"便民服务箱"，当中有为老年人提供的老花镜。建设银行有一个网点，在其写字台上为客户提供了老花镜。但是总的来说，数量都偏少。此外，在调研过程中还没有发现有银行网点针对儿童，为其提供板凳，使其能上柜台办理业务，因此，这部分四大国有商业银行的得分都为0，该项目所服务的人群较小，需要也比较少，但是可以作为人性化服务质量的一个指标也是有意义的。

3. 问卷指标结果与分析

我们共发放200 份问卷，收回有效问卷188 份，对收回的有效问卷的问题按照最初设计的五个维度（有形性、可靠性、响应性、保证性和移情性）进行归类，并依据各个问卷问题的选择情况进行计分统计，得出每个问题各个银行的得分，并以此为基础，做出如下分析：

（1）有形性

表 15　有形性 B_1

		工商银行	农业银行	中国银行	建设银行
有形性 B_1	布局	0.68	0.518 518 52	0.602 941 18	0.629 629 63
	硬件	0.69	0.67	0.708 333 33	0.634 615 38
	着装	0.788 461 54	0.78	0.764 705 88	0.730 769 23

注：灰色数据将在以下进行说明。

从表 15 我们可以看到，总体来看，四大国有商业银行的各个网点在有形性这部分的得分普遍偏高，不过不同银行的优劣分布并不相同。中国银行网点提供的硬件，相比其他三个银行的网点，是最让客户满意的。

（2）可靠性

表 16　可靠性 B_2

		工商银行	农业银行	中国银行	建设银行
可靠性 B_2	人身安全	0.721 153 85	0.72	0.808 823 53	0.701 923 08
	隐私	0.658 333 33	0.7	0.617 647 06	0.583 333 33
	出错	0.925 925 93	0.979 166 67	0.794 117 65	0.903 846 15
	收费	0.5	0.52	0.545 454 55	0.394 230 77
	无法办业务	0.75	0.84	0.970 588 24	0.692 307 69

注：灰色数据将在以下进行说明。

从表 16 中我们看到，人们对于在中国银行网点办理业务时的人身安全的保障相比其他三个银行而言，是最满意的，建设银行的得分则是最低的；而在问及对其隐私保护是否放心时，顾客反映出来的情况是，他们对农业银行网点的满意度较高，中国银行网点仅排在第三，认为建设银行网点的隐私保障工作还不太令顾客满意；至于人们对业务收费合理性的接受程度，表中数据显示，顾客对于中国银行网点的业务收费相比其他三家银行，更能够接受，认为相对合理，与之相反，有许多顾客认为建设银行的收费很不合理，表示不能接受；此外，此维度的最后一个问题询问的是因工作人员不在岗而导致人们无法办理业务的情况，结果显示，这种情况很少出现在中国银行网点，其得分最高，而在建设银行网点，则较多地出现这种情况，相应的，其得分也就更低。

（3）响应性

表 17　响应性 B_3

		工商银行	农业银行	中国银行	建设银行
响应性 B_3	服务主动性	0.64	0.648	0.7	0.715 384 62
	业务效率	0.467 741 94	0.47	0.558 823 53	0.343 75
	反应及时性	0.571 428 57	0.583 333 33	0.812 5	0.638 888 89

注：灰色数据将在以下进行说明。

响应性主要是反映服务的主动性和及时性这方面的情况。从表 17 中可以看到顾客认为建设银行网点的工作人员服务非常主动，其次是中国银行网点的工作人员，二者之间并没有太大的差距；顾客认为中国银行网点的办公效率和工作人员反应及时性是四大国有商业银行中最让人满意的，建设银行网点的服务效率得分最低，工商银行网点工作人员的反应及时性最差（与中国银行网点的该项得分相差 0.241 071 43）。造成该种结果的原因可能有以下两个原因：一是工作的效率本身就很低；二是该网点效率正常，但是客户较多，造成人们平均等待时间较长，感觉"效率"（效率结果主要通过调查问卷获得）不高。但是提高营业效率是目前商业银行提高服务质量和提高办事效率的重要途径，需要长期的培养和完善的管理监督机制。

（4）保证性

表 18　保证性 B_4

		工商银行	农业银行	中国银行	建设银行
保证性 B_4	信赖	0.625	0.663 461 54	0.691 176 47	0.586 538 46
	礼貌	0.64	0.65	0.705 882 35	0.694 444 44
	服务窗口	0.410 256 41	0.373 333 33	0.490 196 08	0.320 512 82

注：灰色数据将在以下进行说明。

从表 18 中我们看到中国银行网点的服务在保证性这一维度下的各个指标的得分都是最高，从顾客对工作人员的信赖程度来看，顾客都认为中国银行网点的工作人员相比其他银行网点的工作人员更加值得信赖，说明中国银行网点员工的业务素质是较好，值得顾客信赖；至于网点工作人员言行的礼貌程度，顾客也更加倾向中国银行，说明中国银行网点员工的综合素质比其他银行更好；此外，由于中国银行网点的规模比较大，开设的窗口也比较充足，顾客认为其窗口开设还是较合理的。这可能要提及一下面向的顾客群有一定的差异，所以可能服务态度与制度要求差异有关。

（5）移情性

表 19　移情性 B_5

		工商银行	农业银行	中国银行	建设银行
移情性 B_5	休息区	0.634 615 38	0.656 25	0.632 352 94	0.528 846 15
	文具	0.520 833 33	0.65	0.602 941 18	0.519 230 77
	网点人性化	0.596 153 85	0.61	0.602 941 18	0.59
	沟通	0.638 888 89	0.690 476 19	0.661 764 71	0.590 909 09
	沟通渠道数	0.6	0.509 090 91	0.494 117 65	0.478 571 43

注：灰色数据将在以下进行说明。

移情性主要考察的是一个网点服务的人性化程度。从四大国有商业银行在这一维度下的指标得分情况看出，顾客对于农业银行网点的休息区舒适度、文具提供、人性化服务和沟通畅通性的满意度最高，中国银行网点服务的人性化和沟通畅通性位居第二。就顾客了解的沟通渠道多少来看，顾客所了解的工商银行网点的沟通渠道数最多，而中国银行仅在第三位，说明顾客对中国银行网点的沟通渠道并不是很了解，这不利于网点与顾客的交流，也就不利于银行了解顾客的需求，提高服务质量。

（6）沟通渠道分析

为了进一步考察沟通渠道的结构，我们在下面部分对此进行更加细致的分析。

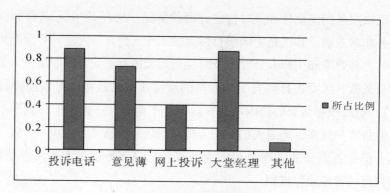

图1 沟通渠道构成图

从图1看出，投诉电话和大堂经理是大部分顾客都了解的沟通渠道，分别有88.46%和70.08%的顾客知晓这两种途径，还有部分顾客知道除这两种途径以外的沟通途径。

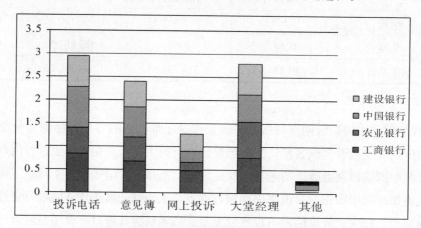

图2 在相同沟通渠道下，不同银行分布图

图2表明了在同样的沟通渠道下，不同银行的分布。同样是投诉电话，中国银行和工商银行中知晓该途径的顾客所占比例远远高于农业银行和建设银行；再来看意见簿这一途径的情况，按照各银行知晓该途径的顾客比例排序，工商银行高于中国银行，中国银行又优于建设银行，农业银行的比例最低；网上投诉这一途径，工商银行的顾客中知晓这一途径的比例远远高于其余三家银行，间接反映了工商银行网上银行业务开展得很不错，相比之下，中国银行仅仅排在第三位，说明中国银行在这方面有很大提升空间；工商银行和农业银行的顾客中有很大部分都了解其大堂经理这一沟通途径，其次是建设银行，中国银行停留在第四；此外，中国银行有部分顾客还知晓除上述四种沟通途径以外的方法，虽然同样的情况也存在于工商银行和建设银行，但所占比例不如中国银行。

如果按照银行分别统计其沟通渠道，从图3可以看到，中国银行网点的沟通途径的构成情况，其中投诉电话占绝大多数，大堂经理和意见簿所占的比例比较接近；而工商银行和建设银行的情况比较相似，即投诉电话和大堂经理较为顾客所知，且比例相近，其次是意见簿；农业银行的情况则有所不一样，大堂经理这一途径排在第一位，其次是投诉电话和意见簿。

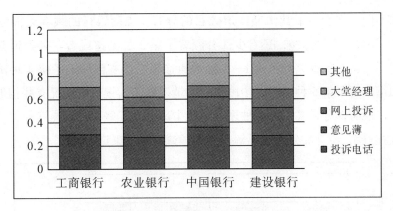

图3 四大国有银行沟通渠道构成图

由于在问卷设计时，我们将顾客所了解的沟通渠道设计成一道多选题，为此，我们在这里再从数量的分布上来分析一下这个问题。

图4我们可以看到，大部分顾客都只知道2～3种同银行沟通的渠道，还有一部分顾客只了解1种渠道，还有部分顾客了解4种渠道，了解5种渠道或者什么都不知道的顾客只占小部分。

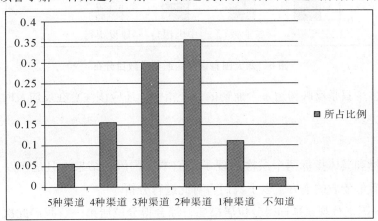

图4 顾客了解银行沟通渠道情况

图5所反映的是了解同样数量的沟通渠道的顾客，四大国有商业银行的顾客各所占的比例构成。只了解1种沟通渠道的人群中，大部分是农业银行的客户；了解2～3种沟通渠道的顾客大部分来自建设银行、中国银行和工商银行。

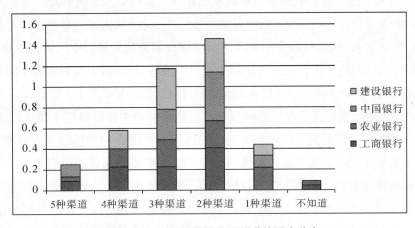

图5 了解同样数量的沟通渠道的顾客分布

再按照银行的不同，来看一下其沟通渠道数目的分布。工商银行的顾客大部分都只了解 2 种渠道，还有部分顾客了解 3~4 种途径，还有少部分顾客了解 5 种渠道或者一种渠道都不知道；农业银行的情况有所不同，大部分的顾客都了解 1~3 种沟通途径，还有部分人了解 4 种沟通途径，只有少部分人什么都不知道或者了解 5 种途径；中国银行的情况同工商银行的情况有些相似，大部分顾客只了解 2 种沟通途径，还有部分顾客了解 3 种途径，较少部分人了解 5 种沟通途径；建设银行大部分顾客了解 2~3 种沟通途径，还有部分人只了解 1 种途径或者 4 种渠道。

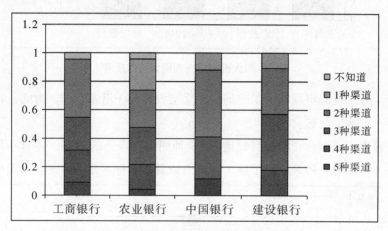

图6 四大国有银行沟通渠道数目分布

当然，渠道的多少只是反映沟通是否通畅的一个指标，还应该注意在反应及时性、对待投诉态度等方面做进一步努力。

4. 总结分析

以上从总的指标和具体指标两个层次展现了我们本次调研的结果。但是在以上呈现出来的结果中，我们发现两个看似矛盾的地方，以下我们将对此进行分析。

总体矛盾1：中国银行观察指标得分位居第二，综合得分位居第一。我们此次设计的综合评价体系包括观察指标和问卷指标两个方面。但是由于让问卷被访者自行划分所到银行的区域存在难度，所以不同区域的得分只是利用了本地调研中的观察指标来衡量。那么，只是根据观察指标，以上银行分区域分数的反映的情况来看，在商业区和办公区建设银行都位居第一，在居民区工商银行得分最高，相比较而言，中国银行在各个区域都是处于第二的地位。所以从观察指标的角度，我们可以推测中国银行从硬件设施和可观察服务等影响服务质量的基础在四个银行中属于优的。

在不分区域的情况之下，我们在分区域中观察指标的基础之上加入了问卷指标（并且该部分问卷指标仅包括自己银行的顾客），从银行顾客的角度来衡量银行服务的质量，中国银行综合得分位居第一。在拥有可能优质服务的基础的条件下，从问卷指标分析中，我们可以看出被调查的中国银行顾客对中国银行的感官评价都较高，所以中国银行可以在观察指标评分第二的基础之上，综合评价分数跃居第一。

总体矛盾2：中国银行指标得分和综合得分很高，但是问卷中品牌排序不高。以上调研数据可以看出中国银行指标衡量得分都较高，相比较而言，中国银行在硬件和软性服务方面都有较高的水平。但是，在四大国有商业银行的顾客对银行品牌的排序中，我们发现品牌排序有 0.358 974、0.294 872 比例的人将中国银行排在第二位和第三位。分析原因，我们认为样本总体包括的其他银行的顾客对中国银行可能对中国银行不太熟悉，对中国银行的服务好坏没有认知，所以在四个银行排序中将中国银行排在比较中间的位置，但是这个也没有影响到中国银行顾客对其评价。

（二）论文成果与分析

本篇论文在结合了以前学者研究的基础之上，以我们小组自行设计的考察指标和打分规则，建立起了此次调研独有的评价体系——QF（Quality & Feeling）模型，并以此为基础，对四大国有商业银行的网点服务进行了评分[①]。

为了较好地说明 QF 模型的科学性，文章选择检验网点服务综合评分与对应银行资产回报率的对应情况（见图7）来判断，由于综合分数和银行资本回报率的数据并不能直接比较，为此，文章将资本回报率的数值进行一定的技术处理[②]，从而将不可比的两个指标可比化。比较结果显示，综合评分高的银行其资产回报率也较高，比如工商银行的网点服务综合评分高于农业银行，其资产回报率也高于农业银行。这正好与已有研究的结论相吻合，即较好的服务质量[③]有助于银行吸引客户，留住客户，从而提高其盈利水平。因而，我们可以说，在 QF 模型下的打分是科学可信的，并且具有一定的经济意义。

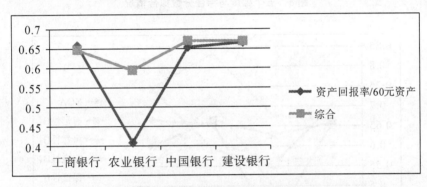

图7　四大国有银行网点服务综合评分与资产回报率关系图

在检验了构建的 QF 模型的科学可行性后，我们接下来对各个银行的得分进行解释。为此，我们特意设计了一个拟合指标[④]，根据对这个拟合指标的定义，某一维度与综合分数的拟合越好，其值就越小。计算后结果显示（见图8），有形性与综合分数的变动方向的拟合性是最好的，其次是可靠性和移情性，再次是响应性，最后是保证性。与之前的指标相比较，保证性与总体的服务质量的偏离是比较大些，也就是说保证性与服务质量之间相关性是五个维度中最小的。

根据现有文献的结论，银行的服务质量影响到银行的营业效率，我们假设 QF 模型设立的五个维度不仅仅影响到银行的服务质量，还可能进一步影响到营业效率，因此在拟合了五个维度同综合分数的关系后，我们沿用上述思路，继续观察五个维度同资产回报率（ROA）的拟合情况（见图9）。为此我们又新构建了一个拟合比率变量 ω，该变量由两个值相除而成[⑤]，如果拟合度比率 ω_i 大于1，则说明 i 维度对最优 ROA 的拟合系数大于对服务质量的拟合度系数，也就是 i 维度对 ROA 的影响没有对服务质量的影响大。结果显示，其中，工商银行、中国银行、建设银行的资本回报率都是正向偏离，且中国银行的五个维度偏离情况最好，只有可靠性的指标是负向偏离平均情况，而农业银行的资本回报率是负向偏离。

---

① 评分结果已在调研结果中呈现。
② 具体处理办法见论文。
③ 服务质量的好坏在此次研究中反映在银行网点的各项打分中，包括综合得分、维度得分和指标得分。
④ 其计算在论文中有详细阐述。
⑤ 具体构造思路和计算公式见论文。

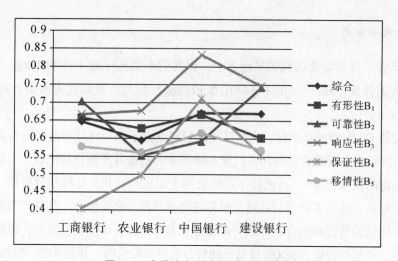

图8　五个维度与综合分数拟合情况

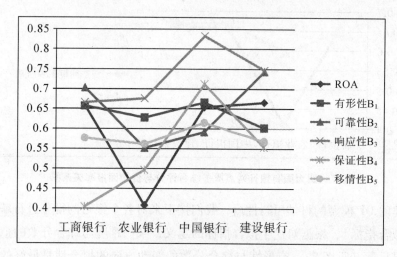

图9　五个维度同资产回报率拟合情况

　　根据边际递减的思想，在假设银行服务质量相对银行营业效率有影响的情况之下，如果在高服务的基础之上，再进一步提升服务所得到的营业效率的提升会比较低；与之相反，如果在相对低服务的基础之上，如果进一步提升相同的服务所得到的营业效率的提升会比高服务要好一些。综合趋势比率反映的是单位服务偏离度对应的资产偏离度。

　　结合计算结果分析，中国银行和建设银行的综合趋势比率都高于中国银行，说明它们的服务更好。进一步分析趋势比率，因为中国银行和建设银行综合偏离比率小于工商银行的偏离比率，所以中国银行和建设银行单位的服务偏离比率下，所对应的资产回报率高；而工商银行单位的服务偏离比率下，所对应的资产回报率低。所以相比之下，工商银行相对资产回报率较高，但是工商银行的服务不高，所以服务有待提高。

　　如果在负的资产回报率的基础之上，综合趋势比率越大，他们的服务质量负向偏离均值也就越严重，则说明单位服务偏离度对应的资产回报率越大，但是由于他们的服务偏离度都是负的，所以一个负的单位服务偏离度对应的负的资产回报率越小。农业银行的服务质量和资产回报率都处于低水平，同时服务单位偏离率对应的资产回报率还较高，说明农业银行的营业效率低下并不仅仅是因为服务质量不好的原因，还存在其他影响农业银行营业效率的问题，所以农业银行需要从其他根本的地方入手提升银行营业效率。

在清楚各大银行的网点服务的质量缺陷所在，下一步的主要工作就是要寻找各银行的改进路径。在论文中，探讨了两种改进途径，一种是沿着上述思路，采用资产回报率—维度的二维分析；一种是之前设计好的满意度—重要性二维分析。

根据第一种分析思路，中国银行有形性、建设银行响应性的趋势比率都大于本银行的综合偏离率，有提升的空间；工商银行有形性、可靠性、保证性，中国银行响应性、保证性、移情性，建设银行可靠性、保证性都大于本银行的综合偏离率，即在现有的营业效率的情况之下，该指标有较强的优势，可以继续保持，短期可以不用急切地进行改进；工商银行移情性、建设银行有形性和移情性小于等于负的本银行的综合偏离率，且该指标低于平均情况的比率比较大，所以该项指标继续改进。至于工商银行的响应性、中国银行的可靠性都大于负的本银行的综合偏离率，低于平均情况的比率较小，所以该指标可以比较容易向指向偏离改进（见表20）。

表20　四大商业银行改进路径

维度			
正偏离	工商银行有形性、可靠性、保证性 中国银行响应性、保证性、移情性 建设银行可靠性、保证性	中国银行有形性 建设银行响应性	
负偏离	工商银行移情性 建设银行有形性和移情性	工商银行响应性 中国银行可靠性	
	低趋势比率	高趋势比率	趋势比率

农业银行的资本回报率的偏离是负的，且综合分数对资本回报率的趋势比率也是正，所以它是属于另一种情况：在资本回报率偏离率为负的情况之下，农业银行有形性、移情性负向偏离，那么说明该指标低于平均水平不多，所以在服务影响营业效率的情况之下，该指标负向偏离平均指标不多，可以较容易改变这个指标是该指标变成正向偏离，以期服务的改进可以提高银行的营业效率；其可靠性和响应性负向偏离很大，那么该银行比较急迫需要改进指标；农业银行保证性的正向偏离比较小，所以需要进一步改进该指标，以期提高营业效率（见表21）。

表21　农业银行改进路径

维度			
负偏离	农业银行可靠性和响应性	农业银行有形性、移情性	
正偏离	无	农业银行保证性	
	低趋势比率	高趋势比率	趋势比率

考察改进路径的第二种方法即是我们之前设计的满意度—重要性二维分析模型。散点图显示，每个银行的指标二维分布都有所不同。

工商银行最需要改进的指标有营业网点的规范性（收费）、服务人员的主动性和及时性；其次是那些满意度较低且重要性也较低的指标（见表22）。

表 22　工商银行改进指标

		重要性	
		高	低
满意度	高	服务区域布局的合理性 C_1 硬件设施的完备性和先进性 C_2 服务的隐私保障程度 C_7 网点营业的规范性 C_8（在岗情况）	服务人员的着装和仪表 C_4 网点的安全程度 C_6 提供服务的准确性 C_9
	低	网点营业的规范性 C_8（收费） 服务人员提供服务的主动性 C_{11} 服务人员提供服务的及时性 C_{12}	服务人员纠正差错的及时性 C_{13} 服务人员让人信赖的程度 C_{14} 服务人员的礼貌程度 C_{16} 服务窗口数量的充足性 C_{17} 服务人员能够提供个性化服务 C_{18} 服务人员对客户需求的了解程度 C_{19} 服务人员对客户需求的了解程度 C_{19} 营业厅内设置休息区域的合理性 C_{20} 业务所需文具的完备性和便捷性 C_{21}

　　农业银行最需要改进的指标有服务区的布局、网点营业的规范性和服务的及时性。此外，在资源充沛的情况下，也可以投入部分资本培训员工，以让其具备更高的素质，能够及时纠正错误，提供个性化服务以及了解客户需求，并适当地增加一些窗口（见表 23）。

表 23　农业银行改进指标

		重要性	
		高	低
满意度	高	硬件设施的完备性和先进性 C_2 网点营业的规范性 C_8（在岗情况） 服务人员提供服务的主动性 C_{11}	服务人员的着装和仪表 C_4 网点的安全程度 C_6 服务的隐私保障程度 C_7 提供服务的准确性 C_9 服务人员让人信赖的程度 C_{14} 服务人员的礼貌程度 C_{16} 服务人员对客户需求的了解程度 C_{19} 营业厅内设置休息区域的合理性 C_{20} 业务所需文具的完备性和便捷性 C_{21}
	低	服务区域布局的合理性 C_1 网点营业的规范性 C_8（收费） 服务人员提供服务的及时性 C_{12}	服务人员纠正差错的及时性 C_{13} 服务窗口数量的充足性 C_{17} 服务人员能够提供个性化服务 C_{18} 服务人员对客户需求的了解程度 C_{19}

　　中国银行需要改进的指标共有四项，分别是服务区域布局、隐私的保障、营业的规范性（收费）和服务的及时性。如果中国银行资源充足，那么可以考虑增进处于低满意度、低重要性的指标，以提高其盈利能力（见表 24）。

表 24　中国银行改进指标

		重要性	
		高	低
满意度	高	硬件设施的完备性和先进性 C_2 网点营业的规范性 C_8（在岗情况） 服务人员提供服务的主动性 C_1	服务人员的着装和仪表 C_4 网点的安全程度 C_6 提供服务的准确性 C_9 服务人员纠正差错的及时性 C_{13} 服务人员让人信赖的程度 C_{14} 服务人员的礼貌程度 C_{16} 服务人员对客户需求的了解程度 C_{19}
	低	服务区域布局的合理性 C_1 服务的隐私保障程度 C_7 网点营业的规范性 C_8（收费） 服务人员提供服务的及时性 C_{12}	服务窗口数量的充足性 C_{17} 服务人员能够提供个性化服务 C_{18} 服务人员对客户需求的了解程度 C_{19} 营业厅内设置休息区域的合理性 C_{20} 业务所需文具的完备性和便捷性 C_{21}

建设银行需要改进的指标多余其他三个银行，分别包括服务区的布局、硬件设施、隐私保障、网点营业的规范性（收费）、服务的及时性以及顾客对工作人员的信赖程度这六类指标，相信这些指标的改进对于建设银行来说已经有很大的压力，因而那些满意度低但重要性也较低的指标，不建议建设银行将这些指标过早地纳入改善计划之中（见表 25）。

表 25　建设银行改进指标

		重要性	
		高	低
满意度	高	网点营业的规范性 C_8（在岗情况） 服务人员提供服务的主动性 C_{11}	服务人员的着装和仪表 C_4 网点的安全程度 C_6 提供服务的准确性 C_9 服务人员的礼貌程度 C_{16}
	低	服务区域布局的合理性 C_1 硬件设施的完备性和先进性 C_2 服务的隐私保障程度 C_7 网点营业的规范性 C_8（收费） 服务人员提供服务的及时性 C_{12} 服务人员让人信赖的程度 C_{14}	服务人员纠正差错的及时性 C_{13} 服务窗口数量的充足性 C_{17} 服务人员能够提供个性化服务 C_{18} 服务人员对客户需求的了解程度 C_{19} 服务人员对客户需求的了解程度 C_{19} 营业厅内设置休息区域的合理性 C_{20} 业务所需文具的完备性和便捷性 C_{21}

文章的最后还从成本角度考虑了银行如果要改变网点服务现状，可能在每一维度所耗费的成本。由于缺少可用的数据和信息，我们无法获得银行各个维度下各个指标所对应的成本，也就不能计算得出每一维度的改变所耗费的成本。不过，文章中推导出的成本理论模型具有很强的现实意义。

该成本理论模型的核心是运用统计的方法，在以分数量化的服务水平下，假定每一分对于总体服务水平的贡献都是相同的，而每一个项目，每一维度对于分数的贡献又有不同，从而经过数学转换找到该项目对于每一分的贡献需要多少成本，即 QF 模型评价体系下，分数在每一维度下的单位成本。

计算公式为

$$\frac{\sum\limits_{i=1}^{i} C_{ta}}{F_t \times P_t} = C_{tave} ①$$

该模型只要能够获取准确的成本信息和数据，代入公式，结合 QF 模型对样本网点的打分，即能够计算得到每一分在各维度下对应的单位成本，从而为银行的决策层提供有效的参考信息。

五、经验总结

（一）调研总结

1. 调研方式总结

（1）可供借鉴之处

在调研方式中，我们采取的是"摸索前进，补充调整"的方法，其中最有特色的是调研安排我们采取了"预调研—正式调研—补充调研"的模式。首先，我们加入了"预调研"，也就是在我们对银行网点问题已经有了一定的了解之后，再根据我们对成都市银行网点的了解，在进行正式调研之前，有针对性调整调研方式，选择暗访的调研方式，来获得我们调研需要的观察指标。在正式调研之后，通过对调研数据的整理和分析，我们发现数据本身具有一定的偏向性，因此我们在补充调研中完善了数据结构，这对于我们最终取得有效结论至关重要，可以说是调研方式的成功之处。

调研方式的另一个成功之处在于根据具体情况灵活的调整调研计划，组内人员通力合作制订了调研方案，然而在实际操作中，因为方案本身具有一定的无法回避的不确定性，就需要灵活调整计划，降低调研成本。具体做法是采用两人独立小组的形式，其优点在于既节省了整体调研的时间成本，又能通过两人互助这种模式增强调研的完善性。此外，分区调研的设计也是一个创新。从逻辑学上来讲，分类理念会增强概念的外延清晰度，使得问题系统化、具体化。依照银行网点客户群体的不同将银行网点进行分区域的划分，这种做法可以使得调研内容具体化，增强了调研本身的操作性。

（2）尚待改进之处

首先，调研过程中，我们采取的是先锁定区域（商业区、办公区或者居民区），然后再实地到这些区域去找沿途的银行，事实证明这种方式并不利于寻找银行。由于调研之前没有细化网点地理信息，调研面对比较强的不确定性，这给实地调研带来了很大的困难，同时也导致了调研内容中的问题，具体表现为调研网点的数据结构并不完整，部分特定区域、特定银行的调研数据缺失。

其次，样本点太少，只限于成都市。虽然调研了 60 多家银行网点，但网点数量仍然相对较少，这种做法的直接后果可能是导致成果内容表现出很强的地域性和有偏性，这一点在以后可以通过增加样本观测点来缓解，不仅在成都市还应该扩大到四川全省范围内，有条件的甚至在全国范围内进行数据的收集，这样的调研结果将更为科学可靠。

再次，即使在被调研网点内部，由于调研人员有限（只有 5 人），所以问卷采集也较少，深入访谈实例较少，不能充分地了解客户对于银行网点的认识与评价，今后应该多关注人们的主观感受，从他们的真实感受中去设定研究对象和重点，有针对性地进行研究。

---

① 具体推导过程见论文。

　　最后，对于服务的评价和认识的形成往往是一个较为漫长的过程，但是我们这次的调研时间就局限在短期中，很难对银行网点服务质量有一个全面的了解，如果有能力可以将其发展为一个较为长期的项目，长期跟踪银行网点服务质量的改善和人们对于银行网点服务的评价，还能结合长期经济指标，对于银行网点服务质量的经济意义做进一步研究。

　　2. 调研内容总结

　　（1）可供借鉴之处

　　首先，得益于一个较好的研究思路。我们在对前人研究有深入了解的基础之上，并没有拘泥于已有模型束缚，而是大胆创新，根据实际问题，具体问题具体分析，在理论上对已有模型进行了一些创新，并且从实证的角度验证了这种创新。具体包括在 SERVQUAL 模型的基础之上，结合 SERVPEF 模型。我们创造了 QF（Quality & Feeling）模型，该模型不仅关注评价服务质量的测量性变量，同时将顾客满意度放到了一个重要的位置来考察，构建了以硬件项目指标和软件评价指标相结合的较为完善的银行网点服务质量评价体系，并与经济指标相联系，具有科学性。此外，自行构建了成本绩效模型和重要性—满意度二维分析，为银行在有限的资源内提升服务质量做了创新性研究。其次，在调研内容中，注重采用数量方法描述服务质量问题。相对于定性分析而言，定量方法因准确直观的特性，对于调研内容及结果更具有解释能力。关于数量分析部分做得比较好的一点就在于我们设计多种指标来刻画包括网点硬件设置质量、客户主观满意度在内的多种变量。而对于几个模型的设计，对于阐述问题的因果联系、解释现象则显得尤为重要，例如通过对于模型的设计，我们发现了银行资产回报率和其服务质量具有很强的拟合关系。

　　（2）尚待改进之处

　　首先，在我们反思调研的过程中，发现其中一些内容指标遇到的问题可以通过一些方法得到改进。例如：在最初指标设定包括"平均等待时间"等衡量银行服务效率的观察指标，但是由于实际操作过程中遇到时间和空间上的阻隔，所以在实际调研过程中我们舍弃部分指标。但是，调研结束后，我们发现在各种限制条件之下，可以利用叫号机上提示的"你需要等待的人数"，以及等待时间来算平均等待时间。

　　其次，由于本次调研过程中遇到银行的阻力，无法在银行网点内部发放问卷，所以我们选择在区域网点之外发放问卷。但是由于发放问卷的过程中，年轻人更加愿意配合我们的调研，而年纪较大的银行顾客会更倾向于不配合我们的调研，使得我们的问卷选取的人员存在一定程度的趋同，样本分布不均。

　　最后，本次调研过程中由于人数、时间和空间的限制，我们所获取的银行的样本和问卷样本受到了一定的限制。其中，由于我们每次出行都是利用 Google 地图找好了区域，到具体区域找寻银行，所以在兼顾四大银行和选择的区域之后，使得我们最后选取的中国银行数相对其他三个银行较少（当然，我们针对这个问题已经进行过补充调研，但仍然没有解决）。

　　（二）论文总结

　　1. 论文模型总结

　　（1）可供借鉴之处

　　论文的模型是建立在 SERVQUAL 质量评价模型基础之上，鉴于该模型的指标通常注重客观层面的考察，而这次调研的主题为比较四大国有商业银行网点服务质量的差异，其中对服务质量的评价不仅包含一些客观因素，还需要考虑顾客的主观感受。为此，我们在客观观察指标的基础上，又加入了问卷指标，用来反映银行网点服务的顾客满意度，从而反映顾客对银行网点服务的感受。最后在测算网点服务质量的分数时，我们沿用 SERVPREF 的思路，直接将观察到的实际情况和顾客的主观感受作为评分依据，不再考虑对服务的期望这一因素，从而构建起一个全新的评价模型——QF（Quality & Feeling）。因此，本篇论文的模型是以收集到的实际信息为出发点而专门设计的，具有很强的针对性，能够较全面、准确地反映所收集到的信息。这是其他已有模型所不能做到的。

此外，在研究过程中，我们为了更好地呈现这次调研的意义，凸显研究的经济意义，还特意引入能够反映银行盈利情况的指标，与银行网点服务质量的评分相比较。一方面，比较的结果与现有研究的许多结论相符，即服务质量能够影响银行网点的盈利，这样就证明了模型的科学性；另一方面，通过比较各大银行得分与资本回报率的拟合偏离情况，我们还直观地展示出了每个银行的网点服务的优势和劣势，找到了问题的所在，为银行继续改进网点服务指明了方向。

再次，文章中还就各大银行现有的网点服务情况要如何着手改进展开了讨论，并建立两个模型：资本回报率—维度二维分析模型和满意度—重要性二维分析模型。分别从银行角度考察了每一方面的服务质量的提高为银行带来的盈利，也从顾客的角度找出了目前顾客认为非常重要但却不满意的指标。这两个二维分析模型都为银行提供了可供参考的改进途径。

当然，为了完善我们的研究，还利用统计的思想，根据创建的 QF 模型继续推导出了成本理论模型，进而从控制成本的考虑出发，为银行计算每提高一分的服务质量对应的各维度下的单位成本提供了可靠的理论依据，具有很强的借鉴意义。

（2）尚待改进之处

在结合了以前文献的指标设计的基础上，我们所设计的这套评价体系中的指标虽然有很强的针对性，但是，我们承认该评价体系中的指标设计并不能完全反映样本网点的服务质量。我们所选取的指标大多结合了调研的实际情况，考虑到可行性和可得性，在实际操作过程中不得不删除某些对网点服务质量有影响但不可得的指标，从而对打分结果可能会有一定影响。

此外，在拟合银行网点服务质量和银行经营情况时，由于无法获取调研所需要的样本网点的经营情况，无法将服务质量与经营情况一一对应起来，为此，我们选择四大银行年报中的资本回报率作为替代。这必然会影响研究的准确性，并且会直接对下一部分的改进路径的讨论产生影响。因此在实际运用过程中，我们建议银行要结合自身网点的经营情况进行拟合分析，再来决定其改进路径。

2. 论文数据总结

（1）可供借鉴之处

本文的写作是基于调研的基础之上，因此，本文数据最大的优点在于真实、准确，是最直接的一手资料。与平时论文写作所用的间接获取到的数据不同，亲自调研所得到的数据对于论文的写作更有实际意义，间接数据只能反映刻板的数据信息，而调研所得的直接数据可以在调研过程中依据实际情况做出一定的调整，更能真实地反映现实情况。因此，在做类似的论文研究的时候，获取直接的一手资料是研究准确性的重要保证。

此外，在研究过程中，我们引入了资本回报率作为对应的变量进行深入研究，由于资本回报率和模型得分的单位并不统一，为此，我们通过技术处理计算得到最优资本回报率，使得二者可比。以此为基础，进行下一步的分析，这对于今后的研究也有一定的启发意义。

（2）尚待改进之处

由于文章的数据来自本次调研，调研由于受时间和空间的限制，所收集的信息和数据是有限的。一方面我们不得不抛弃部分指标；另一方面，所收集到的数据无法建立时间序列或者面板数据集，也就无法对此进行计量分析。

此外，由于无法获得反映调研网点经营情况的具体信息，也就无法将经营情况与服务现状一一对应起来，因此只能用四大银行各个银行的年报中的信息，来进行简单的拟合分析，无法深入到计量分析的层次。这是本篇文章的遗憾。不过相信只要有足够的时间和精力，收集到足够的数据，要继续深入做计量实证研究是可能的。

最后，成本理论模型也由于缺乏数据而无法进行实证检验，因此，该模型还需要在今后的实践过程中收集到足够的数据，代入进行检验，并不断修正。

参考文献

[1] 宋文昌. 以服务创新提升商业银行竞争能力和价值创造力. 中国金融，2007（22）.

[2] 王进雄. 我国商业银行服务现状分析及建议. 金融经济，2010（8）.

[3] 周党明. 优化自助银行服务 提高商业银行竞争力. 华南金融电脑，2009（4）.

[4] 贾建强. 升级服务品质 彰显服务价值——关于提升工商银行服务价值的几点思考. 中国城市金融，2010（2）.

[5] 张圣亮，钱路. 银行服务失误对消费者情绪和行为的影响. 北京理工大学学报（社会科学版），2010（2）.

[6] 刘珺. 服务价值认知及相关因素的关联性：中外资银行客户比较的实证分析. 经济研究，2004（8）.

[7] 李文鹏. 国外银行服务运营管理理论分析. 西北农林科技大学学报（社会科学版），2004（3）.

[8] 陈义华. 数学建模的层次分析法. 甘肃工业大学学报，1997（3）.

[9] 关晓光，姚辉. 质量利润法（ROQ）在改进服务质量中的应用研究. 管理工程学报，2003（17）.

[10] 王燕生. 银行满意度测量体系——衡量银行服务质量的工具. 中国城市金融，2003（6）.

[11] 陈广平. 商业银行服务质量测量方法研究. 大连理工大学，2003.

[12] 曹文. 服务短板仍是国有银行"通病"——北京市银行业服务质量监测评价报告. 卓越理财，2009.

[13] 曹文. 建立中国银行顾客满意度指标评价体系的构想. 杭州金融研究学院学报，2003（6）.

[14] 曹文. 商业银行服务监测评价与考核初探. 金融管理与研究，2008（3）.

[15] 丁夏齐，徐金灿，马谋超. 服务质量差异模型及应用. 心理科学进展，2002（4）.

[16] 杜雪芳. 感知服务质量与顾客满意、行为意愿的关系研究——基于国有商业银行的研究. 浙江：浙江大学管理学院，2006.

[17] 范文宇，苑辉. 基于排队论的银行客户服务系统问题研究. 价值工程，2005（12）.

[18] 樊莉. 银行业顾客满意度模糊综合评价研究. 经济师，2009（5）.

[19] 高充彦，贾建民，赵平. 中国商业银行服务质量及其属性的比较分析. 金融管理，2005.

［20］郭静，毛芳琼. 银行品牌的综合评判模型研究. 改革与开放，2009（4）.

［21］陆岷峰，任亚军，周会琦. 关于商业银行网点功能转型的思考. 上海金融，2009（4）.

［22］泸分. 十二步网点选址评估方法. 农村金融研究，2004（12）.

［23］李鹏. 基于 AHP 的商业银行个人理财服务质量评价模型的构建. 上海金融，2009（2）.

［24］李庆萍. 商业银行营业网点转型研究. 农村金融研究，2010（1）.

［25］李江梅. 建立商业银行顾客满意度测量指标体系研究. 现代商业，2008（2）.

［26］李天况，唐琳，陈忠平. 商业银行经营网点零售顾客满意度的现状及其解决方案. 贵州农村金融，2009（6）.

［27］Misoo 团队 AHP 分析小组. 简介层次分析法，2006.

［28］申静、张亮. 中国国有商业银行服务创新测评. 技术经济，2009（4）.

［29］田剑. 基于 DEA 方法的银行网点服务绩效评价研究. 价值工程，2008（6）.

［30］王健. 商业银行服务的顾客满意战略. 福建金融，2001（5）.

［31］王燕生. 银行满意度测量体系——衡量银行服务质量的工具. 金融广角，2003（6）.

［32］王海忠，于春玲，赵平. 银行服务质量与顾客满意度的关系. 中山大学：社会科学版，2006（6）.

［33］吴丰，付强. 国有商业银行顾客满意度分析. 商业研究，2001（5）.

［34］许斌. 顾客满意度测评. 农村金融研究，2004（7）.

［35］杨米沙，易昆难. 基于排队过程的银行柜台设置优化探讨. 浙江大学学报，2009（9）.

［36］赵国琴. 国有商业银行网点转型探索. 农村金融研究，2006（10）.

［37］张松洁，田昆. 我国商业银行储蓄业务顾客满意度分析. 金融论坛，2003（3）.

［38］张圣亮，魏艳红. 中国商业银行顾客满意度及其影响因素的比较分析. 南京理工大学学报，2008（4）.

［39］者贵昌. 我国商业银行客户满意评价模型研究. 改革与战略，2005（11）.

［40］朱桂丹. 基于 SERVQUAL 模型的银行服务质量测评研究——以 P 银行为例. 吉林大学商学院，2009.

科技型中小企业融资创新探究

——成都高新区"资金池"融资模式及效益分析

徐俊刚　李玥凤　江阳　李晓丹　丁箐岚

【摘要】 科技型中小企业在国民经济发展中发挥着日益重要的作用，但是融资问题一直成为其发展的"瓶颈"。完善融资方式，拓展融资渠道成为科技型中小企业发展的必然之路。成都市高新区开拓性地创造了软件企业"资金池"模式，妥善解决了软件企业的融资问题，为整个行业融资问题提供了一种全新的模式。本文就"资金池"的产生背景、运作流程、融资效果以及影响与各方利益权衡进行深入的论述。

【关键词】 科技型中小企业　融资难　软件企业　"资金池"

一、中小企业融资现状

在我国，中小企业的数量占企业总数的99%以上，创造了近60%的经济总量，50%的财税收入，提供了近80%的就业岗位；在自主创新方面，中小企业拥有66%的专利发明、74%的技术创新和82%的新产品开发。可以说，中小企业对我国持续快速的经济增长功不可没。但是，长期以来，80%以上的中小企业流动资金需求得不到满足，60%的中小企业没有中长期贷款，我国的中小企业普遍面临资金短缺的问题。

科技型中小企业融资由于自身发展规律的独特性，对资金需求更大，而融资难度更加大。科技型中小企业具有如下特点：一是研发投入高。先进的技术产品或服务是科技型中小企业的生存基础，为能够立于不败之地，科技型中小企业的研究开发投入普遍偏高。二是高风险性。科技型中小企业技术更新速度快，资金需求量大，一旦丧失技术优势或资金链断裂，就有失败的可能。此外，可抵押的有形资产非常有限，在面临财务危机时资产贬值的风险更大，这种资产结构更加剧科技型中小企业获得银行贷款的难度。三是快速成长性。科技型中小企业都是快速成长型企业，在创建和成长过程中，都需要大量的研发投入及广告宣传，但是由于其自身的资金积累少，用于扩展生产和组织销售的资金需求难以得到满足。可见，科技型中小企业高额的研发投入与快速成长性，都决定了其对资金的大量需求；而高风险性却使得科技型中小企业比传统企业更难以获得商业银行贷款。

当前国家为支持科技型企业发展，采取了一系列优惠政策，扩大财政资金，放宽中小企业板上市准入，同时社会也产生了风险投资、天使投资等。但是由于资金需求巨大、政府资金有限性、中小企业板的高门槛、风险投资配套市场环境不完善等因素，科技型中小企业融资的方式依旧单一，渠道仍然不够宽阔。

二、"资金池"融资模式的创新介绍

2006年底，在成都高新技术产业开发区政府的牵头下，为解决中小软件企业融资问题进行了探

索和尝试，成都中小企业信用担保有限责任公司、成都高新科技信用担保公司、成都银行、高新区政府注资共计 5000 万元成立了软件企业"资金池"，专门为高新区的软件企业增信，帮助获取信贷。此笔资金存放在成都银行科技支行，专门为高新区的软件企业增信，帮助获取信贷，不得用于其他投融资行为。

"资金池"是运用财政资金杠杆作用，由政府、银行、担保公司各自按一定比例出资共同组建的基金，在贷款出现坏账时，补偿银行的信贷损失和担保机构的业务风险，以增加企业信用，分散担保业务风险，促进信贷业务发展，帮助中小企业融资。这是成都结合高新区产业发展特点和高新科技产业规律，对风险补偿基金这一形式的创新、发展，适应了高新区软件企业发展需求，并成功引入了担保机构为中小企业和银行增信，降低企业信贷门槛，进而扩增了信贷金额的放大效应，为中小企业提供更多资金。

具体操作模式如图 1 所示。

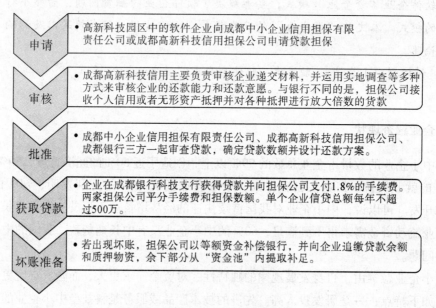

申请	高新科技园区中的软件企业向成都中小企业信用担保有限责任公司或成都高新科技信用担保公司申请贷款担保
审核	成都高新科技信用主要负责审核企业递交材料，并运用实地调查等多种方式来审核企业的还款能力和还款意愿。与银行不同的是，担保公司接收个人信用或者无形资产抵押并对各种抵押进行放大倍数的贷款
批准	成都中小企业信用担保有限责任公司、成都高新科技信用担保公司、成都银行三方一起审查贷款，确定贷款数额并设计还款方案。
获取贷款	企业在成都银行科技支行获得贷款并向担保公司支付1.8%的手续费。两家担保公司平分手续费和担保数额。单个企业信贷总额每年不超过500万。
坏账准备	若出现坏账，担保公司以等额资金补偿银行，并向企业追缴贷款余额和质押物资，余下部分从"资金池"内提取补足。

图 1 "资金池"运行模式图

在整个"资金池"融资模式运作中，成都高新科技信用担保公司起着举足轻重的作用。从受理担保信贷、审核企业情况、风险控制评估、增进企业信用、确定贷款金额，并为银行提供坏账损失的补偿等整个过程中，都由担保公司牵头、负责，并承担相应风险；同时，担保公司收取最低的担保费用，以降低企业信贷成本。

"资金池"审批流程图如图 2 所示。

由于"资金池"融资模式具有"低门槛、宽口径、低费用"的政策扶持特点，为高新区有融资需求的中小软件企业解决了资金问题，受到了企业、社会、政府的肯定。目前"资金池"发展情况良好，从最初的贷款几百万到现在担保余额 3000 多万，被担保企业 80 余家，成功实现零贷款坏账。"资金池"扶持了一批成都本土的自主创新能力强、抗风险能力强的中小软件企业，例如，卫士通、迈普、杰华科技等一批本土软件企业。这些软件企业资金需求得到满足，在研发、销售等领域的活力得到了激发，提高了创新能力和营销能力，正成为成都高新科技产业发展的新亮点。

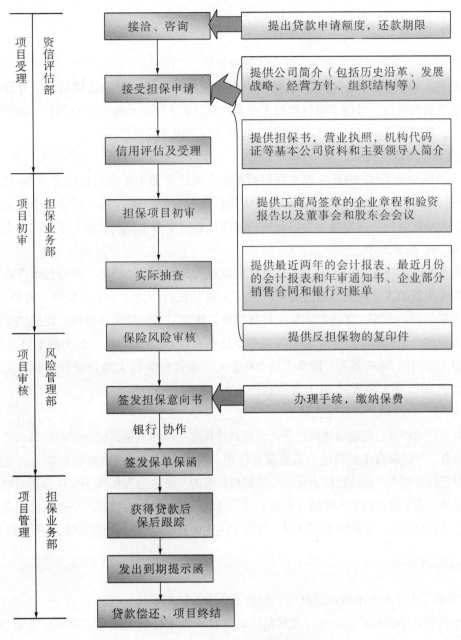

图2 "资金池"审批流程图

三、"资金池"融资模式的效益分析

成都市高新区"资金池"融资模式通过政府资金保底的方式为担保公司增信，为中小软件企业增信，为银行分担风险，依靠政府主导、政策支持，鼓励银行和担保机构对中小企业贷款，是成都结合高新区产业发展特点和高新科技产业规律，对风险补偿基金这一形式的创新、发展，适应了高新区软件企业发展需求，并成功引入了担保机构为中小企业和银行增信，进而扩增了信贷金额的放大效应，为中小企业提供更多资金。

"资金池"融资模式丰富了软件企业融资方式，拓展了融资渠道，降低了银行和担保公司的信贷风险，对政府、企业、银行和担保公司产生了深远影响。

（一）政府

1. 带动了中小企业融资启动资金，扩大了融资规模

在"资金池"融资模式中，政府将支持中小企业融资的政策与资金合理结合，充分利用了担保公司的担保融资放大效应，借助了银行的巨大资金背景，扩大了中小企业融资规模。政府仅投入几千万的启动资金，就带动了 60 亿元的信贷规模，起到了四两拨千斤的作用。

2. 拉动区域经济的发展

通过建立"资金池"，自 2006 年以来成都高新区已累计帮助中小企业获得贷款 60 亿元，其中担保贷款约 20 亿元，近千家企业受益，并催生了大批高成长企业。这有利于促进中小企业融资难问题的解决，进而拉动区域经济的发展，为以高新技术为代表的中小企业发展注入了新的活力。

3. 促进就业，积聚人才

中小企业是推动经济发展的主力军，也是吸纳就业人员的主要经济体。高新技术产业作为知识密集型产业，需要大量的人才积聚。通过高新区"资金池"扶持当地中小企业发展，有利于促进就业，同时吸引了大量的创新人才，支持了大学生科技创业，优化了当地的人才结构，促进经济的良性循环发展。高新区目前已集聚高学历企业家及各类专业技术人员 14 万人以上，其中硕士以上学历的 9000 多人，博士以上学历的 2000 多人，留学人员 600 多人。全省 80% 以上的创新创业留学人员集中在该区。据预计，到 2015 年，将吸纳 30 万各类软件人才。

4. 优化调整产业结构，促进经济转型

当前，高新技术产业已经成为国民经济持续强劲增长的基础性力量，成为推动结构调整和转变发展方式的主导力量，对提高自主创新能力具有重要作用。我国为促进提高自主创新能力、建设创新型国家，加大了对于高新技术产业的扶持力度。而成都高新区的"资金池"解决了软件公司的融资困难，为高科技产业发展创造了良好的资本环境，更加促进了当地以高新技术为代表的中小软件企业的发展，推动经济发展方式由粗放型向知识密集型转变，有利于优化调整产业结构，促进区域经济发展和转型。

（二）高新软件企业

1. 有效缓解了中小企业融资难的现状，提高了企业的信用等级

由于中小企业信用担保实力不强，尤其是以高新技术为主导的中小软件企业，普遍经营规模小、固定资产等有效抵押物不足、总体信誉度较低，因此抵御市场风险的能力较弱，这使得中小企业很难获得贷款，资金缺口大。目前，中小企业在贷款时即使能够提供房产等抵押，但也只能贷出 50% ~ 70% 的比例。而通过担保公司的再担保体系，担保公司可以将中小企业的抵押物放大一倍的放贷量。对于条件较好的企业，企业的抵押物还可以进一步放宽要求，或者是提供无形资产如信用杠杆、知识产权等作为抵押物。高新区针对高新技术产业通过并推进"资金池"的方式，利用三方共担模式解决中小企业融资问题，增强了中小企业担保与抗风险的能力，提高了高新软件型中小企业的信用等级，有利于改善中小企业在融资中的被动地位。

2. 降低了企业的融资成本

中小企业贷款在金融机构中所占比例较小，而即使是有限的贷款份额，也还存在着贷款成本过高的问题。针对以高新技术为代表的中小企业的融资成本，主要由以下两个方面构成：一是基准利率和上浮利率，二是相关的担保手续费。在基准利率和上浮利率方面，2008 年 12 月 23 日利率调整后，一

年期贷款基准利率为5.31%，而企业贷款利率可以上浮10%左右。由于建立了较为完善的"资金池"信贷模式，银行针对企业的贷款基准利率在5.31%的下限基础上不会有过多的上浮。而在相关的担保手续费方面，担保公司通常的手续费为担保额的2.0%~2.5%，而对高新软件企业仅收取担保额1.8%的手续费。同时对于贷款企业，政府还可以根据公司的经营状况给予一定的财政补贴，这些措施都更好地降低了高新软件企业的融资成本，有利于中小企业的发展。

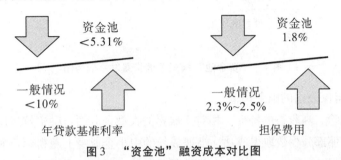

图3 "资金池"融资成本对比图

3. 探索了适合以高新技术为代表的中小企业信贷模式

中小企业特别是以高新技术为代表的科技型企业，完成起步期后就到了扩大规模高速发展的阶段。在这个时候，资金往往成为制约企业发展的最大颈瓶。实时的融资，无疑就是给中小企业插上了腾飞的翅膀，不仅有利于企业自身的发展壮大，更是实现创新型国家之必需。中小企业是风险最大的信贷对象，而银行又是偏好度最低的金融机构，如何使得两者能够通过合理的融资制度匹配在一起，有效的实现风险共担就变得极为重要。通过建立"资金池"的方式，探索了有效的适合以高新技术为代表的中小企业信贷模式，有利于解决缺乏固定资产抵押的高新技术型中小企业的融资难问题，有效地带动了高新技术产业发展，为其他地区高新技术型中小企业发展提供了借鉴。

4. 促进了高新区软件企业稳定快速发展

作为国家六个重点建设世界一流科技园区之一的成都高新区，有各类企业6000多家，除1家销售收入过100亿元、7家年销售收入过50亿元、50多家过10亿元和100余家过1000万元的企业以及500多家外商投资企业外，大多数为成立时间短、技术含量高、市场占比相对小、发展潜力较大的中小软件企业。由于中小软件企业具有较强的灵活性，能够向市场提供新产品，也易于从市场迅速退出，这使得以高新技术为代表的中小企业融资更加具有不确定性，也更增加了融资难度，中小企业融资难的问题长期以来一直制约着企业的发展。通过建立了针对高新技术型中小企业的"资金池"，创建了有效合理的中小企业融资机制，并通过实时的融资，有利于企业的重新崛起，有效地缓解了当前中小企业融资难对于企业发展的制约作用，带动了区域高新技术产业的发展。

（三）银行和担保公司

1. 较好地激励了银行对中小企业放贷和担保公司对中小企业担保积极性

随着资金池的建立，担保公司更愿意为高新区的软件公司担保，从而使这部分企业能够较容易获得银行贷款，使得银行的放贷量增加，进而增加盈利。"资金池"是在2006年底成立的，贷款余额已经从成立初的500万元，上升到了目前的7600万元，累计贷款额已经超过一个亿。而随着高新软件行业的蓬勃发展，信贷量必然还存在着上升的趋势。而在"资金池"建立以前，由于软件行业没有足够的固定资产进行抵押，因此担保公司通常不会对这部分企业进行担保。而在银行方面，由于没有担保公司的介入，再加上自身严格的风险控制系统，一般也不愿意为此类企业提供贷款。

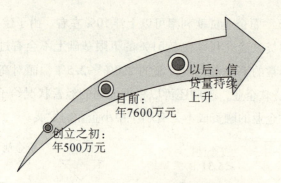

以后：信贷量持续上升

目前：年7600万元

创立之初：年500万元

图4　"资金池"模式下信贷量发展形势图

2. 降低了银行和担保公司的财务风险

中小企业具有高风险、高收益的特征，相对于成熟的大型企业而言融资抗风险的能力较弱，在现行的机制下银行并不能在那部分少数取得成功、高速成长的中小企业身上获得超额利润，以此来弥补其他中小企业造成的损失。因此，银行对于中小企业是既爱又怕，既希望通过中小企业的高速成长来获得高额回报，又害怕部分企业由于经营不善给自己带来了损失。对于银行而言，如何控制和优化中小企业的不良资产和降低坏账比率成为尤其需要关注的问题。担保公司出于风险的考虑，也通常不愿意提供担保。但通过三方风险共担建立的"资金池"，使得担保公司和银行的财务风险都有很大程度的降低。

在银行方面，如果贷款企业出现违约，由于有了担保公司的介入，银行则直接找担保公司索赔，因此在理论上不承担财务风险。而担保公司在赔付以后，担保公司首先会将违约企业的抵押物进行变现，用以弥补自己的损失。对于差额部分，担保公司再直接从"资金池中"提取现金。同时，由于对于每份担保，都是由成都高新科技信用担保有限公司和成都市中小企业信用担保有限公司共同负责。因此在前期的审核中，两家公司的共同介入更进一步降低了企业的违约风险。如果出现违约，两家公司共同承担损失，因此对于每家公司来说，又将损失减半。

此举既支持了中小企业经济的发展，又使得银行和担保公司获得了优质的潜在客户，有利于其自身的做大做强。同时，通过三方风险共担机制的建立，将中小企业违约风险全部转移给了"资金池"，完善了银行与担保机构之间的合作，有利于为中小企业建立更好的融资平台。

成都高新区"资金池"融资模式既解决了软件企业的融资难问题，扩展了科技企业启动资金，又调动了银行和担保公司的积极性，拓展了其业务范围，增加了其利润空间，是对解决科技型中小企业融资问题的重大创新，带动了高科技产业的发展，促进了国家经济转型。其模式值得其他地区学习、借鉴，值得向整个科技型中小企业行业推广。

参考文献

[1] 余金风，孙礼震. 科技型中小企业的融资困难及对策研究. 华东理工大学学报，2003（1）：61-651.

[2] 刘瑞波，赵国杰. 科技型中小企业的融资方式组合及其突破. 山东财政学院学报，2001（1）：3-71.

[3] 张桂智. 建立小企业贷款风险补偿基金问题探讨. 河北金融，2009.

[4] 郑社欣. 高科技中小企业融资问题探析. 中国优秀硕士学位论文全文数据库，2010.

[5] 破解中小企业融资问题 成都经验被推广，四川新闻网，2009-07-05，http://cd.qq.com/a/20090705/000152.htm.

商业银行网点服务优劣势分析

——以成都及其周边地区为例

杜梦姣　兰洋舟　张潇　蔡纪雯　姜至柔

【摘要】银行网点作为银行业务的先锋，作为直接面向客户的基础单元界面，其重要性已毋庸置疑。而行业竞争日趋激烈，网点转型成为各大商业银行提高核心竞争力的手段之一。本课题组通过实地调研，对现存商业银行网点服务优劣势进行了分析，为网点成功转型提供一些可参考意见。

【关键词】商业银行　网点　优劣势

一、项目选题的背景介绍

（一）网点服务在商业银行核心竞争力中的重要地位

当今，我国四大国有商业银行主要指中国银行、中国工商银行、中国建设银行、中国农业银行。这四大国有商业银行中，各个银行的发展现状和主营业务的侧重点有着很大程度上的区别：中国工商银行主要办理工商信贷业务，中国建设银行以基本建设投资为主要业务，中国银行以涉外信贷为主，中国农业银行主要服务于农业开发和建设。这决定了我国的四大国有商业银行网点服务有着各自的优劣势，如何发扬其优势，着力解决网点服务劣势和所出现的问题，是我国国有商业银行所要积极提升和努力的方向。

据国外著名研究机构预测：我国银行业到2013年零售业务将超过利润总额的一半，而目前则不足20%。而商业银行物理性的网点是顾客最乐于使用的银行渠道。在国外，网点成为最重要的销售服务渠道，是发展客户关系的最重要工具。因为，分行网点是最昂贵的渠道，网点的成本是其他交易手段的12倍，因此，在这个最昂贵的渠道中，一定要提供更高附加值的服务以获得更好的回报。

但根据最新的调查显示，目前的银行网点中，80%的活动被用于低价值的交易处理、后台处理和行政管理等，而用于销售活动、能够创造价值的活动不超过20%。因此，国内零售银行的关键挑战之一在于，如何在不大幅扩大网点网络的情况下，参与获取巨额的增长，网点转型是今天国内银行的第一挑战，即如何去创造平均每平方米的盈利能力。可见，在衡量银行核心竞争力的诸多因素中，银行网点服务无疑是一个必须要着重进行评估的因素。

（二）我国商业银行网点的现状及问题

（1）网点管理缺乏完整的管理制度。

（2）网点定位不明确，网点类型单一。

（3）网点理财中心的功能凸现效果不理想。

（4）网点产品和服务功能简单。

（5）网点配套激励考核机制有待进一步完善。

（6）虚拟经济网点与实体经济网点的发展不相协调。

（三）网点服务已有研究

目前已有的文献显示，对商业银行网点服务的调查大致分为几种类型：

第一种调查方式多着重于对网点服务的各个方面进行定性的研究，即单一的分析某一网点或网点服务中普遍存在的不足，忽略了各银行网点之间的横向比较。

第二种调查方式往往选取网点服务中的某一点，比如说人员服务、大型银行服务产品的供给、网点面积或其硬件设施等进行分析和研究，着重于从小的方面对银行网点的服务提出建议，而没有进行宏观的把握。

第三种调查方式是在对目前各大银行网点服务进行调查的基础之上，试图寻求银行网点服务的转型途径。

总的来说，目前已有的商业银行网点调查过多的集中于网点服务的劣势分析，以及对改进方法的寻求上，而忽略了对网点服务进行综合分析，也鲜有对网点服务的优劣势进行横向比较的研究。这样的好处是可以督促商业银行及时发现和改进基层网点服务中的不足，促进网点服务的转型；而缺点就是过多的否定和改变已有形式，而忽略目前发展中的可取之处，容易造成改革过程中的冗余。如果可以将优劣势结合，将有助于银行网点发扬优势，摒除劣势，或用优势带动劣势，扬长避短，事半功倍。

（四）对银行网点服务已有研究不足的补充

基于以上所说商业银行网点服务中存在的不足，我们在实际的调查研究中尝试了改进，具体包括：

（1）根据已有研究成果，从宏观上了解四大国有商业银行的基本情况和发展方向，然后确定以成都及其周边地区为课题研究主体，以缩小研究范围。

（2）确定优劣势的评价体系，从而将传统的劣势分析与转型探索的研究方式，转变为更为全面和科学的网点服务考察方式，分别从四家不同的国有商业银行的具有相似性的网点服务方面进行横向对比，以及分别对四家银行自身不同的网点服务方面进行纵向对比，从而得出不同银行在类似的网点服务方面的优劣势以及同一家银行在不同的网点服务方面的优劣势，得出优势服务项目和劣势服务项目，从而更有针对性地对各自的银行服务网点进行提升，更好地提高其核心竞争力。

（3）确定评价标准，将传统的定性研究转化为主观评价与客观数据相结合的定量分析，从而建立起在横向可比的指标体系，完成四大行营业网点之间的比较分析。同时引入多种已有的评价分析体系，使得我们得出的结论具有完备的科学依据。

二、四大国有商业银行网点优劣势分析

（一）评价体系确立

1. 四大国有商业银行网点硬件条件分析

作为一个服务性的金融行业，如何提高自身的服务质量，进而提高服务产出，获得好的银行效益是非常值得研究的问题。为银行网点更好地找到自己的不足，培养自身核心竞争力，我们追溯到银行已有的硬件条件和软件条件进行分析，找出银行硬件方面优劣势的综合指标。银行网点的硬件条件主要包括银行营业内部环境、外部条件等客观因素，如图1所示。

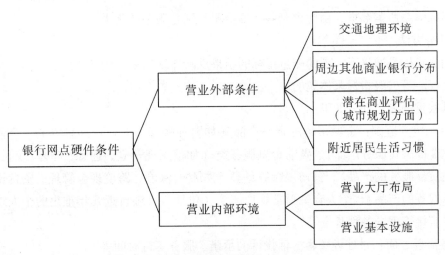

图1　银行网点硬件条件图

2. 商业银行客户满意度测度指标体系

提供比别人更高的顾客满意度以吸引和维系顾客这一稀缺资源，是作为服务性企业的银行业提升竞争力的核心。我们以已有的客户满意度的相关研究为基础，结合中国商业银行的实际，构建商业银行客户满意度测度模型并建立相应的指标体系，为中国商业银行进行客户满意度研究提供可量化的指标。

3. 权重的确定

确定权重的常见方法有德尔斐法（专家咨询法）、层次分析法、多元分析法等。我们将层次分析法和德尔斐法进行综合，共同确定各项测评指标的权重。

德尔斐法是专家会议法的一种发展，是一种向专家进行调查研究的专家集体判断。它是以匿名方式通过几轮函询征求专家们的意见，组织决策小组对每一轮的意见都进行汇总整理，作为参照资料再发给每一个专家，供他们分析判断，提出新的意见。如此反复，专家的意见渐趋一致，最后做出最终结论。

层次分析法是将决策总是有关的元素分解成目标、准则、方案等层次，在此基础之上进行定性和定量分析的决策方法，它能很好地解决定性问题量化的难题。其主要特点是通过建立递阶的层次结构模型，将各因素进行两两之间重要程度的对比，从而把难以量化的定性判断转化为对重要度的操作。

（二）实证分析

为使由多个指标组成的综合评价能更准确地反映被评价银行的真实情况，我们采用层次分析法进行综合评价，再由此构建综合评价函数，计算评价对象综合评价得分作为综合评价结果。

1. 问卷设计

为准确获得关于表1所示指标体系的准确信息，有必要设计简明实用的调查问卷。调查问卷设计质量高低直接影响到数据质量。本文问卷设计通过试访，及时修改其中的差错和极易产生歧义的地方。考虑是从顾客满意的角度，调查对象应该具有鉴别能力、有一定银行业务消费年限、有一定经济实力和收入来源的成年公民，故在调查甄别阶段设计性别、年龄、工作状况、教育程度和家庭年人均收入等问题，在此范围以外的对象不做调查。根据消费经历，一般只能对其最熟悉的银行做出客观、准确的评价，故后面只针对调查对象最熟悉的银行作综合评价。

2. 数据处理

以成都市市民为对象，采取随访方式进行了调查。发放问卷并回收有效问卷，再对数据进行加工处理，得出指标体系所需数据，由此评判各个商业银行网点服务的优劣。

3. 具体评分方法

一层的测量指标是通过下一层的测量指标的结果反映体现出来，例如：服务人员指标是通过员工礼貌、员工责任心等二级指标来体现的。

指标及其权重的测定划分如下：

（1）产品和服务范围：金融市场融资类产品（如财务顾问、企业短期融资券、企业票据、票据贴现等针对企业的融资服务产品）、贸易金融服务类（如信用证开立、通知、审单/议付、进口代收、保函等为方便贸易服务的产品）、公司银行服务类（如财产保险、跨境现金管理、资信调查、咨询业务等提供信息服务的产品）、个人金融财富管理体系（包括各大银行近几年推出的个人理财产品以及代理销售或者直接管理的各种基金等）。

（2）服务流程方面：对处理顾客电话投诉的承诺、服务等待时间等。

（3）服务人员方面：员工礼貌、责任心等。

（4）服务品牌与形象方面：企业规模、口碑等。

如表1所示，假定各个指标为（D_1 D_2 D_3 D_4）通过定性顾客访谈研究来初步确定各个指标的权重，再通过小样本的预测试进行修正和确定。

表1　影响顾客满意度的4个指标

含义	产品和服务范围 D_1	服务流程 D_2	服务人员 D_3	服务品牌与形象 D_4
权重	0.1	0.3	0.25	0.15

针对上述各项银行服务绩效指标就它们在顾客心目中的重要性进行排序调查，同时采用国际上通行的五分量表示非常满意、表示中立、表示非常不满意或七分标量表，让顾客就银行的绩效指标进行现状评价，具体如表2所示。通常来说，应该采用七分量度表更为精确，但是考虑到顾客是否能清楚地区分评价项目的每一个区隔，故采用了5分量表。

表2　评价等级

CSI 等级 X	很满意 X_1	较满意 X_2	中立 X_3	较不满意 X_4	很不满意 X_5
权重	1.0	0.8	0.6	0.3	0

根据整个模型的逻辑构筑思路，每一个被访者都要求在问卷中填写他们的判断和感知程度，比方说，他们对银行的总体满意度，依据各个分指标要求给出他们对银行各个方面的满意程度，然后汇总成如表3所示的评价表格，然后再对数据进行下一步的分析。

表3　满意度评分表

CSI（N_{ij}）	很满意 $X_1=1.0$	较满意 $X_2=0.8$	中立 $X_3=0.6$	较不满意 $X_4=0.3$	很不满意 $X_5=0$
产品和服务范围 0.2	N_{11}	N_{12}	N_{13}	N_{14}	N_{15}
服务流程 0.3	N_{21}	N_{22}	N_{23}	N_{24}	N_{25}
服务人员 0.25	N_{31}	N_{32}	N_{33}	N_{34}	N_{35}
服务品牌与形象 0.15	N_{41}	N_{42}	N_{43}	N_{44}	N_{45}

数据的分析借助了相关的分析软件支持，如 SPSS 或者是 MARKETING ENGINEERING 等营销统计分析工具。CIS 综合指标计算为：$CSI = \sum_{i=1}^{5} \sum_{j=1}^{5} D_i N_{ij} X_j$。

通过对顾客的期望—感知价值差距分析，可以对比网点的优势与劣势，可以看出具体的银行网点的市场机会与威胁。至此，将调查数据代入 CIS 测评体系，可以得出顾客满意度的定量指标。

（三）四大国有商业银行网点评分表

银行综合评分表

调研银行名称　　　　　　　　　　　　　调查地点

调查日期　　　　　　　　　　　　　　　小组打分人

具体分数			测评指标	各项得分	总分
交通地理条件	5分	1分	公交车线路比较密集		
		1分	便于停靠的士		
		2分	周围交通流量大		
		1分	附近有比较大型的停车场		
	10分	6分	对附近居住或者工作人们的收入条件有深刻的了解，在不了解的情况下，有针对地理位置或者客户群体做过调研		
		4分	得出结论后银行采取了某些有效措施		
	5分	3分	所选的地理位置比较引人注目，比如位于街道的十字交叉口或者三岔路口		
		2分	网点地面和道路处于一个水平面上或者相差不大		
周边情况	10分（选一回答）	10分	附近有较多类似的网点，并与之有了"集约效应"		
		8分	附近有较多类似的网点，并且彼此之间竞争激烈，有良性的你追我赶，形成自身的特色		
		6分	附近类似的网点比较少，自身发展比较良好		
潜在价值	10分（四选一）	8分	近期不会发生变化		
		10分	城市规划中的改造项目有助于该银行网点的发展		
		8分	城市规划中的改造项目对银行网点发展几乎没有影响		
		6分	城市规划中的改造项目对银行网点发展有负的影响		
营业大厅布局	15分	7分	机构门牌、招牌、营业时间牌、玻璃门窗等设计或放置很合理，非常引人注目		
		2分	营业大厅的宽敞度		
		2分	营业大厅的明亮度		
		2分	营业大厅的清洁度		
		2分	营业大厅的柜台整洁度		
营业基本设施	14分	2分	柜台是否干净整洁，签字笔是否随时保持顺畅书写状态		
		3分	咨询台是否有明确的标志标明，工作人员是否耐心解惑答疑，帮助银行业务顺畅进行		
		3分	书写台是否有过多的银行宣传广告，是否设有客户需填写凭据的模板，签字笔书写状态是否良好。台面是否干净、平整		
		3分	具备自助终端、叫号机、存折打印机且运行良好		
		3分	顾客休息区的座椅少有损坏，椅面干净，座椅的数量达到平均客流量的要求		

续表

具体分数			测评指标	各项得分	总分
服务及业务评价	16分	2分	ATM、CDM、IP电话、POS等自助设备和电话银行（电话服务中心）是否运行良好，故障率低		
		2分	拥有理财专柜或理财中心等专项服务区		
		3分	大堂经理讲解是否耐心，讲解是否清晰，引导是否有让业务有序进行		
		2分	银行网点是否有张贴收费表，官方网站上面是否能够查到收费表		
		3分	是否积极推行关于跨行费过高的相应的补救措施		
		2分	网点有没有网上银行体验机		
		3分	网上银行的服务和电话银行服务是否完善		
客户满意度综合评分（见附表评分）			55分		
总计	150分	150分	实际得分		

附表：

评价对象	权重	评价内容		评价等级					备注
				很满意	满意	基本满意	不满意	很不满意	
商业银行内部因素	0.4	信息一致性（0.3）	规章制度规定公开程度						
			宣传与实际一致性						
			客户获得信息难易程度						
		银行形象（0.4）	客户认知规模实力声誉						
			建筑水平干净整洁程度						
			是否有区域的合理划分						
			是否存在专长业务领域						
		追踪服务（0.3）	渠道提供客户抱怨投诉						
			解决是否重新获得满意						
			客户意见处理设计考虑						
商业银行外部因素	0.6	客户期望（0.2）	客户期望获得明显好于其他银行的服务						
			客户是否担心在银行中的资产会受到损失						
		客户感知质量（0.4）	网点地理分布合理性						
			柜员服务水平						
			安全性						
			软硬件设施						
		客户忠诚度（0.4）	介绍亲友来办理业务						
			不便情况下客户是否会体谅并继续保持						
			客户是否同时在其他商业银行办理业务及程度						

注：附表最终得分＊55结果为客户满意度最终得分

（四）评分结果呈现及优劣势分析

1. 评分结果汇总

（1）调研过程概述

在调研实施过程中，我们通过银行网址选择、银行网点服务优劣、客户满意度三大板块来进行评分。其中银行网址选择是本调研小组在成都及其周边地区选择的相对具有代表性的网点进行考察后进行的自主打分。网点选择层次为成都繁华商业区、次繁华商业区、居民区以及郊区。

我们对成都市及周边（如温江区）进行了走访，具体调研情况如表4所示。

表4　走访各银行网点数量及分布

	调查总计	城市繁华商业区	一般居民区或次繁华区	远郊地区（包括高校内部）
中国银行	48	8	15	25
中国工商银行	51	7	21	23
中国建设银行	45	6	17	22
中国农业银行	56	6	19	31

银行网点服务优劣是综合了银行的硬件和软件服务进行评分，硬件设施主要包括自动存取款机、理财专区、收费张贴栏等；软件服务主要包括大堂经理的服务态度、网上银行的服务和电话银行服务是否完善等。为调查客户满意度，此次调研我们一共发放了988份问卷，回收问卷923份，回收问卷中有效问卷908份。由于问卷是在网络、家人和朋友之间随机发放，其调研结果可能和真实结果有一定的误差。

（2）评分结果汇总表

表5　评分结果汇总表

评分项目	中国银行		中国建设银行		中国农业银行		中国工商银行		单项得分
	得分	%	得分	%	得分	%	得分	%	
交通地理条件	13.2	52.8	14.9	59.6	11.80	47.2	12.6	50.40	25
周边情况	6.8	68.0	4.68	46.8	4.53	45.3	4.89	48.90	10
潜在价值	6.2	62.0	8.28	82.8	6.76	67.6	6.77	67.70	10
营业大厅布局	8.1	54.0	6.17	41.1	7.52	50.1	11.5	76.67	15
营业基本设施	7.4	52.9	4.12	29.4	5.47	39.1	7.53	53.79	14
服务及业务评价	8.8	55.0	7.87	49.2	4.45	27.8	5.72	35.75	16
客户满意度综合评分	31	56.4	16	29	14.3	26	29.88	54.33	55

2. 调研结论

依据评分结果汇总表中各项评分的数据，我们对四大银行成都地区网点的综合服务状况进行横向和纵向的对比。具体来说，我们首先就四大银行网点自身的各项指标在综合评分中的实际得分进行纵向分析和对比，得出其自身的网点各项指标本身的优势和劣势；与此同时，通过各项指标得分情况对工农中建四大行进行横向比较，找出各银行的优劣势。

（1）中国银行评价结果分析

根据评分结果汇总表显示的中国银行网点各项服务指标的得分，我们将得分结果大致分为高、中、低三档，如表6所示。

表6 中国银行得分分类表

分类	评分项目	占总分比例（%）
低档	潜在价值	38.0
	周边情况	48.0
	营业基本设施	52.1
中档	客户满意度综合评分	56.4
	交通地理条件	59.6
	服务及业务评价	66.9
高档	营业大厅布局	74.7

通过层次分析法的部分分析原理，可以看到中国银行的网点设置在以下方面存在优劣势。

1）银行网点优势

第一，地理条件优势。

中国银行的网点普遍都设立在城市主干道上，这些道路经过人数多，公交线路密集，银行能见度很高，比如说温江的杨柳河、柳城大道，成都青龙街的中国银行四川省分行，春熙路北口等，都是设立在三岔路口或者十字路口上，非常清晰可见。几乎所有的中国银行的建立都和地面有一定的距离差，一般是3~4级台阶或者更多，将银行网点空间提高，更容易引人注意。对于比较大型的银行网点，基本上都处于公交线路密集的区域。

第二，收费表张贴规范。

为补充资本金、提高资本充足率，银行违规揽储行为近期多有发生。对此，银监会专门发布通知要求各大商业银行规范服务收费行为，并且要求各大银行网点"明码标价"。中国银行张贴收费栏比较规范，张贴位置显眼，做到了在收费项目上和客户的信息对称。

第三，特色化的设备。

中国银行比较特色地设置了网上银行体验机。据工作人员介绍，该地区的服务对象中有相当一部分是比较富有的退休老人，他们有的不是很清楚网上银行的操作，所以可以在该处设立的电脑上进行熟悉操作。还有个人网络柜机可以在业务繁忙的时候起到缓解压力的作用，一些客户需要办理的业务可以在网上直接操作。

2）银行网点劣势

第一，网点可见度受到城市规划的影响。

随着国家对西部基础设施的大量投资，一些在建的项目对城区的交通和周边的商店都有不同程度的影响。目前成都最主要的城市规划是修建地铁，这个规划影响了少部分的中国银行网点。最典型的例子是清江东路的中国银行琴台路支行，该银行的铺面大部分被修建地铁的路线遮挡，只能看到中国银行的招牌。

第二，工作人员水平差异比较大。

郊区和城区服务人员的专业水平相差较为明显，有些问题仍然模棱两可。郊区的大堂经理对产品比较熟悉，但是大多只能通过网上银行的数据进行比较，难以进一步清晰透彻地解答客户的疑问。不过郊区和城区的工作人员在客户向他们寻求帮助的时候都很热心尽职。

第三，没有及时开发热点市场产品。

工商银行、农业银行抓住了异地存取款收费高的这一问题，积极地开展免收这一类手续费的银行卡，但是中国银行只有中银白金信用卡才能免收这项费用，而办理这类卡必须要存款达50万元的贵宾客户。

3）网点服务问题分析

第一，有的单纯追求数量，忽视效益。

受传统思想的影响，商业银行网点的设置片面追求大、广、全，盲目追求外延扩张，滥设网点，忽视网点的效益。这固然是给客户带来很多方便，但却是直接导致单个网点的平均利润率低，成本居高不下，最终与最初的规模效应设想相违背。

第二，脱离客户需求。

在同一行政区划内，网点设置的密度拘泥于上级规定，不能针对不同区域的经济水平、客户需求不同而做相应调整。有的地方网点数量明显过疏，导致客户资源被其他商业银行抢夺。而有的地方却明显过密，导致成本过高，资源浪费。

第三，功能现状。

交易功能为主，营销功能薄弱。我国传统意义上的商业银行，功能模式都比较单一，大部分网点都只有存贷业务，缺乏更多的金融产品。现在虽然说金融产品有了迅猛的发展，但是网点仍然轻视金融产品与服务的营销。在我们的问卷中可以发现，几乎所有的人在购买中国银行产品的方式都是朋友推荐和投资理财顾问推荐的方式。没有人是通过银行宣传资料、银行服务人员介绍、报纸电视等广告媒介的方式去购买金融产品。在这样的高风险和潜在风险的市场中，金融产品本身以及推销人员很容易引起不懂金融的市民的心理抵触。市民这种风险厌恶心理以及市场上的信息不对称导致了市民普遍相信朋友的推荐或自己花钱听取投资顾问的意见。

第四，网点城区分布集中，郊区分布稀少。如图2所示。

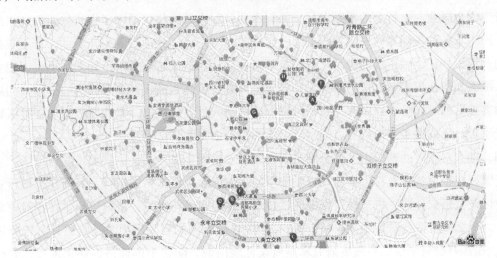

图2　中国银行网点分布图

在成都一环、二环、三环、三环以外网点个数逐步递减。而大型的支行大部分分布在成都一环路以内，三环路到郊区这一范围之间难以再见到比较大的支行。在比较发达的郊区，比如温江、郫县、双流、新都、华阳等地也聚集了比较多的办事处，但是周边的乡镇几乎就很难发现中国银行的身影。

4）网点服务意见

第一，进一步加强对咨询工作人员的业务培训。

面对越来越发达的金融市场，以及消费者越来越高的金融意识和理财目标，中国银行有必要加强员工专业素质和职业技能的培训。通过多元培训丰富员工的文化内涵，提升综合素质和业务技能，大力增加员工的附加值，给员工尽可能构建广阔的发展平台。

第二，提高服务热线的接线速度。

在银行业激烈竞争的今天，电话银行服务质量也越来越成为消费者重视的环节。对于一般的消费者来讲，拨打电话银行最常用到的就是人工服务，接通电话的时间是电话客服质量的重要参考指标。根据我们在成都商报了解到的信息，中国银行需要 3 个键才能到达人工服务，接通人工服务时间67 秒。

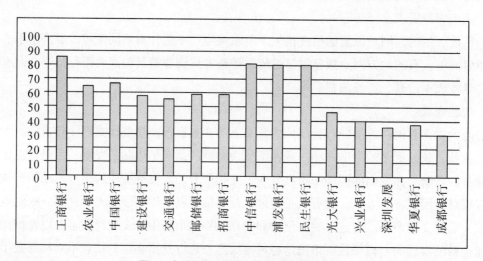

图3　各大银行接通人工服务时间（秒）

第三，加强金融产品的营销策划。

随着中国金融业、银行业的不断发展，银行重要利润来源不仅仅局限于存贷款业务，在此业务基础之上，产生了各种各样不同风险和收益组合起来的理财产品，让消费者眼花缭乱、目不暇接。而相对匮乏的营销策划让金融市场的供求双方信息不对称，从而造成了想买的不知在哪里买，想卖的又卖不出去。那么如何让买卖双方信息对称来开展营销方案，就是当前银行要研究的一个重大问题。是否可以在顾客排队的时候给客户讲解，是否可以派遣推销人员上门推销，是否可以增加在报纸媒体上的产品曝光率等，还取决于当地消费者的生活习惯和银行本身的资金力量。

第四，加大对农村的调研力度，研制出适合中国农村的金融产品，占领城市周边市场。

外资银行在很早就对农村市场表现出了浓厚的兴趣。除了汇丰村镇银行，目前花旗银行正准备选择试点地区设立贷款公司，格来岷信托拟通过技术合作形式参与试点，渣打银行也在积极筹划设立村镇银行。为什么外资银行看好中国农村市场？"中国农村市场的巨大潜力，是吸引外资银行进入的主要原因"，中国社会科学院农村发展研究所副所长杜晓山说。随着中国经济的快速发展，农村金融市场必然发展壮大，外资银行适时进入农村，可以抢占先机。在这样严峻的外资压力下，中国银行应该加快自己进入农村的步伐，抓住成都改革示范区这样一个契机，积极对农村做好调研，设计出新型的金融产品，在农村这样一个庞大的市场上能够与外资竞争。

（2）中国工商银行评价结果分析

1）评价结果分析

相比较而言，工商银行网点的客户数量相对于中国银行和农业银行来说较多，与建设银行相当。

我们调研小组在人们上班时间前往工商银行海峡科技园分理处进行排号时，发现在我们前面还有 43 名需要办理业务的人。假设一个办理业务的人需要 5 分钟，那么在两个窗口办理业务的情况下，我们需要等待 1 个半小时才能办理业务。这样的业务办理消耗了客户的大量时间，难以帮助客户处理紧急事件。

2）网点服务的问题分析

第一，工商银行在服务态度上都有待进一步提高。

如工商银行部分员工在对待客户的详细询问或者再次提问时，并没有表现足够的热情和耐心，容易让人产生反感情绪，对客户进一步享受服务不利，造成工商银行在客户服务满意度等情况上满意度不高，这方面有待进一步完善。

第二，工商银行在项目服务上公开性不足。

如工商银行没有比较显眼的收费表。如今，商业银行的收费项目让人目不暇接，大多数消费者都搞不清楚哪些交易要付费。银监会曾发出通知，要求各家商业银行对各项服务收费立即展开自查和清理，发现问题及时整改，并强调要充分做好信息披露工作。工商银行在这一条上做得并不好。如工商银行宏济新路分理处没有张贴价目表，而是工作人员建议客户上其网站查询。

第三，工商银行在选址时，各网点相对比较分散，不利于产生集约效应。

工商银行在影响力扩展上存在较大不足，这方面亟待提高。在城市中心区域的相对集中程度上，工商银行比其他三个商业银行相比，网点太过分散，这样不利于充分利用这些商业银行产生的集约效应，使其成本不能有效降低，对长期发展不利。

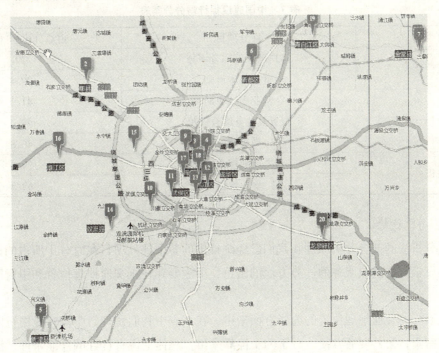

图4　工商银行网点分布图

3）网点服务建议

第一，客户分流，缓解窗口压力。

前往工商银行办理业务的客户比较多，所以在工商银行办理业务比其他银行所花去的时间更长。很多客户想在工商银行建立账户购买金融产品，看到工商银行中这样大排长龙的阵势可能也会望而却步。这种窗口拥挤的现象不利于老客户的持续，也不利于新客户的进入。这有很多的解决办法，比如在客户进入银行时，大堂经理可以询问客户需要办理什么业务，如果是可以由 ATM 自动存取款机，或者已有机器设备可以解决的问题，大堂经理可以引导他们完成业务，而不必要去排长队。

第二，加强员工素质培训，全面提高服务质量，让客户对每个网点的服务满意度得到充分提升。

通过加强自身服务素质的提高，使得紧紧把握老客户，同时吸引更多的新客户，让每位来网点办理业务的客户都有足够的忠诚度。同时加强对员工的激励机制，可以把员工的服务情况反馈与他们的工资薪酬挂钩，充分提高他们的积极性。如把客户反映评选的服务之星优秀员工作为榜样，授予一定奖励，并通过挂牌金牌服务员的形式反映优秀员工的素质，增强其整体感染力。

第三，确定明确详细的价目表，使得其服务项目的公开性增强，进一步提高客户的信任感和忠诚度，让客户充分信任工商银行的收费标准和服务质量。

第四，工商银行应该加强在中心区域的网点设置和分布集中程度。

（3）中国建设银行评价结果分析

1）评价结果分析

根据评分汇总表中的各项评分的数据汇总结果，我们对中国建设银行成都及其周边地区的网点的银行综合评价进行横向和纵向的对比。对于调研数据的汇总结果，我们将从横向和纵向分析并得出结果。根据评分汇总表显示的中国建设银行网点的各项服务指标的得分，我们将得分结果分为高、中、低三大类，并就此进行中国建设银行网点服务的指标优劣势分析，并针对其现状提出合理化的建议。

表7　中国建设银行得分分类表

分类	评分项目	占总分比例（%）
低档	客户满意度综合评分	29
	营业基本设施	29.4
中档	营业大厅布局	41.1
	服务及业务综合评价	49.2
	周边情况	46.8
高档	交通地理条件	59.6
	潜在价值	82.8

2）网点服务的优势

借助层次分析法的部分分析原理和我们已经统计出的各个评分项目在总分中所占的比例，我们可以得出中国建设银行在网点服务的优势方面的结论，即主要存在于交通地理位置和银行网店选址的潜在价值方面。

第一，从银行的交通地理位置的选择方面来讲，在调查中我们发现，中国建设银行网点周边公交车的线路比较密集，公共交通方便。对于的士停靠来讲，总体上说有良好的停靠条件，但是在一些繁华的街道上的网点如春熙路、人民南路附近以及三岔路口上的网点，由于交通法规和公共交通管理的缘故，的士停靠相对来说比较困难。而对于这类情况，中国建设银行网点周围往往有较大的停车场，对此类情况有缓解作用。中国建设银行在选址上位于周围交通流量大的部门，从外部环境上有利于对其银行网点的宣传，同时有利于提升银行网点从交通便利方面对顾客的吸引力。

第二，从银行网点选择的潜在价值方面来讲，中国建设银行所处的地理位置很多都与现在城市中的许多新兴规划项目有关。比如，在我们考察的中国建设银行的诸多网点中，其中有许多临近新兴的商场及写字楼、居民区，这无疑为中国建设银行的金融业务服务提供了潜在价值和优势。可以说，城市中的许多新兴规划项目是建设银行诸多业务发展的一个潜在优势。但同时，由政策带来的相关业务发展上的潜在价值优势也不容忽视。

3）网点服务的劣势

进一步分析评分项目分类表，我们可以得出结论：中国建设银行网点服务的劣势主要集中在顾客满意度和营业基础设施这两个方面。

在实际的调研中，我们发现中国建设银行网点的服务在以上两个方面存在的问题具体表现如下。在营业的基础设施方面，我们发现：

第一，顾客休息区的座椅多有损坏，椅面的洁净程度比较低，很多需要在坐在座位等待办理业务时事先擦拭椅面，最严重的问题是座椅的数量达不到平均客流量的要求。在我们调研的很多中国建设银行的网点中，特别是中小网点中，等待办理业务的人员很多都站着，没有足够的座位在等待期间使用。

第二，在业务办理的书写台上有过多的银行宣传广告，被人翻阅后没有及时规整，造成书写台桌面纸张杂乱，不够干净、平整，同时有一些网点的签字笔书写情况较差，给顾客办理业务带来极大地不便。

第三，中国建设银行在网点中设有咨询台，并且具备相关的工作人员愿意耐心地为其解惑答疑，帮助银行业务的顺畅进行。但是咨询台处没有明确的标志标明。很多顾客特别是老年顾客在寻找咨询台的过程中花费了相对较长的时间，在一定程度上反映了建设银行营业基本设施的不完善之处。

在顾客的满意度方面，有一定比重的顾客认为中国建设银行的规章制度的公开性不够，在信息发布方面透明度比较低，顾客获得信息不太容易，很多情况下需要借助亲自到营业网点来获取的方式。对于大堂经理或者理财顾问的业务解答，多数顾客认为其专业性程度需要提高。在我们发放的问卷的客户群体中，绝大部分顾客都在中国银行进行过存贷款业务，但是对于金融产品的交易方面涉及较少。

4）网点服务建议

针对实际调研结果和相关评分机制的分析得出的结论，我们对中国建设银行的网点服务提出以下几点建议：

第一，加强对大堂经理以及理财顾问的业务培训与提高。要求此类技术咨询人员增强对银行金融业务信息的了解与更新程度。同时银行也应当扩展业务培训人员的范围面，保证每一个营业人员都全面熟悉银行的各项业务，并能够给顾客提供有效的咨询和建议，而不仅仅限于大堂经理和理财顾问等特殊职位。

第二，完善网点基础设施建设。网点基础设施的好坏是客户满意度评分体系的重要指标之一，也是网点服务的重要构成，完善的基础设施能够与营业人员周到的服务相得益彰，从而吸引更多的客户前往网点办理业务。特别是在等待区座位数量的增设方面以及书写台的整洁程度上。同时由于网上银行以及互联网金融业务的发展，中国建设银行应当着力增加新的客户体验区域，提升网点的非人工服务能力。

第三，提升银行的金融业务种类以及相关的市场适应性，发展多元化的针对不同顾客群体的金融服务，倡导特色性与创新性，不仅仅限于传统的银行存贷款业务。

（4）中国农业银行评价结果分析

根据评分结果汇总表显示的中国农业银行网点各项服务指标的得分，我们将得分结果大致分为高、中、低三大类，如表8所示。

表8   中国农业银行得分分类表

分类	评分项目	占总分比例（%）
低档	客户满意度综合评分	26
	服务及业务评价	27.8
	营业基本设施	39.07
中档	周边情况	45.3
	交通地理条件	47.2
	营业大厅布局	50.1
高档	潜在价值	67.6

借助层次分析法的部分分析原理，借助各个评分项目实际得分在总分中所占的比例，我们可以判断出中国农业银行成都营业网点的主要优势项目集中在网点选址的潜在价值方面，这一点也可以根据我们实际走访过程中农业银行选址的主要集中区域看出。在我们所调查的56家农业银行网点中，有多达31家网点选址在相对较为偏僻的远郊地区或是高校内部，这也是农业银行网点在分布上区别于工商银行、中国银行、建设银行的主要特征。

1）网点服务劣势

通过分析得分分类表，我们可以发现中国农业银行网点服务的劣势主要集中在客户满意度、服务及业务评价以及营业基本设施三个方面。在实际的调研中我们发现，农业银行网点的日常服务在以上三方面也确实存在诸多的不足，具体表现在：

业务种类单一，缺乏多样化的家庭理财产品，也少有针对相关金融服务产品的具体宣传，日常业务集中在存贷款及工资学费划拨方面。

营业人员服务态度差强人意，在相当一部分调查网点访谈客户的过程中，顾客反映该网点营业员存在迟到早退现象，且在办理业务过程中拖沓滞后。

由于营业手续复杂，营业人员办理业务拖沓，再加上多数农业银行网点开放窗口不足，客户办理业务等候时间普遍较长。

营业大堂多数设施陈旧，且鲜有介绍新服务的窗口或者体验仪器。

网点内部及周边自动取款机功能不足，经常出现执行错误或因机内存款不足而暂停服务，给客户造成诸多不便。这些硬件及软件上的不足使得在分布区位上不占优势的农业银行网点进一步因为设施不完善、服务不周到等软件上的原因流失部分客户，恶化了农业银行网点的经营状况。

2）对农业银行网点服务的建议

针对实际调研结果及相关评分的分析得出的结论，我们对农业银行的网点服务提出以下几点建议：

第一，在选址上发扬一贯优势，扩大远郊农村地区营业网点覆盖面积。

今后的发展建设中，中国农业银行应该充分利用在营业网点选址上的特点，将业务发展重心由网点分布基本饱和的城市商业中心区转移到抢占四大国有商业银行鲜有涉足的农村金融市场，积极响应国家的农村金融体系建设号召，扬长避短，在今后的银行网点发展中占据有利地位。

第二，完善网点基础设施建设。

网点基础设施的好坏是客户满意度评分体系的重要指标之一，也是网点服务的重要构成，完善的客户友好的基础设施能够与营业人员周到的服务相得益彰，从而吸引更多的客户前往网点办理业务。除此之外，一流的基础设施能够提高业务处理效率，减少客户等候时间，在一定程度上弥补地理位置的劣势，从而增强银行的竞争力。具体来说，农业银行网点应该加大对周边 ATM 存取款机的整改，重新设置营业大堂布局，着力增加新的客户体验区域，从而提升网点的非人工服务能力。

第三，加强营业人员监督机制及业务能力培训。

营业人员的业务熟练程度和服务态度是客户评价银行网点服务满意程度的最关键因素，退一步说，业务熟练、态度周到的服务人员可以使顾客获得最好的服务体验，从而弥补网点服务在其他方面的略微不足。因此，加强营业人员的业务能力培训，保证每一个营业人员都全面熟悉银行的各项业务，并能够给顾客提供有效的咨询和建议，是增强网点服务竞争力的有效手段，而完善的监督机制能够有效地避免业务人员迟到、早退及倦怠现象的发生，从而进一步完善银行网点的人工服务水平。

第三，发展多样化的业务种类。

鉴于农业银行网点提供的服务种类相对单一，着力发展多样化的个人家庭理财业务是提升银行网点竞争力的另一个有效手段。借鉴其他三大行的发展经验，考虑到未来农村金融的发展潜力，农业银行网点应该尝试推行针对农村金融业务需求者的特殊理财业务，从而吸引新的更广泛的客户群体，在农村郊区业务的发展中抢占先机。

3. 横向评分结果汇总表

表9 四大商业银行评分汇总表

评分项目	中国银行		中国建设银行		中国农业银行		中国工商银行		单项得分
	得分	%	得分	%	得分	%	得分	%	
交通地理条件	13.2	52.8	14.9	59.6	11.80	47.2	12.6	50.40	25
周边情况	6.8	68.0	4.68	46.8	4.53	45.3	4.89	48.90	10
潜在价值	6.2	62.0	8.28	82.8	6.76	67.6	6.77	67.70	10
营业大厅布局	8.1	54.0	6.17	41.1	7.52	50.1	11.5	76.67	15
营业基本设施	7.4	52.9	4.12	29.4	5.47	39.07	7.53	53.79	14
服务及业务评价	8.8	55.0	7.87	49.2	4.45	27.8	5.72	35.75	16
客户满意度综合评分	31	56.4	16	29	14.3	26	29.88	54.33	55

通过各项指标得分情况对工农中建四大行进行横向比较，找出各银行的优劣势：

（1）交通地理条件

中国建设银行在交通地理条件上占据略微优势，即其网点附近的交通地理条件状况较好，如建设银行附近的公交车线路比较密集、周围交通流量大或者便于停靠的士或附近有比较大型的停车场可以提供；同时也表明，建设银行选址的时候对周边人群的收入条件应有深刻的了解，在不了解的情况下，有针对地理位置或者客户群体做过调研；并且建设银行所选的地理位置比较引人注目，比如位于街道的十字交叉口或者三岔路口；对于普通的网点，尽量保持网点地面和道路处于一个水平面上或者相差不大，使得客户使用方便快捷；但对于较大的网点，网点地面与道路街平面有几个台阶，能提升银行整体形象，并引起人们的关注。

（2）周边情况

中国银行在周边情况的比较上占据明显的优势，其选址时周边情况条件比其他银行好很多。如附近有较多类似的网点，并与之有"集约效应"，在城市中心中国银行网点的集中度很高；或者附近有较多类似的网点，并且彼此之间竞争激烈，在良性的你追我赶中，中国银行形成了自身的特色等。

（3）潜在价值

中国建设银行在潜在价值方面具有明显优势，而中国银行在潜在价值方面分值较低，可能对网点周边的潜在价值重视度不够高。如建设银行对城市规划方面较为关注，因此可能选择的网点地址在城市规划中有助于该银行网点的发展，至少不会导致城市规划对银行网点发展造成负的影响。

（4）营业大厅布局

中国工商银行在营业大厅布局方面具有明显优势，而中国银行位于第二，因此在这方面其还有很大的提升空间。如继续关注机构门牌、招牌、营业时间牌、玻璃门窗等设计或放置是否更加合理，营业大厅的宽敞度、明亮度、清洁度、柜台整洁度是否符合银行的整体形象等。

（5）营业基本设施

在营业基本设施方面，中国银行和中国工商银行都处于明显的竞争优势中。经过观察可以看到，与其他银行相比，他们更注重营业网点的很多细节，如柜台是否干净整洁，签字笔是否随时保持顺畅书写状态；咨询台是否有明确的标志标明，工作人员是否耐心解惑答疑，帮助银行业务顺畅进行；书写台是否有过多的银行宣传广告，是否设有客户需填写凭据的模板，签字笔书写状态是否良好。台面是否干净、平整；具备自助终端、叫号机、存折打印机且运行良好；顾客休息区的座椅少有损坏，椅面干净，座椅的数量达到平均客流量的要求等。

（6）服务与业务评价

在服务与业务评价方面，中国银行处于明显优势地位，而中国建设银行仅次于中国银行。通过观察，不难看出，中国银行在各项服务与设施方面做得最为完善，如 ATM（自动取款机）、CDM（自动存款机）、IP 电话、POS（销售点）等自助设备和电话银行（电话服务中心）运行良好，故障率低；拥有理财专柜或理财中心等专项服务区，充分满足客户需求；大堂经理讲解耐心，讲解清晰，引导业务有序进行。因而客户评价较高，但其积极推行关于跨行费过高的相应的补救措施的程度不及与中国建设银行。另外中国银行还率先在网点设有网上银行体验机，完善的网上银行的服务和电话银行服务等。

三、发展建议及前景

从上文中的四大国有银行网点优劣势分析中可以看出，目前我国四大国有商业银行的网点主要分布在城市中心区，相对而言，在城郊分布较少。自 1997 年中央金融工作会议确定"各国有商业银行收缩县（及以下）机构，发展中小金融机构，支持地方经济发展"的基本策略以后，国有商业银行在降低成本的驱动下撤离了农村市场，本着利润最大化的原则纷纷将业务向大中城市转移，在"商业化"转化过程中，国有商业银行更加注重集约化经营，不少县域内的国有商业银行分支机构大量撤并，纷纷撤出农村市场。1999 年以来四大国有商业银行从农村逐步撤出，基本取消了县一级分支机构和放款权，截至 2007 年，共撤销了 33 000 多个县级以下营业网点。各国有商业银行在县及县以下区域的分支机构在数量上减少的同时，各国有商业银行在资源配置上，将内部的人才、资金、技术装备等不断向金融资源聚集的城市转移；在管理机制上，经营重心城市化，核算单位上移，基层营业机构及县支行的贷款审批权限和财务权上收，在业务对象上，将重点放在开发大城市、大企业、大项目上，很少考虑农村经济发展的金融需求，而农村信用社的缓慢发展越来越不能满足农村经济发展的需求。近几年来，农村金融发展获得了我国政府的大力支持。我国货币、监管、财政政策"三管齐下"，已经逐步形成农村金融政策支持体系。引人关注的一个数据是，2010 年中央财政支持农村金融发展资金接近 120 亿元，比 2007 年增长了 6 倍。除了货币、监管领域的政策支持，财政政策的杠杆作用也不可忽视。考虑到国家对农村金融体系建设的大力支持，以及目前农村金融体系存在的诸多不足，在未来的发展中，相对于已经基本达到饱和的城市金融市场，银行业在农村金融市场的发展具有广阔的前景。因此能否率先占据偏远郊区及农村这样一个具有发展前景市场，成为决定四大国有银行在日后的竞争中是否能够抢占优势的重要因素。

鉴于以上原因，四大国有商业银行在日后的网点发展规划中，应该注意将覆盖区域扩展到城郊以及周边农村地区，前景广阔的农村市场不但可以大大缓解城市金融市场激烈竞争给银行网点经营带来的压力，还可以给国有商业银行提供更广阔的利润空间。

参考文献

［1］崔明，孙文喆，张辉，等．国有商业银行省分行内部客户满意度调查评价体系的构建．华东经济管理，2008，22（7）．

［2］白羽．我国商业银行网点服务质量研究．中国高新技术企业，2009（17）．

［3］陈麒．商业银行网点转型浅探．现代金融，2009（9）．

［4］代星军．对国内商业银行网点转型的几点思考．东岳论丛，2009（5）．

［5］何德旭，张雪兰．利益相关者治理与银行业的社会责任——兼论我国商业银行推进利益相关治理的选择．金融研究，2009（7）．

［6］胡跃飞，黄少卿．供应链金融：背景、创新与概念界定．金融研究，2009（7）．

［7］季春，许学军．商业银行网点考评方法．中国高新技术企业，2009（1）．

［8］李睿，朱琦．基于进化博弈模型的县域银行网点布局的分层现象研究．金融经济，2009（12）．

［9］刘雪玲．农业银行网点转型研究．中国农业银行武汉培训学院学报，2009（5）．

［10］刘长领．浅析商业银行网点布局规划和建设．现代商业，2009（7）．

［11］于丹，黄大海，赵明，等．银行个人客户的满意研究．金融研究，2006（1）．

［12］郑艺妮，周再清，欧阳国良．我国商业银行顾客满意度测评体系的设计与实证．金融实务研究，2007（11）．

［13］祝英丽，刘贯华，李小建．中部地区金融排斥的衡量及原因探析．金融理论与实践，2010（2）．

［14］Prahalad．Gary Hamel．The Core Competence of the Corporation．Harvard Business Review，May－June1990：79－91．

［15］Mahesh C．Gupta．Anthony Czarina and Ramji D．Sharma．Operations strategies of banks—using new technologies for competitive advantage．Technovation，December 2001：775－782．

成都房地产供求状况模型分析

丁兆函　纪筠　俞秋　徐帆　刘秋吟　申译丹　骆荣政

【摘要】房地产是一种稀缺资源，既是生产要素，又是生活必需品，还是投资品。近年来房价持续走高，从根本上讲这是由供求关系决定的。利用近十年的数据建立供求模型，对成都市住宅市场的需求和价格进行分析研究。结论是影响房价的主要因素是造价；影响需求的主要因素是竣工面积；影响供给的主要因素是投资额。

【关键词】房地产　供给模型　需求模型　房价问题　非均衡度

一、前言

20年来，随着城镇住房制度改革进一步深化，房地产行业迅猛发展，并保持着良好的发展趋势。然而，我国房地产市场仍存在诸多问题：住房价格不稳定、供求严重不平衡、银行投资不理性、信息不对称等。

以成都为例，经过20年的发展，房地产市场经历了从无到有、从小到大，从计划经济福利分房发展到成熟的市场化阶段。成都也形成了具有鲜明特点的开发格局和产品形态，房地产市场在该地区经济中的地位日益提升。特别地，在经历了2008年"5·12"汶川特大地震后，政府关于灾后重建的扶持政策也为楼市发展提供了良好的外部环境。据相关统计资料显示，仅1995—2008年，成都市商品住宅销售价格平均增幅达到10.3%；销售面积增幅为23.1%；而人均可支配收入增幅为9.8%。若按照2008年住房均价4869元/平方米来计算，当年购买一套90平方米的住房总价相当于当年家庭人均可支配收入的25倍左右。显然，成都市普通家庭购买住房的压力与日俱增。不仅如此，成都商品住宅新开工面积每年的增长速度都要高于销售面积的增长速度。而高涨的价格又使消费者望而却步。这种由多种原因造成的供求关系的不平衡严重制约了房地产市场的健康发展。

由此，我们建立房地产供给需求模型，并由此模型进行推广，使读者更加清醒的认识当今中国房地产市场的供求关系。从而，根据实际情况，提出适合成都房地产市场的合理化建议，促进房地产市场健康有序的发展。

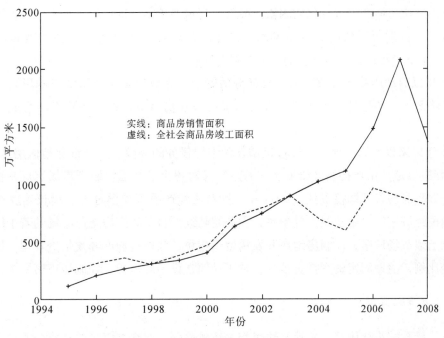

图1　商品住宅销售与竣工面积

二、成都城镇居民住宅需求模型

(一) 模型准备

本模型变量的数据来自历年《中国统计年鉴》、《四川省统计年鉴》、《成都市统计年鉴》、中经网数据库，其中部分商品住宅平均价格根据《中国统计年鉴》中的数据整理而来。

表1　1995—2008 年成都市经济运行及房地产相关数据

年份	住宅销售面积（万平方米）	住宅销售额（万元）	成都消费价格总指数（以1994年价格为100）	商品房住宅竣工面积（万平方米）	成都生产总值（亿元）	房地产住宅投资额（亿元）	总人口（万人）	土地购置费（万元）	平均每人住房使用面积（平方米）	住宅销售价格（元）	城镇居民人均可支配收入（元）
1995	116.63	165 370	117.5	235.40	647.3	31.90	972	73 045	8.7	1417.90	5047
1996	208.43	272 554	128.897 5	314.45	772.3	37.30	981	65 116	9.2	1307.65	5669
1997	262.65	352 990	136.244 7	359.90	875.5	34.91	989	57 437	9.7	1343.96	6019
1998	310.92	431 416	136.653 4	303.65	961.9	45.52	997	172 775	10.4	1387.55	6446
1999	336.91	544 288	134.330 3	375.18	1044.9	55.40	1004	257 849	10.9	1615.53	7098
2000	400.12	643 201	134.598 9	464.77	1156.8	86.76	1013	333 655	11.6	1607.52	7649
2001	638.12	1 052 518	135.675 7	716.34	1322.1	122.80	1020	260 481	12	1649.40	8128
2002	743.58	1 324 838	133.912	790.29	1488.8	148.88	1028	445 444	12.8	1781.70	8972
2003	897.26	1 712 255	136.724 1	897.96	1705.3	189.09	1044	579 929	13.3	1908.32	9641
2004	1019.63	2 423 426	142.056 3	700.49	2031.1	189.97	1060	923 860	20	2376.77	10 394
2005	1112.35	3 187 776	145.323 6	597.69	2370.8	295.34	1082	1 376 528	27.67	2865.80	11 359
2006	1482.18	5 186 062	147.939 5	959.17	2750.5	441.95	1103	1 630 964	28.58	3498.94	12 789
2007	2084.80	8 752 568	155.632 6	885.29	3324.2	598.94	1112	2 920 798	27.89	4198.28	14 849
2008	1191.36	5 801 169	162.324 5	817.90	3901.0	602.12	1125	2 290 995	27.82	4869.37	16 943

一般来讲,影响房地产需求变化的因素主要有:房地产价格、国民收入水平、城市人口、城市化水平、经济政策、预期等。从国家政策来看,国务院分别就加快房地产市场发展和调控节奏,于1998年和2003年下半年进行了两次新的重大政策调整:

(1) 1998年以启动居民住房消费为主要任务的调控。为应对亚洲金融危机的影响,中央做出了扩大内需的战略部署,调控的任务就是要充分启动居民住房消费,把住宅建设培育成为新的经济增长点。

(2) 2003年以来以控制房地产投资过快增长为主要任务的调控。针对部分地区房地产市场过热,《国务院关于促进房地产市场持续健康发展的通知》及时提出了加强房地产市场宏观调控工作的重要性,强化了地方政府的宏观调控责任。2004年,针对房地产投资规模过大、增长速度过快等突出问题,为保持国民经济平稳健康发展,党中央、国务院陆续出台了调控房地产市场的若干措施。主要包括:治理整顿土地市场秩序、控制房地产开发用地供应量,严格房地产开发信贷管理,提高房地产开发项目资本金比例,清理固定资产投资项目,端正城镇建设指导思想,控制城市房屋拆迁规模等。

(二) 模型建立与求解

根据现行统计数据指标体系,并根据线性相关性的强弱,在众多因素中经过分析判定,选择人均可支配收入、商品住宅平均销售价格、商品住宅土地购置费及年度商品住宅竣工面积为主要影响因素。模型中,城镇住宅消费需求以商品住宅销售面积代表。

各个变量描述如下:

SM_t = 各年度城镇商品住宅的销售面积,以万平方米为单位;

PSJ_t = 各年度城镇商品住宅的平均销售价格,以元为单位;

RS_t = 各年度城镇居民家庭人均可支配收入,以元为单位;

TG_t = 各年度城镇商品住宅土地购置费,以万元为单位;

JM_t = 各年度城镇商品住宅竣工面积,以万平方米为单位;

$INDEX_t$ = 各年度城镇居民消费价格指数(以1994年价格为100);

P_t = 消除价格因素影响的各年度城镇商品住宅的平均销售价格;

R_t = 消除价格因素影响的各年度城镇居民家庭人均可支配收入;

T_t = 消除价格因素影响的各年度城镇商品住宅土地购置费。

以上各变量除以 $INDEX_t$ 来消除价格因素带来的影响,即

$$P_t = \frac{PSJ_t}{INDEX_t} \times 100$$

$$R_t = \frac{RS_t}{INDEX_t} \times 100$$

$$T_t = \frac{TG_t}{INDEX_t} \times 100$$

用最小二乘法,逐步回归,建立模型

$$SM_t = \alpha_1 + \alpha_2 R_t + \alpha_3 T_t + \alpha_4 P_t + \alpha_5 JM_t$$

用 Matlab 拟合得

$$SM_t = 395.551 - 0.067R_t + 0.001T_t - 0.231P_t + 0.949JM_t$$

从参数估计结果看，在 $\alpha = 0.05$ 的显著性水平下，模型参数估计整体效果较好。从拟合优度来看，$R^2 = 0.994\ 657\ 798$，拟合优度非常高；从统计检验指标来看，$F = 418.924\ 682\ 8$ 远大于临界值。

```
stats =

   1.0e+003 *

   0.0010    0.4189    0.0000    2.5684
```

图2　模型一检验指标

（三）结果分析

1. 城镇居民人均可支配收入因素

城镇居民人均可支配收入的系数为 −0.066 5。由此可以看出，人均可支配收入对住宅销售面积是副作用，与我们的认知是相违背的。

我们认为这一现象是人均可支配收入的增长率远远小于房价的增长率造成的。

从增长率来看，从2003年开始住宅销售价格增长率远远高于人均可支配收入增长率。为了与居民消费价格增长率形成对比，本文采用1995年房屋销售平均价格作为基期，采用环比的方式剔除通货膨胀的影响，得到成都市房屋销售价格增长率。采用1995年人均可支配收入为基期，采用环比方式得到人均可支配收入增长率。两者的关系如图3所示。

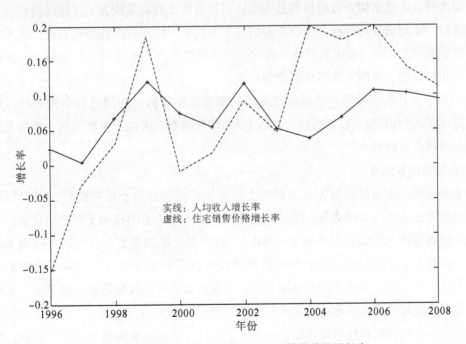

图3　人均可支配收入增长率和住宅销售价格增长率

住宅销售价格增长率远远高于人均可支配收入增长率说明房价的上涨要明显快于其他消费产品的价格上涨。2003年前人均可支配收入的增长与房屋价格上涨此起彼伏，2004年后出现房屋的价格上涨远远高于人均支配的上涨。2008年由于金融危机和地震的影响房价受到一定影响，但总体上仍出现幅度不小的上涨。正是因为这样，高速上涨的房价已经超出了普通居民的购买力。

2. 商品住宅平均销售的价格因素

商品住宅平均销售的价格指数为 -0.231 3，说明商品住宅的价格的上升降低了销售量，符合价格规律，即一般情况下，影响商品供求关系的最主要因素是价格变动。在市场上，当某种商品供不应求时，其价格就可能上涨到价值以上；而当商品供过于求时，其价格就会下降到价值以下。同时，价格的变化会反过来调整和改变市场的供求关系，价格高，会使需求下降，造成供过于求，价格下降。反之亦然。使得价格不断围绕着价值上下波动。

这一现象是由以下几方面原因决定的：

第一，虽然住宅具有其商品特性，即住宅从长期需求来看具有生活必需品的特性，不管收入高低，必须要进行这方面的消费，价格弹性较小。但是需求分为有效需求和无效需求。所以虽然住宅总需求呈刚性不会减少，但是有效需求会受到购买力的影响。

第二，受成都市城镇居民购买力状况、居民居住状况影响。一直以来虽然成都市房价整体增长速度低于沿海地区的同等城市，但是成都居民的收入也低于沿海城市，人均可支配收入较低，购买力有限。且近几年，居民收入增长缓慢，呈现波动状，远远不及房价增长幅度。沿海城市多属于人口流入地区，流动人口会增加房屋需求。但是四川省属于人口输出省，外出务工人员多。流动人口相对较少。

第三，自从 2000 年以来，全国各地的房价持续走高严重影响着人们的生活，高房价的危害已经潜伏在价格持续上涨的过程中。不断上涨的高房价通过吸收消费者购买力，使消费者对新兴服务型消费转化产生阻力，并通过自身的积累效应使当期消费率下降。同时房地产市场的供求不平衡也造成一种巨大的资源浪费。产业结构升级的目的是为了达到社会资源的有效配置，并且以消费结构的升级为动力。脱离实际需求的房价通过改变正常发展情况下的消费者结构对产业结构升级产生不利影响。可见，政府非常重视房价问题。每年都采取了有效的措施控制房价不正常增长，取得了一定的效果。减少消费者对房价的预期，遏制了非理性消费的心态。

第四，2008 年汶川特大地震，使得成都市区的部分房屋受损，而周边城市例如都江堰地区众多房屋倒塌，造成了人们消费心理的变化，使人们更加理性地面对房地产投资问题，炒房等现象有所抑制。人们更加重视日常消费享受。

3. 土地购置费指数因素

土地购置费包括：①通过划拨方式取得的土地使用权所支付的土地补偿费、附着物和青苗补偿费、安置补偿费及土地征收管理费等；②通过出让方式取得土地使用权所支付的出让金。

模型中土地购置费（万元）的系数为 0.001 1，这说明土地购置费与住宅销售面积基本呈正相关关系。1995—2008 年，成都的土地购置费总体呈增长趋势，平均增幅为 37.3%。近年来，随着城镇住房制度改革进一步深化，房地产行业迅猛发展，并保持着良好的发展趋势。据了解，土地购置费和新开工项目数量快速增长，是成都市房地产开发投资增长的两大推动因素。大量土地囤积，可能造成开发商的垄断经营，给政府调控增加难度，也使购房者处于更加被动的弱势地位。因此，政府有必要对目前土地囤积的状况给予关注，从土地投放的总量和结构上加以调控；另一方面，土地的囤积以及新开工项目的增加，表明开发商对成都楼市的未来看好。

随着开发商土地购置的增加，住房的建造成本也不断增加。而住房销售面积方面，从外部客观环境来看，宽松的货币与财政政策仍将持续，但全国针对房地产市场的从紧调控预期已有所显现，全国和成都房地产走向仍面临不确定因素。

4. 商品住宅竣工面积因素

商品住宅竣工面积系数为 0.948 8，是影响商品住宅销售的主要因素，并且呈现正相关状态。

从这个数据可以看出，房地产市场呈现供不应求的状态。而且从图 1 可以看出，人们大量购买了期房。虽然期房价格相对于现房价格较低，但是其存在交房风险、规划变更等很多不确定因素。同时在 2008 年汶川特大地震后，很多建设中的房屋受不同程度的损毁，导致许多消费者受到损失。而现房具有较强的完全性和直观性。所以购买期房与现房相比较，购房者承担的风险相对较大一些。期房能否按时建成，建筑质量能否保证，小区生活配套是否齐全，开发商所做出的各种承诺能否兑现等都是未知数。购房者无法直接体察自己所购房屋的具体状况，购房者与开发商之间产生纠纷的可能性较大。

三、成都城镇居民住宅销售价格模型

（一）模型准备

学术界对影响房价的因素进行了大量探讨，形成了各自的理论观点。但影响房价的决定性因素到底是什么，影响有多大？目前都没有形成普遍性的结论，甚至有些互相矛盾，这为政策制定带来干扰。为了弥补上述研究的不足，本文运用经济计量方法设立模型，从成本与供求两方面考虑影响房价的因素，选择关系最直接的变量，研究成本与供求的关系，并区分各因素影响的大小。（数据仍然采用第二部分的数据）

各个变量描述如下：

PSJ_t = 各年度城镇商品住宅的平均销售价格，以元为单位；

RS_t = 各年度城镇居民家庭人均可支配收入，以元为单位；

FZJ_t = 各年度城镇商品造价，以元每平方米为单位；

JM_t = 各年度城镇商品住宅竣工面积，以万平方米为单位；

$INDEX_t$ = 各年度城镇居民消费价格指数（以 1994 年价格为 100）；

P_t = 消除价格因素影响的各年度城镇商品住宅的平均销售价格；

R_t = 消除价格因素影响的各年度城镇居民家庭人均可支配收入；

F_t = 消除价格因素影响的各年度城镇商品造价。

（二）模型的建立与求解

消除价格因素影响的各年度城镇商品住宅的平均销售价格

$$P_t = \frac{PSJ_t}{INDEX_t} \times 100$$

消除价格因素影响的各年度城镇居民家庭人均可支配收入

$$R_t = \frac{RS_t}{INDEX_t} \times 100$$

消除价格因素影响的各年度城镇商品造价

$$F_t = \frac{FZJ_t}{INDEX_t} \times 100$$

建立回归模型，用最小二乘法回归

$$P_t = \alpha_1 + \alpha_2 R_t + \alpha_3 F_t + \alpha_4 JM_t$$

用 Matlab 拟合结果得

$$P_t = -506.953 + 0.152R_t + 1.193F_t - 0.402JM_t$$

从参数估计结果看，在 $\alpha = 0.05$ 的显著性水平下，模型参数估计整体效果较好。从调整的拟合优度来看，$R^2 = 0.992\,989\,685\,8$，拟合优度非常高；从统计检验指标来看，$F = 472.156\,528\,5$ 远大于临界值。

```
stats =

1.0e+003 *

0.0010    0.4722    0.0000    3.9904
```

图 4 模型二检验指标

根据模型的结果，每平方米的造价每增加 1 元，房价就会上涨 1.193 6 元；竣工面积每增加 1 万平方米，房价就会下降 -0.402 3 元；而人均可支配收入每增加 1 元，房价就会上涨 0.152 0 元。

为了进一步分析供给和需求对房价影响的重要程度，对各变量进行定基处理，以 1995 年为基期，数据如表 2 所示。

表 2 1995—2008 年销售价格、人均可支配收入、房屋造价和商品住宅竣工面积的各项数据

年份	销售价格	人均可支配收入	房屋造价	商品房住宅竣工面积（万平方米）
1995	100	100	100	100
1996	84.069 65	102.392 1	76.635 96	133.581 1
1997	97.233 89	100.448 4	91.990 44	114.453 8
1998	102.934 7	106.773 9	102.626 8	84.370 66
1999	118.444 2	112.019 1	120.492 6	123.556 7
2000	99.305 63	107.547 7	99.107 42	123.879 2
2001	101.791 2	105.418 9	100.983 3	154.127 8
2002	109.443 7	111.837 7	110.885 2	110.323 3
2003	104.903 3	105.246 4	102.745 7	113.624 1
2004	119.873	103.763 6	115.373 5	78.009 04
2005	117.864 6	106.827 2	115.214 7	85.324 56
2006	119.934 1	110.598 4	117.813 4	160.479 5
2007	114.056 1	110.368 4	108.418 4	92.297 51
2008	111.203 2	109.397 9	106.618 6	92.387 81

对其进行线性回归，得到以下回归方程（模型的检验与上述模型相似，这里不再赘述）

$$P_t = 20.7390 - 0.0292R_t + 0.8810F_t - 0.0253JM_t$$

其中拟合结果：

```
stats =

    0.9466    59.1203    0.0000    7.6441
```

图5　模型三检验指标

（三）结果分析

从以上结果可以看出，在这三个因素中，房价与房屋造价同方向变化，而与房屋的竣工面积和人均可支配收入反方向变化。其中造价每上升1%，房价就上涨0.881 0%，人均可支配收入每上升1%，房价就下跌0.029 2%而竣工面积每增加1%房价就下跌0.025 3%。可见，推动房价上涨的因素中，成本上涨是重要原因。房屋的竣工面积减少，也会推动房价上涨，但是可见房屋竣工面积对售价的影响有限。同样的收入变化对销售价格的影响也有限。

房屋造价的几个部分中，地价占有较大比重。在我国是地价决定了房价，还是房价决定了地价，目前还存在很大争论。中国地价的本质是一个时期的租金之和（土地批租制度），我们认为应该是房价决定地价，所以我们不认为降低地价会降低房价。但是地价又是房屋造价的重要组成部分，如果政策上给予地价优惠，只会转化为房地产商的利润，因此暂不考虑采取人为的降低地价政策措施来抑制房价。

人们购买力的增长在房价的上涨中所起作用是有限的。现在普遍有一种误解，认为房价的上涨是由于人们的收入提高，需求的增加而导致的。根据分析可以看到，这是不全面的。从模型的解可以看出竣工面积的增长能够有效降低房价。

所以，政府有必要采取一定政策控制房价。而现在政府为了降低银行风险，紧缩固定资产投资，减少土地供给，使房价火上浇油，造成更大风险，在控制银行风险和关注民生的房价问题上，没有取得一个很好的平衡。殊不知，对房地产投资的进一步增加，房屋供给的增加，减缓房价上涨才是防范银行风险的根本方法。因为风险主要来源于价格泡沫，而不是投资的增加。

四、成都城镇居民住宅供给模型

（一）模型准备

就房地产商品来说，其供给量取决于许多因素，包括房地产价格、开发成本和投入、开发商对未来的预期、政策因素等。在模型中，以商品房的竣工面积为商品房住宅的供给量，考虑上述变量与商品房住宅供给的相关性，发现其与房地产销售面积、开发成本和投入、GDP等因素相关性较大。通过对不同因素的组合所进行的拟合结果的比较，最后择优选取投资额、商品房住宅销售面积、人均可支配收入、商品住宅土地购置费作为供给模型的影响因子。

（数据仍然采用第二部分的数据）各个变量描述如下：

JM_t =各年度城镇商品住宅竣工面积，以万平方米为单位；

SM_t =各年度城镇商品住宅的销售面积，以万平方米为单位；

TZ_t =各年度城镇商品住宅的投资额，以亿元为单位；

TG_t =各年度城镇商品住宅土地购置费，以万元为单位；

RS_t = 各年度城镇居民家庭人均可支配收入，以元为单位；

R_t = 消除价格因素影响的各年度城镇居民家庭人均可支配收入；

Z_t = 消除价格因素影响的各年度城镇居民家庭商品住宅的投资额；

T_t = 消除价格因素影响的各年度城镇商品住宅土地购置费。

（二）模型的建立与求解

后三个变量是对应变量除以 $INDEX_t$ 来消除价格因素带来的影响；

用最小二乘法，逐步回归，建立模型

$$JM_t = \alpha_1 SM_t + \alpha_2 Z_t + \alpha_3 T_t + \alpha_4 R_t + \alpha_5$$

用 Matlab 拟合得

$$JM_t = 0.795\,4SM_t + 1.578\,5Z_t - 0.001\,1T_t + 0.082\,4R_t - 203.564\,8$$

从参数估计结果看，在 $\alpha = 0.05$ 的显著性水平下，模型参数估计整体效果较好。从拟合优度来看，$R^2 = 0.985\,916\,850\,1$，拟合优度非常高；从统计检验指标来看，$F = 157.515\,394\,4$ 远大于临界值。其中拟合结果：

```
    stats =

    1.0e+003 *

    0.0010    0.1575    0.0000    1.3070
```

图6　模型四检验指标

（三）结果分析

商品住宅的销售面积因素系数为 0.795 4，各年度城镇居民家庭商品住宅的投资额系数为 1.578 5。说明商品住宅的销售面积、各年度城镇居民家庭商品住宅的投资额均和竣工面积成正相关关系，符合一般规律。而产生这一现象的主要原因是经济发展促使城市化的进行，使成都市房地产市场得到充分发展。

现今随着人口增加，人们生活水平提高，购买力的上升，对住房质量的要求日益提高，出现许多以小换大，以旧换新的现象。而且房屋作为一种固定资产，贬值可能性较低，风险较小，投资回报率较高，不断攀升的房价更使投资者看到其中的利益。所以购买房屋已经不仅仅为了满足人们的居住需求，同时也作为一种投资，从而使销售面积逐年递增，市场需求日益扩大。而开发商也敏锐洞察其中的获利空间，为了获得更大利润，每年都加大房屋投资额，不断开发新楼盘。这些原因都促使竣工面积大幅上升。

各年度城镇商品住宅土地购置费因素的系数为 -0.001 1，即土地购置费与竣工面积呈现负相关关系。土地购置费占商品房开发成本的 30% 左右，购置费的增加会直接导致房屋成本增加，在销售价格一定的情况下，成本增加使利润减少，商品房开发数量减少，竣工面积较少。

各年度城镇居民家庭人均可支配收入 +0.082 4。在房价和需求一定的情况下，人均可支配收入增加加强了购买力，销售面积增加，根据上文所述，销售面积和竣工面积呈正相关，导致竣工面积增加。

五、非均衡度

在《非均衡的房地产市场》一书中，作者季朗超提出用非均衡度 Z 这一概念用于反映房地产市场供求的非均衡程度。定义非均衡度 Z =（有效供给－有效需求）／交易量。并提出政府调控可以根据非均衡度这个指标来进行定量分析，然后决定用何种手段进行调控。他根据全国及几个典型城市的实证分析提出以 10%、20%、30% 的非均衡度作为警戒线。

（1）当 $|Z|$ < 10% 时，认为房地产市场处于适度非均衡，是一种可以接受的非均衡状态。只要注重发挥市场的作用，不需要采用行政干预，市场会自行调节。

（2）当 10% ≤ $|Z|$ < 20% 时，认为房地产属于轻度非均衡，认为只靠市场机制自身的调节作用已不可能保持房地产市场的健康运行，需要政府采取一定措施进行干预。由于只是轻度非均衡，政府只需采用经济杠杆加以调整即可。

（3）当 20% ≤ $|Z|$ < 30% 时，政府的调控力度要加大，不仅要间接调控，还要直接调控，即除了采用经济手段以外，还要辅以适当的行政手段。

（4）当 $|Z|$ ≥ 30% 时，采用经济手段进行调控所能获得的效果就很轻微，就应该主要采用强制手段逐步恢复房地产市场活动的正常运作。

本文将成都各年的商品房住宅竣工面积看做有效供给量，把各年的商品房住宅销售面积看做有效供给量和交易量。

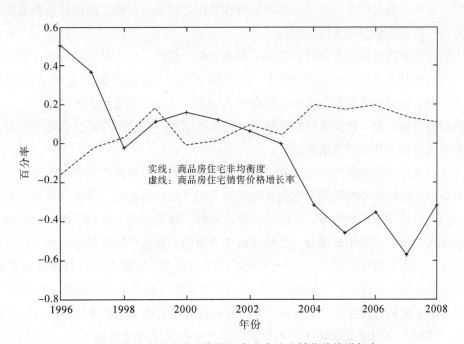

图7　商品房住宅非均衡度和商品房住宅销售价格增长率

可以看出，1996—1998 年，商品房住宅销售价不断下跌，但幅度不断减少。商品房住宅销售情况为供大于求，房地产市场表现冷淡。1998 年政府为增加内需，对房地产市场进行宏观调控以提高居民住房消费。在此情况下，房地产市场回归轻度非均衡状态，销售情况回暖，逐渐出现轻微供不应求的状况。随后 1998—2003 年，市场机制运行基本良好，商品房住宅销售价格有轻微上涨，但幅度不大，总体来说房地产市场运行良好。从 2003 年开始，大量资金开始流入房地产市场，供不应求的情况急剧扩大，此时的房地产市场仅靠经济手段无法达到宏观调控的效果，理应采用强制手段逐步恢复房地产市场活动的正常运作，以缓解日益严重的供需矛盾。就目前来看，政府可以适当扩大土地供应，同时抑制房地产市场上的投机行为，减少房地产市场泡沫。

六、住宅投资的效用分析

购置房产不外居住、增值两种目的，在当代竞争社会下，理性人追求利益的最大化，于是，房产的保值增值成了现代城镇居民购房的一个不可忽视的关键因素。

首先，我们来分析影响房地产个人投资的主要外部因素：

第一，国家的宏观调控。

第二，与其他投资收益的横向比较。随着国家金融市场的逐步开放，个人投资渠道以及可供选择的投资品日益增多。个人在进行投资决策时，往往会倾向于风险小、收益高、成本低的投资品，因此，其他可选投资品的收益情况会影响个人对房地产的投资热情。

第三，房地产市场的发展。个人房产投资的兴起，首先依赖于整个房地产市场的稳定发展。如果房地产市场机制完善、法规健全，就会相应的降低交易成本，增加个体投资者的信心，让他们感觉到有保障，从而激发个人投资房地产的热情。

最后，房地产作为投资品来说，收益分为两部分：一部分是房租的收益，这与投资股票分红类似；另外一部分是由价格上涨带来的投资收益。以住宅为投资品，房租和房价的关系在某种意义上类似于股票市场市盈率，所以用市盈率可以判断房价和房租之间是否背离。因此从长期来看，如果房租和房价两者背离，两者应该会相互回归的。

现在当人们用贷款进行房屋投资时，实际上是基于两个假设。一个是认为房价在相当一段时间内会继续上升，当然这一点并不是永远尽如人意，从美国这次次贷危机和 20 世纪 90 年代日本的房价泡沫中便可窥见一斑；另外一个是相信将来一定会有人接盘，从而转化为真正的财富。

房价和房租的背离，是一种投机炒作的结果，那么在未来房价和房租必然会趋于相符。但是房价的走向，我们觉得会更多地被政策所决定。

但是近几年的房地产宏观调控并不成功。在房地产过热时期，抑制政策并不持续；在观望期，抑制政策也没有坚持。这样波动的政策导向使得市场认为房价始终会走高。除此之外我们觉得调整住房户型结构增加供给以控制房价的政策，本身存在理论漏洞。这是因为，相对于庞大的住房存量，新建住房只是市场供给中的一个很小的部分，已购住房中大量的空置房产仍在供给市场中扮演着重要的投资品角色，在个别城市，房屋供给甚至已经出现了过剩的情况。如果不抓住打击住房投机这个关键点，只是简单地通过增加新建小户型房屋供给的办法，并不能从根本上抑制市场上已经失控的房地产投机行为，只会增加投机者更换投机筹码的机会，并极有可能造成土地和建筑资源的巨大浪费。

我们认为，应该从适当增加市场供给和抑制房地产投机需求两个方面下手，以期消除市场泡沫，促进房价和房租的相互回归。

七、总结

从上面几部分的分析可以看出，成都市房地产市场的发展总体比较健康，房价相对较低，住宅建设基本能满足消费需要。尽管"5·12"特大地震造成了购房者普遍的心理恐慌，购房信心受挫，市场观望情绪渐浓，2008 年成都市主城区的成交量有所回落，短期内供需形势严峻。但之后呈现出逐步回升的势头，供销比有所下降，市场初现回暖的迹象。同时，根据一般的常理认知结合之前的数据分析，成都市商品住宅价主要由成本决定。而商品住宅需求主要由价格、人均可支配收入、土地购置费及房竣工面决定。可以预见到，随着城镇化步伐明显加快，城镇人口激增，住宅还将持续增长。伴随着城镇居民收入水平的提高，消费结构变化加快，即使考虑本地人的消费文化习惯，成都人用于食品和衣着方面的消费支出比例仍然逐步减小，腾出的空间正在向住宅、汽车、旅游、教育等高层次消费升级。虽然由于人口因素造成的刚性需求逐渐被满足，但是住宅作为近期的消费和投资热点，发展潜力仍然巨大。所以，此时的关键是合理认识和预测需求的变化，调节社会总供给和社会总需求的关系，使之基本协调。这样就可以一方面在经济较高增长时保持较低的物价水平；另一方面也不会产生长期的严重过剩，从而降低了通货膨胀和通货紧缩的威胁。也就是说要扩大实实在在的消费需求，但同时合理控制投资需求。

依据这一原则，对房地产开发进行市场化配置、抑制房地产投资过快增长，减少土地资源的闲置和浪费；对房价上涨现象的调控：一是要积极引导增加同期开发中的经济适用房的供给比例，缓解房地产市场结构性矛盾突出的问题；二是要引导理性消费，严厉打击部分开发企业利用政策和市场信息的不对称进行恶意炒作；三是要严格监管土地和建筑材料价格，防止搬迁和装修过程中成本加大带来的房价上涨。

参考文献

[1] 刘林，李聃钧. 近年成都市房价收入比研究. 商场现代化，2006（10）：231.

[2] 郑思齐，王寅啸. 房价上涨预期对住房需求的放大效应研究. 中国物价，2007（6）：52 -55.

[3] 曾垂兰，樊邦勇. 房地产市场改善型需求探讨—以成都为例. 上海房地，2009（9）：39 -41.

[4] 李连光，葛新锋，李丽. 一个基于供求两方面的房价决定模型. 中北大学学报，2008（25）：58 -61.

[5] 董哈微. 福建房地产市场供求模型实证研究. 闽江学院学报，2007（28）：37 -43.

[6] 季朗超. 非均衡的房地产市场. 北京：经济管理出版社，2005.

大学生创业的融资渠道调查分析

——以西南财经大学学生以及温江地区为例

余叶慧　黄静　赵蕊岚　杨法　谢坤

【摘要】在大学生就业形势严峻的今天，大学生自主创业成为一种新的选择。在大学生创业中，融资模式与融资渠道成为大学生亟待解决的问题。科研组通过学术分析、实地调查分析当今大学生融资的方式与特点。

【关键词】大学生　自主创业　融资

一、大学生创业融资背景环境

(一) 大学生自主创业背景

根据教育部的统计，高校毕业生规模从 2008 年的 559 万人、2009 年的 611 万人，到 2010 年的 700 万人，高校毕业生的就业形势日益严峻，大学生就业问题已经成为全社会共同关注的焦点。教育部部长周济在 2009 年全国普通高校毕业生就业工作会议上表示：当前的经济形势变化已对一些地区和行业的高校毕业生就业产生了一定程度的不利影响，面对沉重的就业压力，支持和引导大学生自主创业，不失为一条缓解就业压力、解决大学生就业的切实可行之道。这不仅可以缓解就业压力，带动全民创业，推动高校创业教育改革与发展，更有利于构建和谐社会。大学生自主创业就是大学生通过个人及组织的努力，利用所学到的知识、才能、技术和所形成的各种能力，以自筹资金、技术入股、寻求合作等方式，在有限的环境中，努力创新、寻求机会，不断成长创造价值的过程。大学生创业已引起了社会各方面的关注，国家不断推出针对大学生就业的各种优惠政策，鼓励和支持大学生自主创业。各地政府部门也都推出了针对大学生的创业园区、创业教育培训中心等，以此鼓励大学生自主创业。部分高校也创立了自己的创业园，为学生创业提供支持。尽管有国家和学校提供的政策等支持和扶持，但是大学生自主创业却难以令人乐观。

(二) 大学生自主创业的困难

1. 自主创业参与者少，旁观者多

尽管中央和地方的政府机关、税务部门以及各个高校都对大学生自主创业给予了这样或那样的优惠条件，但是大学生参与的热情仍不是很高。据资料显示华南某高校于 2004 年对 5 所重点高校 1400 名大学生做的一份调查显示，有 74.57% 的学生表示有创业意向，可是最终创业的却不足 1%，可以说是寥寥无几，大部分人都处于观望的状态。全国各地的高校情况基本上都是如此。大学生仍然把政府部门、大型国有企业和外资企业作为择业的首选目标，自主创业发展步伐缓慢。

2. 自主创业多是从事一些技术含量不高的传统行业，成功率低

大学生在校参加的自主创业计划大赛中，大多数项目都是关于高新技术的。一旦学生毕业脱离学校后，要凭个人之力创办高科技企业，却往往显得势单力薄。因为一些风险投资公司不愿意投资到学生创业的公司这样规模小、风险大的企业。所以，大多数毕业生在创业时选择了启动资金少，容易开业且风险相对较小较容易操作的传统行业，如餐厅、咨询、零售等小而适合自己的行业。这样一方面可以节约成本，另一方面也可以先积累经验。人们对于大学生创业无疑是寄予厚望的，尽管国家出台了优惠政策，引导大学生自主创业，但目前选择自主创业的大学生并不多，自主创业的成功率也不是很高。2009 年 6 月搜狐网做了一份 2009 年大学毕业生择业意向调查，结果显示，选择自主创业只有8.4%。在众多的创业者中，很大一部分人都尝到了失败的滋味。华南某大学的一名毕业生自主创业开办了一家科技公司，由于经验不足，一年不到，就破产了。

3. 创业大学生能力经验不足

首先，市场经验不足。许多学生在设计产品开发项目时并不了解市场上的需求，或者主观臆断市场需求，或者闷起头来一味地搞技术；他们通常难以得到第一手的市场信息，也就无从分析市场未来的发展方向，同时他们往往以自我为中心，缺乏换位思考的能力，这使得很多下大力气研制的产品找不到买家，错过了商业机会，甚至导致失败。其次，社会经验不足。大学生社会经验的不足，常常使他们在刚开始创业时盲目乐观，看到的都是成功的例子，而对于创业过程中会遇到的失败却没有充足的心理准备。一旦在创业中遇到挫折和失败，许多创业者感到十分痛苦茫然。

4. 综合素质较弱

首先，缺乏管理、法律和风险投资知识。虽然多数学生在大学期间也学了一些管理方面的知识，但对于人事管理、资金财务管理、物资管理、生产管理和市场营销管理、经济法、税务、知识产权法等知识相对较为缺乏。他们创办的公司也大都组成了自己的管理团队，其成员里有时还有名校的MBA，但大多数公司的管理能力还是相当薄弱的。其次，综合素质能力弱。一方面大学生在意志品质方面，自觉性、坚毅性、自制力和勇敢、果断等不够彻底；另一方面实践能力、开拓、组织领导、协调协作、沟通和人际交往能力、创业、创造能力等有待进一步提高。

5. 缺乏创业环境

虽然国家出台了一系列鼓励大学生自主创业优惠政策。但是，大学生创业之路异常艰难，除了创业者本身条件的限制之外，更多的是因为缺乏一个整体有序的创业环境。与外国成熟又完备的创业环境相比，我国现在的创业环境还不是很完善。在资金支持、政府政策、政府项目、创业教育与培训、商务环境等各个方面还需进一步完善和健全。特别是政府职能还未完全转变，政府官员服务意识不强。另外，传统社会观念阻碍也是创业环境不成熟的一种表现。我国传统的社会观念认为，考上了大学就是跃过了"龙门"，大学毕业之后理所应当去政府部门做公务员，或者去大公司作"白领"。而大学生在毕业之后自己开办一个小的企业时，就会流言四起，认为是大学生个人的能力有问题，找不到工作，所以才进行创业的。

6. 创业教育滞后

联合国教科文组织于 1998 年 10 月发表了《21 世纪的高等教育：展望与行动世界宣言》中提出，高等学校必须将创业技能和创业精神作为高等教育的目标，要使毕业生"不仅成为求职者，而且成为工作岗位的创造者"。教育部也在 1999 年颁发的《面向 21 世纪教育振兴行动计划》中指出，"加强对教师和学生的创业教育，鼓励他们自主创办高新技术企业"。但是高校却没有随着时代的发展而

改变其教学内容，大部分学校仍是停留在就业教育的阶段，很少有学校对学生进行创业教育，导致学生对国家在对学生创业方面的方针政策知之甚少，创业技能等方面知识和能力欠缺，直接影响了大学生的创业热情。

由此可见，虽然我们自主创业无疑是解决就业难的有效途径之一。但是，大学生自主创业过程充满艰辛，面临许多难题，除了以上问题以外，资金问题也是阻碍创业成功的最大障碍。调查表明，大学生创业的最大难点在于融资。

据进一步调查显示，大学生在创业起步阶段面临的资金问题有三大块。第一，公司注册资本；第二，办公场地租金；第三，人力资源成本及办公成本，这些问题是初出茅庐的大学生们创业面临的首要压力。据创业成功的企业家胡彦祺表示，他在创业初期也找过银行，可几家银行都表示，贷款需要担保或质押，或是提供和相关客户签订的大合同，这难倒了干劲十足的胡彦祺，这些对他来讲都很难，办公场地是租的、没人给担保、没有客户的大合同，几次折腾下来，他对贷款打起了"退堂鼓"。

不难看出，对于大学生创业来说，缺少担保人、没有质押物是贷款过程中的首要难题。对此，银行人士也表示，大学生创业往往缺乏担保人和质押，一旦创业失败，会极大地增加坏账的几率，银行也在期待能有相应政策出台。并且调查也显示显示，80%的大学生对和个人创业融资相关的政策、法律和法规不了解，并在不十分了解这些规范性文件的同时，对其没有信心或表现出疑虑态度。已经创业的大学生中，多数想过试图利用这些规范性文件中的优惠条件进行创业融资，但是对相关的法律、法规及操作程序不熟悉，不知道如何入手。

由此看出，大学生融资的选择虽然有许多选择，但是由于大学生刚刚事业起步，缺乏对相关知识及政策的了解，以及缺少担保人、没有质押物的相对弱势，其他融资手段相对困难。绝大多数大学生在创业初期仍然选择使用自有资金的方式。

（三）四川成都大学生创业融资环境

成都市政府颁发了《成都关于促进普通高等学校毕业生创业就业的意见》来指导大学生创业，提供政策指导和支持，构建了成都大学生创业的大环境。《成都关于促进普通高等学校毕业生创业就业的意见》中关于大学生融资情况和政策主要有以下方面：

（1）实施"千名高校毕业生创业扶持计划"

2009—2010年，重点扶持1500名高校毕业生自主创业。高校毕业生创业成功（自工商登记注册之日起3个月内正常经营）的一次性给予5000元创业补贴。高校毕业生创办的企业招用首次就业的高校毕业生，签订1年以上期限劳动合同并缴纳社会保险费的，每招用1名高校毕业生一次性给予1000元岗位补贴。自主创业的高校毕业生及其创办企业招用的高校毕业生，3年内免收人事代理服务费。

（2）加大资金扶持力度

高校毕业生在我市自主创业自筹资金不足的，可申请不超过5万元的小额担保款；合伙经营和组织起来就业的，可据实际人数放宽到20万元。贷款3年内由政府全额贴息。充分发挥科技成果转化风险资金的作用，对高校毕业生创办的具有发展前景的初创型科技企业提供创业孵化投资。深入推进"YBC"（中国青年创业国际计划）和"银团互动"工程，完善运作机制，扩大实施规模。

（3）优化创业政策环境

法律、法规未禁止的行业和领域全部向高校毕业生开放。高校毕业生创办个人独资企业、合伙经营企业不受出资额限制，设立登记免交验资报告；以知识产权、实物、科技成果等非货币资产设立企业的，非货币资产出资比例最高可达公司注册资本的70%；创办注册资本500万元以下的有限责任公司，注册资本可自公司成立之日起2年内缴足。

（4）加快创业载体建设

根据我市产业发展需要和高校毕业生创新创业特点，建设一批产业特色突出、配套功能完善、承载能力强的青年（大学生）创业园，为以高校毕业生为主的青年创新创业搭建平台。五城区及成都高新区、龙泉驿区、青白江区、新都区、温江区、双流县、郫县要依托本地产业发展建设综合性和专业化相结合的青年（大学生）创业园区，其余市县可根据实际需要自主开展青年（大学生）创业园建设，到2010年每个区（市）县都要设立1个青年（大学生）创业园。各园区要具备基本的创业条件和财税、金融、创业指导等配套服务，建立健全青年（大学生）创业园管理办法和服务机制。

（5）加强创业指导服务

建立高校毕业生创业项目资源库，组建高校毕业生创业导师团，免费为高校毕业生创业提供政策咨询、项目开发、跟踪辅导等服务。组织开展高校毕业生和在校大学生创业培训，培育创业意识，提升创业能力。

二、融资的定义

从狭义上讲，融资即是一个企业筹集资金的行为与过程，也就是企业根据自身生产经营状况、资金拥有状况、未来经营发展的需要等，通过科学的预测和决策，采用一定的方式，从一定的渠道向企业的投资者或债权人去筹集资金，并组织资金的供应，以保证正常生产需要以及经营管理活动需要的理财行为。

从广义上讲，融资也叫金融，就是货币资金的融通，是当事人通过各种方式到金融市场上筹措或寻求贷放资金的行为。从现代经济发展的角度看，企业比以往任何时候都需要更加深刻全面地了解金融知识、金融机构、金融市场，因为企业的发展离不开金融的支持，企业必须与之打交道，创业企业更应如此。企业成长过程的融资方式如图1所示。

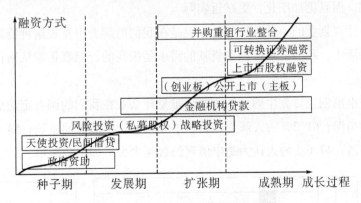

图1　企业成长过程的融资方式概览

三、大学生创业筹资的特点

作为创业主体的大学生普遍热衷于自主创业，但基本上还处于非理性阶段，与社会上的中小企业创业融资相比较，我们认为大学生创业融资主要有以下特点：

1. 融资渠道比较单一

大学生不应仅仅局限于向亲朋好友寻求资金支持，而应该拓宽思路，吸引企业、银行、担保公司、风险投资机构等多方的关注与支持。

2. 过分强调资金和社会关系的重要性

当前很多大学生对于创业条件的理解仅仅停留在"物质"层面，而忽视了自身素质与能力的培养，这样，即便拿到资金，创业的失败率也会很高。

3. 创业准备不足

尽管大学生们有独立创业的愿望与热情，但真正面对激烈的市场竞争局面，还会因自身底气不足而却步。

四、融资模式

（一）融资模式之贷款

1. 创业贷款

为了减缓大学生就业压力，支持大学生自主创业，近些年来，国家陆续出台了一些大学生自主创业贷款政策。创业贷款是指具有一定生产经营能力或已经从事生产经营活动的个人，因创业或再创业提出资金需求申请，经银行认可有效担保后而发放的一种专项贷款。

使用创业贷款的条件为：

（1）大学专科以上毕业生；

（2）毕业后6个月以上未就业，并在当地劳动保障部门办理了失业登记的借款人。

根据个人的资源状况和偿还能力，最高可获得单笔50万元的贷款支持；对创业达一定规模或成为再就业明星的，还可提出更高额度的贷款申请。创业贷款的期限一般为1年，最长不超过3年；为了支持下岗职工创业，创业贷款的利率可以按照人民银行规定的同档次利率下浮20%，许多地区推出的下岗失业人员创业贷款还可以享受60%的政府贴息。各地政府为了扶持当地大学生创业，也出台了相关的政策法规，而且更加细化，更贴近实际。

虽然创业贷款是针对创业的一种专项贷款，但是在我们的调查中发现这种贷款却不及调研组预测那样普及。在实际生活中，我们发现，创业贷款的需求是很高的，但真正能从银行拿到创业专项贷款的却有限。

那么，大学生在申请创业贷款中遇到的主要困难是什么？在我们的调查走访后显示：63.4%的人认为是无法找到贷款担保；61.2%的人认为是贷款手续繁杂，申请时间过长；53.0%的受访者表示是政策不细化、模糊不清；47.6%的人认为是申请到的数额太少。如图2所示。

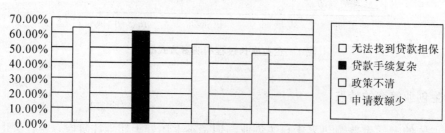

图2 大学生创业贷款主要问题

2. 一般银行贷款

具有经营能力或已经从事生产经营活动的个人，因创业或再创业需要提出资金需求申请，经银行认可有效担保后而发放的一种专项贷款。符合条件的借款人，根据个人的资源状况和偿还能力，最高可获得单笔 50 万元的贷款支持，对创业达一定规模或成为再就业明星的人员，还可提出更高额度的贷款申请。创业贷款的期限一般为 1 年，最长不超过 3 年。

但出于对风险的控制考虑，很多商业银行会根据客户年龄、婚姻、职业、以往信用、个人及家庭财产状况等，给出不同信用等级。对于年纪较轻、信用档案不齐全的青年大学毕业创业者来说，单凭自身实力很难贷到款。因此，青年创业可以考虑利用父母的房产、存单、有价债券或者保单来办理抵押或质押贷款。

限制：目前银行在这类贷款发放上非常谨慎，为了规避风险，放贷审批繁琐、周期冗长。现在银行还没有开设专门针对大学生创业的商业贷款。银行界有关人士表示，贷款给大学生创业，贷款数额少、利息低、风险大，银行还得付出大量人力物力，经营成本无形中提高，几乎无利润可言，对银行不是很划算。

3. 商业抵押贷款

目前，银行对外办理的许多个人贷款，只要抵押手续符合要求，银行就会不问贷款用途。需要创业的大学毕业生，可以灵活地将个人消费贷款用于创业抵押贷款，金额一般不超过抵押物评估价的70%，贷款最高限额为 30 万元。如果创业需要购置沿街商业房，可以用拟购房子作抵押，向银行申请商用房贷款，贷款金额一般不超过拟购商业用房评估价值的 60%，贷款期限最长不超过 10 年。因创业需要购置轿车、卡车、客车、微型车以及进行出租车营运的借款人，还可以办理汽车消费贷款，此贷款一般不超过购车款的 80%，贷款期限最长不超过 5 年。

4. 保证贷款

如果创业者没有存单、国债，也没有保单，但创业者的妻子或父母有一份稳定的收入，那么这也能成为绝好的信贷资源。当前银行对高收入阶层情有独钟，律师、医生、公务员、事业单位员工以及金融行业人员均被列为信用贷款的优待对象，这些行业的从业人员只需找一到两个同事担保，就可以在工商银行、建设银行等金融机构获得万元左右的保证贷款。而且，这种贷款不用办理任何抵押、评估手续。如果你有这样的亲属，可以以他的名义办理贷款，在准备好各种材料的情况下，当天即能获得创业资金。

5. 典当贷款

典当成本较高，贷 5 万元的月利息可能达 2000 元。到银行申请贷款手续一般比较复杂，贷款发放需要一定的时间，如果大学生在创业时遇到资金紧急情况怎么办？在我们的调查中发现有一个比较快的方法，那就是典当贷款。与银行贷款相比，典当贷款速度很快，甚至可以即时办理，而且，典当行对客户的信用要求几乎为零，可以省去复杂的证明手续。此外，客户向银行借款时，贷款的用途不能超越银行指定的范围，而典当行则不问贷款的用途，借款使用起来十分自由。

限制：相对于银行贷款来说，典当的成本高得多。在典当行贷款 5 万元，一个月的利息可能达2000 元。如此高昂的利息对一些刚开始创业的大学毕业生人来说，无疑是沉重的负担，因此，除非很紧急的情况，或者是较短期的资金需求，否则最好不要通过这种方式贷款。

除了以上常见的贷款方式外，大学生创业中期也可以采用多种融资渠道盘活资金，如贴现贷款等。

（二）融资模式之自我筹资

1. 吸收直接投资

这里的吸收直接投资是指按"共同投资、共同经营、共担风险、共享利润"的原则，直接吸收个人投资、合伙创业的一种筹资途径和方法。这种筹资方式筹集的资金属于自有资金，能增强企业的信誉和借款能力。这种方式不仅可以有效筹集到资金，还可以充分发挥人才的作用，并且有利于对各种资源的利用和整合，能尽快形成生产能力，降低创业风险。并且企业建立与歇业的程序简单易行。

资金来源和信用能力有极大地提高，更能提高创业者经营水平与决策能力所以，吸收直接投资是目前大学生自主创业使用自有资金的首要方式。但是这种融资方式也有许多不足。例如其容易造成产权不明晰而产生纠纷，也不便于产权的转移，同时容易分散企业的控制权。

利用这种方式融资需要注意的是创业者必须做好投资人的选择。在创业初期，大学生创业者应注意引入一些真正有实力、能提供增值性服务、与创业者经营理念相近、能够为投资项目提供渠道或指导的投资者，另外大学生创业者不宜对眼前的利益过分计较，这样才能有效地支撑企业的成长。种种成功的实例表明，大学生创业者选择正确的投资者和合伙者是其创业成功的第一步保证。

（1）西南财经大学学生创业多拿滋融资模式

下面我们将通过调查的西南财经大学在读学生自主创业成功的例子，来具体分析这种通过吸收直接投资方式创业的优与忧。

2010年9月3日，西南财经大学三位大三学生合资创业加盟的甜甜圈店在金强大学城开业。这家小店完全是依靠这三位学生的自有资金开办起来的，是西南财经大学学生自主创业的一个典型和缩影。

甜甜圈店三位股东之一的雷震同学表示，在有了自主创业的想法之后，如何寻找所需要的资金就成为困扰他的首要难题。通过多处的走访了解和调查，他发现，目前，社会对于在校大学生的自主创业资金支持十分稀少，由于在校大学生刚刚事业起步，缺乏对相关知识及政策的了解，以及缺少担保人、没有质押物的相对弱势，其他融资手段相对困难。于是他渐渐萌生了寻找志同道合的同学，利用自有资金，合伙创业的想法。

经过一段时间的寻找，他终于在本年级找到了两位和他一样拥有在线自主创业想法的同学。于是三人共同投资20万资金，开设了"多拿滋甜甜圈"店。

谈到利用自有资金直接投资开店的体会时，雷震同学表示，虽然吸收直接投资能够很快的筹集到资金，但是在甜甜圈店的日常运营中他也发现了这种方法的很多不足。比如，这种融资方式能够提供首笔投资，但是在企业运营的过程中，后续资金的补充却一直是一个问题，没有新投资的加入，企业的运营始终处于紧张的状态。他们几乎不能考虑关于企业的改革问题，因为一旦出现任何的问题，影响到甜甜圈店的销售额，他们就可能直接面对亏损。

正是由于自有资金直接吸收投资的风险较大，所以我们认为，这种方式更多地运用于首笔投资。在企业运营过程中的其他费用，除了经营收入外，还应该考虑其他的融资方式，并且应该合理安排不同时期的融资方案。

（2）通过亲友筹资

个人筹集创业启动资金最常见、最简单而且最有效的途径就是向亲友借钱，它属于负债筹资的一种方式。这种含有情感因素的特殊融资方式，由于亲情因素的存在，大学生可以在无信用记录下，又不需要抵押获得借款。其优势在于向亲友借钱一般不需要承担利息，也就是说，向亲友借钱没有资金成本。因此，这种方式只在借钱和还钱时增加现金的流入和流出。这个方法筹措资金速度快、风险小、成本低。缺陷体现在向亲友借钱创业，会给亲友带来资金风险，甚至是资金损失，如果创业失败就会影响双方感情。

(三) 融资模式之风险投资

1. 风险投资的定义

风险投资（venture capital），简称是 VC，在我国是一个约定俗成的具有特定内涵的概念，其实把它翻译成创业投资更为妥当。广义的风险投资泛指一切具有高风险、高潜在收益的投资；狭义的风险投资是指以高新技术为基础，生产与经营技术密集型产品的投资。根据美国全美风险投资协会的定义，风险投资是由职业金融家投入到新兴的、迅速发展的、具有巨大竞争潜力的企业中一种权益资本。

2. 风险投资运作方式——以新鲜生活户外运动俱乐部为例

新鲜生活户外俱乐部是由西南财经大学的同学自主创立的一家主要户外运动的俱乐部。新鲜生活致力于建立自由奔放的青春态度，积极向上的生存方式，勇敢探索的理性精神，先锋时尚的生活追求的品牌核心。新鲜生活长期致力于推广各种先锋极限运动，倡导最新鲜时尚的生活状态。新鲜生活致力于推广环保事业，倡导新鲜环保新生活。

最初的新鲜生活有保险学院的杨同学牵头，和同学合伙出资组建，由于公司运作良好，市场前景和潜力巨大，已吸引风险投资进入。在 2011 年的 12 月份，第二轮风险投资也将会进入新鲜生活。

风险投资一般采取风险投资基金的方式运作。风险投资基金在法律结构是采取有限合伙的形式，而风险投资公司则作为普通合伙人管理该基金的投资运作，并获得相应报酬。在美国采取有限合伙制的风险投资基金，可以获得税收上的优惠，政府也通过这种方式鼓励风险投资的发展。

收益与风险是一对孪生姊妹，风险大、收益一般也较高，因为敢于投资的人很少，一旦某胆大的投资者获得成功，将具有一定的垄断性、占有很大的市场份额，从而获得较高的利润。为了获得更高的潜在利润，风险投资者愿意承担更大的风险。创业大学生应尽力引入风险投资，以获得企业创办和发展所必要的资金。当然，大学生只有作出充分的准备，制作出完善、可行、具有诱惑力的商业计划书，才可能获得风险投资。初创企业在创立过程当中都要经历一个融资、投资、再融资的循环过程。一个新创的企业在成长的初期由于缺乏盈利的能力，要维持其正常发展，需要不间断地投入资金以维持其正常运转。然而，初创企业一般情况下都没有充足的资金来保持持续的投入，这就需要创业者从社会中容纳所需资金。所以，创业者创业融资的成功与否，关系着新创企业的生存与否。

风险投资家，正是所谓的"钱袋子"，其一般追求高风险高回报的投资方式，并以参股的形式进入企业，但其一般都更青睐高科技、高风险、高回报行业。要获得风险投资家的投资，一般都是那些有着较好的发展前景的高科技行业。除此之外，风险投资家还会更关注创业者本人的做事风格和新创企业的盈利模式，以及如何才能获得产品利润和更好的回报。创业者选择风险投资家，一般都是选择对该行业较为熟悉的风险投资家，且 2~3 人较为合适。选择合适的风险投资家，可以给新创企业带来很大的附加值，风险投资家可以利用其经验、人脉关系给予新创企业的很大的信息支持和技术支持，以及较多的管理经验。而我校的毕业生从事高科技创业项目的人数很少，这是一个影响其融资方式的重要因素。

而在研究的过程中，我们对中国首笔大学生创业风险投资失败的案例进行了研究，正是由于风险投资公司与经理人出现了经营理念分歧，导致了公司最后的破产，风险投资公司在选择项目时要慎之又慎。要考察项目技术含量、市场前景，也要考察大学生的基本素质。大学生创业固然是新事物，但应以平常心去对待。创业者需要的是辛勤的耕耘，而不是花里胡哨。

3. 风险投资机构如何选择投资对象

（1）指导原则

①领域参与或专业性介入；

②响应市场热门行业；

③跟踪股市投资导向。

（2）项目搜索

①重点研究型大学；

②重点科研机构；

③重点科技计划；

④重点科技园区；

⑤有潜质的民营科技企业；

⑥优秀的留学回国创业专家。

（3）创业者选择风险投资机构的原则：

①专业投资经验多；

②投融资能力强；

③资本市场信誉好；

④非资本资源丰富。

大学生创办高新技术企业可以争取风险投资基金的支持，但能否争取到主要取决于个人信用保证以及项目发展前景，因为风险投资家虽然关心创业者手中的技术，但他们更关注创业企业的盈利模式和创业者本人。立志自主创业的大学毕业生可以通过创业大赛、委托专门的风险投资公司、在网上或其他媒体发布寻资信息以寻找投资人。此外，还可以参加创业培训班，在老师的帮助下通过制订科学严谨可操作性强的"创业计划书"来说服风险投资者，甚至可以争取到"大学生创业基金"。

（四）融资模式之其他融资方式

1. 融资租赁

融资租赁是企业根据自身设备投资的需要向租赁公司提出设备租赁的要求，租赁公司出资购置相应的设备，并交付承租企业使用的信用业务。在租赁期内承租人按期支付租金，租赁物所有权归出租人（租赁公司），使用权归承租人，租赁期满承租人可选择留购租赁资产。这种方式是通过融物来达到融资的目的，以具有以下优势：不占用创业企业的银行信用额度，创业者支付第一笔租金后就可以使用设备，而不需在购买设备上大量投资，这样资金就可以调往最急需用钱的地方。缺点是资金成本较高，其租金比举债利息高，企业的财务负担重。

选择融资租赁方式融资，可以使大学生创业者在没有足够资金、或者通过其他方式筹集不到资金的情况下，能完成必要的固定资产投资。但在选择租赁公司时要挑那些实力强、资信度高的公司，且租赁形式越灵活越好。

2. 典当融资

与银行贷款相比，典当贷款融资成本高、规模小，但融资速度快，门槛也较低，因为典当行只注重典当物品是否货真价实，对客户的信用要求几乎为零，所以适合小额创业筹资。

3. 股权融资——以西南财经大学学生实验超市为例

据西南财经大学团委书记介绍，所谓的公司便是学生实验超市，是由西南财经大学学生为发扬财经类院校特色，投身实践形成的模拟学生超市。

学生超市从建立到经营将完全按照公司化运作，即募股、开股东大会、选董事会、聘请经理、招员工等等程序必须步步到位。为了让更多的人参与到其中，超市将其总资产划分为价值40万元的股份，共4000股，每股100元人民币，每人限购8股，门槛非常低，哪怕只花100元，认购一股也可以成为股东。认股人必须是西南财经大学柳林校区在校有正式学籍的本科生，并具有一定的经济及抗险能力。学生超市的股权融资为大学生自主创业又提供一条新途径。

五、西南财经大学柳林校区——温江周边创业园区大学生创业融资的政策支持

2009年6月5日，中共成都市委、成都市人民政府联合下发《关于促进普通高等学校毕业生创业意见》（成委发〔2009〕19号），文件规定：法律、法规未禁止的行业和领域，全部向高校毕业生开放；高校毕业生创办个人独资企业、合伙经营企业，不受出资额限制，设立登记免交验资报告；自筹资金不足的，可申请不超过5万元的小额担保贷款；合伙经营的，可根据实际人数放宽到20万元，贷款3年内由政府全额贴息。

此外，免费为高校毕业生创业提供政策咨询、项目开发、跟踪辅导等服务。高校毕业生创业，自工商登记注册之日起3个月内正常经营的，一次性给予5000元创业补贴。同时为对高校毕业生创办的具有发展前景的初创型科技企业，提供孵化投资。

成都市各区县的12个青年（大学生）创业园，也相继推出有各自特色的帮扶措施。锦江区青年（大学生）创业园推出"管家"式服务，招聘专业公司作为创业园的管理运营主体，指导大学生创业；温江区青年（大学生）创业园内，每个团队享受300平方米内厂房第一年100%、第二年50%的租金补贴。成华区青年（大学生）创业园，设立1000万元的大学创业就业专项资金，专项用于大学生创业就业的政策性扶持、表彰奖励等。

温江区青年（大学生）创业园内的大学生创业服务中心积极拓宽融资渠道，完善四种融资方式，为大学生创业就业提供高效、优质服务，助燃大学生创业新希望。

创业园联合多家中介机构构组建了股权融资辅导团队，帮助大学生创业团队进行前期的财务管理制度、组织结构的完善。经过努力，民间资金"博爱种子计划"已在温江区设立3000万元种子基金，对两家对科技含量高、成长性好的公司进行了股权投资。

1. 完善融资渠道

成都青年（大学生）创业示范园以多家具有一定实力的非银行金融担保机构为主体，为温江区各类创业者提供多形式的担保贷款融资需求，提高融资成功率。

2. 畅通小额贷款公司扶持创业渠道。

以新近成立的海科小额贷款有限责任公司为主体，为无抵押信用不够的创业团队直接发放小额贷款，目前已有三家入园创业团队获得15万元的小额直接贷款。

3. 建立商业银行融资渠道

创业园主动和区域内多家商业银行沟通、交流，协调他们安排专职客户经理服务创业团队，指导符合条件的团队获得商业贷款。目前，已为 21 名创业者提供了 841 万元的商业贷款，改变了商业银行对服务创业团队等微型企业贷款积极性不高的情况，大大提高了融资成功率。

以上渠道都为西南财经大学的毕业生已经各高校到温江创业的毕业生提供了融资的政策支持，为毕业生寻找最优融资方式，节约融资成本，发挥资本最大效率提供了最有力的支持。

六、结论

通过对在校大学生和毕业大学生自主创业融资模式的实际采访、问卷调查分析，我们总结出当今大学生自主创业的常见融资模式，分析各种融资模式的优势和遇到的困难。我们得出结论：选择何种融资方式，应结合投资的性质、企业的资金需求、融资的成本和财务风险以及投资回收期、投资收益率、举债能力等综合因素。大学生创业者只有解决好融资问题，才能将自己的技术和创意转化为盈利工具，才能在激烈的市场竞争中立于不败之地，拓宽融资渠道、对投资人负责才能使自己的企业茁壮成长。国家通过创业园区和创业优惠政策大力支持大学生自主创业，一定程度上缓解了融资难的问题。但是融资渠道单一、创业项目科技含量不高难以吸引投资、程序繁琐导致缺少银行支持等都直接影响大学生自主创业的融资效率。所以，面对大学生创业的低成功率和融资困难等问题，不仅需要国家和政府强有力的政策支持，也需要社会、高校，家庭的扶助与支持和大学生自身不断地努力。社会应该为大学生创业提供更好的孵化器和政策支持以及舆论导向，高校应该更注重培养大学生创业能力与创新能力，导入创业教育。家庭应该对大学生自主创业提供有力地支持和必要的引导。更重要的是，在新时代的背景下，大学生应该提高自身素质，把握自主知识产权，提高创业项目质量，将专业知识与个人创业能力结合，开拓融资渠道。做到以上几点，我们相信大学生自主创业必将被市场认可。

参考文献

[1] 戈宣. 各地鼓励高校毕业生自主创业. 劳动保障世界，2009（8）.

[2] 吴运霞，刘宇，江晓明. 大学生自主创业的投融资问题. 统计与决策，2006（15）.

[3] 李白，杨静竹，陶启成. 大学生创业贷款分析. 现代经济信息，2009（13）.

[4] "是微贷给了我融资机会"——一个大学生创业期间获得贷款支持的心路历程. 国际融资，2006（12）.

[5] 李小豹. 大学生创业如何平稳渡过资金关口. 科技创业，2003（10）.

附录：

大学生创业融资渠道情况调查问卷

亲爱的同学：

随着我们的经济环境的多元化，我国有越来越多的大学生走进创业的行列，同时也面临着一个创业的重要问题——资金问题。在此，为了探究大学生创业的现状和特点，及创业过程中主要存在的融资问题，分析融资渠道与障碍，帮助大学生提高创业素质并成功地走上创业道路，我们特开展此项调查。这次调查的数据仅以用作学术用途，您填写的资料将一切保密，请放心填写。期望您的真诚参与，谢谢！

1. 您的年级是（2006 级以前的请在 E 选项后）
A. 2006　　B. 2007　　C. 2008　　D. 2006 以前

2. 您毕业后是否想自主创业？
A. 是　　B. 否

3. 您是否有创业经验？
A. 是　　B. 否

4. 如果有毕业之前有自己创业，在您创业之初前三年内的资金来源是
A. 个人积蓄
B. 民间融资
C. 银行贷款
D. 天使基金（风险投资）
E. 亲情借款

5. 您对创业概念的理解为
A. 自己开办一个企业（公司）
B. 成就一番属于自己的事业
C. 开发一项前沿的科技项目
D. 只要开创一份事业都可以叫创业

6. 您认为创业最佳的时机是
A. 20 岁以下　　B. 20~25 岁　　C. 25 岁以上　　D. 没有时间的限制

7. 您认为创业中首要解决的问题是
A. 创业者自身素质问题　　B. 资金问题
C. 社会经验人力资源问题　　D. 其他

8. 您所知道的成功创业的企业有：（多选）
A. 蒙牛乳业　　B. 阿里巴巴　　C. 汇源集团　　D. 腾讯公司

9. 如果您在校期间或者离校后尝试个人创业，您会偏爱哪个行业？
A. IT 业　　B. 零售业　　C. 制造业或实业　　D. 教育和咨询
E. 服务业　　F. 设计行业　　G. 金融业　　H. 其他

10. 您认为融资就是

A. 资金筹集的行为与过程

B. 货币资金的融通

C. 借钱

12. 您参与过哪些类型的大学生创业大赛吗？

A. 校内比赛　　B. 地区及以上　　C. 没有参加过

13. 大学生创业大赛的目的是什么？

A. 获奖，为以后就业增添亮点

B. 积累创业知识

C. 多认识些朋友

D. 为项目融资

14. 您了解的融资方式有哪些：（多选）

A. 基金组织

B. 银行承兑

C. 直存款

D. 大额质押存款

E. 银行信用证

F. 委托贷款

G. 直通款

H. 对冲资金

I. 贷款担保

J. 以上的都不知道

15. 您知道创业板是什么吗？

A. 知道　　　B. 不知道

16. 您是通过什么渠道了解到创业板的信息？

A. 网络

B. 书本

C. 政府的文件

D. 报纸杂志

E. 广播电视

F. 听别人说

G. 不了解

17. 您了解的创业板市场有哪些：（多选）

A. 欧洲 EASDAQ 市场

B. 日本 JASDAQ 市场

C. 台湾的 ROSE 市场

D. 美国 NASDAQ 市场

E. 马来西亚 MESDA 市场

F. 新加坡 SSEDAQ 市场

G. 法国 Nouveau 市场

H. 以上都不了解

18. 目前，中国市场上创业板的推出，您对其创业融资方面的看法是：

A. 应深化改革

B. 会有很大的作用

C. 不关大学生的事

D. 没有想法

19. 您创业融资阶段最需要得到哪些支持：（可选三项）

A. 金融投资银行

B. 金融市场专业指导

C. 风险投资基金

D. 天使投资

E. 高校的支持

F. 政府的政策支持

G. 社会服务组织

H. 其他

20. 如果您要个人创业，您的启动资金的来源主要来自于：（多选）

A. 父母亲戚

B. 争取银行贷款

C. 利用创业板融资

D. 争取风险投资资金的支持

21. 如果您需要 2 万～5 万元的融资，您能在一个月内完成吗？

A. 能

B. 不能

C. 不清楚

22. 您是否关注有利于大学生创业的政府相关规范性文件？

A. 是   B. 否

23. 以下有关大学生创业的政府相关规范性文件的内容，您听说过的有：［多选题］

A. 小额贷款

B. 免收行政事业费

C. 税收优惠

D. 创业培训指导

24. 您对这些规范性法律文件持何种态度？

A. 达到良好效果

B. 难以落到实处

C. 现在不好说

D. 没有考虑过

25. 对我国现在大学生个人创业的融资制度环境是否满意

A. 是　　　B. 否　　　C. 不清楚

26. 您所在的高校提供了哪些条件让大学了解创业

A. 开设课程

B. 开办讲座

C. 开展比赛

D. 企业联合开展创业活动

E. 其他

F. 以上都没有

27. 您最希望当地政府在改善大学生创业环境方面做出哪些努力：（可选三项）

A. 放宽贷款政策

B. 拓宽融资渠道

C. 税收优惠

D. 舆论支持

E. 放宽新企业的审批及简化审批的程序

F. 敦促各大高校开设创业教育指导课程

G. 深化市场上创业板的改革

H. 其他

28. 如果您尝试个人创业，您所在学校能否在融资方面给予帮助？

A. 能　　　B. 不能　　　C. 不清楚

29. 您所在的高校有没有形成较为清晰的校园创业文化并影响到您的个人创业

A. 有

B. 有一点

C. 有创业的文化和潮流

谢谢您的配合！

进城务工人员医疗保险政策及实施状况

——基于成都市温江区进城务工人员的调查

侯宁　肖萧　肖泽崧　曹凡旸

【摘要】 党的十七大以来，"三农"问题，尤其是广大农民的根本利益，受到了党中央政府高度关注，进城务工人员的社会保障问题已经被提到了中国社会发展与繁荣的进程中。从制度设计的角度来看，我国现有的三种医疗保险制度由于管理机构不同、属地有异等现状造成了进城务工人员医保账户的重叠以及延迟问题。我们项目组经过半年的实地调研以及理论研究，针对以上问题进行制度上的探讨和建议。并且对 2010 年 7 月出台的《流动就业人员基本医疗保障关系转接接续暂行办法》予以了分析。

【关键词】 进城务工人员　医保账户　接续　流转

一、现行医保制度实施中的问题

（一）普遍问题

（1）困难人群特别是国有困难企业退休人员急需医疗保障却没有参保资金的整体解决方案。

（2）分担机制发挥作用的同时，不同需求的保障渠道还没有形成，个人负担过重成为改革所不可避免的社会热点话题。

（3）医疗保险管理机制受诸多因素影响，尚未对不规范的医疗服务和不合理的费用增长产生根本性的作用。

（4）医疗保障的现行政策还难以惠及城镇其他人群，医疗保障制度体系建设和推进方式都缺乏有力的法律支持。

（5）医疗保险基金运行承受着越来越大的支付风险：虽然住院医疗费用增速趋缓，但影响总费用的住院天数和药品支出居高不下，而且诊疗费上升压力逐步增大；参保人员年龄结构变化特别是人口老龄化将增加基金压力；过度的、无规划的补充保障将削弱基本保障分担机制的作用；医疗技术进步、需求拉动、疾病谱变化等对基金支出影响。

（6）进城务工人员存在参保率偏低、制度约束性差的问题。国家统计局调查的数据显示，2006年大约有 74.81% 的进城务工人员未参加任何保险，73.77% 的人员未参加医疗保险，67.46% 的人员未参加工伤保险。尽管 2006 年国家实施进城务工人员专项医疗保险以后，以上情况得到初步缓解，但仍然有一半以上的进城务工人员未参加城镇职工医疗保险，而且随着农村新型合作医疗的展开，部分进城务工人员以家庭为单位参加了所在地区的新型合作医疗，但是由于受医疗保险的属地管理制约，无法到属地指定的定点医药机构就诊，处在社会医疗保险的两难境地。在制度保障上，尽管进城务工人员有政策依据，可以参加社会基本保障，但相关政策缺乏强制性，一方面进城务工人员因收入偏低不愿参加；另一方面用人单位因为缴费偏高，也不愿执行。社会医疗保险的立法缺失，造成进城务工人员的医疗保障随意性比较强，进而阻碍了进城务工人员医疗保险覆盖面的扩大。

（7）进城务工人员医疗保险需要未充分释放为有效需求。由于进城务工人员就业环境较差，其医疗保险存在刚性需要；另一方面进城务工人员工作待遇较低，近一半的进城务工人员得不到工伤补偿，八成左右的进城务工人员不能带薪休假，女职工无法享受带薪休产假。低收入水平和较差的单位福利待遇，使得进城务工人员的医疗需求有效释放，造成社会医疗保险客观需要和主观需求都非常大，但医疗服务利用率和医疗保险的实际参保率明显偏低。

（8）企业未能充分认识到社会医疗保险的重要性，企业积极性偏低。

（9）地区统筹已经成为制约进城务工人员社会医疗保险参保的主要政策障碍。

（二）进城务工人员特有问题

（1）进城务工人员群体规模庞大。

（2）进城务工人员群体具有较强的流动性与就业的非稳定性。

（3）以青年为主的年龄结构，但主要从事劳动密集型工作，工作强度大。

（4）受教育程度不高。

（5）收入水平较低。

（6）缺乏利益代言人与权益维护机制。

（7）进城务工人群正处在分化之中。

（8）低费率意味着低水平的待遇。

（9）参保率不高，覆盖面不广。

（10）与基本社会保障的衔接与转换问题。

（11）缴费基数划分8个档次，形同虚设。

（12）现行城镇职工基本医疗保险制度缺乏弹性，三项保险制度不对接。

（13）现行政策不够合理，对进城务工人员有失公平。

（14）补充医疗保险制度不够完善，进程缓慢。

（15）进城务工人员参加社会保险缺乏法律法规的强力支持。

（16）被征地农民社会保险办法不统一，社会保险基金支付风险大。

（17）社会保险制度建设严重滞后，征地补偿安置标准偏低，加剧了被征地农民的社会保障压力，被征地农民的安置方式单一，不利于其长远保障。

（18）工伤保险制度的缺失是进城务工人员面临潜在的医疗费用负担。在这种情况下，一旦进城务工人员发生工伤事故或患上职业病，就有可能面临沉重的医疗费用负担。即使在就业期间用人单位可以负担一部分医疗费用，但当其退出劳动力市场之后，高昂的医疗费用将会对其晚年生活造成无法估计的影响。

（19）现行社会基本医疗保险制度覆盖面太小，家庭抗疾病风险能力减弱。

（20）政府对社会医疗保险基金和社会公共医疗卫生事业投入不足，投资结构不尽合理，缺乏由政府主导、责任主体明确、资金保障到位的对各类困难群体的社会医疗救助机构和制度。

（21）城镇居民界定模糊，边缘群体医疗保障缺失。城镇居民基本医疗保险制度中对"非从业"

这一概念的界定很模糊，其覆盖范围尚存在分歧。

（三）社会环境

（1）社会化管理服务发展不平衡，存在认识不到位、发展不平衡和社区管理比例偏低等问题。

（2）金保工程（社保信息系统）应用系统及软件不统一，信息共享程度低，网络覆盖率低，业务处理不规范、不统一，社会保险政策的不断调整造成系统的开发、维护成本高。

（3）医疗机构服务行为不规范，医疗费用上涨过快，造成统筹基金支付压力越来越大。

（4）对混合所有制和非公有制经济组织从业人员参加医疗保险问题调查研究不够，底数不清。

（5）宣传力度不大，进城务工人员对社会保险政策缺乏了解。

（6）大多数市、县政府无力支付已征地农民参加社会保险费用。

（7）就业形势的多样化和农村家庭结构出现的新特点，使社会保障工作任务加重，难度加大。

（8）医疗保障制度改革至今，仍有相当数量的个私企业及其职工尚未参加基本医保，加之部分已经参保企业少缴和欠缴医疗保险费，这使得基本医疗保险基金的总盘子较小，可统筹使用的医保基金相对更少。

（9）困难群体进医保时少缴或不缴费用，加之人口老龄化，使医保基金不堪重负。

（10）统筹层次低，城镇居民异地就医较困难。试点按照以支定收、收支平衡的原则来确定筹资水平和享受待遇，但要实现基金收支平衡，前提是有预期的参保面。

（四）企业态度

企业不愿为进城务工人员参保，其中采掘、建筑、餐饮等使用进城务工人员数量大的行业尤为突出。

（五）职工自身

1. 进城务工人员
（1）社会保障意识差、参保积极性不高。
（2）人员流动性大。
（3）经济收入参差不齐，部分进城务工人员无力参加社会保险。
（4）因与农村土地保持着一定的经济联系，进城务工难保长期性。
（5）管理上对季节性进城务工人员参保的规范难度大，也影响参保工作的开展。
（6）进城务工人员的弱势地位。

2. 失地农民
（1）失地农民概念界定较为困难。
（2）不少失地农民生活就业困难，要解决失地农民的社会保障问题，由于历史欠账较多，需要资金较大。
（3）失地农民参保情况不理想，年轻人不积极，地区分布不平衡。

二、针对现状，本课题组提出的拟改进方案

（一）普遍措施

1. 储蓄式社会医疗保险基金的筹集模式

首先应该使进城务工人员充分了解个人所缴纳的医疗保险部分属于个人所有，而且能够得到充分有效的利用，即使存在短期合同问题，也不会影响个人账户的累积，可以借鉴新加坡储蓄保健计划的基金筹集模式，即以储蓄存款的方式，设立个人账户，并将个人账户与地区、就业单位的医疗保险基金脱离，可以自由与新立账户累积使用。

2. 将社会保障大综合改为医疗相关保险的小综合

当前我国很多外来务工人员集中的城市，将进城务工人员的社会保障进行捆绑式实施，即养老保险、医疗保险、工伤保险、失业保险和生育保险统一纳入为进城务工人员独立开设的账户中，并分项保障。这种大综合的社会保障模式，尽管可以为进城务工人员提供一步到位的全面社会保障，但同时也会因缴费额度较大、用工单位承担比例偏高，而影响企业用人的积极性，或者通过压低用工工资将费用转嫁到进城务工人员身上。在就业机会与医疗保险之间，进城务工人员往往会选择就业而放弃对医疗保险的诉求。

将医疗保险、工伤保险和生育保险进行小综合处理，一方面不仅可以暂时缓解用工单位同时支付大综合保险对企业用工人力成本的压力，而且也可以充分利用土地养老问题，有助于我国进城务工人员社会保障的阶段性展开。这对于中小型企业来讲，具有重要的现实意义，而且也符合我国当前社会主义初级阶段的社会保障政策。另一方面，小综合可以进一步提高社会医疗保险基金的安全性，在基金筹集阶段，综合考虑筹资水平，也对于保险基金使用的审核有利，减少保险基金之间的相互挤占，提高工伤保险和生育保险的覆盖水平。

3. 打破社会医疗保险狭隘的属地化管理原则，实行输入地范围内的社会统筹

社会医疗保险的属地化管理主要是为了体现地区公平，但是也存在地方利益保护问题。在经济水平差距比较大的情况下，实行属地化管理还有利于保护低经济水平地区的基金安全，防止筹资水平与使用水平不平衡对等的问题。但是在经济水平相对平衡的进城务工人员输入地集中地区，属地化管理显然已经失去了其属地化管理的经济基础。打破社会医疗保险狭隘的属地化管理，实现在整个输入地集中地区的统筹，必然会有助于提高进城务工人员医疗保险的连续性和实际效果。

4. 输入地与输出地之间的合作，适度结合异地定点问题

进城务工人员的地区流动特点表现在以输入地为中心的周边省份，因而对于进城务工人员医疗保险问题，不仅可以通过提高地区间的统筹层次，解决其就业地的医疗保险问题；而且输入地和输出地相对集中的特点，也还可以通过异地定点的方式，解决进城务工人员异地就诊的问题。

5. 重点解决大病医疗保险和社区医疗服务利用问题

进城务工人员集中城市的经济水平完全有能力实现进城务工人员的门诊与住院统筹，从输入地集中地区解决进城务工人员的医疗保险，应当适度考虑在大病统筹基础上，增设个人账户、扩大保障范围，适度降低起付线、提高报销比例和封顶线，切实解决进城务工人员外出务工的医疗保险问题，防止因病致贫、因病返贫问题。由于进城务工人员在年龄、性别和收入水平、就业劳动强度上存在较大的差异，因而关于进城务工人员的医疗保险不能简单的采取一刀切的办法。因此应该在具体制定医疗

保险方案时，要对进城务工人员的社会保障需求重要性进行排序、要对医疗保险意愿进行排序、要对参保的形式进行调查分析，明确进城务工人员的医疗保险需求，结合输入地区的实际情况和保险模式，采取有针对性的医疗保险模式，以大病保险为基础，通过社区卫生服务的有效利用，适度扩展进城务工人员的医疗保险覆盖范围。

6. 社会医疗保险信息化建设

对于进城务工人员的医疗保险来讲，信息化建设还有助于实现其医疗保险在不同保险模式、不同保险地区之间的基金结算与转移问题。进城务工人员属于高度流动的人群，其医疗费用支出监管、结算和报销等问题的处理难度比较大，通过以社会医疗保险管理信息系统为纽带，对于实现进城务工人员医疗保险的异地定点结算、费用合理性审核等方面具有非常重要的现实意义和迫切性。

特别是在农村新型合作医疗基本实现全覆盖的背景下，通过社会医疗保险信息系统将输出地的合作医疗和输入地的医疗保险连接起来，不仅可以为进城务工人员提供稳定连续的医疗保险，而且还可以为输入地适度提高医疗保险层次、解决医疗保险地区之间水平差距问题，提供便捷的解决手段。在信息化系统开发上，不仅应该包括异地结算模块，而且应该补充保险模式之间的衔接模块，实现个人账户之间的统一，将两个地区的个人基金账户统一。

7. 逐步解决社会医疗保险城乡割裂的统筹模式

进城务工人员医疗保险问题主要是由于我国社会医疗保险管理的属地化管理和城乡割裂模式造成的，因而解决进城务工人员的医疗保险问题，不仅是一个群体的医疗保险问题，同时也是对我国医疗保险统筹层次和城乡模式的新思考。一方面，由于进城务工人员的身份特殊性、高流动性和低收入水平等原因，在当前状况下，还不能简单地将进城务工人员医疗保险纳入城镇职工医疗保险范畴；另一方面，进城务工人员的医疗保险又应该区别于新农合的保障层次，按照农村医疗支出水平筹集的医疗保险基金显然无法实现城镇医疗费用的支出，简单的异地定点，必然会造成参保地统筹基金的安全问题，造成基金透支，破坏收支平衡的基本原则。因经济收入水平和医疗费用支付差距，进城务工人员医疗需求水平处于新农合和城镇职工基本医疗保险之间。如果将进城务工人员的医疗保险割裂起来进行，还会引发退保问题。近年来发生在珠三角地区的退保潮，对我国社会保障制度提出了警示，那就是单纯要求输入地集中地区的企业提供社会保障，如果没有有效的承接体系，那么进城务工人员的社会保障问题就会成为空中楼阁，既增加了进城务工人员和用人单位的经济负担，又无法改善社会医疗保险的保障效果。退保问题还会影响到社会医疗保险的大数法则根基，对统筹地区的其他进城务工人员医疗保险带来较大的负面影响。我国社会医疗保险目前实行的是城乡两套管理机构，也同样不利于进城务工人员医疗保险的统筹管理。今后随着城乡医疗保险统筹层次的提高，应该将社会医疗保险的承办机构统一，通过社会劳动保障部门统一管理，将卫生行政管理部门从医疗保险业务中分离出来，这样不仅有助于卫生行政部门职责的实现，而且也有助于进城务工人员医疗保险的统一管理。特别是在进城务工人员就业集中的城市，有必要统一划归社会医疗保险承办机构统一管理。

（二）针对职工而言

（1）以扩面征缴和做实个人账户为重点。

（2）解决进城务工人员大病医疗保障问题。

（3）带账户进城。

（4）身份可灵活转变（即可随务工企业参保，也可以个体劳动者身份参保）。

（三）针对政策制度而言

（1）启动年金规范运营管理，建立多层次的社会保障体系。

（2）拓宽筹资渠道，推进农村社会保障事业发展（调整财政支出结构，加大政府对农村保障的投入；发行专项农村社会保障福利彩票；从事农副产品加工、流通的企业所缴纳的税收化转移部分用于农村社保；占用农村耕地的单位或企业征收专项税收用于农村社保）。

（3）严格执行劳动合同制度。

（4）把网络化建设置入劳动保障"十一五"规划中心环节。

（5）积极创造条件推行"五保"合一。

（6）在规范、完善各市州已出台的失地农民和进城务工人员参保政策基础上，出台全省的统一参保政策，并考虑企业的实际承受能力，在缴费水平和待遇标准上与城镇职工略有区别，但要注意参保政策的对接，为将来向城镇过渡创造条件。

（7）把劳动保障法律法规的建立和完善工作放在十分突出的位置。

（8）加强和改善劳动保障政策法规的宣传工作。

（9）大账户小统筹（将个人账户设定为其全部缴费额的90%以上，其余为统筹基金）。

（10）建立失地农民社会保障的长效机制（统一规划，合理确定被征地农民社会保障的标准，允许适度差异；积极探索"以土地换社保"的模式）。

（11）锁定领取地。

（12）缴费更方便，时间可灵活为年、半年、季度，空间上不受户籍所在地制约。

（13）全面推进社会保障基础和能力建设（健全社会保障法制；加强社保经办机构建设；加强社会保障系统机构和干部队伍能力建设；加快社保信息化建设；严格依法行政，切实推进政府职能转变，提高劳动保障部门依法行政的能力和水平）。

（14）将进城务工人员的疾病医疗保障问题提升到国家发展的战略层面来考虑。

（15）应当大力发展公共卫生，完善医疗救助制度，有效预防和化解进城务工人员的基本医疗风险。

（16）根据进城务工人员的不同特征，分类解决进城务工人员的医疗保障问题，尊重进城务工人员的选择权。

（17）进一步完善城镇医疗保险制度，提高参保进城务工人员的福利水平。

（18）进一步推进药品流通体制改革和医疗卫生体制改革，减轻进城务工人员门诊费用负担。

（19）监督用人单位建立和完善职业安全卫生制度，预防进城务工人员疾病风险的发生。

（20）坚持"低标准，广覆盖，可转移"的原则，制定灵活的参保缴费标准。

（21）提高统筹的范围和层次，完善医疗保障政策，扩大新型农村合作医疗覆盖面。

（22）解决好合作医疗只能在本地看病或异地就医报销难、比例低的问题。

（23）医疗保障体系建立，可按以下步骤进行：

第一步按照"四大板块"的架构同步：一是把各项保障制度建立起来，努力扩大覆盖面和受益面，增强制度的吸引力和公信度。二是把稳定合理的筹资机制建立起来，使制度有较强的保障能力和发展后劲。三是把管理体制和经办机构建立起来，使制度发展有可靠的组织保证。四是把社区平台和网络系统建立起来，使制度运行有坚实可靠的载体。

第二步探索各项保障制度之间衔接的有效途径：一是逐步缩小保障水平差距。二是实现各项制度的兼容和转换。三是整合资源，实现医疗保障的"集约化"管理。四是适当提高统筹层次。

第三步基本建成覆盖城乡的基本医疗保障体系：一是提升合作医疗制度的管理能力和保障水平。二是"四大板块"与多层次医疗保障协调发展。三是把公共品的普遍性、可及性与可选择性结合起来。

（24）对困难和破产关闭企业退休人员参加医保时缴费不足的部分，政府应将承诺给予的财政补贴尽快到位，不能长期挂账。

（25）政府每年应对医疗保险基金的不足部分给予必要投入，不能把风险全部转嫁给医疗服务机构，影响医疗服务机构的正常运转和自我发展，也有助于减少医患矛盾。

（26）政府应加大对公立医疗服务机构的投入，同时应加强对医疗服务机构的监督管理，努力纠正公立医院实际存在的为弥补财政投入不足而采取"以药养医、以查养医、以疗养医"的做法。

（27）政府应从政策上引导和支持企业建立职工补充医疗保险，鼓励有条件的企业帮助职工参加商业医疗保险，引导和鼓励民办医疗服务机构的发展，以更好地满足群众不同层次的医疗保障需要。

三、对"医保账户接续问题"的研究

我国针对进城务工人员医保账户的重叠问题，出台了个人医保账户统一并可流转的政策，此举是目前改善进城务工人员医保状况的重要希望。不过，任何举措都必定利弊兼存，从统计资料中更能反映这一点。为此，本小组对其进行了深入的研究和探讨。

（一）优点

（1）新办法出台后设计了统一的医保参保凭证，用身份证号做唯一识别码，参保人出示身份证就可办理异地转移。因此，参保信息即可得到及时更新，保证了转移接续信息的及时性。

（2）医保账户使用个人资金，在流动就业时可与养老保险金一起转移；又由于它现收现付的特点，再参保者流动就业时不需要转移统筹基金，从理论上解决了由劳资关系所致的账户重叠问题。

（3）除医保关系可跨省转移之外，随参保人身份的变化，城职医保、城居医保、新农合三种不同类型的医疗保险关系，也可互相转移。进城打工的农民工，可在就业地参加当地的职工基本医疗保险，回农村后可转为新型农村合作医疗保险，金额不减且账户不中断。

（二）不足及建议

（1）没有考虑到输入输出地之间经济水平及物价的差异，规定了资金数额不变的流转手段是否能切实解决进城务工人员的保障问题尚未可知。——对此，我们认为可以统筹账户输入输出地之间的医疗费用差距，不足部分由用工单位及社会福利机关适额补助。具体做法是针对基本药物目录中的药物制定一个可以根据当地物价指数调整的"名义个人账户"，更合理地运用账户余额。

（2）该办法未提及跨省账户的年限积累问题。账户流入地应连续计算其（流出地）缴费年限，或将其连续工龄或者工作年限视同基本医疗保险缴费年限，将现行的计算连续缴费年限、流转即清空的做法，改为计算累计缴费年限，切实为即将退休人员的利益考虑。

（3）由于三种基本医疗制度的管理机构互异，即使归入同一属地后仍存在重叠的可能。——对此，我们认为此外，应统一管理机关，将监管权和档案资料归入同一部门下，更便于切实消除流转的

制度壁垒。

参考文献

［1］李水根. 维系新农合健康运作的三个问题. 北京：万方出版社，2008：109.

［2］陈剑芳. 当前新型农村合作医疗工作存在的问题、原因及对策. 福州：莆田出版社，2009：325.

［3］卢继泽. 浅谈新农合运行中存在的问题及对策. 2009（1）：13 - 15.

［4］付胜. 博弈理论与新型农村合作医疗方案设计. 华西都市报，2009 - 03.

［5］吴伟平. 推动新农合与居民医保二险合一构建城乡居民一体化医疗保险体系. 2010：104 - 121.

［6］田小宝. 目标与策略——成都市城乡统筹比较充分就业问题研究. 北京：中国劳动社会保障出版社，2007：145 - 147.

［7］艾尔·巴比. 社会研究方法. 北京：华夏出版社，2005.

［8］李华，等. 中国社会保障体系改革与和谐发展. 上海：上海财经大学出版社，2007.

［9］胡玉浪. 劳动报酬权研究. 北京：知识产权出版社，2009.

［10］何平. 企业改革中的社会保障制度. 北京：经济科学出版社，2008.

［11］张文康. 巩固新型农村合作医疗制度. 中国经济信息报，2007 - 07.

［12］王宪章. 关注医疗保险和"新农合". 人民日报，2010.

［13］福建省上杭县劳动和社会保障局. 对进城务工人员医疗保险问题的调查与思考. 统计公报，2006 - 07 - 10.

［14］陈吉元. 论中国农业剩余劳动力转移——农业现代化的必由之路. 北京：经济管理出版社，1991.

［15］张成明. 新时期劳动保障实践与探索. 成都：西南财经大学出版社，2006.

［16］王祖强. 劳资关系与员工权益——基于浙江民营企业的调查与分析. 北京：中国经济出版社，2007.

［17］赵曼. 21 世纪中国劳动就业与社会保障制度研究. 北京：人民出版社，2007.

我国农村信用合作社的改革与发展方向探讨

魏子力　熊欣　赵远飞　郑弘扬

【摘要】农村信用合作社，是具有中国特色的社会主义的合作金融，其财产所有权归集体所有。信用社立足"三农"，发挥主力军作用，需要整合支农资源，创建新的农村金融体系，促进农村经济转变发展方式和调整农业生产结构。

【关键词】农村信用社　性质　产权　主力军

中国农村信用合作社（简称信用社）是具有中国特色的合作金融组织。信用社从 1951 年重点试办，至今已历时 60 年。60 年来信用社见证了我国农村经济恢复、发展、改革、转型的全过程，伴随农村经济的发展，信用社始终坚持立足"三农"，锐意进取的经营理念，合作金融事业获得巨大成就，由农村金融体系的"得力助手"，发展成为支持"三农"的"主力军"。

一、信用社是具有中国特色的合作金融

（一）体制改革前信用社的性质、任务

信用社从试办开始，就坚持从我国的实际情况出发，采取与欧洲式的合作金融组织不相同的发展方式。欧洲式合作金融由"白领"出资，自发组成互助互惠金融团体，与大资产抗争。而我国的信用社则是经自上而下的发动、自下而上的动员，在自愿的基础上组织起来的互济互惠金融组织。信用社员以户为单位，一户一人，入社费一角，股金一元至五元，股份制只具有象征性的意义。信用社所需周转资金，由人民银行各县支行在周转性放款中核放。在体制改革之前，信用社的主要任务有两项：一是贯彻执行阶级政策，初期不接纳地主、富农和商人为社员，也不为其发放贷款。实现农业合作化后，允许已加入农业社的地主、富农加入信用社，但不允许担任信用社的任何重要职务。之后又通过多种形式的运动整顿领导班子，清理"阶级异己分子"、"蜕化变质分子"，保持阶级队伍的纯洁和中农、贫农优势。二是坚持不以盈利为目的的办社方针，组织调剂资金帮助解决中农、贫农生产生活困难，与高利贷作斗争，巩固农村社会主义金融阵地。信用社的"一切社务、业务活动，都是为了对社员进行社会主义教育"。

（二）信用社历史上的"三次折腾"

历史上信用社曾遭遇过三次大的"折腾"。第一次，1956 年农业社由初级进入高级，有的认为农村已经由半社会主义，进入到了"完全的社会主义"，社员贷款靠集体，集体靠国家银行，信用社已经完成了历史使命，没有存在的必要应改为乡银行。第二次，1958 年实现人民公社化后，农村大办公共食堂，吃饭不要钱，每月还发小费，传颂"共产主义是天堂，人民公社是桥梁"。既然架起了桥

梁，登上天堂指日可待，对美好生活的憧憬，再次"更上一层楼"，加上"三社合一"、"莲塘"经验的助推作用，信用社先下放到人民公社，后又下放到大队，人权、财权、资金使用权失去了它的独立性，国家银行也失去了对信用社的有效领导，信用社成了公社和生产大队的"金库"，信贷资金当作他们的收入，用于财政性支出。第三次，1969 年"文化大革命"斗、批、改阶段，推广"阎庄"经验，在农村贫下中农领导一切，"改革不合理的规章制度"，"贫管会"一会多管，权力不清，职能不明，导致信用社业务停顿、财务混乱。从三次折腾中，不难发现造成折腾的根本原因在于对社会主义的肤浅认识。因此，每次折腾后拨乱反正，又要求国家银行加强对信用社领导，重新恢复规范化管理。信用社机构设置，一直坚持以接近农村、贴近农民、支持农业为目的。1955 年全国已发展信用社 15.9 万个，提前两年实现一乡一社。此后，随着农村县以下行政机构调整，区、乡撤并，信用社机构随之调整，但仍保持至少一乡一社，有的大乡、镇有二到三社。农村经济转型后，农民获得了从事工商业经营的权力，商品生产、商品流通，加快了商品经济发展，资金需求旺盛，农村出现了多成分、多层次、多渠道的融资格局。为满足农村资金存取方便，信用社机构网点下伸前移，1984 年 8 月全国已新增信用分社 2910 个，新增信用站 11 085 个，农村平均 1.73 个行政村就有信用社的一个机构网点，基本形成了与农村商品经济利益相连，服务灵活的合作金融网络。

（三）农业银行对信用社的管理体制的调整

结合实施情况，农业银行对信用社的管理体制也作了相应调整，采取"一放、二松、三恢复"的措施，为信用社独立经营，独立核算，自负盈亏热身。一放，即放权。农业银行不再直接干预基层信用社事务，而是通过信用合作联社体现管理意图，取消营业所对信用社的管理职能，重新确立了所、社只是业务往来关系。二松，即松绑。一是存款，信用社除交存 15% ~30% 的提存准备金外，一般转存款不再是硬指标，银行存款计划对信用社不再有约束力，信用社可以多存多贷。二是贷款，"不一定受银行一套规定的约束"，"赔钱的业务可以不做"，贷款范围、对象、用途、期限都可以比银行更宽泛，社与社之间、社与其他金融机构之间存贷款可以横向联系，贷款利率可以在银行基准利率与市场利率之间，较大增幅内浮动。三恢复，即恢复把信用社办成具有组织上的群众性，管理上的民主性、经营上的灵活性的合作金融。从此，信用社便进入了体制改革的快车道。

二、产权明晰与财产保值和增值

（一）产权明晰的由来及深化

1994 年前后，信用社完成了与农业银行分离。分离后信用社遵循"自主经营，自我约束，自我发展，自担风险"的四自原则，继续深化体制改革，先后经历了恢复合作金融性质，贷款五级风险管理，以及在分类指导原则下同时进行股份制、股份合作制、合作制等模式试点，最终目标拟定位于公司治理现代金融企业。随着改革目标日渐清楚，要求产权明晰的呼声越来越高，或称产权是建立现代企业的主要内容，或称产权是现代法人治理结构的基础，或称产权是阻碍信用社发展的桎梏，或称产权是评价信用社改革成功与否的标准之一，必须"产权制度创新"、"构建产权制度新体系"。总之，似乎只有产权明晰，才能甩开膀子大干，才能化解信用社的巨额亏损。

所谓产权明晰，顾名思义就是指产权清楚，而清楚的关键则在于一个"权"字，即财产的所有权与经营权。信用社财产所有权归谁所有，主要应由信用社的性质来决定。1955 年 1 月 14 日《农村信用合作社章程（草案）说明》中，明确规定信用社是劳动人民群众的集体经济组织，是社会主义金融体系的一部分，是属于社会主义性质的经济组织。资金由全体社员支配，盈余为全体社员公有。在总结分析信用社自成立以来的发展基础上，1956 年 6 月 8 日人民银行又制定了《中国人民银行农村信用合作社示范章程草案》（简称《草案》）。《草案》更明确指出，信用社是社会主义性质的，它的股金、公积金及业务盈余为全体社员公有。信用社体制改革以来通过清股、扩股，虽然股金额已打破了原有的象征性意义，但资金运用的本质并未发生变化，仍然是"按照国家金融政策进行业务活动，以及社会主义的原则实行资金的再分配"。由此可见，信用社仍是社会主义性质，其财产所有权理应归集体所有。站在改革开放的"战略拐点上"，邓小平曾说：如果我们不坚持社会主义，最终发展起来也不过成为一个附庸国，而且就连想要发展起来也不容易。因此，我们更应理性地定位信用社（含股份制）财产的归属。明晰了财产所有权，也就基本确立了财产的经营权。

（二）信用社的无形资产

信用社不仅拥有 5.57 万亿元人民币（2007 年 9 月数据）的巨大有形资产，而且其干部、职工还创造了一笔价值不菲的无形资产。建社初期，信用社干部来自农村，通过在合作化运动中选拔办事公道、热心为群众服务而又为群众信任的积极分子充任，实行无工资义务制。随着社务、业务不断发展，为解决信用社干部生活困难，人民银行将不脱产的义务制暂定为半脱产的补贴制，以后又根据各社业务发展，实行限额全脱产薪金制。薪酬参照乡干部待遇没有统一标准，脱产名额以周转资金额确定。1959—1961 年"三年严重困难"时期，不少省、市、自治区否定信用社干部待遇，有关部门认为国家定级干部才算是脱产干部，信用社干部没有定级不是国家干部，因此口粮、副食品和日用品没有按干部标准供给，有的甚至不予供给。尽管如此，绝大多数信用社干部仍无怨无悔，坚持支农工作。纯朴的乡土气息和草根精神，支撑起信用合作事业，创造了信用合作文化，这文化的核心价值就是"信用"。在农民眼里，信用社干部、职工不是普普通通走村串户的泥腿子，而是群众心目中的"银行"，是联结城乡的"公共汽车"。改革中，不少城市商业银行在创办之初，也曾树起城市信用社的牌子，靠信用迅速建立起属于自己的客户群体，再次证明了信用社无形资产的价值。

（三）创新信用社管理体制

据资料反映，近几年经人民银行票据对冲和政府财税减免，信用社已消化"历史包袱"3000 亿元，到 2007 年底仍有"历史包袱"5000 余亿元，较 1973 年全国信用社亏损 2300 万元，34 年间亏损增加了 21 739 倍，"改革的交易费用极其高昂"。解决信用社的严重亏损，实现财产保值、增值，产权明晰固然重要，管理科学、完善内部激励机制也刻不容缓。信用社亏损是老问题，过去也曾有个别"三靠社"，即贷款靠拆借，亏损靠补贴，福利靠调剂。1964 年开始，试办信用合作乡联社、区联社，后扩大到县、地（市）联社，资金调剂范围不断扩大，搞活了亏损社的业务经营。改革初期，试行分类指导下的经营承包责任制，对亏损社实行"亏损包干，减亏分成，定额拨补，限期扭亏为盈"，减亏分成职工奖励不得超过盈利社职工人均奖励，长期亏损，扭亏无望，信用社降为信用站。这种简单明了易于考核操作的激励机制，对抑制、消化信用社亏损起到很大作用。目前，试行合作制的信用社大体上保持了原信用联社的管理框架，但仍存在两点欠缺，一是缺乏全国统一归口，不适宜开辟国际业务；二是基层社偏好独立，资金运用灵活性差。因此，既要坚持改革的刚性，又要求升创新的理性。过去的管理体制建立在计划经济基础上，不一定完全适用于现在的市场经济。根据目前信用社拟定的公司治理，法人结构模式，参考过去的管理做法，信用社似可试行统一归口、系统管理、多级法人、独立经营的管理程序。程序示意如下：

信用合作社股份有限公司——省（市）信用合作联社——地（市）信用合作联社——县（市）信用合作联社——乡镇信用社

信用合作社股份有限公司履行管理指挥职能，省、地、县信用合作联社履行经营、管理双重职能，乡镇信用社是信用合作制的基础，重在务实。

三、整合"三农"资源发挥主力军作用

（一）发挥信用社主力军作用的必要性

深化农村经济改革，坚持走中国特色农业现代化道路，夯实"三农"发展基础，国家采取了一系列强农惠农措施，增加涉农补贴规模，完善财政转移支付制度，引导外资向中西部地区转移等，对支持"三农"发展提出了新的、更高的要求。据有关部门测算，2010—2020年，实现新农村建设需投入资金15万亿～20万亿元人民币，显然仅凭信用社一家实难承担如此重任，因此必须创建新的农村金融体系，实现资源与流通平稳对接。

国家银行股份制改革，将信用社从农村金融体系中的"得力助手"，推上了"主力军"的大舞台。信用社可以在平等互利、优势互补的前提下，与农业银行、农业发展银行、邮政储蓄银行，以及村镇银行等涉农金融企业，就资源共同利用，资金共同承担，风险共同防范，货币流向共同监管，投机基金冲击共同应对，达成五点共识，结成战略伙伴关系，创建农村金融新体系。集整体之力，务支农之实，推动资源要素向"三农"合理配置，促进农村经济转变发展方式和调整农业生产结构。

（二）转变观念，利用多种手段支持"三农"

随着城市建设的发展，城乡界线发生了很大变化。远郊区变成近郊区，近郊区变成城市社区。在城乡结合部，农业生产第一产业，被第二产业、第三产业代替，传统的农民演变成市民或准市民。因此，信用社应及时转变"三农"观念，加强动态性研究，扩大对"三农"跟踪服务范围。据数据模型推演和实证分析证明，第一产业、第二产业、第三产业对农村减贫均能发挥很大作用，但在不同地区不同产业减贫效应差异明显。在东北地区第一产业具有很高的减贫效应；在华北、沿海和华中地区，仅有第二产业的增长具有比较显著的减贫效应；西北和西南地区，第一产业、第二产业、第三产业增长的减贫效应都比较显著，由此可见"三农"资源配置应在不同区域向不同产业倾斜。而城乡结合部，农副产品贸易频繁，资金流量大，既可以组织支农资金，又可以探索转移农村富余劳动力的途径，发挥资金、人力交流作用。

支持"三农"不仅可以利用产业资源，而且更应充分运用财政转移支付资源。四川省达州市位于大巴山南麓，是典型的老少边穷经济欠发达地区，全市辖5县、1市（县级市）1区，其中国家扶贫重点县3个。该市亏损社与贫困户大多处在同一条贫困链上，亏损社一面扶贫一面又被扶贫，内外压力较大。创新金融品种与服务方式，又受到创新成本和客户群体制约，而贫困户大多远离城镇，天老地荒，山高路远，人气不旺，短期小额农贷扶贫效果减弱。出于防范风险，提高自身经营效益的内在需要，信用社撤并了部分非法人分支机构网点，结果导致农村资金供给不足，引起社会强烈"反弹"，以致不得不再次恢复被撤并的机构网点。信用社认真分析"反弹"原因，从中了解到现在的困

难户大多是解决了温饱后的低收入者，他们最需要的是自主创新的启动资金。因而信用社不再以存贷规模或盈亏现状定撤并，而是努力挖掘社区内贫困户的发展预期，调整支农资源运用顺序，先期使用退耕还林、无偿扶贫贷款、低保金、种粮补贴、救灾救济等政府转移支付资金，让困难户充分享受到改革开放带来的丰硕成果，减轻负债包袱，轻装前进，培植自主创新能力；坚持每年从新增存款中提取 70% 的资金，扩大"三农"贷款总量，同时调整信贷结构，扩大农村工商业贷款规模，并将农业小额贷款由 1 万元以下，提升至 10 万元以内，助推贫困户自主创新能力；利用本市天然气、盐化工等自然资源优势，以及市、县城镇一体化建设，引导贫困户进入劳务市场，亦工亦农，就地就近就业，或回乡创业，充实自主创新实力，从而妥善化解了撤并机构网点与扶贫解困的矛盾。

支持西部大开发，是信用社的一项重要任务。国家引导外资、东部企业向西部转移，而承接大型企业、大型项目这却是信用社的弱项。但信用社可以充分运用资金优势，发挥农业银行、农业发展银行项目管理优势，共同协助地方政府部门把好引资项目关。一是预防急于求成。西部与东部差距较大，西部实现跨越式发展，不可片面追求 GDP 的增长，发展重点应强调经济增长的质量和推进基本公共服务均等，财富分配由向资本倾斜逐步向劳动力倾斜。二是创新型产业。引进的企业，项目必须是最能提高农副产品上市档次，具有高附加值和高竞争力的产业，杜绝一切形式的高耗能、高排放，产能过剩的产业和行业。三是保护环境。引进产业必须做到先治环境后投产，不能边投产边治理，以产代治流于形式，更不能先投产后治理，造成严重污染，破坏生态环境。天蓝地绿，山清水秀，应列入引资的前提条件。

农业属高风险产业，受自然条件影响较大。2010 年 4 月底以前，云南、贵州、四川、重庆、广西 5 省、市、自治区遭遇严重旱灾，据不完全统计，受灾人口 6130.6 万人，耕地受旱面积 9449 万亩，直接经济损失高达 236.6 亿元。贵州省秋、冬、春三季连旱，已建成的 17 893 处蓄水工程，除 34 座中型水库外，其余 99.9% 的均系 20 世纪 50 年代至 70 年代修建的小山塘、小水库，因年久失修，天干、塘干、库干，造成严重工程性缺水，致使人、畜饮水困难。工程性缺水暴露了偏好 GDP 的缺失；天旱，旱出了民生问题，旱出了深化农村体制改革和兴建大、中型水利设施的大政方针，也旱出了信贷资金的不足。过去信用社缺乏农业基础设备贷款专项，因此应将国家夯实"三农"基础转移支付资金、农业基础设备信贷资金纳入制度化管理，建立长效机制，促进农业生产结构调整，确保农村经济平稳、快速、可持续发展。

支持农业现代化是一项长期的任务，任重道远。相信通过坚持政策连续、视野开阔、上下一心、步调一致，信用社与时俱进的发展空间将是十分宽广的。

参考文献：

[1] 卢汉川. 中国农村金融历史资料（1949—1995·大事记）. 长沙：湖南省出版事业管理局，1986.

[2] 卢汉川. 合作金融概论. 北京：中国金融出版社，1991.

[3] 卢汉川. 当代中国的信用合作事业. 北京：当代中国出版社，2001.

[4] 李小云，于乐荣，齐顾波. 2000—2008 年中国经济增长对贫困减少的作用：一个全国和分区域的实证分析，中国农村经济，2010（4）：4-11.

[5] 中华人民共和国国务院. 农业生产合作社示范章程草案. 北京：人民出版社，1955.

商业银行现金管理产品可行性分析

张君　　张曦　　宗振帆　　丁箐兰

【摘要】本文针对商业银行现金管理这一新兴的金融服务，结合我国现代企业对于现金的需求，从定性和定量两个方面综合分析了现金管理产品在我国推广的可行性，以及企业和银行对于现金管理产品的需求程度。为了缩小调研的范围，在实证分析方面本文主要针对四川地区的企业进行考察。最后，通过分析本文基本认可商业银行的现金管理业务在中小企业还是有一定的发展空间的，无论是对于银行还是企业来说都是有利可图的。所以，商业银行应当针对中小企业对于现金的需求特点制定相应的现金管理政策和提供相应的服务。

【关键词】现金管理　企业现金需求　最佳现金持有量

一、研究对象的分析与说明

（一）现金管理的定义

随着中国经济的不断发展，金融体系的逐渐健全和完善，越来越多的经济实体渗入现代金融体系之中。企业的发展也不仅仅局限于传统的产业流通领域，而是更多的与资本流通领域联系在一起。在社会化大生产的基本社会发展趋势下，各行业间的合作日益紧密，同行业间的竞争日益激烈。因此，传统的借贷金融业务已经无法满足现代企业资金管理的需要，企业亟须一种更为有效地现金管理方案的出现。在这样一种现代企业业务职能扩张的大背景下，商业银行现金管理业务应运而生。

所谓现金管理，是指银行将账户管理、收付款管理、现金集中管理、现金流动性预测、投资管理、融资管理、信息和咨询等金融产品或服务整体包，为不同类型的客户提供符合其个性需求的现金管理方案，从而使客户有限的资金资源能够得到更加合理、有效的安排和使用，最终提升企业价值竞争力。通俗地讲，现金管理是银行开展的一种在传统的结算和存款基础上可扩展的多元化、一体化的解决方案，目的是帮助客户尽量减少闲置资金头寸的占用，进行理财和投资服务。

（二）研究目的

商业银行现金管理业务在发达国家已经相对成熟，且已经成为各大商业银行的主要支柱业务之一。企业也因为现金管理而大大提高了资本营运效率并减少了流通成本，同时，由于现金管理业务渗透到企业管理决策的内部，使得企业的内部控制与部门间的管理水平和效率显著提高。特别是在企业间竞争日益激烈的今天，现金管理对于现代企业来说显得尤为重要。例如，上海轮胎橡胶集团（下称上轮集团）在 2004 年不仅没有完成销售目标，而且库存增加，资金沉淀。一年之内，应收账款从 1996 年底的 2.73 亿元上升到 7.41 亿元，为开设办事处和专卖店及广告支出等花去了 1.36 亿元，公司的财务状况也因此陷入了困境。2005 年上轮集团实施了对企业资金的现金管理，通过子公司的销售回笼和大额对外支付统一到集团集中管理，有效地控制了浮游资金，大幅度降低了资金日存量，强化了资金管理、降低了贷款余额。2006—2009 年上轮集团的年报显示：平均每年的销售额度增长了 20%，应收账款占销售收入的百分比由原来的 27% 降到了 9%。财务费用由 2006 年的 17 760 万元降到 7406 万元，4 年降低 2.98 亿元，资金流动比率增长两倍多。由此看出，现金管理对于企业来说有着十分重要的意义，特别是在产业竞争日益激烈的今天，有效的现金管理甚至能在关键时候使企业起死回生。

虽然现金管理业务无论对于企业或是商业银行而言都有诸多优势，可以大大提高全社会的资金运营管理效率，促进社会资源配置水平到达帕累托最优，最大限度提高社会生产力水平和增进社会福利。但是，现金管理业务的发展主要集中于发达资本主义国家，而在我国尚处于起步阶段，缺乏理论的支持和实践的经验，所以，推广和发展与我国本土企业特色相适应的现金管理模式在如今显得尤为重要，我们也正是基于此目的而选择对商业银行现金管理业务在中国的推广进行可行性的分析，希望能通过此次研究，对中国本土企业对于现金管理业务的需求有较为系统的了解，并结合我国几大商业银行的业务特点，对其进行开展现金管理业务的优劣分析。

（三）研究意义

自改革开放三十多年来，中国经济的发展取得了举世瞩目的成就，中国经济的增速连续多年位于世界首位。但是，回顾中国经济的发展史我们就会发现，中国经济的竞争力在于低廉的劳动力价格。特别是在以制造业和加工业为龙头的行业之中，低廉的劳动力成本在过去是中国经济崛起的重要砝码。随着生产力水平的发展，现代制造业已经开始由劳动密集型向产业和资本密集型转移，因此，中国企业的传统优势在现代化的大生产方式下已经逐渐减弱，取而代之的是技术和资本。所以，加强资本的运营效率和管理水平对于现代企业特别是传统制造业来说显得十分重要。只有提高资本的运营效率和现金流的管理水平才能充分发挥和提高企业的竞争力，使企业在竞争白热化的行业形势中不被淘汰。

随着第三产业的崛起，以银行业为龙头的金融行业得到了高速的发展，银行等金融机构的业务也不断地向各个行业渗透，各种新型金融业务和增值金融产品的出现也在很大程度上提高了社会资本的运营效率，优化了现金流的配置，促进了各产业的协调发展。

可见，对于正处于经济转轨时期的中国企业来说，现金管理是十分重要的；而对于正由传统借贷业务向多元业务转变的商业银行来说，开展现金流管理业务也是有必要的。因此，无论是从企业和银行的角度去分析，现金管理业务对于双方都具有特别的意义，在今后的经济活动中必将发挥重要作用。正是基于对现金管理的重要意义和前景的看好，我们小组将研究的方向锁定在了现金管理在中国推广的可行性分析上面，希望借此为商业银行现金管理业务在中国的推广提供一定的理论支持。

二、文献综述

关于现金管理方面的研究，国外已经有一百多年的历史，很多具体成果也已广泛地运用到生产实践中，所以在此方面的理论也较为成熟。虽然商业银行对于企业的现金管理服务在国内才刚刚起步，但相关的理论却是十分丰富的，国内外也有不少学者在此方面有过突出的贡献。在进行选题之前，我们小组就针对现金管理的理论基础查阅了大量的文献和资料，鉴于国内的相关研究较少，我们所查阅的大多是国外知名学者们的经典著作，这就为我们的后续研究提供了坚实的理论基础和依据。

在国内外的已有相关研究中，现金管理是与企业短期资金最优需求密切联系在一起的，而且对于企业的整个金融活动来说十分重要。在目前已有的国内外较为流行的理论研究中，现金合流理论被广泛地运用于商业银行对于企业的现金管理活动中，而现行的商业银行对于企业的现金管理也基本是以现金合流的理论实现的。现金合流主要是通过将企业分散账户上的资金集中起来，形成集中资金的形式实现的。例如，对于一个跨地区的大型企业来说，集中账户上的资金是企业进行大额结算和交易的最为重要的流动现金，通过集中账户，商业银行可以帮助企业减少对外部账户的依赖，减少短期资金借贷量和降低资金在各地运动过程中的流通和交易成本。因此，目前国内外较为主流的有关企业现金管理的研究均是以资金合流理论作为切入点的。

国外学界关于现金管理方面的研究已有百年的历史。Edgeworth是最早研究现金管理的学者之一，他构造了一个博弈：银行所持有的资源是为了获得利润的最大化，并且应将缺少流动性现金所带来的危害降到最低。由此可见，商业银行开设现金管理业务的本质还是为了获取高额利润，并降低资金流通风险。在Edgeworth提出现金管理理论之后不久，最佳存货的控制理论便诞生了。1952年，Baumol在存货控制理论的基础之上，提出了针对生产企业的现金管理理论。Baumol的现金管理思想是可以把现金的存量视为存货的最优存量来加以类似处理，Baumol认为现金管理是将生息资产转入到生息存款账户之中，并且企业对于现金的需求是随机的。Miller和Ore认为现金管理的核心是在企业持有的现金和生息资本中寻求一个均衡，并且企业对于现金的需求也同样是随机的。后来，Girgis、Eppen、Fama等提出了一种更为普遍的针对随机现金流的模型。2001年Hinderer、Waldman提出净现金流是独立分配并且是独立运动的。

三、研究方法及过程

（一）理论分析

随着全球经济一体化的转变和金融危机的爆发，现金管理理论发生了一定的改变。公司针对自我的状况应做怎样的现金管理，什么样的现金管理软件才能更好地协助企业科学合理地管理账户和流动资金头寸，提升财务管理水平和获取更高的资金收益。为此，我们主要利用学校图书馆文献资源和网络资源查找相关资料，收集二手资料。

通过文献和网络了解关于商业银行现金管理产品特别是金融危机爆发以后商业银行的市场情况和面临的现金管理瓶颈问题，了解现金管理业务相关的理论知识、我国现金管理业务的发展现状及面临的机遇与挑战，并学习理解调查对象的选取方式、调查访问的程序要求、调查问卷内容的正确设置等。

（二）实证分析研究

在进行我国商业银行现金管理产品前景分析的具体调研过程中，我们以成都市各主要商业银行及抽样出的几家上市公司为主要的调研对象，主要采取实地观察法（客观观察法）、问卷法（问卷调查）、访谈法（实地采访研究）等搜集第一手资料，再结合相关资料文献以及网络资源获得其他历史信息，然后采用一定的数据处理和数学建模等方法对我们的调研结果进行处理，进而研究得出现金管理产品前景分析的相关理论成果。

本项目的研究阶段如图1所示。

调查准备阶段

↓

数据采集阶段

↓

数据处理阶段

（数据建模及挖掘阶段）

↓

结项阶段

图1　项目研究阶段

1．调查准备阶段

主要利用学校图书馆文献资源和网络资源查找相关资料，收集二手资料。准备访谈问题、调查问卷，与调研单位提前沟通。购买纪念品，检查个人身份的有关证明和标志。

2．数据采集阶段

（1）主要数据采集方法

1）实地观察法

首先，我们走访四大国有银行，通过实地考察，更直观了解其推出的现金理财产品及客户对产品的直接感受。其次，我们实地访问了个别使用和没有使用理财产品的公司，了解他们的现金流状况、营运能力及经营状况等，重点了解面临的现金流问题及理财产品对经营现状的改进程度。

2）问卷法

针对企业采用个别发送法，重点了解企业的财务管理情况和现金管理状况。个别发送法作为自填问卷中最常用的一种，它的具体做法是：研究者将问卷印制好后，派调查员依据所抽取的样本，将问卷逐个发送到调查对象手中。同时讲明调查的意义和要求，请他们合作填答，并约定收取的时间、地点和方式。调查员可以向调查对象进行解释和说明，保证有效问卷的回收率；问卷采用匿名形式，以减少调查员主观因素带来的偏差；调查对象有比较充分的时间对问卷进行阅读和思考，不受时间和空间的干扰限制。调查表的形式主要以封闭式问题（填空式、是否式、多项任选式、单项选择式等）为主，开放式问题为辅。

3）访谈

访谈是访问者与被访问者通过面对面的接触而进行的目的性较强的谈话，它是社会研究中经常被使用的一种收集资料的方法。本调研中选择的访谈对象是成都市各主要商业银行的相关工作人员。通过访谈，更翔实地了解各银行针对不同企业开展的不同的现金管理产品的特点和盈利状况，探索随着时代以及市场需求的变化导致的现金管理产品诉求的变更等，探讨了银行未来在现金管理产品这一领域的业务拓展方向及远期规划。

（2）调研设计

1）问卷抽样设计

①调查范围和对象

地点：四川省成都市

对象：川内使用及未使用现金管理产品的企业

②问卷设计流程

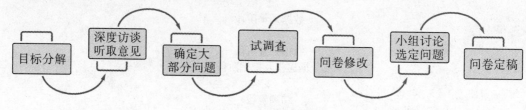

图2　问卷设计流程图

● 目标分解和问题选择

把目标分解成了几个小的目的，对每一个小的目的都用 2～5 个我们通过深度访谈后，认为最能够体现其意图的问题来进行诠释，设计到问卷中。在问卷设计的时候，我们也将注意到对甄别性问题的提出和对适当量表的选用。

● 试调查

在初次问卷基本设定后，我们将进行小范围的试调查，根据结果再次征求意见，对问卷进行修改，使之更科学、严谨和更容易被受访者理解。

● 最终定稿

③问卷信度与效度的检验

● 信度检验

我们将主要从重测信度、复本信度、折半信度以及评分者信度四个方面进行检验。

● 效度检验

对问卷的效度，我们也主要通过内容效度来检测内容的适当性，准则效度来检测我们所用的测量方式与目标效果的一致性，通过建构效度来了解我们所用的测量工具是否反映了我们目的的内部结构。

④抽样过程

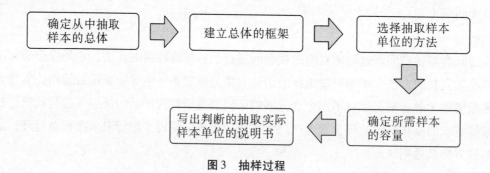

图3　抽样过程

2）访谈设计

①培训访问员，使其对问卷的题目有细致的了解，能够很好地协助被访问者完成问卷。另外，培训访问员如何介绍我们的调查，包括访问员的身份和调查组织的名称、调查名称和目的、数据的用途以表明调查的重要性、数据收集的权威性、对数据安全及保密性的保证等等，以取得被访者的信任、赢得他们的配合。

②当场对数据进行初步审核，对回答错误及无回答进行追踪访问，提高问卷回答质量。

③收回问卷，编号整理。

（3）调研人员安排及培训

在实施调研之前，我们将对小组做一个分工和培训：

1）小组分工安排

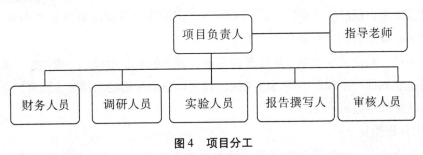

图4　项目分工

2）培训

培训主要集中在对于调查专业知识的提高、调查技巧的把握和如何能够更有效地传递我们的信息，使被访者更明确地了解和更容易地接受我们的问题。使我们搜集的数据更加的科学、准确，最大限度减少人为误差。

3．数据处理阶段（数据建模及挖掘阶段）

主要采用建立模型、实证分析、数据处理、构建管理学结构模型等方法。

（1）建立指标

对经过实地观察、问卷以及访谈等方式得到的信息进行加工，建立相应的评价指标体系，对调研结构指标化，以便利用相应模型进行深入分析。

现金流量项目分为三类，即经营活动产生的现金流量、投资活动产生的现金流量和筹资活动产生的现金流量。

全部现金净流量的阅读和分析：如果现金流量净增加额项目为正数，说明本期现金和现金等价物是增加了，企业的支付能力较强，反之较差，财务状况恶化。但并非现金净增加额越多越好，因为现金的收益性较差，若现金流量净增加额太大，则可能是企业现在的生产能力不能充分吸收现有的资产，是资产过多地停留在盈利能力较低的现金资产上，从而降低了企业的总体获利能力。

现金流量表有多种用途，但观察支付能力和财务风险是其主要的用途，因为企业获取现金的目的是为了满足支付的需要。可使用的主要指标如下：

1）经营适应能力分析指标

①经营自适应比率：该指标反映企业经营活动产生的现金满足其自身对现金需要的能力。

②筹资对经营的适应比率：该指标反映企业对外筹资的资金满足维持简单再生产和扩大再生产的能力。

2）偿债能力分析指标

①现金流量比率：该指标反映企业现金流量应付流动负债偿还需要的能力。

②现金流量对当期到期的长期负债之比：该指标反映企业现金流量用于支付当年到期的长期负债的能力。

③即付比率：该指标反映即期实际支付短期债务的能力。

④全部债务现金流量比率：该指标反映企业现金流量用于支付全部债务的能力。

⑤现金流量对流动负债增加之比：反映企业现金流量的增加是否与流动负债的增加同步。

⑥现金流量对流动资产增加之比：该指标反映企业现金流动资产增加中现金及现金等价物的增加程度。

⑦现金利息保障倍数：反映企业的现金付息能力。

⑧现金支付保障率：反映企业在特定期间实际可动用的现金资源能够满足当期现金支付的水平，是从动态角度衡量企业偿债能力发展变化的指标。

⑨自由现金流量：是衡量企业财务弹性及内部成长能力的重要指标。一般说来，企业的自由现金流量越大，表明企业内部产生现金的能力就越强，其可以自由运用的内部资金就多，企业对外融资的要求也低，财务状况就越健康。

3）发展能力分析指标

现金对投资适应比率：全部现金净流量或经营活动产生的现金流量与资本性支出（企业在构建固定资产、无形资产和递延资产等方面的支出以及用于对外长期投资方面的支出）之比。该指标反映企业在一定时期全部现金流量或经营现金流量可进行再投资发展的水平，间接衡量企业经营成长和发展对对外筹资的依赖程度。

4）真实收益能力分析

①销售净现率：该指标反映企业在会计年度内每实现 1 元的销售收入所能获得的现金净流量，体现企业销售商品所取得的变现收益水平。

②总资产净现率：该指标反映企业运用资产所获得经营活动现金净流量的能力，用于衡量企业资产的实际利用效果。观察近几年该指标的数据，可以观察经营资产利用效果的变化趋势。

5）收益质量分析

①销售收现率：该指标反映企业的销售在当年的收现情况。

②现金获利指数：该指标反映企业每实现 1 元的经营利润所带来的现金净流入的数额，以此来衡量企业经营收益的风险程度。

③收益现金比率：该指标反映每股收益中的变现收益的高低。

6）管理效率分析

①销售收现率：该指标体现企业销货收到价款的能力和水平。

②现金流量对应收账款之比：该指标反映企业货款回笼速度的快慢，信用管理的好坏。

③现金周转率：该指标用来衡量企业现金的管理能力和效率，比值越大，表明现金闲置越少，收到的现金投入经营或用来调整财务结构。

7）从现金流量表看企业成长能力

企业的成长能力是指企业未来发展趋势和发展速度，包括企业规模的扩大、利润和权益的增加等。对企业成长能力的分析，也可以判断企业未来经营活动现金流量的变动趋势，预测未来现金流量的大小。

（2）量化

调查表中的封闭式问题，各选项量化，以便于数据的初步分析。对于废表或者可明显看出填写不认真的问卷直接舍弃。对于开放式问题，设定一定的权重，运用层次分析、综合评价等方法对调研信息量化，利用我们为本项目设置的评估体系进行一个分析和处理。

1）对数据预处理

对数据分析之前，首先将庞大的问卷数据转换为统一规则的数据信息，以利于数据分析的进行。

2）数据的分析

主要运用 SPSS、数学建模、Excel 数据处理等管理学中的管理科学，来对数据所反映出的层次问题进行分析、处理，并根据所建模型来进行分析。

主要步骤为：

①提出问题；

②建立一个代表所研究对象的研究数学模型；

③解模型得到解决方案；

④对模型和解决方案进行验证；

⑤建立对解决方案的控制手段；

⑥实现解决方案。

四、研究分析

（一）理论分析

1. 观点分析

（1）观点一：现金管理产品的必要性

随着我国国民经济的发展和经济全球化趋势的明显加快，我国企业经营规模日益扩大，并呈现出集团化和国际化的发展趋势。同时，由于企业规模的扩大和产业的多元化发展，导致企业资金在规模日益扩大的同时趋于分散，资金管理的难度日益加大。伴随着市场竞争的加剧和金融市场的复杂多变，企业要更好地生存发展必须具有现代现金管理的思想和理念，掌握现金管理的各种工具和方法的应用，才能达到加快资金周转、提高资金收益、控制资金风险、降低财务成本、加强管控力度、提升管理水平的目标。而面向企业的现金管理软件将协助企业科学合理地管理账户和流动资金头寸，高效归集、调剂内部资金，加强资金保值增值，以提高资金流动性、提升财务管理水平和获取更高的资金收益。

同时，百年一遇的金融海啸让企业界深深体会到"现金为王"的经营理念是多么重要。存贷利差的日渐缩小促使银行界尽快实现经营转型、提升中间业务收入占比，现金管理业务因应需要被提上银企双方议事日程。

（2）观点二：我国企业现金管理现状

1）现金管理理念落后

由于现金管理引入我国的时间还不是很长，同时受到国内金融环境等各方面因素的制约，国内许多企业对网络时代的现金管理缺乏深刻的认识和理解，把现金管理仅仅理解为简单的资金收支工作。此外，企业在运营过程中，管理者往往过于追逐利润而忽视现金流，从而导致企业极易陷入现金流断裂的困境。

2）缺乏完善的资金管理制度

企业往往缺少系统科学的资金管理制度，对下属机构没有科学的管理办法和操作流程，对资金管理的要求往往过松或过紧，缺乏针对性和灵活性。

3）现金管理方式及手段落后

企业由于缺乏必要的技术手段支持，在资金划转、审批、银企对账、凭证生成等各业务操作环节都只能手工处理，大大降低了资金的周转速度，同时也容易出错。且由于缺少必要的监督手段，下属企业有时多头开户，从而导致企业总部无法对整个企业的现金流实施有效的监控。

4）现金管理信息失真，缺乏信息管理工具

由于企业自身组织架构越来越复杂，信息传递的路径越来越长，各种有效信息很难实时、准确地反馈到企业总部，导致总部往往靠事后的报表来对下属成员企业的现金进行控制和管理，使得决策者难以及时、准确、全面地掌握有效资金信息，无法对集团整体资金实施有效管理、监督和控制。

（3）观点三：金融危机对企业现金管理的启示

金融危机实际是一种信用危机，是建立在以预期收益作抵押，通过银行、证券公司、投资者进行掉期交易，实现资本增值的虚拟经济现象。在这种情况下，如果虚拟经济的预期是真实的，就没有风险，投资个体就可以随时实现资本的变现；如果预期收益是虚假的，信用资产就是纯粹的泡沫，随时都会化为乌有，使信用金字塔难以自立，也使依赖预期收益抵押续接资金链的企业顷刻处于难以运转的地步。这次遭遇金融危机严重打击的企业所表现出的资金问题，不仅进一步证实了这种可能性的存在，而且给企业的现金管理提出了不可轻视的警示。

1）企业经营不可没有一定的现金保证

企业是用现实资本注册成立的实体经济单位，它以营利为目的，以生产经营为手段，承载着投资者的希望和寄托，担负着满足社会需求的责任，与社会经济格局的变化既相适应又分处不同角度。企业的生产经营不仅需要畅通有序的物资流，更需要良好的资金流作保证。物资流虽具有一定的独立性，但相对于资金流而言，则完全处于被动地位。就实际情况看，实体企业的资金一般来自以下五个方面：一是自有资金的存量；二是用户订货的预付款；三是当期销售回款；四是应收账款的清收回款；五是融资借款。金融危机导致实体经济衰退后，用户订货量下降，结果必然是预付款、销售回款和应收账款清收的减少，这时企业如果没有一定的现金存量，仅靠融资借款这一资金流入渠道，其风险是相当大的。

2）不可过分透支信用

信用是建立在人们对未来预期收益分析判断基础上的，而未来预期收益仅仅是人们按正常情况考虑得出的结果，在实现未来目标时很可能会遇到不少问题，遇到诸多不确定因素的干扰和影响。如果不留余地过分透支信用，过分依赖透支预期收益换来的资金流入，忽视自有现金存量的管理和储备，生产经营的基础就会发生变化，成为无本之木、无源之水。迪拜神话破灭造成的冲击，就是一例明证。

3）金融衍生产品的使用要谨慎有度

金融衍生产品可以放大金融产品的作用，从某种意义上讲，是解决资金不足问题的一种最快的方法，同时也是投机性最强、现实资金分解减少极快的风险性融资手段。使用金融衍生产品，虽然能使有限的资金存量实现资金倍增效应，解决当时的资金紧张问题，但其在衍生环节中产生资金成本的问题也是不可忽视的，资金使用者不仅要承担未来的还款责任，同时也背上了不可推卸的付息负担。

2. 理论模型演绎

针对商业银行的现金管理产品的可行性分析，我们主要是针对需求方，即企业方进行的。企业方对于商业银行现金管理产品的需求往往取决于企业的现金持有情况以及对未来现金持有量的预测。因此，我们为了解企业未来的现金需求量，建立了一个数理模型进行定量的分析推断。

在模型的建立过程中，为了简化问题，我们均假设模型适用的企业为生产和销售型企业，即企业的主营业务收入均来源于产品的销售。

模型假设：

假设某生产销售类企业的商品销售量为 S；并且商品销售量服从于随机游走；企业销售收入（EARN）同销售量成正比关系。则销售量和销售收入的模型可表示为如下形式

$$EARN_t = \pi S_t$$

$$S_t = S_{t-1} + \varepsilon_t \tag{1}$$

其中，π 表示产品的利润率；t 表示时间；ε_t 表示 t 时刻的随机项。本模型中还包含了三个账务平衡变量：账务收入（AR）；账务支出（AP）；存货（INV）。AR 被定义为一个占销售量的固定的比例，记为 α，$(0 < \alpha < 1)$；AP 被定义为一个占购买性支出或生产量的固定的比例，此比例记为 β $(0 < \beta < 1)$；另外，该购买性支出或产品的生产量记为 P_t。则可得到如下一组关系式

$$AR_t = \alpha S_t$$

$$AP_t = \beta P_t$$

$$\Delta AR_t = \alpha \varepsilon_t \tag{2}$$

$$\Delta AP_t = \beta \Delta P_t$$

其中，$\Delta AR_t = AR_t - AR_{t-1}$；$\Delta AP_t = AP_t - AP_{t-1}$；$\Delta P_t = P_t - P_{t-1}$。假设由参数 α 和 β 决定的账务收入和支出的现金都可以在下一期支付或收到。

本文假设企业对于存货量的调节时跨两期进行调节的。我们设置了两个参数（γ_1 和 γ_2）来表示企业的存货政策，且有 $0 < \gamma_1$，$\gamma_2 < 1$。γ_1 表示存货储量占销售量的比例；γ_2 表示存货量占当前冲击的比例；另外，ε_t 没有包括在当期的存货中，因为其被延迟到了下一期。因此，当期的生产支付金额等于当期的销售成本加上初始存货量对于当期销售冲击的调整，再加上对于前期销售冲击的滞后调整。数学表达式如下

$$P_t = (1-\pi)S_t + \gamma_1(1-\pi)\varepsilon_t - \gamma_1\gamma_2(1-\pi)\Delta\varepsilon_t$$

$$= (1-\pi)S_t + \gamma_1(1-\pi)\left[(1-\gamma_2)\varepsilon_t + \gamma_2\varepsilon_{t-1}\right] \tag{3}$$

等式（3）表示如果 $\gamma_1 = 0$，就没有存货；如果 $\gamma_2 = 0$，企业就能充分调整调度资源去应对销售变动带来的冲击，那么，支出就等于销售商品的支出加上调整存货应对销售冲击的总支出，即 $\gamma_1(1-\pi)\varepsilon_t$。由于总支付等于销售成本加上存货的变动，等式（3）能够用来得到当期存货变动 ΔINV_t 和预期下期的存货变动 $E_t\left[\Delta INV_{t+1}\right]$ 之间关系的表达式

$$\Delta INV_t = \gamma_1(1-\pi)\left[(1-\gamma_2)\varepsilon_t + \gamma_2\varepsilon_{t-1}\right]$$

$$= E_t\left[\Delta INV_{t+1}\right] = \gamma_1\gamma_2(1-\pi)\varepsilon_t \tag{4}$$

其中，$E_t\left[\Delta INV_{t+1}\right]$ 是对于 t 时刻存货变动量的数学期望。由于有延迟存货的调整，$E_t\left[\Delta INV_{t+1}\right] = 0$ 只可能在 $S_t = S_{t-1}$ 的很少见的情况下发生。

（1）将总收入视为对于未来现金流量的标准

下一期的现金流入量 CF_{t+1} 等于调整后的销售现金流入量减去调整后的支出流出量。用公式表达为

$$CF_{t+1} = (S_{t+1} - \Delta AR_{t+1}) - (P_t - \Delta AP_{t+1}) \tag{5}$$

等式（1）、（2）、（3）说明等式（5）能表示为关于 S_{t+1} 和三个销售冲击参数 ε_t、ε_{t+1} 和 ε_{t-1} 的等式

$$CF_{t+1} = \pi S_{t+1} - [\alpha + (1-\pi)\gamma_1 - \beta(1-\pi)]\varepsilon_{t+1}$$
$$+ \gamma_1(1-\pi)[\beta + \gamma_2(1-\beta)]\Delta\varepsilon_{t+1} + \beta\gamma_1\gamma_2(1-\pi)\Delta\varepsilon_t \tag{6}$$

等式（6）能够用来表示由预期的下下期现金流和当期以及前滞后两期收入构成的函数，从而等式（6）可变换为如下的等式形式

$$E_t[CF_{t+1}] = \pi S_t - \gamma_1(1-\pi)[\beta + \gamma_2(1-\beta) - \beta\gamma_2]\varepsilon_t - \beta\gamma_1\gamma_2(1-\pi)\varepsilon_{t-1} \tag{7}$$

由等式（1）可知 $\varepsilon_t = \pi^{-1}(EARN_t - EARN_{t-1})$，当期和滞后两期的收入表明销售冲击和下一期的预期现金流入相关。用 EARN 替换等式中的 ε 从而形成新的等式（8）

$$E_t[CF_{t+1}] = \{1 - \gamma_1(1-\pi)\pi^{-1}[\beta + \gamma_2(1-\beta) - \beta\gamma_2]\}EARN_t$$
$$+ \gamma_1(1-\pi)\pi^{-1}[\beta + \gamma_2(1-\beta) - 2\beta\gamma_2]EARN_{t-1}$$
$$+ \gamma_1(1-\pi)\pi^{-1}\beta\gamma_2 EARN_{t-2} \tag{8}$$

等式（8）表明预期下期的现金流等于当期的收入和存货变动两期之后的总和。但是，$EARN_t$ 高估了在 $t+1$ 期的现金流，因为 $EARN_t$ 忽略了由于下期的存货延迟而给本期造成的影响。

（2）用当期收入和应记账款发生额作为对未来现金流的预测

这样的分析方法没有直接导出未来现金流和总收入之间的关系，然而，我们的目的是要理解收入以及应记账款、现金流之间的关系，我们将在下面的模型中导出它们的关系。通过观察，我们不难发现等式（5）可以用来揭示预期的下期现金流和应记账款之间的关系。特别地，运用等式（5）我们可以发现，CF_t 和 $E_t[CF_{t+1}]$ 的等式表明下期的现金流和当期现金流是有差异的，因为公司在应收账款和应付账款上的变化时有差异的，并且，公司对于下期支付的预期的变位也是不确定的。因此，CF_t 对于 CF_{t+1} 来说不是一个无偏的估计。关于 CF_{t+1} 预期的数学表达式如下：

$$E_t[CF_{t+1}] = CF_t + \Delta AR_t - \Delta AP_t - (1-\beta)(E_t[P_{t+1} - P_t])$$
$$= CF_t + \Delta AR_t - \Delta AP_t - (1-\beta)(E_t[\Delta INV_{t+1} - \Delta INV_t]) \tag{9}$$

将 $E_t[CF_{t+1}]$ 用 ΔAR_t 表示后，等式（9）可重新写为如下的形式：

$$E_t[CF_{t+1}] = CF_t - [1 - (1-\beta)\gamma_1\gamma_2(1-\pi)\alpha^{-1}]\Delta AR_t + (1-\beta)\Delta INV_t - \Delta AP_t \tag{10}$$

因此，在本模型的假设下，预期的现金流可以表示为由等式（1）所推到出的当期收入和两阶滞后收入所构成的等式，即等式（8）的形式；也可以表示为由等式（2）所推出的当期收入和应收入账款之间的关系式，即等式（10）的形式。换句话说，等式（8）和（10）对于未来的现金流预测是等效的。

通过以上对于企业现金流的定量的公式演绎，我们找到了挖掘企业现金流量的方式和方法，这对于我们准确预测企业未来的现金需求状况、推断企业的资金缺口，从而定性的得到企业对于商业银行现金管理产品的需求具有重大的意义。因为，一旦我们确定了企业未来对于现金流的需求，并与企业当前自有现金进行比对后就会找到二者之间的差异，这个差异值就是我们所要具体论证和运用的指标。例如某企业的实际会计报表中的当前现金为 100 万元，我们通过以上定性公式计算得到的企业现金应为 120 万元，这就意味着企业面临着 20 万元的资金缺口。由此可以说明企业对于外部短期融资，特别是以短期商业信贷外主的银行现金管理产品而言应该是有很大的需求的。

（二）实证分析

1. 访问

"现金为王"是企业财务管理的核心理念，良好的现金流更被视为企业生存的命脉。暑假期间，

我们调研了四大国有商业银行及招商银行，访问了其主要负责人。

目前，中农工建四大行已经整合完成"结算与现金管理部"，国内已有27家商业银行陆续开展现金管理这项业务，15家商业银行推出了各自的现金管理品牌。现金管理业务不仅增加了中间业务收入，也带了庞大而稳定的集团存款，加深了商业银行与企业的合作。如中国工商银行，该行今年的现金管理业务增势强劲。上半年，该行现金管理客户已超过44万户，较年初新增15万多户，增幅达54%。

企业现金管理业务引入国内十余年，目前中国已成为国际市场现金管理业务的核心区域。然而，包括三跨（跨银行、跨币种、跨境）平台、盈利模式、创新不足、监管滞后在内的一系列的内外部壁垒，正限制现金管理业务的发展。某行的负责人指出，现金管理业务要取得突破，必须加快金融机构电子化建设步伐，提供综合性现金管理产品，这还需要商业银行、企业以及技术第三方共同合作。

企业现金管理业务，是银行为企业提供的本外币资金账户管理、集中收付款以及投融资和风险管理等资金周转的专业化服务。该业务自1999年由花旗银行引入国内，经过十余年的发展，已成为公司业务中战略性的布局。作为一项重要的中间业务，为银行带来了新的增长点。

近几年，随着我国经济的快速发展，企业集团公司数量激增，业务规模不断扩大，导致企业集团对资金管理的需求日益提高。同时，经济全球化不断加深，我国经济对外开放程度日益增加，企业所处环境的风险因素也在增加。某行对公业务相关负责人表示，随着企业业务规模扩大，现金管理业务需要实现从资金管理向综合理财、从本土服务向全球服务、从单体客户向供应链金融的重要转变。

以下是我们了解到的两个较为成功的现金管理产品及其特点。

中国建设银行——"禹道"

2010年中国建设银行重点推广了新一代现金管理品牌——"禹道"。据其负责人介绍，在去年年底中国建设银行着力打造的"禹道"现金管理品牌，涵盖了目前中国建设银行七大现金管理产品线，即账户服务、收付款产品、流动性管理、投融资管理、信息报告、行业解决方案、服务渠道，融合了近百种现金管理产品以及十余个行业的现金管理综合解决方案。主要包括了四大方面的内容，以账户和供应链为核心的收付款交易管理；以现金资源集中、共享为核心的流动性管理；以创造现金流价值为核心的投、融资管理；以及以资金流、信息流、乃至物流为核心的综合信息报告。目前已被中国移动通信集团、中国联通、中国华能集团公司、中国石化集团等大型集团企业使用。

中国农业银行——"行云"

2009年，中国农业银行推出现金管理产品——"行云"。据介绍，农业银行现金管理的服务内容主要包括账户管理、收付款服务、流动性管理、投融资服务、供应链金融服务、风险管理等六大方面的产品系列。中国农业银行根据企业的需求提供量身定制的服务方案。例如，中国农业银行有领先的资金池产品，并且可以构建多层级资金池，满足系统性客户不同层级的资金共享需求；提供的资金归集方式灵活多样，支持不限层级的体系设计，不同的归集时点、归集周期以及多形式的归集条件设置，更能适应企业多样化的资金归集需要；首创的漫游汇款产品也极具创新性，汇出款项全国通兑，安全方便。

2. 模型的计算

为了定性分析出企业对于商业银行现金管理产品的需求情况，我们选取了一部分的代表型企业进行调研和数据采集的工作。由于时间和地点等诸多因素的限制，最终我们只选择了成都地区的10家生产和销售型企业进行了实地的调研。为了对调查企业进行保密，我们对每个企业进行了编号，从

E1 到 E10。以下是我们收集整理得到的 10 个企业的有关数据，如表 1 所示。

表1 代表型企业月均现金流量表

企业编号	月均现金流量(万元)	企业类型
E1	100.678	销售
E2	1345.983	生产
E3	50.332	销售
E4	213.712	生产
E5	123.867	销售
E6	971.554	生产
E7	335.985	销售
E8	567.211	生产
E9	412.674	生产
E10	98.747	销售

为了得到采集样本的企业对于商业银行现金管理产品的定量需求情况，我们将各企业的有关数据分别代入了模型（8）和（10）中进行计算，分别得出了企业在不同会计指标的刻画下的下期现金流量。

模型（8）得到的有关预测值如表 2 所示。

表2 总收入法预测的企业现金流量

企业编号	预期月均现金流量(万元)	企业类型
E1	112.784	销售
E2	1 068.389	生产
E3	78.332	销售
E4	254.668	生产
E5	176.884	销售
E6	1 098.765	生产
E7	298.637	销售
E8	610.376	生产
E9	397.398	生产
E10	153.278	销售

模型（10）得到的有关预测值如表 3 所示。

表3 当期收入和应记账款法预测的企业现金流量

企业编号	预期月均现金流量(万元)	企业类型
E1	106.454	销售
E2	1297.934	生产
E3	83.221	销售
E4	267.891	生产
E5	168.213	销售

表3(续)

企业编号	预期月均现金流量(万元)	企业类型
E6	1123.902	生产
E7	284.785	销售
E8	597.384	生产
E9	362.273	生产
E10	164.689	销售

从模型（8）和模型（10）的预测结果可以看出，不同的企业对于现金的预期需求是不同的，有的企业会出现资金短缺，有的企业会有资金盈余。为了客观具体说明我们调研的企业的资金缺口情况，我们用表4以示说明。

表4　企业现金流量缺口预测表

企业编号	预期月均现金流量缺口 （万元）	预期月均现金流量缺口 占月均现金流量的比例	企业类型
E1	5.776 ~ 12.106	5.74% ~ 12.02%	销售
E2	-227.549 ~ -48.049	-20.62% ~ -3.57%	生产
E3	28 ~ 32.889	55.63% ~ 65.34%	销售
E4	40.956 ~ 54.179	19.16% ~ 25.35%	生产
E5	44.364 ~ 53.017	35.80% ~ 42.81%	销售
E6	127.211 ~ 152.348	13.09% ~ 15.68%	生产
E7	-51.2 ~ -37.348	-15.24% ~ -11.12%	销售
E8	30.173 ~ 43.165	5.32% ~ 7.61%	生产
E9	-50.401 ~ -15.276	-12.21% ~ -3.70%	生产
E10	54.531 ~ 65.942	55.22% ~ 66.78%	销售

注：负数表示资金充裕的部分。

从上表中可以看出，企业E1、E3、E4、E5、E6、E8、E10均存在正的资金缺口，即这些企业的未来现金流量可能会出现不足的情况。抛开那些较小的短缺比例，企业E3、E4、E5、E6、E10对于预期资金的缺口比例都在10%以上，可见这些企业从定量的方面对于外部资金是有需求的，因此，这些企业对于商业银行的有关现金管理产品是存在潜在需求的。企业E2、E7、E9存在资金方面的盈余，但其资金的盈余比例都不是很高，一般不会超过15%，可见这些企业的现金流管理情况较佳。但是，企业E7存在较高的现金流盈余，这种盈余也可导致其对于现金管理产品的需求，例如，该类企业可以将多余的现金交由银行管理，购买相应的现金管理产品或投资理财产品以获得相应的回报，减少因多余资金闲置而带来的损失。

五、研究结果及推广

本文分别从定性和定量两个方面从不同的角度分析论证了商业银行现金管理产品对于现代生产和销售企业的需求情况，运用数学演绎和公式推导的方式得出了一般性的分析方法。针对商业银行所面对的实际市场，我们采用了实地调研的方法收集有关数据和具体问询企业的需求，但是，限于时间和地点的局限，我们仅仅对 10 家具体的单位进行了调研。由于样本的关系，我们的结论可能不具有普遍意义的代表性，可是，对于大部分类似的具有代表性的企业来说，我们的调研在一定程度上还是有参考价值的。通过实证分析，我们发现，大部分的企业表示希望接受有关来自商业银行的专门的资金支持，即愿意接受相关的现金管理产品。同时，通过对数据的分析和处理以及模型的求解我们发现大部分的企业预期现金流是有较大缺口的，这也更加有力地说明企业对于现金管理产品是存在切身需求的。另外，部分企业的现金流有较大的富余，这些企业同样可以接受商业银行开展的有关投资理财方面的理财产品，从而降低资金闲置而带来的损失。

对于商业银行而言，我们的研究在某种程度上是具有指导意义的。虽然我们的研究切入点主要是企业的现金流需求情况，但是，从需求的角度就足以反映整个现金管理产品的推广的可行性。根据我们的研究，我们建议商业银行可以根据代表性企业对于现金的需求特点开发相应的现金管理产品，因为市场的需求还是很大的，大部分企业对于此类企业具有很强的需求意愿。只要商业银行能够合理控制此类产品的成本核算和控制体系，现金管理产品的前景应该是无可限量的。

参考文献

［1］叶玉峰，胡玉明. 基于银行借贷融资动机的现金流量管理研究. 经济与管理研究，2009（2）.

［2］朱南，王龙. 供应链下中国银行业现金物流管理的模式. 商场现代化，第 565 期.

［3］谢新生. 货币资金的内部控制. 财务与会计，2009（11）.

［4］庞伟. 我国银行业现金管理服务业务发展的利弊分析. 大众商务，第 99 期.

［5］W Baumol. The transaction's demand for cash an inventory theoretic approach，Quarterly Journal of Economics 56（1952）：545 - 556.

［6］F Y Edgeworth. The mathematical theory of banking，Journal of the Royal Statistical Society 51（1888）：113 - 127.

［7］K Hinderer and K H Waldman. Cash management in a randomly varying environment，European Journal of Operational Research 130（2001）：468 - 485.

［8］G D Eppen and E F Fama. Cash balance and simple dynamic portfolio problems with proportional costs，International Economic Review 10（1969）：119 - 133.

［9］John E McEnroe. An examination of attitudes involving cash flow accounting：Implications for the content of cash flow statements. The International Journal of Accounting，Volume 31，Issue 2，1996：161 - 174.

［10］Patricia M Dechow，S P Kothari，Ross L Watts. The relation between earnings and cash flows，Journal of Accounting and Economics，Volume 25，Issue 2，27 May 1998：133 - 168.

［11］Fionnuala M Gormley，Nigel Meade. The utility of cash flow forecasts in the management of corporate cash balances，European Journal of Operational Research，Volume 182，Issue 2，16 October 2007：923 - 935.

企业融资偏好问题探究

——从管理层角度分析我国国有控股上市公司的融资偏好问题

郝亚锋　蒋雨泽　张康　隆欢　吴昊　任心悦

【摘要】我们的研究报告将会以一个全新的视角，从管理层（这里特指经理层）的角度出发来研究探讨我国国有控股上市公司股权融资偏好问题。整个研究报告我们将以我国的国有控股上市公司的融资情况作为主线，并以西方上市公司的相关情况作为辅助，研究怎样通过一些有效的监督激励机制来约束管理层的行为，从而解决目前我国国有控股企业在股权融资过程中存在的一系列问题，优化企业融资结构，提高企业运营效率。

以下是我们整个研究报告的思路：

> Ⅰ. 课题提出的背景、意义、理论依据、课题研究目标及方法等

> Ⅱ.从管理层角度探究我国国有控股上市公司股权融资偏好产生的原因

> Ⅲ.技术路线
> 1.探究我国现行制度下管理层可以操纵融资方式的前提条件
>
> 2.探究股权融资可以为管理层带来哪些方面的利益
>
> 3.探究股权融资下管理层获取这些利益途径的产生
>
> 4.管理层具体如何运用这些途径来实现自我获利

> Ⅳ.提出解决问题的方法

【关键词】管理层　融资偏好　国有控股上市公司

一、项目研究的意义、理论依据等

（一）项目研究的意义

1．理论意义

从现有的一些文献表明，我国国有控股企业在融资过程中偏好股权融资，本课题研究国有控股企业股权融资的理论意义在以下几点：

（1）探讨管理层的制度缺失及代理混乱问题

这些问题使管理层会因追求自身利益最大化利用信息不对称而滥用权力进行过度融资。而文献对于如何解决这些问题还没有提出明确有效的措施。

（2）探讨股权融资的低成本低风险问题

风险收益对称性表现为：高风险的负债融资应得到高收益，低风险的股票融资得到低收益。而我国正好相反（如图1所示），而如何规范中国市场的这种风险收益不对等原则还有必要做更详细的工作。

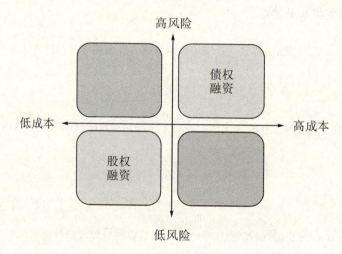

图1　股权融资风险示意图

（3）探讨外部市场及证券市场机制不健全问题

证券市场功能不完善，资本市场的控制权机制相对失效，"用脚投票"的市场淘汰机制失灵，二级市场有效率的并购重组难以实现，额度控制导致"上市"成为一种稀缺资源，弱化了上市公司加强管理的动机，导致融资过大过频。

2．现实意义

本课题研究国有控股企业股权融资偏好，即怎样通过对管理层的有效控制和监督，完善委托代理关系实现企业资源的有效配置。

（1）加大股东、董事会对管理层的监督和约束，减轻管理层败德行为，解决企业的融资偏好问题

股东与管理层的信息不对称，内部治理结构的不完善，以及国有企业的薪酬管制等，使得管理层极易产生追求自身利益最大化的行为，而解决融资偏好问题可以在一定程度上减轻管理层的败德行为。

（2）从股东、董事会及一些法律通道约束和监督管理层行为

①怎样加大股东、董事会对管理层的监督和约束。

根据市场假说理论（即股东与管理层之间信息沟通更加透明），但我国资本市场的不完善，公司的股票价格难以反映公司的真实业绩，股东获得信息有限，股东很难对经理层实施有效的监控。上市公司管理层大多通过董事会聘任及大股东操作，存在代理人缺位新问题，董事会要实施对管理层的有效监督往往难以奏效。本课题就此提出更有效的管理机制，达到董事会对管理层的有效监控。

②怎样通过有效的监督约束及激励制度控制管理层在职消费过度。

我国国有企业存在的薪酬管制制度使管理层追求自身利益最大化受限制，在信息不对称条件下，管理层行为会存在道德风险，利用经理层天然信息优势过度消费。

③规范经理层的信息披露机制。

上市公司中"内部人控制"现象广泛存在，公司的信息主要被内部人把握，若不对此做强制披露，对经理层的监督约束无从谈起。

④更好的完善法制制度，完善公司结构治理。

⑤更好的完善除股权融资以外的其他融资行为，优化企业融资结构。

针对上述现象，我组从一些新的管理机制对管理层进行监督与激励，规范股东和董事会对管理层的约束，减少信息不对称和道德风险的缺点，约束管理层的败德行为，适当控制管理层的过度消费，改进其他融资的好处，优化企业融资结构，推动融资健康快速发展，完善中国的市场体制。

（二）课题研究理论依据

A. 委托代理理论

B. 信息不对称理论

C. 信号传递理论

D. M－M 定理

E. 代理成本问题相关研究

（三）课题研究目标

从委托代理角度分析探究管理层行为对于企业融资行为的影响，进而通过一些更具体更有效的监督、约束及激励制度加大股东、董事会对管理层的约束，控制管理层的过度在职消费，规范管理层的信息披露机制等，最终达到优化企业融资结构的目的。

二、从管理层角度探究股权融资偏好产生的原因

以下我们将从管理层的角度来分析我国国有控股公司产生股权融资偏好的原因，并且在具体的分析过程中将会按照企业的外部与内部的逻辑顺序来进行。如图2所示。

管理层与企业的外部因素 { 管理层从我国资本市场出发 / 管理层与经理人市场 / 管理层与政府

管理层与企业的内部因素 { 管理层与国有控股上市公司的内部治理结构 / 管理层从发展企业的角度 / 管理者从自身利益角度

图 2　管理层与企业内外部因素

（一）管理层从我国资本市场出发

管理层进行企业融资是与资本市场这个环境密切相关的，因此我国资本市场结构对管理层的融资决策必然也是具有影响的，以资本市场的功能为依据，我们将资本市场分为了一级市场和二级市场两个层面分析。

1. 一级市场

（1）股票市场与债券市场

比较我国的股权融资偏好和啄食理论可以明显地发现两者对于股票与证券两种融资形式的取舍是截然不同的。我们认为从证券市场与债券市场的差异来分析一下这种现象的产生原因是十分具有必要的。

我国资本市场还非常的年轻，虽然成就斐然，但也难免存在问题。首先我们来看下面一组数据，如图3、图4所示。

	股票成交额	上市股票数	股票成交量
	（亿元）	（个）	（亿股）
1991	-	-	-
1992	681	72	37.95
1993	3627	218	226.56
1994	8128	345	101.33
1995	4036	381	705.31
1996	21332	599	2533.14
1997	30722	821	2560.02
1998	23544	931	2154.11
1999	31319.6	1029	2932.39
2000	60827	1174	4758.38
2001	38305	1240	3152.29
2002	27990	1310	3016.19
2003	32115	1372	4163.08
2004	42334	1463	5827.73
2005	31665	1467	6623.73
2006	90469	1520	16145.23
2007	460556	1636	36403.75
2008	267113	1711	24131.39

	企业债券（含短期融资券）发行额	交易所债券成交额	企业债券（含短期融资券）兑付额
	（亿元）	（亿元）	（亿元）
1992	684	-	-
1993	236	-	0
1994	162	-	282.04
1995	301	-	325.5
1996	269	18039.35	317.8
1997	255	16476.89	219.81
1998	148	21661.78	105.25
1999	158	18284.12	56.5
2000	83	19119.16	0
2001	147	20417.76	0
2002	325	33249.53	-
2003	358	62136.36	-
2004	327	50323.5	-
2005	2046.5	28367.85	37
2006	3938.3	18279.32	1672.4
2007	5058.5	20667.21	-
2008	8435.4	28884.94	-

图3　股票市场数据

图4　债券市场数据

（数据来源：中经网统计数据库）

从上面的数据可以看出，近几年的数据来看，股票的成交额已经达到了债券成交额的近10倍之多。我国资本市场发展的这种不平衡状况，在与世界各国尤其是发达国家的金融资产状况以及结构的比较中显得更为明显。目前，在所有发达国家的资本市场上，债市规模都是大于股市规模的。在证券市场融资中，债券融资占了极大比重，股权融资只是极小一部分。美国1994年以来，其股权融资已呈现负增长。由此可见，我国的资本市场目前确实存在着股票市场与债券市场失衡的问题。

所以，管理层面对我国目前这样一个其他融资途径不畅，必然会倾向于优先选择股权融资。

（2）股票市场的有关制度

证券市场的最初目的在于为国有资产解围，这一政策导向使我国许多上市公司的管理层更多地将股市作为圈钱的一个工具，而没有将股市看成资源配置的工具。

2000 年以前，我们实行的是额度审批制，拿到额度才能上市。现在虽然实行上市审核制，但上市仍非易事。我国资本市场的定位以及上市实行额度控制，在很大程度上诱发了上市公司的"圈钱"行为。许多有实力的企业暂时不能直接上市造成垃圾股仍具有"壳"的价值，从而使市场参与者的投机热情经久不衰，而投资理念迟迟难以建立。

从以上我们可以看出，股票市场自身存在的制度层面的欠缺也都是促使管理层偏好股权融资的原因。

2. 二级市场

在我国这个不成熟股票市场上并没有成熟市场中的那种"投资理念"。投资者之所以进入市场就是为了通过"炒作"获得诱人的差价收入，因而投资者并不对上市公司的现金分红过分关注，客观上为上市公司压低股权融资成本提供了可能性。换句话说，求富心切的二级市场炒作氛围助长了上市公司利用股权融资"圈钱"行为的产生。

表 1   1996—2004 年上市公司现金股利发放情况

年份 项目	1996	1997	1998	1999	2000	2001	2002	2003	2004
上市公司数（家）	530	745	851	949	1088	1160	1222	1287	1377
支付现金股利的公司数（家）	167	207	245	284	676	673	617	605	728
所占比重（%）	31.51	27.79	28.79	29.93	62.13	58.02	50.49	47.01	52.87
平均每股股利（元）	0.10	0.13	0.14	0.14	0.13	0.12	0.13	0.14	0.15

（数据来源：丁忠明、黄华继、文忠桥、王浩：《我国上市公司资本结构与融资偏好问题研究》，北京：中国金融出版社出版，2006 年 1 月版。）

表 2 为综合了股票发行成本与股利成本后在股票与债券成本之间的对比。股权融资成本是 IPO、增发、配股的年加权平均融资成本。具体计算方法为：当年每股股利除以每股融资额与每股融资费用之差。债券融资成本计算方法为银行 5 年期贷款利率乘以 1 与公司所得税率之差，所得税率取 33%。

表 2   股票与债券融资成本比较

融资成本（%） 年份	新股	增发	配股	5 年期贷款
2002	0.07	1.55	1.54	5.13
2003	0.54	1.23	0.93	4.74
2004	0.38	3.05	1.45	4.97
2005	1.06	3.1	2.06	4.97

（数据来源：庞博、赵艰申：《我国上市公司的股权融资偏好的原因分析》，技术经济，2006 年 11 期）

可见现在证券市场上股利分配制度的不完善，使得股权融资成为一种无需还本付息的低成本资金来源，这也就促使了管理层更偏好于股权融资的原因。

（二）管理层与经理人市场

根据国资委 2006 年公布的数字，2005 年度纳入国资委考核范围的中央企业为 166 户。其中，高层管理人员聘任外部职业经理人的企业仅 10 家，只占央企的 6.02%。可见，目前绝大多数国有企业仍然采取组织任命的方式选拔企业领导人。

在我国这种职业经理人制度未建立起来的现状下，对企业管理层就缺少了经理人市场的监督与约束作用，降低管理层在进行决策时的风险。经理人市场和控制权市场的缺失，加剧了公司的股权融资偏好。当存在成熟的经理人市场和控制权市场时，经理人如果经营不善，就有可能被替换，甚至可能致使企业被兼并或收购，这样，对经理人来说，不仅完全失去了控制权收益，而且会导致不良声誉，经理人代理行为的成本就增加了。

所以，经理人市场和控制权市场也并不成熟，使上市公司管理层缺乏必要的监督和约束，为管理层股权融资的偏好的形成提供了有利的客观条件。

（三）管理层与政府

1. 地方政府

中国上市公司大多政企不分，政府利用上市公司圈钱来筹集发展资金。除了招商引资和银行贷款外，有些地方上市公司就成了政府融资的一个管道。于是能圈多少钱就成了有些地方政府评价上市公司管理层的一个指标。综合考虑上述因素，我国上市公司偏好股权融资是现实条件下的最优选择。

（1）政府发展证券市场的目的有一个是对企业实行股份制改造。因此，股票市场的发展便得到了更多的支持。

（2）"重股轻债"的宏观政策使企业债券融资受阻。"重股轻债"的宏观政策主要表现在：政府对企业发行债券控制过死；企业债券的发行额度在年度间起伏太大，直接影响了企业和投资者的筹投资决策；企业债券的利率由政府严格管制；政府人为安排股票融资向绩优国有大中型企业的倾斜，使债券市场风险增大。

所以，从管理层与政府的角度来说，各级政府宏观管理制度直接引导了管理层股权融资偏好行为。

2. 政府监管不力

（1）政策制定不力。首先是对于上市公司增资扩股和配股政策要求太低。增资时所需达到的硬性条件一是最近 3 年连续盈利，二是预期利润率可达同期银行存款利率。使很多不具备配股能力的公司操纵标达到配股条件。

（2）对资金的使用方向和投资效益监管不力。很多上市公司根本就没有好项目，但只要达到增资的条件，就急不可耐地圈钱。另外，还有很多上市公司拿到钱后用于委托理财，重新回到二级市场炒作。虽然规定了配股资金的使用要通过严格的程序，但却没有真正投入人力、物力实施监管，导致这项规定流于形式。

所以从以上可以看出，政府对企业的监管不力使得管理层在融资时更加偏好股权融资。

（四）管理层与我国国有控股上市公司的内部治理结构

（1）从公司治理结构看，由于委托代理链过长，上市公司实际被内部人控制。由于国有股权的一股独大，国有上市公司的有效持有主体严重缺位，没有形成人格化的产权主体，加之数十年的放权让利改革，实际上把所有者排除在企业之外，企业内部高层经理掌握着企业的最终控制权，于是"内部人"控制企业就成为一种相当普遍的现象。在现阶段的制度下，上市公司的流通股股东，其应有的控制权事实上受到企业管理层的"剥夺"。管理层通过这种方式强化了自身的权力。

所以，我国国有控股企业中的股东对管理层约束和监督的弱化，"内部人控制"现象严重等，给管理层操作融资方式提供了空间。

（2）国有控股上市公司的股权结构有一个突出特点——一股独大。政府常常越过公司法提供的法人治理结构，直接聘用和解聘经理层。这样，股东大会制约董事会、董事会制约经理层的公司治理体系很难发挥作用。

一股独大使得国有股东牢牢地掌握着控制权，在进行股权融资的过程中，大股东的地位不会发生改变，管理层作为其在企业的代理人，大股东——国有控股公司将上市公司看做是股票市场这一高效融资平台上的"自动提款机"。管理层从自身的利益出发，自然会利用控制权不变这个优势，促成股权融资的实现。

所以，国有控股企业自身存在一股独大现象，为管理层选择股权融资创造了条件。而且，管理层作为大股东在上市公司的代理人，也会按照大股东的意愿行事。

（3）管理层作为企业股东的代理人，为了降低代理成本，股东总是会选择一种标准来衡量管理层在公司治理中的业绩。在我国国有控股的企业中，一般管理层的绩效会与企业的规模挂钩，对于管理层来说，成功上市是对企业的一种肯定，通过股票发行上市的途径来进行融资无疑成为扩大公司规模的最佳途径。

根据国泰安信息技术有限公司提供的 2005 年底沪深两市上市公司管理层持股情况数据如下：

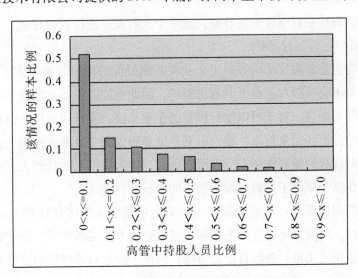

图5　2005 年上市公司高管人员持股情况图

较低的高管持股比例使得权益性资产价值变动与管理层利益的关联性较弱，从而管理层更倾向于股权融资。所以，基于以上分析我们认为，从企业的激励制度分析，无论是与规模挂钩的绩效考核制度，还是高管的持股情况，都促进了管理层偏好股权融资的形式。

（五）管理层从发展企业的角度

（1）国际研究表明，发达资本主义国家在经济高速发展期，其企业也同样存在普遍的扩张冲动，从而导致股权融资也呈快速上升的趋势。1960—1984 年是美国经济的高速发展期，期间美国股市总值及上市家数同 GNP 呈显著的同向变动关系，GNP 增长 1%，股市总值增长 11 425%，上市家数增长

11 713%。除股市估值水平上涨因素外，导致股市总值及上市家数增长的原因就是股权融资、再融资的增长。改革开放后，我国经济也进入了持续高速增长期，上市公司因扩张冲动而寻求股权融资也是完全符合经济发展规律的。

（2）由于债务融资弹性小，每年必须支付一定数量的利息，且到期必须还本付息，这会给上市公司形成一个硬约束，而上市公司如果效益低下，甚至低于债券资金成本率或银行的利率，财务杠杆便会对其形成负效应。而股权融资却不涉及这些，它可以通过包装获得增发股票的权利，而增发后就不必受偿还利息和本金的限制。

因此，上市公司管理层从发展企业的角度来看，在中国这个大环境下，也会优先选择股权融资。

（六）管理者从自身利益角度

（1）我国国有股股东的缺位，产权残缺使上市公司经营者成为企业的实际控制者，股权融资既不会稀释股权控制，又可使其控制的净资产增加，这样也增加了经理人员在职消费的可能。

我国目前管理层的收入一般可分为两部分，一是货币收入，二是在职消费，即控制权收入。在我国目前管理层的收入中，货币收入数额较少，且与企业效益高低没有多大联系。因此，管理层利益最大化的实现是取决于在职消费好处，从而在融资方式的选择上必然首选无破产风险的股权融资。因为一般来说，股权融资使得企业拥有一笔永不到期的可以自由支配的资金，在经营困难时也可不必发放股利，没有到期还本的压力，扩大了在职消费的可能性。

因此管理层为了获取控制权所带来的收益，追求个人利益，选择股权融资。

（2）管理者为加强对公司的控制权。

①控制权理论认为：企业融资结构在决定企业收入流分配的同时，也决定了企业控制权的分配。经理人在通常情况下是不会从股东的最大利益出发的，因此他们必须要被监督和约束，债务被作为了一种外部治理机制。相对而言，对于可以发行债券的企业来说，发行债券带来的控制权损失较小。在我国，一方面，公司债券市场尚未建立，银行融资是债务融资的主要方式；另一方面，国有股占绝对控股地位，发行股票对股权的稀释作用十分有限。因此，作为内部人的经理人，在面对银行融资和股权融资两种选择时，自然会倾向于控制权损失更小的股权融资方式。

②股权融资的功能限制弱化：功能限制是指投资者或放款人为了保证资金的安全，减少投资风险，向企业提供资金时，对资金用途所做的限制。股权融资方式灵活性大，所受到的功能限制主要表现为股东投票参与企业重大决策、股票自由流通等。但由于股东对管理层的监督与约束有限，所以管理层会偏好股权融资。

因此，管理层为防止控制权分流，加强对公司的控制权，会优先选择股权融资。

三、技术路线

（一）探究我国现行制度下管理层可以操控融资方式的前提条件

（1）经理人市场的不健全

目前绝大多数国有企业仍然采取组织任命的方式选拔企业领导人。国有企业中的管理层一般都不存在来自于外界的过大压力和竞争，从而降低了这一部分对管理层行为应有的约束。另外，完善的职业经理人市场也是一个信息平台，然而现在这个平台的缺失也就大大地降低了社会对管理层的监管和约束。

（2）我国国有控股公司的内部治理结构

①股东对管理层的约束和监督的弱化给管理层操作融资方式提供了空间。在现阶段的制度下，由于多种主客观因素的影响，上市公司的股东，尤其是流通股股东，其应有的控制权事实上受到企业管理层的"剥夺"。管理层通过这种"剥夺"进一步强化了自身的权力地位，扩大了权力支配范围。再者，股权融资偏好逐步引起股权结构的分散，在一定程度上起到了削弱大股东控制权的作用，使企业实际控制权进一步向管理层集中。

②国有控股企业自身存在的一股独大现象。我国国企中呈现出公有股权占主体，国家拥有高度集中的股权，这种股权结构下的国有股股东对公司的控制往往表现为政治上的超强控制和经济上的超弱控制。国家作为大股东，政府和国有资本混为一体，股份有限公司固有的治理结构被打破，政府常常越过公司法提供的法人治理结构，直接聘用和解聘经理层。这样，股东大会制约董事会、董事会制约经理层的公司治理体系很难发挥作用。

这样的股权分配结构，以及大股东对管理层的任命制度的存在，使得管理层的权力相对很稳定，也就为其做出决策提供了很多的空间，同样也为其操控融资方式提供了前提条件。

③我国现行的国有控股管理层的考察机制的局限性。首先，从上一点分析出国企管理层大多实行委派制，其在企业中的特殊地位决定了对其评价难以有效展开。其次，管理层的工作产出不易量度。当国企投入人力、物力和财力后，实际产出了多少才是管理层合理管理的作用，不好量度。再次，面对不同的环境，管理层的管理决策也不会具有什么规范的标准，甚至同一管理层在不同的环境下采用的方法和步骤也存在很大的差异。正是基于以上缘由，导致我国现行的对国企管理层的考察机制欠缺。

在现行的考察制度中，企业的规模成为对管理层绩效考察的一个重要指标，通过何种融资渠道来扩大企业的资本无疑是管理层需要考虑一个重大的决策问题。但是，在绩效的考核中在对企业规模扩大所带来的其他因素的改变还没有形成与之对应的考核机制。

④我国国有控股企业"内部人控制"现象严重。因国有资产归全面所有，就使得国有资产的产权在某种程度上存在着不明晰的现象，实际上由公司的经营者任意支配，经营者对国有资产的保值增值可以不负责任，也不会被追究。经营者与企业主管部门（政府）由于信息和责任的不对称，使得主管部门（政府）对经营者不规范处理信息从而出现了夸大业绩或隐瞒失误的现象无法恰当监管，为管理层将经营管理不善的企业亏损置于次要地位，以规避经营者的直接责任提供了可能。

（二）探究股权融资可以给管理层带来哪些利益

（1）改革开放以后，我国的经济进入持续高速增长的发展期，企业在发展壮大的过程中，需要扩充自己资本来实现规模的扩张，通过扩大经营规模，抢占更多的市场份额；同时利用规模效应降低成本，提升竞争力。

（2）公司如果效益低下，总资产报酬率低于债券资金成本率或银行的利率，此时财务杠杆便会对公司形成负效应。而股权融资却不会产生这些问题，首先是增资时只要"预期"达到银行利率即可，并不是要求真实达到，这样，它可以通过包装获得增发股票的权利，而增发后就不必受偿还利息和本金的限制。

所以在中国这个特殊的资本市场背景下，以及企业未来发展的需要，股权融资可以使管理层更好地开展公司的业务，扩大规模，充实资本金，完成目标任务，发展壮大企业。

（3）相对于负债融资而言，股权融资使得公司拥有一笔长期的可以自由支配的资金，在经营困难时也可不必发放股利，因此股权融资的财务风险要低得多。在现有资本市场弱式有效和投资理性不足的情况下，股权融资成本是一种软约束而带来的软成本，中小股东的投资对控股股东和上市公司的经营者来说，成了事实上的"零成本"资金。相比之下，债务融资成本是一种硬约束，而且债务融资中的长期负债成本又比流动负债成本高，不仅到期必须偿还本金和利息，而且受到来自债权人的监督和约束也很严格。

经过以上的分析，可以得出如果管理层选择股权融资，其在经营上受到的限制作用较小，不用担心自己决策上的风险。

（4）通过前面的分析经理人市场和控制权市场的缺失，同样加剧了公司的股权融资偏好。

（5）在我国目前管理层的收入中，在职消费是主要收入，货币收入数额较少，且与企业效益高低没有多大联系。因此，管理层利益最大化的实现不是取决于企业利润或企业市场价值的最大化，而是取决于在职消费好处。如果公司破产，则经理人员的在职消费就会丧失，所以，在融资方式的选择上，经理人员必然首选无破产风险的股权融资而不选择会增加公司破产风险的债权融资。

通过以上分析，我们可以看到通过股权融资，管理层可以加大其在公司中的控制权，从而为其获取在职消费，或者采取其他手段甚至非法手段来获利创造条件。

（三）股权融资下管理层获取利益的途径

（1）在我国，上市公司把配股，增发新股等股权融资方式当成管理层经营业绩好的一种信号，此做法为管理层提供了利益获取空间。

（2）股权融资方式为管理层提供了巩固其控制权的可能性，从此点分析，股权融资主要通过以下渠道为管理层提供获取利益空间的可能。

①在制度创新尚未成熟前，在职消费可以成为经理人自我激励和自我获利的方法。相比股权融资，债权融资面临着固定的还本付息的压力，当企业经营不善时容易引发财务危机或破产风险，管理层也面临失去职位的风险；而股权融资使得企业拥有一笔永不到期的可以自由支配的资金，在经营困难时也可不必发放股利，既没有到期还本的压力，又可以增加自由现金流量。

综上分析，股权融资可通过谋取更多在职消费的可能性这一渠道使管理层获益。

②管理层控制权巩固可带来除在职消费外的其他隐性收益。在我国，公司债券市场尚未建立，银行融资是债务融资的主要方式，此时，大多数企业的资金流依赖于银行，银行便可能在很大的程度上控制着企业。相比之下，发行股票对股权的稀释作用十分有限，且管理层可运用特殊方式增加自己的持股比例，进一步巩固控制地位。

综上分析，股权融资方式相对减少了管理层控制权分流的可能性，通过这种渠道巩固了管理层的控制地位，从而为管理层提供获取利益的空间。

（3）股权融资可通过促进企业完善公司法人治理结构，使信息公开化的渠道为管理层提供获益空间。

（四）管理层具体如何运用这些途径来实现自我获利

（1）管理层从经营业绩信号的角度

管理层利用我国上市公司把配股，增发新股等股权融资方式当成管理层经营业绩好的信号的习惯，通过配股，增发新股等方式使自我业绩的得到公司及股东的肯定，从而获得奖金奖励，职务信任，以及更多的职消费等利益。

（2）管理层从获得收益的角度

对我国上市公司管理层人员来说他们的收入可以分为货币性收入和控制收益两类。就货币性收益来说，不仅数额较少，而且与企业效益关联性小，有统计表明，我国上市公司管理层的报酬与每股收益的相关系数仅为0.045，而与净资产的相关系数仅为0.009，可见控制收益占了我国上市公司管理层的主要部分，如果企业破产则管理层的控制权收益就会丧失．因此管理层通过选择风险较小的且无需还本付息的股权融资融资方式来维护和实现自我利益。

（3）管理层从资产负载率以及股权融资和债券融资比较的角度

管理层通过选择股权融资取代债务融资的方式，使企业资产负债率维持在较低水平，使其经营业绩得到股东的投资者的肯定，从而间接实现自我获利。从另一个层面讲，我国债券发审批程序过于繁琐，证监会对拟发行债券的公司要求太高，企业债券的严格审批制度导致发行程序复杂，发行条件较高，导致企业债券发展速度太慢，结果可能导致企业错失良好的市场机会，影响企业发展和盈利，给管理层带来不利影响，因此管理层出于自身利益考虑，较为回避此种融资方式。

（4）管理层从持股比例角度

我国上市公司管理层往往持股比例较小，因此他们乐于通过股权融资的方式，增加股比例，加强对企业的控制，以这样的方式实现自我获利。

（5）管理层从代理成本角度

代理成本是指企业为监督管理层，并以此确保这些活动与管理，经营者，借贷者，以及股东债权人之间合理安排相一致而付出的代价，它主要包括委托人监督费用，代理人受限制费用，以及剩余损失，它会随着负债水平的增加而增加，作为管理层常常考虑降低代理费用，提高业绩，而选择股权融资，通过此种方式使自己的得到肯定。

（6）管理层从建立和完善法人治理结构角度

完善法人治理结构是企业遵循市场规律进行最优化决策的制度保障，同时也是上市公司保护投资者利益，进行理性融资决策的前提条件。管理层要使企业上市实现股权融资，必须完善和明晰公司法人治理结构，使企业符合上市要求和标准。而伴随法人治理结构的逐步完善，公司效益和经营业绩都会得到一定提升，作为管理层也可通过企业效益逐渐变好的过程中间接实现获利。

四、解决问题的方法

基于前面的分析，我们现在已经清楚地知道了在管理层的角度下，我国国有控股上市公司股权融资偏好产生的原因、管理层操作融资方式的前提条件、管理层在股权融资下具体通过什么途径来获利等，下面我们就将从企业内部和外部两个方面，以管理层为主要视角，对上面所论述到的重要问题提出我们的解决方法。参见图6。

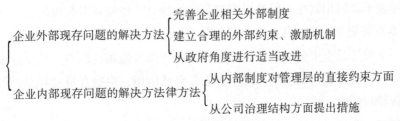

图6　企业问题的解决办法

（一）企业外部问题的解决措施

1. 完善企业相关制度

（1）重新设计委托代理契约，减少代理链条和监督成本

国有企业的委托代理链条太长是导致委托、代理关系不佳的主要原因。要改变这种多层次、低效率的委托，代理关系只能依靠制度创新，重新设计委托、代理链条。

可行的方法是：由各级政府设立专门的国有资产管理委员会代表全国人民行使对国有资本的管理职能，其下设国有资产经营公司分别与中央和地方国有企业直接建立委托、代理关系。

（2）在政府行政序列之外独立设置国有企业董事局

国有企业董事局作为政府批准设立的特殊企业组织，按商业原则独立组建，取得企业法人资格。董事局主要职责和任务是根据国资委的产业规划，确定国有资本应当进通的行业、次序、总和进度并组织实施执行国有资产经营预算并进行指标分解，统一收缴国有资产收益并根据政府产业政策进行重点行业的投资行使国有资产出资人权利，向属下各个资产经营公司、大型企业集团委派职业董事、监事、财务总监避免国有企业重复投资和恶意竞争。

（3）采用"分级所有，分级管理"的方式

中央政府和地方政府分别代表国家履行出资人职责，享有所有者权益、权力、义务和责任相统一。既让地方政府享有占有、使用、收益和处分的权利，又承担相应的责任，让地方政府成为所辖国有资产的真正所有者。其次，要妥善解决好中央政府与地方政府管理国有资产的权责问题，合理划分中央和地方的国有资产范围，并赋予其完整而统一的权利与责任。充分发挥中央和地方的积极性，提高国有资产的配置效率。

2. 建立合理的约束、激励机制

（1）建立经理人经营者市场

形成企业家职业化和市场，形成对企业家的约束机制，让市场决定企业家的身价，让市场决定企业家的进入和退出。引入竞争机制，管理者过去的行为结果会通过经理市场反映出来，这种信息会影响管理者未来的职业前途。因此管理者自然就会约束自己过度追求自身利益的行为，经理市场的存在减少了代理成本。外来者会在观察每个团队的总产出后，衡量他作为团队成员的能力，然后通过市场竞争过程，将那些偷懒的团队成员替代出去。而团队现有成员由于害怕被替代，所以会加倍努力。

当然，还需要配套的激励机制。一定程度上解决激励不相容的问题，可缓解国有企业的委托、代理关系。

（2）从制度上保障经营者报酬与业绩的吻合

我国目前国有企业中经营者的个人贡献所得与企业绩效严重偏离。既然我们要发展市场经济，就必须尊重人的"经济人"本性，就必须使报酬与业绩相吻合。解决我国国有企业中委托代理关系中的激励问题，关键在于如何用制度来保障报酬与业绩的吻合，使经营者获得的收益与其付出相适应。

（3）完善资本市场规则，提高证券市场运行效率

完善发达的资本市场是上市公司融资结构自身优化的调节器和控制器。具体做法：

①对上市公司发行股票实行核准制，让企业依靠自己信用，根据自身实际经营状况和资本市场状况决定是否增发新股和配股。

②严格会计制度，改进对经验业绩的考核指标体系（如尽量避免把配股，增发新股等股权融资

方式当成管理层经营业绩好的一种信号），减少或避免使得管理层有通过不合理股权融资获利的鼓励方式。

③优化政策，使监管政策有利于上市公司最优融资决策的制定。

（4）健全完善资本市场，大力发展债券市场

发展债务市场扩大企业债务融资规模，能够利用税盾作用增加上市公司市场价值，还能避免道德风险和逆向选择从而改善公司治理。债务不仅会迫使管理层将现金分配给投资者而不是自己挥霍，而且会迫使管理层出售不良资产及限制管理层进行无效但能增加其权力的投资。

3. 从政府角度进行适当改进

由于政府对企业发行债券控制过死，使众多企业难以通过发债而募资，所以要加快债券融资，可以适当放松政府对债券的控制权，加强债券的灵活性，把债券利率调整在大多数企业可以接受的范围。

政府存在监管力度不够。如：政府人为安排股票融资向绩优国有大中型企业的倾斜，使债券市场风险增大，降低了投资者的投资积极性；政策制定不力；对资金的使用方向和投资效益监管不力。对于以上问题我们提出的完善办法是：

①通过一些新的约束制度避免过度增资扩股，还要增加配股条件，并使这些约束形成一定法律条文。

②政府监管部门应再投入人力、物力真正对企业配股资金的使用方向严格控制，要求上市公司改变资金用途必须通过严格的程序，严格按照规章制度办事情。

（二）企业内部问题的解决措施

1. 从公司治理结构方面提出的措施

（1）改变国有控股公司一股独大现象

在股权结构改变的过程中，为保持公有制的主导地位，国有企业采取了国有股占绝对多数的做法。一股独大的现状为管理层操控提供了前提条件，通过改变大这种股权结构，可以有效地控制管理层操纵融资方式。我们认为可通过以下一些途径进行控制：

①增发社会公众股，相对降低国有股的比重。增发公众股即可以更好的优化资本结构，可以分散国有资产的风险。

②将国有股转向流通市场，向投资者配送，实现国有股减持。减持国有股的基本目的在于实现"政企分开"，更利于通过市场进行监督、控制甚至淘汰。

③完善董事会制度，增强董事会的独立性。对于独立董事一方面认可他们的持股比例，另一方面也要承认他们的"人力资本"作用，赋予他们应有的权力，对"一股独大"代理人进行监督和约束。

④除了上述一些企业内部的改变，同时外部环境和制度也同样重要，比如健全的市场，培育经理人市场，培育机构投资者等。

（2）完善公司法人治理结构，防止内部人控制

防止内部人控制，与防止一股独大一样值得高度关注，我们就这一问题提出了以下几个方面的解决措施：

①从公司的内部环境着手建立约束机制。约束机制不单是指股东所有者所选举或聘用，还有董事会与监事会、独立董事等公司内部治理机制。

②把监管控制职责扩展到其他外部治理中。董事会的监管中存在着这样一个问题，即股东对其投资的领域不熟悉。对于这样的情况，股东应考虑将其监督控制职能扩展到企业的外部治理中。

③加强法律道德约束、市场约束以及社会团体和媒体的约束。

（3）完善治理结构，加大信息披露监管力度，提高信息透明度

当前提高信息披露的关键是对经理层的治理。提高信息透明度，维护利益相关者权益，应更多地关注经理层行为对信息披露的影响，特别是要关注上市公司会计政策变更，关注会计师事务所变更等。

2. 内部制度对管理层的直接约束

（1）优化国企经理人的考核机制

为了降低代理成本，股东总是会选择一种标准来衡量管理层在公司治理中的业绩，我国国有控股的企业中一般管理层的绩效会与企业的规模挂钩。对现行的考核机制我们提出了以下一些改进措施：

①完善选拔考核制度。国有企业的管理层大多是由国家相关部门直接委任的。在管理层的委任过程中，应该建立相对应的选拔考核制度，同时配合完善的经理人市场，通过选拔选出合格的国企代理人。

②注重日常考核。除了检验最终的管理绩效，同时也应加大对管理层平时日常管理工作的考核，比如管理层决策对企业商誉的影响、人力和物质资源的利用情况等各个方面。

③丰富年度考核内容。

（2）规避管理层形形色色的道德风险

①发挥董事主动参与的积极性，适当强化董事会的战略决策能力。

企业内所有者缺位，治理机制不健全，使内部人控制带有普遍性。适度限制管理层对企业的控制权，有利于其谨慎决策。

A. 适当强化董事会的战略决策功能，同时适当减少对经理层的权力下放，尤其是董事会参与战略决策的功能应该发挥重要的作用。

B. 充分发挥独立董事主动参与治理的积极性，严格对企业管理层的提名、选聘机制，如限制或取消控股股东的提名权。

②通过企业内部的制度与结构的完善确保监事会监督职能。

国有控股的上市公司中，确保监事会对经理层决策行为的监督落到实处，可有效控制经理层卸职问题，从而引导决策层从企业利益出发进行决策。

A. 优化股权结构为契机，在监事会成员的选聘、激励、党政兼职以及监事会的结构、会议召开的有效性等方面加以完善。

B. 在监事会的结构方面，通过必要的法律法规等制度安排，确定适当的规模、内外部监事比例，适时引入独立监事。

③弱化对经理层的行政治理，并实现动态激励、长期激励与显性激励。

在充分的激励作用下，管理层过度的在职消费可得到有效控制。我们提出的解决方法是：

A. 要实际取消经理层的行政职务，确保政企分开，弱化管理层的控制权。

B. 管理层工资制度改革。科学设计管理层的薪酬结构，要体现出薪酬水平与企业绩效及企业价值的动态性关系。

C. 适度提高经理人员的股权激励。考虑适度提高经理人员的持股比例，以激励他们的长期经营

行为。

D. 我国目前对经理层的激励大多是隐性的，应努力把这些隐性激励显性化、制度化。

（3）通过制度创新，优化治理结构，加强对管理层的目标监管

通过委托人与代理人的目标统一，可以有效地整治或规避委托代理问题。我们对于之一提出了以下措施：

①通过签订合同的方法，确立公司法人财产制度和所有者有限责任制度。因为合同作为一种存在法律效力的契约，可以加大在委托代理过程中的监管力度。

②使所有者（代表）进入企业，并在企业内行使所有者权能。驱使管理层真正从企业自身利益最大化的目标出发进行决策，从而调整不合理的融资结构。

五、小结

研究过程中，我们深知自己存在诸多不足，比如受困于知识面不足等无法忽略的劣势。但我们相信勤能补拙，而且我们知道此次项目本来也在于激励我们自主学习和充分发挥小组内部集思广益的作用。当然，我们认识到通过我们为期一个月的阅读所得到的知识不足以让我们在这个课题上得出完善的结论，我们提出的改善国有控股上市公司股权融资现状的建议也会存在疏漏，如仅从理论出发，缺乏实证考察，措施可行性也有待考量等问题，但是我们相信当我们具备更多的知识储备时再来回顾现在的成果，会有新的成果等待我们去探索。

参考文献

[1] 丁忠明，黄华继，文忠桥，等. 我国上市公司资本结构与融资偏好问题研究. 北京：中国金融出版社，2006：100-130.

[2] 庞博，赵艰申. 国内上市公司的股权融资偏好的原因分析. 技术经济，2006（11）：68-69.

[3] 陆正飞. 中国上市公司融资行为与融资结构研究. 北京：北京大学出版社，2005：30-50.

[4] 梁筠. 试论我国上市公司股权融资偏好. 财政金融，2008（2）：70-71.

[5] 李剑飞. 中国国有控股上市公司治理结构问题分析. 黑龙江金融，2009（7）：56-57.

[6] 马永. 不对称信息、控制权与企业融资. 北京：中国金融出版社，2008：4-20.

[7] 刘小文，张永祯. 中国上市公司治理的主要问题及对策. 北方经济，2008（7）：59-61.

[8] 邢娟. 我国上市公司股权融资偏好的原因浅析. 时代经贸，2008（7）：114-115.

[9] 奚清. 国有企业上市融资偏好研究. 现代商业，2010（11）：191.

[10] 李文亮. 我国上市公司股权融资偏好的原因及对策. 经济师，2005（1）：133-134.

[11] 曾少华. 经理层"败德"行为的机理分析. 当代经济，2003（20）：65-66.

股指期货套期保值作用
在公司财务管理中的应用

——基于中国石油天然气集团公司的市场战略视角

周帆　苗泽惠　唐玥姗　胡杰　唐岩

【摘要】2007 年 3 月 16 日，国务院发布修订后的《期货交易管理暂行条例》，条例适用范围由原来的商品期货交易扩大为商品和金融期货、期权合约的交易，为金融期货的推出奠定了法律基础。随后，中国证监会先后发布了《期货交易所管理办法》《期货公司管理办法》《期货公司金融期货结算业务试行办法》《证券公司为期货公司提供中间介绍业务试行办法》、《期货公司风险监管指标管理试行办法》等规章，进一步明确了期货公司从事金融期货业务的资格条件、申请程序、业务运作以及相关监管要求，为金融期货的推出搭建了清晰的规章框架体系。这些举措为股指期货的推出奠定了必要条件。

基于一个不成熟金融体系的过快发展，市场的非理性投资成为一种难以避免的现象。"炒股"成了人们参与证券市场主要形式。人们通过投机而获得转移的风险收益，无疑加剧了市场的波动。很多市场参与者都不寄希望于整个宏观经济发展所带来的无风险收益。但从国际成熟市场的角度看来，我们的市场需要理性的保证才能使整个经济受益。股指期货所带来的套期保值功能在某种程度上促进了投资理性化和市场理性化。从我国市场来看，若股指期货运行成功，不仅能完善市场机制，避免因单边市造成的股市起伏，且还能为投资者提供有效的投资工具，增强投资者信心，提升股市的投融资功能。但同时，也必须深刻认识股指期货对股票市场多方面、多角度的影响。股指期货市场本身对股票市场的影响直接或间接关系公司财务管理的战略投资，尤其是加剧了市场价格的波动。另外，股价指数提高其成份股的关注度，其导致的证券市场的隐性革新可能成为公司未来研究的一大课题。

本文首先对证券投资风险的市场背景进行简短介绍，再对股指期货套期保值基本内涵、基本功能进行定性分析，再以此为理论，通过海外案例进行多个侧面的实证分析，采用相关证券投资研究方法得出相关结论。文章旨在对股指期货市场带来的潜在收益和风险进行分析，找到公司利益与其所发挥市场效能的结合点，例举中石油等大型国有企业利用股指期货套期保值功能进行证券组合投资的定性结论，以此展望我国在引入股指期货后对上市公司财管管理决策的可能影响。

【关键词】股指期货　套期保值　杠杆　中石油

一、选题背景

（一）企业在证券投资中有规避风险的需求

在经济高速增长的今天，国民收入大幅增加，越来越多资金不断注入证券市场。无论老百姓还是企业都在进行投资，涉足证券市场，购买各种股票、债券，市场非理性投资成为一种普遍现象，带来了证券市场的非理性繁荣。人们通过投机而获得转移风险收益，无疑加剧了市场的波动。经济学定律表明，高收益伴随高风险，证券投资亦如此。因此，怎样合理分析、从容面对现实生活中的证券投资风险，成为一个热点议题。

从总体上看，风险是客观存在、不可避免的，而且在一定条件下还带有某些规律性。由于证券市价波动频繁，证券投资往往风险较大，因此，风险只能规避，而不可能完全消除。这就要求证券投资者主动认识风险，积极管理风险，有效控制风险，把风险尽量降低，以保证在证券投资中减小由不确定性造成的损失。

证券投资是企业融资的重要形式，如何达到风险与报酬的均衡是企业融资成功从而进行正常经济活动所面临的主要财务问题。

（二）证券投资及其风险

证券投资是公司在证券交易市场上购买有价证券的经济行为，其风险是指投资者对在未来证券投资行为中遭受损失或达不到预期收益率的不确定性。

1. 风险存在的客观性和普遍性

由于证券市场的风险因素是客观存在的，因此通过其在时间和数量上积累，引发风险事故从而影响整个证券市场的价格波动，造成了投资者的实际收益与预期收益的偏差。这说明了为什么虽然许多证券投资主体尝试认识和控制风险，但直到现在也只能在有限的空间和时间内改变风险存在和发生的条件，降低其发生的频率，减少损失程度，而不能完全将其消除。在证券市场的投资活动中，人们通常所说的"风险防范"也是在承认证券投资风险客观存在的前提下设法规避风险。

2. 风险的可测度性

尽管证券投资风险具有不确定性，但我们仍然可以通过一定的方法来对其大小进行测度。从统计学的角度来看，证券投资风险是实际收益与预期收益的偏离程度，偏离程度越高，风险越大，偏离程度越低，风险越小。同时，我们可以运用一定的统计方法对收集的历史数据进行计算，从而实现这种偏离程度的量化。

3. 风险的多样性和多层次性

证券投资大型项目周期长、规模大、涉及范围广、风险因素数量多且种类繁杂，致使其在全寿命周期内面临的风险多种多样，而且大量风险因素之间的内在关系错综复杂，各风险因素之间并与外界因素交叉影响又使风险显示出多层次性，这是证券投资大型项目中风险的主要特点之一。

4. 风险的相对性

证券投资风险是相对的，由于投资者对风险偏好的不同，他们各自对风险也会采取不同的态度，风险承受能力强的为获取高收益而敢冒高风险，风险承受能力低的为避免风险而宁可选择低收益。因此，某一程度的证券投资风险在某些投资者看来很高，而某些投资者看来很低。

5. 风险的危害性和可防范性

虽然证券投资风险会给投资者的实际收益带来一定的不确定性，但涉及可能发生的损失和收益与投资者的预期偏差过大时，证券投资风险就具有一定的危害性。如前所述，当证券市场价格波动幅度过大时，容易引发过度的投机行为，投资者在盲目追涨的同时，往往会蒙受惨重的损失。另外，随着证券市场内在风险的进一步扩大，会引发金融风暴和经济危机，对国家的社会、经济、政治的稳定造成相当大的危害。

尽管证券投资风险是客观存在的，同时又带有不确定性，甚至达到一定程度后更具危害性，但我们仍然可以采取一定的方法来防范和规避证券投资风险，尽可能避免或减小风险带来的损失和危害。比如投资者可以借鉴现代投资组合理论，利用分散化投资来降低投资组合的风险，同时，也可以通过做空机制来对冲证券市场价格下跌所带来的风险。政府可以通过对现行制度进行改革以及加强市场监管力度，从根本上消除可能出现的证券投资风险。

（三）风险类别

根据不同需要，从不同角度，按不同标准，对证券投资风险进行不同分类。

其中，证券投资风险就其投资者而言，可分为系统性风险和非系统性风险。证券投资的总风险是系统风险和非系统风险的总和。

1. 系统性风险

系统性风险是指由于全局性事件引起的投资收益变动的不确定性。系统风险对所有公司、企业、证券投资者和证券种类均产生影响，因而通过多样化投资不能抵消这样的风险，所以又成为不可分散风险或不可多样化风险。

系统性风险主要有以下几个方面：

（1）利率风险。这是指利率变动，出现货币供给量变化，从而导致证券需求变化引发证券价格变动的一种风险。利率下调，人们觉得钱存银行不合算，就会把钱拿出来买证券，从而造成买证券者增多，证券价格便会随之上升；相反，利率上调，人们觉得钱存银行合算，买证券的人随之减少，证券价格也随之下跌。在西方发达国家，利率变动频繁，因利率下降引起股价上升或因利率上调引起股价下跌的利率风险也就较大；而在不发达国家，利率较少变动，因利率变化所引起的风险也相应较低，人们承担这种风险的意识和能力也较差。例如1988年的8、9月间，我国银行利率上调，对一些原来买债券的人来说，当初购买时就是因为看中债券比银行利率高，这时，债券利率反比银行利率下降了，而且还不能"保值"，故有不少债券投资者向银行、发行债券的企业以及新闻媒介呼吁，要求调高债券利率。实际上，这正是他们缺乏投资常识，不知道买证券还会遇上利率风险的一种反映。

（2）物价风险。也称通货膨胀风险，指的是物价变动影响证券价格变动的一种风险。这里有两种情况：一种是一些重要物品（如电、煤、油等）价格的变动，从而影响大部分产品的成本和收益；另一种是物价指数的变动。一般来说，在物价指数上涨时，货币贬值，人们会觉得买债券吃亏了，而引起债券价格下降，1988年时100元面值的国库券以七八十元的价格抛出，就是受此影响。但是，股票却是一种保值手段，因为拥有企业资产的象征，物价上涨时企业资产也会随之增值，因此，物价上涨也常常引起股价上涨；另一方面，物价上涨，特别是煤、电、油的价格上涨，使企业成本增加，这时投资股票也不免会有风险。不过总的来说，物价上涨，债券价格下跌，股市则会兴旺。

（3）市场风险。这是指证券市场本身因各种因素的影响而引起证券价格变动的风险。

证券市场瞬息万变，直接影响供求关系，包括政治局势动荡、货币供应紧缩、政府干预金融市场、投资大众心理波动以及大投机者兴风作浪等，都可以使证券市场掀起轩然大波。就拿上海股市来说，1991年6月前疲跌不振，持股人眼看自己手中的股票价值不但没有增加，股票反而跌进票面以下，对股市毫无兴趣，泄气之至；拥有资金者面对行情持续处于跌势，也不愿贸然进场，造成进出均少，尽管上市股票不过区区几千万元，仍是供过于求。7月以后，在外地投资者的影响下，加之浦东开发等重大项目的促进作用，上海股市大振，大众心理起了根本变化，几千万元股票变得大大的供不应求。对这样畸冷畸热的股市，可以说绝大多数人都在意料之外，因为其中有许多无法预测的偶然因素。换言之，投资者若在6月投资股市，尽管价格很低，却会碰到许多难以意料的风险，正因为风险大，获利机会也高。6月投资的人，到10月，股价就翻了两番。

2. 非系统风险

非系统性风险是指由非全局性事件引起的投资收益率变动的不确定性。在现实生活中，各个公司的经营状况会受其自身因素（如决策失误、新产品研制的失败）的影响，这些因素跟其他企业没有什么关系，只会造成该家公司证券收益率的变动，不会影响其他公司的证券收益率，它是某个行业或公司遭受的风险。由于一种或几种证券收益率的非系统性变动跟其他证券收益率的变动没有内在的、必然的联系，因而可以通过证券多样化方式来消除这类风险，所以又被称为可分散的风险或可多样化风险。

综上所述，证券投资整个风险管理过程是一个闭环系统，随着风险处置计划的实施，证券投资风险会出现许多变化，这些变化的信息可及时反馈，风险预测和识别者就能及时地对新情况进行风险评估和分析，从而调整风险处置计划并实施新的风险处置计划，这样循环往复，保持证券投资风险管理过程的动态性就能达到证券投资风险管理的预期目的。

（四）怎样处置证券投资风险

证券投资主体通过对证券投资项目风险的评估和分析，把证券投资项目风险发生的概率、损失严重程度以及其他因素综合起来考虑，就可得出项目发生各种风险的可能性及其危害程度，再与公认的安全指标相比较，就可确定项目的危险等级，从而决定应采取什么样的措施以及控制措施应采取到什么程度。

证券投资主体对证券投资项目进行风险处置就是制订并实施风险处置计划。风险处置的方法包括证券投资风险回避、证券投资风险控制、证券投资风险自留和证券投资风险转嫁。对不同的证券投资风险可不同的处置方法，对一个证券投资项目所面临的各种证券投资风险，应综合运用各种方法进行处理。

不过，在当今证券市场上，利益驱动等因素使得众多证券投资主体难以理性、客观的分析证券投资风险，盲目的投机、尾随代价十分沉重。那么，一方面，我们要整顿证券投资市场，使之更公平、公正、公开，给证券投资主体一个更好的环境，减少一些由于证券投资市场缺陷造成的风险；另一方面，更为重要的是证券投资主体应该科学的分析证券投资风险，因此，合理回避证券投资风险在公司财务管理中显得尤为重要。

二、股指期货套期保值的避险作用

作为金融衍生工具的其中一分子，同时也正如其他期货交易品种一样，股指期货是适应市场规避价格风险的需求而产生的。

（一）什么是股指期货

股指期货的全称是股票价格指数期货，也可称为股价指数期货、期指，是指以股价指数为标的物的标准化期货合约，双方约定在未来的某个特定日期，可以按照事先确定的股价指数的大小，进行标的指数的买卖。作为期货交易的一种类型，股指期货交易与普通商品期货交易具有基本相同的特征和流程。双方交易的是一定期限后的股票指数价格水平，通过现金结算差价来进行交割。

世界主要股指期货市场：标准普尔500指数、道琼斯平均价格指数、英国金融时报股票指数、日经股票平均指数、香港恒生指数等。

（二）股指期货的作用

股指期货主要有以下四大作用：价格发现、套利、投机交易以及套期保值。

对于一个公司来说，投资股指期货是一把双刃剑，既可以通过正向操作，利用其杠杆性来以小搏大，为公司赚取收益；又可以通过反向操作，来达到规避风险的目的。不过，根据香港权威专家数据显示，在恒生指数股指期货的公司投资者中，主要目的是运用股指期货套期保值原理来避险的公司占到了总数的83%。

由此可见，套期保值无疑是股指期货的一大重要功效，而我们组也是从此点入手，研究股指期货对公司财务的影响。

（三）股指期货的套期保值作用

股指期货套期保值和其他期货套期保值一样，其基本原理是利用股指期货与股票现货之间的类似走势，通过在期货市场进行相应的操作来管理现货市场的头寸风险。

由于股指期货的套利操作，股指期货的价格和股票现货（股票指数）之间的走势是基本一致的，如果两者步调不一致到足够程度，就会引发套利盘入。这种情况下，假如投资者持有一篮子股票现货，他认为目前股票市场可能会出现下跌，但如果直接卖出股票，他的成本会很高，于是他可以在股指期货市场建立空头，在股票市场出现下跌的时候，股指期货可以获利，以此可以弥补股票出现的损失。这就是所谓的空头保值。

另一个基本的套期保值策略是所谓的多头保值。一个投资者预期要几个月后有一笔资金投资股票市场，但他觉得目前的股票市场很有吸引力，要等上几个月的话，可能会错失建仓良机，于是他可以在股指期货上先建立多头头寸，等到未来资金到位后，股票市场确实上涨了，建仓成本提高了，但股指期货平仓获得的盈利可以弥补现货成本的提高，于是该投资者通过股指期货锁定了现货市场的成本。

已经拥有股票的投资者或预期将要持有股票的投资者，如证券投资基金或股票仓位较重的机构等，在对未来的股市走势没有把握或预测股价将会下跌的时候，为避免股价下跌带来的损失，卖出股指期货合约进行保值。这样一旦股票市场真的下跌，投资者可以从期货市场上卖出股指期货合约的交易中获利，以弥补股票现货市场上的损失。其实，套期保值的本质在于对冲，而所谓对冲，是指特意减低另一项投资的风险的投资。但事实上，对冲并不是那么简单；若要取得完全对冲，所持有的股票组合回报率需完全等如股市指数期货合约的回报率。

因此，套期保值，也就是对冲的效用受以下因素决定：

该投资股票组合回报率的波动与股市期货合约回报率之间的关系，这是指股票组合的风险系数（beta）。

指数的现货价格及期货价格的差距，该差距叫做基点。在对冲的期间，该基点可能是很大或是很小，若基点改变（这是常见的情况），便不可能出现完全对冲，越大的基点改变，完全对冲的机会便越小。

总之，在证券市场投资中，投资股指期货确能达到套期保值的目的，关于这点，我们组将在接下来的部分列举实例中进行阐述和分析。

三、股指期货套期保值的避险作用在海外市场的应用

从金融市场发展历程来看，股指期货是应股票市场的避险需求而发展起来的。正如前文所述：在股市中，投资者将面临两种风险，一种是非系统性风险，是指个股自身的风险；另外一种是系统性风险，是指整个股票市场存在的风险。股票指数作为代表市场的基准，其下跌的风险就可以被看为市场的系统性风险。股指期货是以股票指数作为合约标的的标准化合约，其与标的股票指数之间联动性很强，并且走势方向一致。此外，股指期货的交易制度和保证金制度也使股指期货拥有交易成本低、流动性强、占用资金少等特点。股指期货的这些特性使其成为对冲股票市场的系统性风险最佳品种。股指期货在其诞生仅仅二十多年的时间里，在全球的发展速度十分惊人。

目前业界有一种很重要的理论认为股指期货的本质即为化解市场风险。作为期货品种，股指期货具有与商品期货同样的特性，即股指期货的产生也源于投资者防范与化解市场风险的需要。一般将这种化解风险的市场策略称为套期保值。股指期货套期保值就是指利用股指期货合约价格与股票指数变动的一致性，针对市场可能面临的下跌风险，通过卖出（买入）价值相当的指数合约，对冲股票价格发生不利变动的风险。

下面我们将解析在海外成熟市场与股指期货相关的重大风险管理案例，从中我们可以发现股指期货在公司层面上套期保值、规避风险的巨大价值，假如使用恰当，股指期货可以充分发挥其避险的能力。

（一）公司运用股指期货进行套期保值的目的

（1）规避市场的系统性风险，通过合理的投资组合来分散个股的非系统性风险。

（2）如果投资者资金不能及时到位，利用股指期货套期保值就可以帮助投资者节约成本。

（二）股指期货套期保值策略

1. 买入套期保值和卖出套期保值

按照套期保值策略本身的操作方向分类，套期保值可以分为买入套期保值和卖出套期保值。股指期货买入套期保值是指投资者持有融券（即卖空股票）或者计划在未来某一时间买入股票，因担心股价上涨而买入（开仓）股指期货合约来抵消因股价上涨而带来的买入成本的增加。股指期货卖出套期保值是指投资者打算长期持有股票或者在未来融资（买空股票），由于担心股市短期调整而卖出（开仓）股指期货合约来对冲股市下跌的风险。简单而言，套期保值操作方向的选择和股市走势方向一致。如表1所示。

表1　股指期货套期保值策略

套期保值策略图投资者现状	风险	套期保值策略
计划未来买入股票	股价上涨	买入套保
融券	股价上涨	买入套保
持有股票	股价下跌	卖出套保
融资	股价下跌	卖出套保

2. 消极套期保值和积极套期保值

按照盈利目标分类，套期保值策略可分为消极套期保值和积极套期保值。消极套期保值策略是在不考虑现货股票市场未来趋势的前提下，仅通过期货和现货市场的反向操作来对冲现货市场的系统性风险。消极套期保值规避了系统性风险，但也无法获得市场平均收益，最终只能获得现货组合自身的积极收益（阿尔法收益）。所以运用消极套保策略的实质是追求风险最小化。

积极套期保值策略是通过对现货股票市场走势的研判，选择实施套保策略的时机，当现货市场的系统性风险释放后再了结期货头寸。运用积极套保策略可以使现货组合在规避系统性风险的同时获得市场平均收益，其实质是追求利润最大化。

（三）股指期货套期保值规避经营风险反例：巴林银行倒闭案

巴林银行（Barings Brothers Co.）成立于1763年，由一家小规模的家族银行发展成为一个业务全面的银行集团。截至1993年底，全部资产总额为59亿英镑，1994年税前利润高达15亿美元。1995年2月27日，有着223年历史、在全球范围内管理着270多亿英镑资产的巴林银行宣告破产。

1. 巴林银行倒闭始末

事后的调查结果显示，导致这家百年老店崩溃的原因仅仅是由于一位年仅28岁的交易员——尼克·里森在日经225股指期货交易中的不正当操作，造成13亿美元巨额亏损。里森刚开始是利用新加坡商品交易所和大阪交易所上市的日经指数期货从事跨国套利，该交易是代客操作，只赚取佣金，风险不大。1992年7月，由于下属的操作失误致使亏损2万英镑，里森为了隐瞒错误，将其计入"88888"账户，其后因为日经指数上升，损失扩大至6万英镑。此后类似的错误都被计入"88888"账户。为了弥补损失，里森开始恶性增资，试图通过跨式部位交易，依赖稳定的日经指数赚取期权权利金。1995年1月17日发生的日本神户大地震是巴林银行倒闭的直接诱因。神户大地震后日经指数期货价格开始剧烈震荡，并直线下跌；而尼克·里森继续放大多头交易规模，丝毫不去理会市场趋势，这最终导致了巴林银行的倒闭。如果能正确地判断突发性事件产生的后果，尼克·里森有可能采取正确的交易策略，如在日经指数期货的交易中大规模做空。

实质上击垮巴林银行的是在新加坡国际金融交易所交易的日经225股指期货，日经225指数是全面反映日本经济发展状况的权威指标。所以从这个意义上来看，日本经济的没落是造成巴林银行在1995年沉没的外部原因。由于尼克·里森完全看反了日本经济的宏观走势，才会在交易中选择了错误的交易方向（多头）。这意味着以巴林银行名义进行的针对日经225股指期货的交易面临着巨大的宏观风险，而对于具体交易过程中的经营风险控制不力，则使巴林银行的交易结果注定是悲惨的。

2. 巴林银行倒闭案在公司投资股指期货中的反思

（1）从股指期货本身来讲

期货交易的零和性质（即期货交易从整体角度上来看不具有增值的功能，在不计交易成本的情况下，多空双方之间的现金流具有等值反向的对冲特点）决定了交易中任何一方大规模盈利（亏损）的条件是另一方的交易规模对等，即有交易对手，其直接的市场表现就是某期货合约交易量（持仓量）的增加。以巴林银行为例，涉案金额高达13亿美元之巨，造成如此大规模损失的一个重要原因就是其进行的交易合约的交易金额规模巨大。可以这样认为：尼克·里森在此次事件中是直接对抗整个市场！正是由于新加坡国际金融交易所日经指数期货的兴起使巴林银行的倒闭有了操作上的可能性。巴林银行事件充分显示了股指期货市场和其他市场的密切关系。由于股指期货是连接股票市场与期货市场的桥梁，并在相同标的的不同市场间也有比较明显的相互影响，因此，随着股指期货以及相应衍生产品的推出和股指期货的海外上市以及混业经营格局的行程，金融监管思路也需要随之调整，必须以跨市场、分产品监管取代割裂市场、分部门监管。由此给包括股指期货在内的金融体系风险控制带来了深刻变化。

（2）从公司组织结构、风险管理角度来讲

巴林银行金融衍生品交易风险管理缺陷主要表现在：初期风险较小的跨国套期保值与套利逐渐演变成巨额的投机行为，加大了银行所面临的风险；风险限额的执行不力，未能避免风险扩大；缺少相互牵制的组织机构，将交易和结算等权力集中于一人；缺乏正确的风险度量方法，没有采用数学模型量化风险；内控流程不完善，内部审计的建议无法执行。

企业若想通过建立完善的内控体系管理衍生品交易中的风险可以从以下方面着手：一是采取科学的风险量化方法，对于市场风险的量化可以选择 VaR 模型；对于操作风险的量化可以选择基本指标法、标准法或内部度量法、损失分布法、极值理论模型、计分卡法等高级计量法。二是建立完整的风险控制流程。三是确立完整明确的组织架构，保证风险管理部门的独立性。

四、案例分析套期保值在财务管理中的应用价值

随着业务国际化程度的提高，在努力提升产品竞争力的同时，中国企业也逐渐开始采用金融衍生工具为其发展助力，用其来规避风险或者增加财务杠杆。

在中国正式交易股指期货之前，我国许多公司已经运用各种金融衍生工具获得收益和对冲风险，本部分旨在举出案例证明金融衍生工具对于投资和对冲风险的有效性和风险性，并且试图证明，中国内地市场的股指期货交易，将对公司的财务管理产生重要影响。

航空公司套期保值

近几年，世界石油及航空煤油价格波动剧烈，价格呈逐步上涨趋势，需求量逐年增长。2005 年的上涨趋势最为猛烈，国际石油价格突破了 50 美元/桶。2008 年上半年，中国航油平均价格和新加坡航空燃油平均离岸价格同比上涨了 27% 和 67%；当年 7~9 月份，国内航油平均价格和新加坡航空燃油平均价格再次同比上涨 52.5% 和 63.77%。

航空公司如何积极面对高油价、努力控制运营成本，是其面对竞争局势必须要解决的生存和发展问题。在这种情况下，国内几家航空公司纷纷采取了套期保值的金融手段对冲未来可能发生风险。套期保值可使油价锁定在一定的浮动范围内，使成本变动风险降低，同时锁定未来。然而。金融衍生产品也是一把双刃剑，既能带来不菲的收益并能对冲风险，又能带来更高的风险并造成更大的损失，放大人们的行为对金融投资的影响。

以东航为例。根据可查资料，东航对航空燃油进行套期保值始于 2003 年。根据东航公告，东航所签订的期权合约分为三种：①航油价格在 62.35~150 美元/桶区间内，套保量为 1135 万桶。即东航可以以约定价格（最高上限为 150 美元/桶）买入航油 1135 万桶。合约截止日，无论航油价格多少，东航都可以选择是否购买，合约对手必须接受。②东航以不低于 62.35 美元的价格购买合约对手航油 1135 万桶。合约截止日，无论航油价格多少，合约对手都有权选择是否卖出，东航必须接受；以更高的约定价格（72.35~200 美元）向对手卖出 300 万桶，对手具有购买选择权，东航必须接受。③至于第三种合约，是为手上持有的其他航油期货、现货而做的套保，或者是为了减少油价下跌造成的第二种合约亏损。

2008 年，受油价上涨影响，截至 2008 年 12 月 31 日，根据东方航空的套保合约及当日纽约 WTI 原油收盘价计算，2008 年亏损额可能高达 122 亿元，其中航油期货套期保值浮亏 62 亿元，实际赔付已经超过 1000 万美元。

与此相对比的是，美国西南航空公司应用期货成功地实现了套期保值。

美国西南航空公司是一家在固定成本极高的行业中成功实施低成本竞争策略的优秀公司。它从 20 世纪 70 年代在大航空公司夹缝中谋求生机的小航空公司一跃发展成为美国的第四大航空公司，持续 30 余年保持远高于行业平均水平的高利润和远低于行业平均值的低成本。

同样受石油价格波动影响，2000—2008 年，美国西南航空公司燃油每加仑平均成本以及燃油成本占营业成本比率的变化可以看出燃油成本在近 10 年中一路攀升，2008 年更是占到了营业成本的 35.1%。前三个季度，燃油成本持续攀升，在第三个季度燃油成本更是占了营业成本的近 40%，到了第四个季度，随着燃油价格的下降，成本降低，但是还是约占营业成本的 34%。由此可初步断定燃油成本是 2008 年美国西南航空公司财务状况的重要影响因素。为了更好地分析燃油价格对西南航空公司的影响，作者从纽约商品交易所 WTI 原油价格 2008 走势分析：2008 年中原油价格波动较大，1 月底 2 月初原油价格开始飙升，7 月甚至达到了约 145 美元每桶，年底又回落到约 35 美元每桶。

在抵御原油价格的波动方面，美国西南航空公司长期以来一直是航空业各大公司的楷模。其实行燃油套期保值计划，从而在事实上将燃料价格锁定在比竞争对手所支付的更低的价位。

美国西南航空公司是美国第二大航空公司，同时也是美国唯一一家自 1973 年以来每年都盈利的航空公司，且利润净增长率最高。以 2007 年为例，公司 2007 年年报显示，净利润为 6.45 亿美元，相比 2006 年增长了 29.26%。这在其他航空公司纷纷亏损的情况下显得非常了不起，那么，美国西南航空公司又是如何取得这一骄人成绩的呢？通过收集公司 2001—2007 年年报的净利润和套期保值收益，从中可以发现一些端倪。（见图 1）

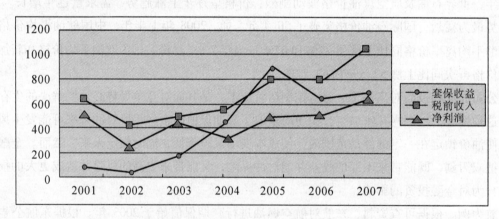

图 1　美国西南航空公司近 7 年税前收入和套保收益走势图

从图 1 可以看出，公司利用衍生工具所获得的套保收益从 2004 年开始便占据了其税前收入的大部分，在 2005 年甚至超过了其税前总收入。这一数据意味着如果美国西南航空公司没有对其燃料成本进行风险转移，那么其在 2005 年就已经是一个亏损的企业了。表 2 更明确地表示了这一关系，2005 年美国西南航空公司套期保值收益是其税前收益的 114.51%，而与此同时却发生了 2005 年 9 月 14 日美国达美航空公司申请破产保护的事件。

表 2 为美国西南航空公司套保收益及其占总收益比例。

表2　美国西南航空公司套保收益及其占总收益比例

年份	2001	2002	2003	2004	2005	2006	2007
税前收益	631	417	483	554	779	790	1058
套保收益	80	45	171	455	892	634	686
净利润	511	241	442	313	484	499	645

另外，我们还可以通过比较不同航空公司之间的税前利润及美国西南航空公司本身是否进行套期保值的收益对比来分析航空公司进行航油套期保值对公司的稳定和发展所起的作用。从图2可以看出，美国西南航空公司的税前利润明显高于其他航空公司，其中美国航空公司和美国西北航空公司在大部分年份都处于亏损状态。

需要说明的是，中国国航（601111 行情，股吧）近些年的利润和美国西南航空公司相对接近，这部分得益于我国政府对油价的控制。

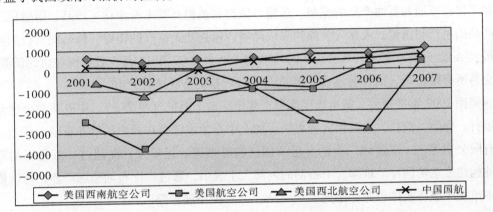

图2　4家航空公司2001—2007年税前利润走势图（单位：百万美元）

这些成就也许与公司的经营管理水平有很大关系，但从图3的比较来看，美国西南航空公司近几年在航油套期保值上的收益占其税前利润的大部分，如果剔除套期保值收入部分，公司在2005年同样面临亏损的风险。

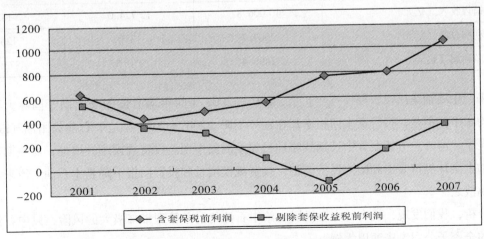

图3　美国西南航空公司有无套保的税前利润对比

在其他航空公司纷纷申请破产的背景下，美国西南航空公司从 2001—2007 年税前利润和净利润的年复合增长率仍然达到了 9.0% 和 3.96%，这是一个非常骄人的成绩。

通过分析我们发现，通过套期保值来规避市场价格、利率风险是一种性质有效的方法，在增进企业经济效益方面发挥着重要的作用。

股指期货作为我国市场上的新兴金融产品，其价格发现、套期保值、提供卖空机制、替代股票买卖实现资产配置的功能，在完善了证券市场的机制的同时，也为公司的财务决策提供了更多的选择。

五、套期保值在中石油的应用

中国石油天然气股份有限公司是于 1999 年 11 月 5 日在中国石油天然气集团公司（简称中石油集团）重组过程中按照《中华人民共和国公司法》成立的股份有限公司。该公司及附属公司是我国油气行业占主导地位的最大的油气生产和销售商，是我国销售收入最大的公司之一，也是世界最大的石油公司之一。该集团广泛从事与石油、天然气有关的各项业务，主要包括：原油和天然气的勘探、开发、生产和销售；原油和石油产品的炼制、运输、储存和销售；基本石油化工产品、衍生化工产品及其他化工产品的生产和销售；天然气、原油和成品油的输送及天然气的销售。该公司发行的美国存托证券、H 股及 A 股于 2000 年 4 月 6 日、2000 年 4 月 7 日及 2007 年 11 月 5 日分别在纽约证券交易所、香港联合交易所有限公司（简称香港联交所）及上海证券交易所挂牌上市。

中石油集团 2009 年报显示，截至当年底资产规模突破 2 万亿（见表 3）。中石油的金融业务资质已经涵盖银行、保险、信托、金融租赁等板块。加上中石油本已存在的中油财务有限责任公司、中油资产管理有限公司等，一座疆域广袤的金融帝国已初具规模。近年来，在超过 2 万亿石油资产支撑下，中石油构建金融帝国冲动难抑。中石油的内部人士表示，通过广泛布局金融产业，可以借助金融工具和资本市场来服务实体产业，做到"产融结合"、"两条腿走路"。

表 3　中石油集团 2009 年报

	2007 年	2008 年	2009 年
财务摘要			
资产总额（亿元）	16 696.9	18 037.4	22 214
销售收入（亿元）	10 006.8	12 724.0	12 182.8
利润总额（亿元）	2069.7	1342	1266
净利润（亿元）	1496.4	910.5	873.7

近年来，中石油集团投资规模逐年扩大，2003—2008 年间年均增长 21%，高于国际大石油公司 15% 的平均水平。但是，投资资本回报率却在逐年下降。2009—2012 年是中石油集团油气战略通道、炼化布局调整、海外业务拓展等中长期战略项目建设的集中期，投资规模刚性增加，而短期难以获得回报，再加上全球经济衰退和国内经济调整，投资规模增长和投资回报下降是中石油集团未来几年面临的最大挑战之一。

深入分析，我们发现，现有的金融投资也给中石油的财务管理带来极大的风险，以中石油集团下属的最大的全资子公司大庆油田为例：

大庆油田有限责任公司是 8 年前从大庆石油管理局（简称大庆局）分离出来的企业，作为中国石油天然气股份有限公司的一部分，属于上市公司，大庆石油管理局剩余产业属于未上市部分，均归属中石油集团。2008 年 2 月，大庆油田和大庆局两个兄弟单位在分离 8 年后又重组整合到了一起，一套班子、一套机构、一个整体，只是财务上分开核算、分别做账。

大庆油田 2001 年底开展股票投资业务。2003 年底，股票投资发生巨额亏损。

还有一家大庆局所属企业发展集团，在 2003 年 4 月通过上海大庆石油实业发展公司上（全民所有制企业）与闽发证券有限公司、大鹏证券有限公司签订了 8000 万元的投资协议，不久，闽发证券和大鹏证券就宣告破产，2005 年底，发展集团经大庆局批准计提长期投资减值准备 7451 万元。

由此可见，中石油证券投资规模巨大，同时也面临着较高的风险。

而在这些风险面前，公司往往采取了放弃投资业务、静观其变的被动应对方式，已发生的损失难以很快弥补。例如中石油在 2008 年底面对金融危机所带来的全球市场萎缩、证券市场低迷、投资不确定期时，曾集中处理股票资产，并发文要求其部分子公司放弃证券投资业务。

例如前面提到的中石油大庆油田子公司 2003 年投资股票的巨亏，针对这一状况，该公司直至 2007 年 5 月中下旬，在资本市场形势转好，股票市场已达较高点位的情况下，才对其巨亏的股票资产进行集中处置，扭亏前后耗时长达 5 年之久。而同时，大庆油田购买的债券已上市部分在中油财务有限责任公司证券账户中托管，未上市部分在中央国债登记结算有限责任公司开立的丙类账户中托管，交通银行在海通证券股份有限公司开立的证券账户中托管。

鉴于股指期货的出现，为企业带来了新的避险手段，并且已在国外较为成熟的资本市场上有了较为成功的实践。基于这些理论与实例，我们可以设想：在市场不景气，股市低迷时，股票投资有所亏损之际，中石油可以借助股指期货具备看跌能力的功效，进行反向操作，对冲损失，降低投资风险，不必花费 5 年甚至更久时间解套，强化了资金的时间价值，增加资金周转频率。

综上所述，我们小组推断，投资股指期货有助于中石油优化投资结构，降低投资风险，提高财务管理质量。

六、课题继续研究方向

首先，鉴于股指期货在中国内地推行至今时间较短，我们难以取得有关企业投资的相关数据，所以本报告缺乏科学的实证数据支持。我们通过引用海外市场上类似案例，运用演绎、类比、归纳的方法，已初步推断出股指期货在公司财务管理套期保值中所取得的巨大作用。在未来的研究中，我们将通过现代科研方法对股指期货在中国市场的表现进行长期系统的调研，以庞大的实证数据来检验我们初步的研究成果，并进一步改善我们提出的套期保值方案。

其次，中国金融市场有其独特的市场结构和投资环境，股指期货在保持其国际范围内共性的基础上，可能会有特殊表现，对公司的财务管理产生特殊的影响。基于这种具有社会主义特色的市场经济环境，我们更需要大量独立的数据来支撑研究。我们将会进一步跟踪挖掘股指期货在中国市场的发展状况以及其对公司财务管理的影响。

最后，我们将继续关注本课题的重点研究对象——中石油的各种披露信息及其整个行业的即时行情。通过其对证券与股指期货市场变化的反应来进一步论证股指期货在财务管理中的套期保值作用。

参考文献

［1］陶媛. 谈金融危机下的民用航空业——基于美国西南航空公司的案例研究. 知识经济，2009，10.

［2］王震，肖飞，郑炯. 买方套期保值策略与风险控制研究财务管理——以东方航空燃油套保浮亏事件为例. 中国石油大学学报（社会科学版），2010，01.

［3］赵德武. 财务管理. 北京：高等教育出版社，2000.

［4］彭韶兵. 财务管理. 北京：高等教育出版社，2003.

［5］中国期货业协会. 期货市场教程. 北京：中国财政经济出版社，2002.

［6］中国注册会计师协会. 财务成本管理. 北京：中国财政经济出版社，2005.

［7］中国期货业协会. 期货法律法规. 北京：中国财政经济出版社，2012.

［8］约翰·赫尔（John C. Hull）. 期权、期货及其他衍生品. 王勇，索吾林，译. 北京：机械工业出版社，2012.

［9］凤凰财经. 内地五大航空公司深陷套保门 亏损额占全球总额56％. http://finance.ifeng.com/news/industry/hy/20090520/685186.shtml.

［10］金融界. 中石油集中处理股票资产 今年投资不超3000亿. http://finance.jrj.com.cn/biz/2009/01/1917443382944.shtml.

［11］东方证券. 台湾加权指数期货推出对指数的影响. http://finance.sina.com.cn/money/future/20100108/18577216703.shtml.

［12］东方财富网. 股指期货存在被操作可能，中国石油或成支点. http://finance.eastmoney.com/100325,1331224.html.

［13］网易财经. 中国石油：股指期货战役中必争的筹码. http://money.163.com/08/0318/10/47AEML4100252FTU.html.

［14］期货日报. 股指期货投资者套期保值需求分析. http://www.cfachina.org/news.php? id=45079.

［15］中国期货业协会. 股指期货交易特别风险揭示. http://www.cfachina.org/news.php? id=44721HYPERLINK "http://www.cfachina.org/news.php? id=44721&highlight=％E8％82％A1％E6％8C％87％E6％9C％9F％E8％B4％A7％E4％BA％A4％E6％98％93％E7％89％B9％E5％88％AB％E9％A3％8E％E9％99％A9" &HYPERLINK "http://www.cfachina.org/news.php? id=44721&highlight=％E8％82％A1％E6％8C％87％E6％9C％9F％E8％B4％A7％E4％BA％A4％E6％98％93％E7％89％B9％E5％88％AB％E9％A3％8E％E9％99％A9"highlight=％E8％82％A1％E6％8C％87％E6％9C％9F％E8％B4％A7％E4％BA％A4％E6％98％93％E7％89％B9％E5％88％AB％E9％A3％8E％E9％99％A9.

［16］新浪财经. 股指期货推出将给市场带来的影响和机会. http://finance.sina.com.cn/stock/marketresearch/20091230/15217176075.shtml.

［17］东方财富网. 恒生指数期货推出对指数的影响. http://finance.eastmoney.com/100109,1298520.html.

［18］中国石油天然气股份有限公司. 2007——2009年财务报告. http://q.stock.sohu.com/cn/gg/113/328/11332893.shtml.

管理类

关于广西柳州中小学校园安保资金的管理调研分析

尹翱　王珂　丁梦娟　陶冬燕　潘珂

【摘要】基于广西柳州中小学校，从资金来源、资金分配、运用效果三个阶段对义务教育阶段的校园安保资金管理情况进行了研究。首先，政府是资金的最主要来源；其次，从直接和间接管理方式上讨论了资金分配问题，并得出了资金分配的改进方案；最后，通过运用效果反映当前校园安保资金管理情况的一些问题，并提出改进意见和建议。

【关键词】中小学　安保　资金　来源　分配　效果

一、课题意义

从 2010 年 3 月开始，一起起校园血案在全国范围内接二连三的上演，已造成了多名儿童死亡的悲剧。一个个逝去的年轻生命让我们惋惜的同时不得不重新审视我国的校园安全。这让整个社会都在思考这样一个问题——我们到底能够做些什么来保护我们的孩子，让他们免于被伤害的噩梦。

针对目前频频出现的校园安全问题，我们不难得出以下几点因素制约了我国校园安全保障工作的顺利进行：一是学校与家长对学生进行安全教育的力度不够，使学生缺乏必要的安全意识和应对突发事件的自我保护知识；二是社会存在一定的危险分子，企图通过残害学生而满足他们不健康的心理欲望或是宣泄他们的不良情绪；三是学校安保系统的建立不完善。不得不承认的是校园安全隐患在很大程度上是存在于不完备的校园安保制度和落后的校园安保设备之中，并且建立完备的校园安保系统也是可以利用最短时间获得最好成效的缓解校园安全问题的重要举措。

作为学生安全的主要负责人的学校，特别是对于不同于大学的中小学来说，本身也是一个非营利性机构，就校园安保系统存在的问题，一方面深感责任重大，另一方面也是力有未逮。在资金有限的情况下，如何提高资金的利用率使资源得到充分的利用自然而然就成了最需要考虑的问题。由此，我们认为以中小学安保系统资金来源的研究分析为选题的调查研究具有以下意义：

（1）通过调查探究我国中小学安保系统资金来源，探讨我国中小学安保系统资金来源在渠道上和结构上的优缺点，有利于我们从现状出发，根据实际情况寻找标本兼治的解决校园安保系统资金来源问题的方法。

（2）我们同时会在得到足够资金的前提下如何有效的运用资金方面进行调查研究，通过分析现行的资金分配方案，发现不足，为政府和学校应该如何运用安保资金使其得到更大的效用提供可行意见，使社会财富和资源得到较为合理的配置。

（3）解决校园安保系统资金不足和利用率不高的问题，有利于学校进一步构建和谐校园保障学生安全，为学生提供良好的学习环境；有利于中小学生的身心更加健康成长；有利于解除家长工作之余的后顾之忧，提高他们的工作效率，为社会的进步贡献更多的力量；有利于消除由于学生安全得不到保障而在社会上造成的消极影响，有利于我国构建和谐稳定的社会。

我们希望以此倡导社会各界切实的开展维护校园安全的各项活动，采取一切措施为广大中小学生筑建一座坚固的堡垒，使他们能够更好地健康成长，为建设中国特色社会主义提供源源不断的新生力量，早日完成中华民族的伟大复兴。

二、国内外借鉴

文献的检索我们主要通过网络搜索的方法来完成，另外我们也查阅了一些新闻报刊。其结果是在我们所及范围内的平台都没有找到关于安保资金管理的专业文献。当然我们不排除该类文献存在的可能性，但是从目前搜索的结果来看，校园安保资金管理的研究尚有很大空白。

在国内方面的原因主要有以下几个方面：

（1）企业角色的转变

在过去很长一段时间里，许多大型国有企业员工众多，企业需要"办社会"，即设立医院和学校等设施。学校的经济来源就是企业，就等于以前的校园安保由企业承担了。后来国企改革，为了建立现代企业制度，大型国企逐渐甩开了"办社会"的包袱，学校由政府接管。这种新的情况不过持续了大约十年，国内对此可能还缺乏较为深入具体的研究。

（2）校园安保环境的巨大变化

现在我国处于一个矛盾多发期，这种现状会使某些人出现极端的心理问题，由此引发许多不安全因素，像学校这样的场所很容易成为极端分子泄愤的目标。校园安保不再仅仅是门卫看门的问题，而是尽可能全面保障安全的问题，目前看来我们还没有完全适应这种变化。

（3）安保资金管理没有被重视

从我们搜索的结果来看，国内研究更多倾向于如何构建安保系统，但是对于体制层面的东西鲜有提及，也就是国内对直接的安保防范的建设比较重视，对制度、对管理的关注不足。

在国外方面的原因主要有两点，一是早期的国外研究没有被录入；二是国外的校园安保资金早已有了明确的管理规定。

根据我们所能搜集到的资料，我国在校园安保资金的来源主要有以下4种途径：

1. 政府财政

（1）福建郑州市的金水区，用专业的保安队伍将原先年老体衰的门卫换下，以保证校园安全。而对于这些保安的管理，直接由当地教育局负责。教育局与专业的保安公司签订用人合同后，保安公司根据学校需要，将相关保安人员派驻相应的学校，教育局再将区政府划拨的专项资金，逐月统一付给保安公司，以支付学校保安人员工资、服装等开支。同时，对于摄像头等安保设备的安装费用，由学校所在地政府或街道办事处拨付。该区教育局局长建议，地方财政应该在年度预算中，将校园安全经费作为社会公共事业的专项经费。

（2）河南洛阳市从财政支出中专门拿出专项经费用于校园安保。如洛阳市洛龙区投入100万元为全区36所中小学安装摄像头，区财政还每月拿出10万元，用于支付81名专职保安的工资。

（3）重庆市成立了校园安全保卫支（大）队，即5900名民警以"校园民警"身份，带领6400名保卫干部，2.8万名保安进驻全市1.2万所中小学、幼儿园。重庆市政府已决定本次投入资金12亿元，此后，将列入每年的财政预算。

（4）广西壮族自治区南丹县政府采购中心与南宁永存再生科技有限责任公司、深圳市亿贝网络科技有限公司、广西九牧建筑智能化工程有限责任公司 3 家公司达成总金额 146.5 万元的学校安保设备采购协议。即这批设备的款项，将由政府财政支出。

2. 学校支付

福建郑州市的金水区，由政府财政出资负责安保设备的购买、安装费用，而校园摄像头终端与公安系统并网监控。校园监控设备全部交由公安局安装、管理，学校只需为每个并入公安监测网的摄像头，每月向所在公安局或派出所交纳 50 元的管理费。

3. 企业捐助

2010 年 6 月 1 日上午，山东金源管业有限公司董事长李福中向临沭县曹庄镇华侨小学和华侨幼儿园特别捐助校园安保资金 3 万元。企业专门向小学捐助资金用来加强校园、幼儿园安全设施建设，李福中是当地第一例，他的这一举动受到当地群众的好评。

4. 家长支持

针对一些地方向学生和在园儿童收取"安全管理费"等乱收费问题，近日，国家发展改革委发出《关于严禁向学生收取安全管理费等有关问题的紧急通知》，严禁学校、幼儿园以加强安全保卫工作为由向学生收取任何费用。但是由于安保资金的缺乏，有些中小学还是不得不向学生家长收取一定数量的安保费。

三、调查结果

1. 资金来源：政府

针对 2010 年初各地发生的中小学遭袭事件，柳州市政府积极开展专项活动，稳抓学校安保。所以针对全市中小学，安保方面费用均由政府出资。

2. 资金分配：政府直接管理、间接管理相结合的分配方式

通过实地调查，我们已经得知学校安保系统方面的资金均来自于政府，但是资金的分配方式却有所不同。柳州市政府将安保系统分为两部分，分别采用直接管理和间接管理的模式分配资金，具体方式如下：

（1）直接管理部分。柳州市政府将学校保安这一部分归为直接管理。政府直接联系、拨付款项给保安公司，出资聘请保安后，按照规定数量分配给各个学校。保安的工资、培训等管理都属于保安公司管辖范围。而学校只负责对保安进行考评即可。除此之外，部分小学的消防器材也是由城区政府直接配备。

（2）间接管理部分。除了保安一块由政府直接管理外，其余的安保系统各方面资金的管理均由学校进行，包括消防器材的添置维护、安全护栏的设立等。校方根据相关规定和限度进行安保系统的管理，之后再定期向城区政府申报资金。通过这种方式，政府间接管理了安保系统的某些具体方面。同时，政府会定期安排相关人员到各个学校进行检查。

3. 运用效果

此次我们根据城区的划分，对 3 所中学、3 所小学共 6 所学校进行了实地调查和访谈，得到了关于保安数量、消防器材数量以及消防演习频率等第一手资料。具体内容见表 1。

表1　有关学校校园安保统计资料

指标 学校	政府配备 保安数量 （人）	学校自备 保安数量 （人）	消防器材 数量 （个/教室）	摄像头 数量 （个）	消防演习 频率 （次/学期）	学校面积 （平方米）	学生数量 （人）
小学①	4	1	2	2左右	1	9060	1800
小学②	4	0	1	无	1		1070
小学③	4	0	2.5	2	1	7441.2	1000
初中①	11	6	1.5	20左右	1	84 000	3000
初中②	8	3	2	无	1	7600	1300
初中③	3	3	1	10	1		2500

四、调查分析

根据课题组对国内外有关校园安保资金分配方式的参考及对样本学校的调查，可总结出以下三种安保资金分配管理方式：

1. 政府直接管理

即政府直接参与校园安保建设，如给出经费聘用保安人员、出资购进安保设备等，学校一切安保建设都由政府统一规划，安保建设所需资金由政府调拨和运用，学校不直接参与校园安保建设工作，但可以向政府提出建设意见及更换设备的要求。

这种分配方式效率高，可以在较短时间内使校园配备上规定的安保指标；由政府统一规划建设，也极大地降低了交易成本，减少了寻租的可能性，使学校无法把安保资金用于安保建设以外的项目；政府统一运用，使得这部分资金的来龙去脉一清二楚，能够做到公正、公开。

但是，其不足之处在于此项分配方式没有考虑学校实际情况，只是单纯的按照一个硬性指标配备，有可能会造成学校安保设施或保安人员配备过多或者过少的情况，或配置安保设施的种类不尽合理，效果差；若学校缺少某些设备或人员，或设备需要更换，还需向政府提出要求，这样会造成反馈慢；政府在安保建设这一方面会花费大量管理成本，如资金的管理、人员的配备、对学校的调查等等，会造成一些不必要的浪费。

2. 政府间接管理

（1）政府定额分配给学校

即政府通过对学校所需安保资金进行衡量，制订出标准，每月或每学期统一给予学校定额的安保资金，这笔款项的具体如何分配运用，由学校根据自身需要进行安排。

这种分配方式虽然能简化程序，提高效率，但是制订出一个合理、规范的标准对于政府来说难度过大，毕竟不同的学校对安保资源的需求也不同，从而所需资金也不同。另外，定额分配方式的弹性较小，反应速度较慢，无法根据学校的变化和安保资源的市场价格的变化而迅速的变化，这容易造成资金浪费或资金不足的现象，当政府拨付的资金过多时，易促使学校进行寻租行为；当拨付的资金不足时，易诱发学校为节约资金而购买或使用劣质安保器材，不利于校园安保工作。

（2）学校向政府申报所需金额

即学校先支付安保费用，然后凭单据向政府报销。

这种分配方式，政府虽然能依据单据凭证来监督资金的使用情况，提高资金的使用效果，但是仍然易促使学校通过开具假发票，多填购买金额等方式获取更多资金，从而造成逆向选择和道德风险。

3. 政府直接管理和间接管理相结合

安保资金一部分由政府直接管理，所需资源由政府直接配发给学校，另一部分由政府间接管理，可以是政府定额分配给学校，也可以是学校向政府申请所需额度。

这种分配方式有一个极大的优点，它即保证了安保资金来源的稳定性，又给资金的灵活使用留下了余地。比如安保的基础设施和基本人员，是每个学校都必须配备的，就可以由政府直接管理，政府直接分配人员和设备。像这种明显带有广泛性和必须性的项目，都可以有政府直接管理，从整体上提升校园的安保基础水平。另外，由于每个学校的条件都不同，在实际情况当中不同的学校又有不用的具体需求，有些需求可能比较特殊，这就需要政府间接管理资金来弥补。政府直接管理和间接管理结合的方法结合了实际情况，便于管理，成本较低，效率较高，同时也能减少寻租现象的产生。

但是，这种方法需要明确直接管理和间接管理的边界，若处置不当，就会产生责任混淆、管理混乱的现象，产生管理上的漏洞。还有，直接管理和间接管理两者之间如果没有一个合理的沟通渠道，就会影响整个安保系统的协调性，影响安保效果。

五、改进及建议

（1）政府成立校园安保专项小组并对学校的实际情况进行调查，针对不同的学校制订出相应的方案，并对学校进行技术方面的指导。由于每所学校在学生人数，校园面积等方面的情况不尽相同，专项小组通过对学校安保系统的专业分析，给出学校所需的安保资金、安保人员数量、安保器材等；同时，提供学校安保管理的有效方案，查看政府、企业给予的安保资助是否合理安排到位，力求安保资金得到最高效的运用。

（2）政府部门对所管辖学校就安保系统的建设进行不定期的实地调查。对不按要求建立安保系统的学校予以批评并监督其进行改进，若改进后仍得不到理想效果的要给予相应的处罚。这样做的目的主要还是监管安保资金运用，防止学校把安保资金或设备挪作他用。另外，平时不定期的实地调查可以帮助政府掌握学校的真实情况，若学校部分情况发生变化，使得安保能力短缺，就能迅速做出反应，保证了安保系统长期的运行。

（3）对于安保系统所需的人力、物力采用政府限定供应商的方式以保证质量并减少资金的浪费。政府的信息来源比学校更广，可以在更大的范围内寻找产品供应商，这样就能够尽可能多的提供选择。另外，政府出面进行选择较为正式，可以较好的保证责任和质量。最重要的一点，就是政府通过较为集中的采购可以获得较多优惠，能有效降低安保设备和服务的采购成本，这是仅凭学校一己之力无法做到的。

（4）学校设立安保专项资金，以区分不同用途的资金，避免资金错位，确保安保资金可以全面的发挥作用。这样做，一方面方便监管，另一方面保证了资金的专款专用，如此才能切实保证资金效果，也只有这样才能让整个安保制度具有可信度，社会各界才会敢于、乐于捐助校园安保事业。

（5）通过各种可取渠道建立起企业定向资助校园安保的机制，力求中小学安保系统的各个环节都得以保障。由政府出面出台适当的措施鼓励企业向学校捐助安保资金、安保器材以及安保技术等，如建立一对一的企业与学校合作体制，由该企业免费或者优惠向对口学校提供安保资金、安保器材，安保技术、安保人才或安保服务等，而对于这类捐赠企业，政府可给予它们在投资、税收等方面的优惠政策，学校则可允许这些企业进行适当的产品和品牌宣传。

教育类

调，还是不调？这是个问题

——对20所高校学生调换宿舍影响因素的实证研究

赵莹　张隽　屈曹晶晶　张璐

【摘要】近年来，随着高校教育方式的改革，不少学校开始实行通识教育。我校于2007年成立通识教育学院，对大一新生进行统一的通识教育及博雅素质培养，注重学生综合素质的培养，不再将培养的目标集中在专业知识的学习上；在上海，复旦大学以复旦学院为载体，进一步加强改革力度，直接安排大一新生不同专业之间混住；如今大量的学校因为扩大学生自主转专业的选择权，客观上也造成了一批不同专业之间学生混住的现象。这些现象共同冲击了长期以来形成的以系、专业、班级相对集中的寝室分配原则。但同时我们也观察到，一方面，东部沿海教育较发达的一些城市，在加大力度推进通识教育的过程中，刻意将来自四个不同专业的大一新生安排在同一宿舍；另一方面，随着转专业现象的日趋突出，越来越多的学生在转了专业之后反映希望调换宿舍，和现专业的同学住在一起。鉴于目前对于这一领域涉足者为数不多，本课题组通过实际调查数据，结合计量分析，重点讨论以下三点问题：①对学生调换宿舍的影响因素；②学生意愿与目前实际情况的矛盾；③未来可以完善和改进专业与宿舍资源配置的方式。

　　我们借助计量分析工具区分影响同学是否调换宿舍的不同因素，得出哪些因素具有显著的决定性，即是哪些关键因素决定了同学调换宿舍的意愿。据此，我们提出如何依据学生的实际情况安排好宿舍的建议和措施，以实现学生寝室资源的最优化配置，从而达到学生个人发展效益的最大化。

　　鉴于时间及经费问题，小组成员讨论决定将调研重心放在西南财经大学柳林校区。该校在大一学年末实行学生自主申请，并以择优录取为原则进行转专业及实验班的选拔，造成一批不同专业学生混住现象。同时，柳林校区现有学生3万余人，总量大，数量集中，具有一定代表性和可操作性。本课题小组秉持随机性原则在西南财经大学柳林校区图书馆、教室、宿舍楼等地共发放问卷200份，实收问卷200份，其中有效问卷187份，回收率100%，有效率93.5%。数据处理结果显示：①男生相对于女生越不容易调换宿舍；②没有换专业经历的同学越没有意愿换宿舍；③电脑越多的宿舍，越有意愿换宿舍；④没有就电费发生纠纷的宿舍，越没有意愿换宿舍；⑤没有发生夜聊的，越容易换宿舍；⑥南方的同学相对于北方同学越不喜欢调换宿舍。

　　基于以上分析结果，我们得到以下对策及建议：①学校在新生入学之前，组织所有即将入学的学生在线做一份调查以更人性化地分配宿舍；②学校在建设新的宿舍楼时，尽量考虑减少每间宿舍的人数以提高调换宿舍的机动性；③学校定期组织宿舍长培训；④宿舍长定期组织宿舍集体活动。这些对策建议我们会在总结报告中详细论述。

　　【关键词】调换宿舍　影响因素　计量研究

一、背景介绍

（一）国内现状分析

长期以来，国内高校在进行学生寝室资源配置时遵循的都是系、专业、班级相对集中的原则。高校安排学生住宿，大都由宿管中心、学生工作管理部门共同商定，一般男女生分开，以院系、专业、年级、班级为单位安排在一起。管理上统一要求，整齐划一，学生宿舍缺乏对学生个性培养的空间，以学生为本的意识不够。这与海外高校注重不同年级不同专业同学组建寝室形成了鲜明的对比。近年来，随着高校教育方式的改革，更多的学校，也开始通识教育改革。我校于2007年成立了通识教育学院，对大一新生进行统一的通识教育及博雅素质培养，注重学生综合素质的培养，不再将培养的目标集中在专业知识的学习上；在上海，复旦大学以复旦学院为载体，进一步加强改革力度，直接安排大一新生不同专业之间混住；如今大多数学校因为扩大学生自主转专业的选择权，客观上也造成了一批不同专业之间学生混住的现象。这些现象共同冲击了长期以来形成的以系、专业、班级相对集中的寝室分配原则。但同时我们也观察到，一方面，东部沿海教育较发达的一些城市，在加大力度推进通识教育的过程中，刻意将来自四个不同专业的大一新生安排在同一宿舍；另一方面，随着转专业现象的日趋突出，越来越多的学生在转了专业之后反映希望调换宿舍，和现专业的同学住在一起。这看似相悖的现象背后到底是哪些因素在起着较重要的作用？不同专业之间学生混住究竟对学生个人发展有着怎样的影响？是否应该提倡或者通过预先配置或后期调换宿舍加以避免？这些问题的解答对于高校充分利用寝室资源配置、促进学生发展有着显而易见的重要意义。

（二）国外模式对比

国外高校在进行宿舍配置，依据的是与中国完全不同的理念。由于经济发展和人口密度等原因，大部分高校采取单人间，剩下的那部分高校则通过在入学之初让学生填写小卡片等方式对学生进行个性化宿舍配置。例如澳大利亚格里菲斯大学在学生宿舍管理上主要考虑和遵照以下几个原则：一是年龄，一般以25岁为界，25岁以上的学生被安排住在一个套间，25岁以下的学生住在一起；二是性别，宿舍一般男女搭配；三是专业和年级，不同专业、不同年级的学生安排住在一起；四是国籍，尽可能把不同国家的学生安排住在一起。澳大利亚大学学生国际化程度较高，这样安排使得格里菲斯大学学生宿舍更像个国际化的大家庭。所有这些彰显出管理和服务上的科学化和人性化。首先，学生年龄相同，具有相同的经历和阅历，住在一起容易沟通和交流；其次，不同国家的学生有不同的文化背景，住在一起利于相互间的文化交流。大学的课程安排从上午八点到晚上九点，不同专业、不同年级的学生上课时间不同，错开了学生对厨房、洗浴室、洗衣房、公共体育设施的使用时间，便于学生对学校宿舍资源的使用。

（三）中国的特例——复旦学院

2005年，时值复旦大学百年校庆庆典年，学校决定正式成立复旦学院。每年复旦大学的本科新生（包括留学生）按专业录取后将进入复旦学院，学习一年后再进入专业院系学习。

复旦学院的模式在国内高校中还没有先例。不同于国内很多高校基地班、实验班等创新人才培养模式，复旦大学学分制建设从一开始就以全校学生为对象，强调关注所有学生的需求，为所有学生的成长平等地创造机会。复旦学院将借鉴国内外著名大学本科生培养的优秀经验，深入贯彻"以学生为本"的理念，以培养全面发展的高素质、创新型人才为目标，全面推进本科教育教学体制的改革。

在宿舍配置方面，借鉴国外大学住宿学院做法、承续中国书院文化传统，构建与教学改革相适应的全新学生管理体制。复旦学院以复旦历史上德高望重的老校长的名字命名，建设四个书院：志德书院，为了纪念复旦创始人、第一任校长马相伯，其字"相伯"，名"志德"，取其意，明志且道德高尚；腾飞书院，为了纪念老校长李登辉，其字"腾飞"，取其意，崛起成功；克卿书院，为了纪念上海医学院创办者颜福庆，其字"克卿"；任重书院，为了纪念新中国成立后第一任校长陈望道，其字"任重"，取其意，任重而道远。复旦先贤们的光辉人生历程、坚定理想信念和高尚精神气质是每一个复旦人学习奋进的榜样。书院作为住宿楼，既是学员生活的空间，更是学员交流学业思想、切磋人生体悟、培养集体意识、提升精神境界的空间。每间宿舍的四名同学，是随机分配，也就是说，在很大程度上是不同专业混住。

二、文献综述

当前国内研究以宿舍管理中存在的问题和宿舍配置与人际关系的较多，且也得出了多种实质性的结论，主要是宿舍管理方法以及宿舍的配置。而在国外的研究中，主要是在以同群效应为实证的基础上进一步研究宿舍人员之间的相互影响和如何优化宿舍配置。

三、研究目的及基本思路

对于本次课题研究主题的选取，主要是基于两方面的考虑。一方面，东部沿海教育较发达的一些城市，在加大力度推进通识教育的过程中，刻意将来自四个不同专业的大一新生安排在同一宿舍；另一方面，随着转专业现象的日趋突出，越来越多的学生在转了专业之后反映希望调换宿舍，和现专业的同学住在一起。这看似相悖的现象背后到底是哪些因素在起着较重要的作用？如果本调研组能够研究发现影响学生调换宿舍的显著因素，就可以检验复旦大学此次"书院式教学"改革是否较周全地考虑了相关的影响因素。此外，研究得出的结论可以为中国高校在进行学生宿舍配置时提供参考和借鉴，从而实现学校管理和学生发展的双赢。

同时，本调研组考虑到，国外公立大学也在推行博雅教育，一些大学在新生入学之初让他们填写小卡片，陈述自己对舍友性格、宿舍环境等方面的希望。因此，我们希望了解国外学生及学校管理部门对学生宿舍调换影响因素方面的相关看法。借 2010 年暑期赴英交流的机会，了解相关问题并为我们探究中国问题提供参照。

在选取国内的研究样本时，考虑到教育水平的差异，我们将分为北部、南部、东部、西部四大区域，每片区域选取不同性质、不同批次的高校，以期得出最有一般代表性的结论。此次的调研点为：北部——北京、内蒙古自治区；南部——福建；东部——江苏；西部——四川、重庆。这些地区高校集中并且具有地域代表性，既能节省科研经费，又能获得高质量数据。

接下来，使用德尔菲法，确定调查问卷，采用随机抽样对的方法，每片区域发放 800 份问卷，通过面访、发放纸质问卷及电子问卷相结合的方式收集相关数据。

接下来在实证的方法上，我们将使用 Discrete Choice Models 对数据进行分析，首先使用 Linear Probability Model 进行分析，然后用 Probit Model、Logit Model 对实证结果进行稳健性检验，最后得出较有说服力的结论。

四、研究的创新之处

（1）新理念

从实证方面研究影响学生调换宿舍的因素，从而思考是否应该打破目前国内以专业聚集为基本原则的宿舍配置方案。

（2）新内容

不同于国内许多研究宿舍人际关系的课题，本课题从影响同学调换宿舍因素的角度，力求对宿舍调整和规划提供有效数据和可靠借鉴。

（3）多角度

辅助参考英国部分高校的数据，中西结合。

（4）多方法

采用德尔菲法、实证分析法、抽样调查法，整合专家团意见，创建 McFadden's Random Utility Maximization Model，并用 Linear Probability Model 、Probit Model、Logit Model 对实证结果进行稳健性检验，得出较有说服力的结论。

（5）人员创新

本次调研活动引入了全新的人员结构组合，不仅充分发挥小组成员的能动性，而且还创新的引入了志愿者模式。课题成员通过带动志愿者，并在顾问博士生的帮助下，共同完成课题的研究，扩大了课题的影响，让通过实际研究而得到锻炼的受益者范围增大。

五、实际应用价值与现实指导意义

（1）量化学生住宿心理

在以往国内宿舍管理、宿舍内部人际关系等方面较多文献的基础之上，本课题将研究重心放在目前研究较少的影响学生调换宿舍意愿的因素上，用计量经济学模型量化当代学生住宿心理，其数据将为中国相关领域的研究提供具有实质参考意义的资料。

（2）社会认知优化

长期以来，社会公众对于按照同专业同年级共宿舍的宿舍配置原则习以为常，并没有过多的关注学生对于宿舍环境的需求。但这种传统的宿舍配置理念并不利于学生个性化发展。故本课题通过对影响学生调换宿舍意愿因素的研究，加深了社会公众对此问题的认识，提高其重视程度，正确引导了社会公众对学生个性化发展的客观的评价。

（3）制度体系构建

由于中国的博雅教育正处于起步阶段，复旦大学"复旦学院书院式模式"也是一种探索，并没有全面推广；而中国近几年却有日益突出的转专业的趋势，但对于转专业同学宿舍问题还没有一个较好的解决方案，尤其是从影响学生调换宿舍意愿的因素这一角度进行的思考有待进一步深化。我们基于对本土最新一手数据的研究，借鉴国外教育管理经验，在构建个性化宿舍配置体系方面，为政府的指导和学校的决策提供数据参考及管理建议。

六、主导机制

"同群效应"就是中国古语所谓"近朱者赤，近墨者黑"。它所指的是这样一种现象：一个人的行为不仅受到价格、收入等个体自身经济利益的激励影响，同时也会受到他周围的与他相同地位的其他人影响。

Winston 和 Zimmerman 曾给出同群效应的定义。他们认为：若一个人的行为受到一个或多个其他人与自身相互作用的影响，就可以认定同群效应是存在的；而这里的"其他人"必须是"同群者"（peers），即是说，与这个人处于相同或相似的地位上，所有人处在一种平等关系里。

同群效应较多的应用于教育学，目前，在反贫困、消除种族隔离、降低药物和酒精滥用情况等方面的研究上也有所运用。

对于同群效应的应用研究，要注意一个人所受到的影响不止来源于他的同群者们，举例来说，重点中学的学生更有几率考上名牌大学，但不一定是因为重点中学的学生都很优秀，有良好的同群效应，还可能因为重点中学本身的硬件设施较好，老师水平较高，或者因为学生在进入重点中学前要通过考试筛选，学生本人的成绩就很好等，只有在排除了这些影响后，依然能发现学生的成绩与其同学成绩同步上升了，才能证明同群效应的存在。

通过此次研究，我们希望证实宿舍对学生成长是否有影响，如果有，影响程度有多深。

我们将向全国四大区域发放问卷，广泛了解影响学生调换宿舍的因素，数据回收、整理后进行回归，我们借助计量分析工具区分影响同学是否调换宿舍的不同因素，得出哪些因素具有显著地决定性，即是哪些关键因素决定了同学调换宿舍的意愿。据此，我们提出如何依据学生的实际情况安排好宿舍的建议和措施，以实现学生寝室资源的最优化配置，从而达到学生个人发展效益的最大化。我们将依据结果设计指标权重表，供校方在开学之初让学生填写，通过计算权重加和，分配宿舍。

七、研究方法

（一）德尔菲法

德尔菲法，是以古希腊城市德尔菲（Delphi）命名的程序专家调查法。在20世纪40年代由O.赫尔姆和N.达尔克首创，经过T.J.戈尔登和兰德公司进一步发展而成的。它由组织者就拟定的问题设计调查表，通过函件分别向选定的专家征询调查，按照规定程序，专家组成员之间通过组织者的反馈匿名地交流意见，通过几轮征询和反馈，专家们的意见逐渐集中，最后获得具有统计意义的专家集体判断结果。德尔菲法既可以用于预测，也可以用于评估。国内外经验表明，德尔菲法能够充分利用人类专家的知识、经验和智慧，成为解决非结构化问题的有效手段，对于实现决策科学化、民主化具有重要价值。

德尔菲方法的具体实施步骤如下：

第一，成立专家小组。按照课题所需的知识范围，确定专家，专家人数的多少可根据课题的大小和涉及面的宽窄而定。

第二，向所有专家提出所要预测的问题及相关要求，并附上有关这个问题的所有背景材料，请专家做出书面答复。

第三，各个专家根据他们所收到的材料，提出自己的预测意见，并说明自己是怎样利用这些材料并提出预测值的。

第四，协调人将各位专家第一次判断意见汇总，列成图表，进行对比，归纳计算中位数及中间50%意见，再分发给各位专家，让专家参考归纳结果，修改自己的意见。

第五，协调人再将所有专家的修改意见收集起来，汇总、归纳，再次反馈给各位专家，做第二次修改。逐轮收集意见并为专家反馈信息是德尔菲法德的主要环节。收集意见、归纳整理和信息反馈一般要经过三四轮。反馈时，隐藏专家具体姓名。这一过程重复进行，直到每一个专家不再改变自己的意见为止。

此次，应用于我们的课题，德尔菲法的具体操作如下：

第一步，成立专家小组，小组成员包括西南财经大学经济与管理研究院、经济学院院长甘犁教授，经济数学学院院长向开理教授，经济与管理研究院董艳副教授，经济与管理研究院副院长李涵副教授，公共管理学院副院长臧文斌副教授，通识教育学院团总支书记吴晶老师。

第二步，将我们初步设计的调查问卷、数据收集与处理方案通过函件提交给专家小组各成员，请专家对其提出修改意见，通过反馈和征询，进行调整和修改，从而确定最终调查问卷和数据收集、处理方式。

说明：反馈时，隐藏专家具体姓名。这一过程重复进行直到每位专家不再改变自己的意见为止。

最终，依据专家团的意见，我们确定了问卷要考察的变量，归类如表1所示。

表1　变量及变量类别

类别	变量
基本情况	性别，年龄，籍贯，户口，民族，父母受教育程度，宿舍调换意愿
学习情况	所在学院，年级，GPA，转专业情况，考研计划，学校性质，学校批次，学校所在区域
个人生活	室内外活动偏好，月平均花销
宿舍环境	室友个数，相处时间，总电脑数，宿舍所在楼层
舍友关系	水电费平摊纠纷，集体午睡情况，集体活动情况，选课一致性

（二）抽样调查

在确定了问卷之后，我们把中国划分为四个区域，并分别选择了抽样高校，最大限度地实现调研点分散化、高校批次和类别的多样化，以求得到最具普适性的结论。同时，为了保证调研的有效性与问卷涉及的准确性，我们先在西南财经大学进行了预调查，回归分析良好。而后期调研的数据回归结果与预调查的结果具有一致性，一方面说明了我们得出的结论是在很大程度上适用于全国的一般性结论；另一方面也说明了西南财经大学与其他高校存在着类似的宿舍配置问题与学生需求。

（三）Discrete Choice Models（离散选择变量模型）

离散选择模型主要应用在当微观个体作出的选择是离散变量时，实证地分析影响其离散选择行为的因素中。离散选择模型的中心思想是：在控制影响因素向量中其他变量后，单独考虑某一控制变量 X_i 的单位增加量对微观个体作出某一选择的概率的影响大小。本项目对学生调换宿舍的影响因素进行实证研究，其被解释变量调换宿舍与否（y）是一个二元的离散选择变量，即如果个体 i 调换宿舍，则 $y=1$，如果不调换宿舍，则 $y=0$。因此，本研究决定采用采用二元的离散选择模型进行实证分析。

二元的离散选择模型包括：McFadden's Random Utility Maximization Model，The Latent Variable Model（Probit Model 和 Logit Model）以及 Linear Probability Model（LPM）。本研究本打算主要采用

McFadden's Random Utility Maximization Model 来进行实证分析，然后利用 Probit Mode、Logit Model 和 LPM 对 McFadden's Random Utility Maximization Model 估计出来的实证结果进行稳健性检验。通过比较分析不同模型的结果，得出对大学生调换宿舍具有显著的影响因素。但在处理数据阶段，我们发现 McFadden's Random Utility Maximization Model 没有能用统计软件实现。因为目前的软件没有集成的命令而需要编程，而我队成员没有学会这种编程的知识。因此，没有用到 McFadden's Random Utility Maximization model 的实证结果。改用 LPM 模型进行实证分析，用 Probit Model、Logit Model 进行检验。

（1）Linear Probability Model（LPM）

LPM 假设因素向量（包括学生个体特征因素和宿舍特征因素，具体详见调查问卷）对调换宿舍的影响是线性关系的。即 $y^* = X\beta + \varepsilon$，然后利用简单的 OLS 方法对模型进行回归，得出在控制其他变量不变的情况下，因素 X_i 的单位变化对调换宿舍概率的大小（β_i）。不过该模型存在以下缺点：

第一，不能保证估计出来的调换宿舍的概率 prob（$\hat{y}=1$）在区间［0，1］之间。

第二，暗含着假设单位 X_i 对调换宿舍概率的影响大小（β_i）是不变的。

第三，存在异方差。这样会影响统计推断的精确性。

因此，我们在采用 LPM 进行实证分析后，用异方差进行检验，结果证明并没有收到异方差和变量序列的影响。

（2）The Latent Variable Model（Probit Model 和 Logit Model）

潜变量模型的思想是假设真实的调换宿舍的意愿（y^*）是没有办法观察到的，而我们实际所观察到的是学生作出的调换与否的行为（y）。假设解释变量对学生真实的调换宿舍的意愿是线性关系，即：$y^* = X\beta + \varepsilon$，其中是随机扰动项。如果 $y^* \geq 0$，那么我们观察到学生调换宿舍 $y=1$；反之 $y^* \leq 0$，则 $y=0$。即

$$\begin{cases} 1 & if \quad y^* \geq 0 \Leftrightarrow X\beta + \varepsilon \geq 0 \Leftrightarrow \varepsilon \geq -X\beta \\ 0 & if \quad y^* \leq 0 \Leftrightarrow X\beta + \varepsilon \leq 0 \Leftrightarrow \varepsilon \leq -X\beta \end{cases}$$

所以我们可以求出

$$\mathrm{prob}(y=1) = \mathrm{prob}(X\beta + \varepsilon \geq 0)$$
$$= \mathrm{prob}(\varepsilon \geq X\beta)$$
$$= 1 - \mathrm{prob}(\varepsilon \leq X\beta)$$
$$\mathrm{prob}(y=0) = \mathrm{prob}(\varepsilon \leq X\beta)$$

如果随机扰动项 ε 服从标准正态分布的话，那么就可以应用 Probit Model 进行分析，如果 ε 服从极值分布的话，那么就可以利用 Logit Model 进行估计。

对于具体的估计方法，我们先是求出 n 个样本的联合概率密度函数以及联合似然函数。然后通过 MLE 的估计方法，我们可以估计出解释变量 x_i 对选择调换宿舍概率的边际影响系数 $\varphi(X_i\beta)\beta$。这个边际效应放松了 LPM 模型中 x_i 对选择调换宿舍概率的边际影响系数是常数的假设。最后，通过建议估计系数的显著性，我们就可以得出影响大学生调换宿舍的显著影响因素。

总之，我们主要采用 LPM 来进行实证分析。再通过 Probit Mode 和 Logit Model 对实证结果进行稳健性检验。实践结果表明这些变量在所检验的模型中都显著，这说明我们研究结论并不依赖于离散选择模型的设定。因此这些因素对大学生调换宿舍与否的影响是持续的、稳健的。

八、预调查

为保证后期全国调查的有效性，本课题组选择在西南财经大学进行预调查。柳林校区现有学生 3 万余人，总量大，数量集中，具有一定代表性和可操作性。本课题小组秉持随机性原则在西南财经大学柳林校区图书馆、教室、宿舍楼等地共发放问卷 200 份，实收问卷 200 份，其中有效问卷 187 份，回收率 100%，有效率 93.5%。数据分析后回归良好，可以推广到全国进行调查。

九、调研报告

（一）调研实况描述

我们在节假日期间分别对中国的四大区域及东部、西部、南部、北部的 20 所高校进行了关于学生调换宿舍影响因素的实证调研，调研方式主要是在图书馆、教室以及食堂等学生聚集的地方发放问卷，以及进行个别访谈。其具体调查时间、区域、学校名称、学校性质以及批次如表 2 所示。

表 2　调查情况概括

区域	学校名称	学校性质	学校批次	问卷数量
东部	南京师范大学	师范类	一本	32
	东南大学	综合类	一本	61
	南京中医药大学	技能及其他类	二本	236
	南京大学	综合类	一本	95
	南京交通职业技术学校	技能及其他类	三本及以下	57
	东南大学成贤学院	理工类	二本	22
	南京晓庄学院	师范类	二本	23
	南京航空航天大学	理工类	一本	60
西部	西南财经大学	财经类	一本	186
	西南大学	综合类	一本	200
	重庆科技学院	理工类	二本	175
	重庆大学	综合类	一本	255
南部	福州大学	综合类	一本	231
	福建师范大学	师范类	一本	186
	福建中医院大学	技能及其他	二本	181
	福建农林大学	综合类	二本	153
北部	北京大学	综合类	一本	193
	北京理工大学	理工类	一本	204
	北京科技大学	理工类	一本	130
	内蒙古机电学院	技能及其他	三本及以下	202

（二）总体样本的统计描述

我们的调查样本一共有 2882 个，分别来自呼和浩特市、北京市、南京市、福州市、成都市和重庆市，代表了中国北部、东部、南部和中西部地区的部分高等院校。本次调查遵循随机抽样的原则，覆盖的高校包括一本、二本、三本及专科院校（以各地高考分数线为准）在内，涉及综合、财经、理工、师范、语言等不同分类的共20所高校。我们在校园的街道上、图书馆、教室、宿舍等地随机发放问卷，也随机采访了部分同学对于该课题的看法及意见。在数据统计过程中，由于东部数据的部分缺失及部分变量的数据超过取值范围，我们剔除了216个数据，留下有效的样本数据共2666个（样本有效率为92.51%）。如表3所示。

表3 样本数据的统计描述（详细变量名称及其数值意义，请见附录3）

变量名称	变量释义	样本个数	均值	标准差	最小值	最大值
Male	性别	2666	0.473 743 4	0.499 403 8	0	1
Age	年龄	2657	1.729 77	0.756 989 3	0	3
Jiguan	籍贯	2627	0.570 232 2	0.498 204	0	2
Hukou	户口	2653	0.474 557 1	0.500 200 8	0	2
Parent_edu	父母受教育程度	2664	1.992 868	1.034 672	0	5
Minzu	民族	2665	0.270 919 3	0.987 990 2	0	5
Interest	室内外活动偏好	2661	0.456 971 1	0.502 745 5	0	2
Expend	月平均花销	2656	1.230 422	0.724 856 5	0	3
College	所在学院	2557	1.342 98	0.826 073 2	0	3
Grad	年级	2640	1.754 545	0.942 641 8	0	3
Gpa	GPA	1303	1.449 731	0.919 350 5	0	3
Zhuanye	转专业情况	2665	0.905 816 1	0.292 139 2	0	1
Kaoyan	考研计划	2641	0.471 412 3	0.499 276 6	0	1
Louceng	宿舍所在楼层	2666	2.575 394	1.642 465	0	6
Roommates	室友个数	2665	2.563 977	1.125 953	0	6
Times	相处时间	2664	1.377 252	1.069 121	0	3
Computer	总电脑数	2660	2.846 241	1.570 712	0	6
Fee	水电费平摊纠纷	2661	0.950 770 4	0.216 387 7	0	1
Snooze	集体午睡情况	2663	0.597 822	0.490 429 6	0	1
Team	集体活动情况	2662	0.614 199 8	0.486 875 2	0	1
Course	选课一致性	2663	0.565 152 1	0.495 830 1	0	1
Attitude	宿舍调换意愿	2661	0.822 623 1	0.382 059 2	0	1
Type	学校性质	2666	1.988 372	2.036 316	0	5
Ranking	学校批次	2666	0.460 240 1	0.654 694 5	0	2
Region	学校所在区域	2666	1.615 529	1.067 148	0	3

从统计数据中我们可以看到：①在全部抽样数据中，男生占的比重是47.3%，抽样学生的年龄主要在19～21岁之间，而且来自北方的具有农村户口的学生居多。②抽样数据中只有9.5%的学生具有转专业的经历，47%的学生具有考研的意愿，学生的GPA成绩主要集中在3.0～4.0之间。③在抽样对象的家庭背景上，学生家长的平均教育水平在中专/高中水平。④在反应样本个体特征差异的指标中，我们的数据显示学生的日常开销的主要区间是500～1000元，但是日常开销的方差离散程度很大。⑤样本所在学校的批次包括一本、二本和三本及以下，其中一本的有效数据是1638个，占到61.4%。二本有效样本数据是721，三本及以下是238。在学校性质分类上，以综合类居多，占到41.2%。其他例如财经类、理工类、师范类和语言类的样本数据每样约占总样本的8%。在学校所在的区域上，东西南北各个区域的数据占比分别为：17.8%、28.7%、25.3%和28.2%。

（三）学生调整宿舍意愿及其影响因素的统计分析

首先我们关心的是被调查对象的调换宿舍的意愿。从统计数据上，我们看到在抽样的样本中具有调换宿舍意愿的样本数为 464 人，占 17.4%。而没有调换宿舍意愿的学生人数是 2202 人，占 82.6%。显然，大部分的同学没有调换宿舍的意愿。如图 1 所示。

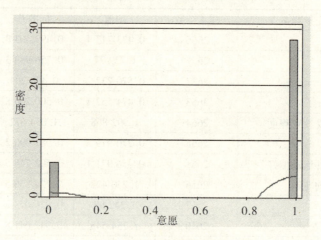

图 1　学生调换宿舍意愿

那么对于部分有调换宿舍的同学到底是那些因素会影响其调换宿舍的动机呢？我们的猜想如下：

（1）相对于没有转专业的同学，有转专业经历的同学更倾向于调换宿舍。我们的理由是同专业的同学住在一起，学习具有聚集效应和正的外部性。

从统计数据上看，在具有转专业经历的 251 个学生样本中具有调换宿舍的概率是 22%，而不具有转专业经历的 2409 个学生样本中只有 17.4% 具有调换宿舍的意愿。从统计描述上，我们发现没有转过专业的人不倾向于调宿舍。如图 2 所示。

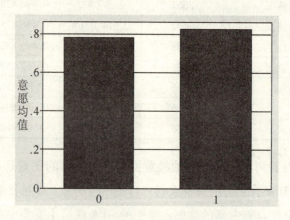

图 2　转专业情况对学生调换宿舍的影响

（横坐标：0 表示有转专业，1 表示没有发生转专业；纵坐标：表示没有调换宿舍意愿的概率）

（2）宿舍的生活氛围会影响同学们的调换宿舍意愿。舍友之间的关系越好，日常事务处理得融洽的寝室越不会使部分室友产生调换宿舍的意愿。我们利用寝室里的电脑台数（Computer）、是否因平摊水电费而发生分歧（Fee）、是否具有午睡的习惯（Snooze）、是否具有定期的集体活动（Team）作为寝室生活环境的代理变量，来研究其对是否会对同学们的调换宿舍意愿产生影响。

在统计描述上，总样本中因平摊水电费而发生分歧的样本数据总计只有 131 个，在这些子样本中具有调换宿舍的意愿高达 46%。相比而言，没有就此事发生分歧的子样本中，只有 14% 的同学具有调换宿舍意愿。可见，宿舍的生活氛围和谐与否对学生调换宿舍的意愿具有显著的影响。

如图 3 所描述的没有发生过为平摊水电费纠纷的寝室相对于发生过纠纷的寝室更多的是不希望调换宿舍。

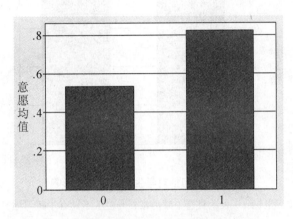

图 3　平摊水电费发生分歧的情况对学生调换宿舍的影响

（横坐标：0 表示发生过纠纷；1 表示没有发生）

电脑的个数是影响宿舍氛围的重要因素。从统计数据上，我们看到宿舍电脑数小于或者等于 2 台的样本为 946，占总样本数量的 35.4%。在这部分样本中，具有调换宿舍意愿的概率是 15%。电脑数量在 3～4 台之间的样本数是 1307，占 49%，其中具有调换宿舍意愿的概率为 25.5%。电脑数量在 5 台及其以上的样本数是 408，占 15.6%，其中具有调换宿舍意愿的概率为 19%。可见从统计数量上，我们发现到有意思的现象。

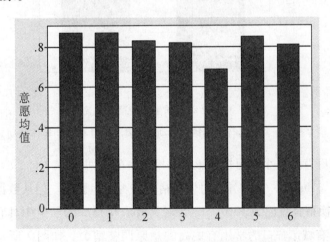

图 4　宿舍电脑台数对学生调换宿舍的影响

（横坐标表示宿舍拥有的电脑数量；纵坐标表示不调换宿舍的概率）

我们发现，宿舍里全有或者全没有电脑的同学没有意愿调换宿舍，而并非所有宿舍成员都有电脑的宿舍有更高的概率调换宿舍。这就说明了宿舍环境的重要性。全有或者全没有这样电脑的影响是公平的。但是，如果有电脑的同学对没有电脑的同学造成负的外部性。那么，其间有更高的概率调换宿舍。

对于用是否具有午睡的习惯（Snooze）、是否具有定期的集体活动作为寝室生活环境的代理变量，我们的统计数据说明这些变量对调换宿舍意愿的影响不明显。

如图5所示，在具有午睡习惯的样本中，调换宿舍的意愿为17.5%，相对于没有午睡习惯的样本中的18%没有显著的区别。

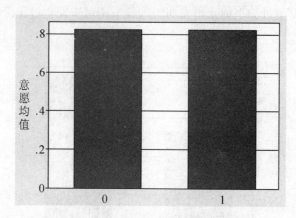

图5　午睡习惯对学生调换宿舍的影响

（横坐标：0表示具有午睡习惯；1表示不具有午睡习惯）

如图6所示，在具有定期集体活动的样本中，调换宿舍的意愿为16.1%，相对于不具有定期集体活动的样本中的18.8%并没有显著的区别。

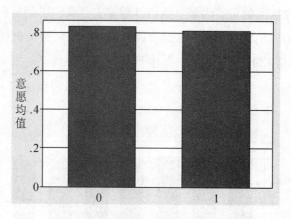

图6　寝室活动对学生调换宿舍的影响

（横坐标：0表示具有定期集体活动；1表示不具有定期集体活动）

（3）室友之间的家庭背景、个性习惯会影响调换宿舍的意愿。

①一般的常识户口（Hukou）的差异会对调换宿舍与否发生影响。但从数据上，1373名具有城市户口的学生中平均的调换宿舍意愿为20%。1325名具有农村户口的学生中具有的平均调换宿舍意愿为15.7%。我们猜想具有城市户口的学生有更高的意愿调整宿舍。如图7所示，我们看到城市户口的学生平均的调换宿舍意愿高一些，与猜想一致。

②我们通常认为父母具有的不同教育背景（Parent_edu）会对学生调换宿舍的意愿上有影响。如图8所示，我们看到随着父母受教育程度的提高，其子女调整宿舍的意愿也在提高，从17%提高到27%。具体来说，当父母的教育水平低于或者等于高中时，其入大学的子女调整宿舍的意愿平均为17%。对于父母具有大学以上学历的学生具有高达24%的调整宿舍意愿。可见，父母的教育背景对小孩的调整宿舍的意愿具有显著影响。

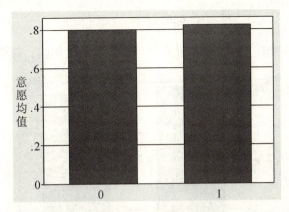

图7　户口对学生调换宿舍的影响

（横坐标：0 表示城镇户口；1 表示农村户口）

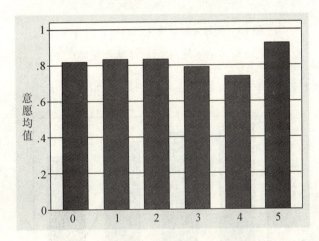

图8　父母教育程度对学生调换宿舍的影响

（横坐标：0 表示小学；1 表示初中；2 表示中专或高中；3 表示大学或大专；4 表示硕博；5 表示其他）

（4）我们认为个体差异（性别、爱好兴趣、生活开销、学习成绩、考研意愿）会对调换宿舍的意愿产生差异。

①性别（Male）的影响。在样本中男生的数量是 1234，占 46.2%。我们的统计描述显示：男生调换宿舍的意愿平均概率为 20%；而女生仅为 16%。显然，男生比女生具有更高的意愿去调换宿舍。如图9 所示。

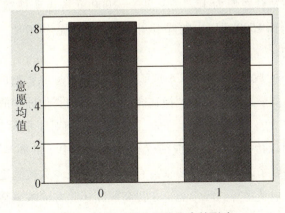

图9　性别对学生调换宿舍的影响

（横坐标：0 表示女生；1 表示男生）

②偏好屋外或者室内的性情（Interest）没有对调换宿舍产生影响，如图10所示。

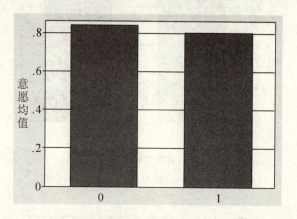

图10 爱好兴趣对学生调换宿舍的影响

（横坐标：0 表示偏向屋外；1 表示偏向室内）

③日常的开销（Expend）对调换宿舍意愿造成影响，如图11所示。

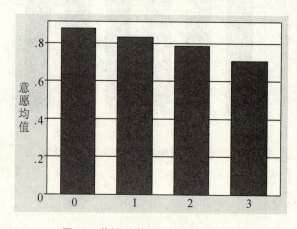

图11 花销对学生调换宿舍的影响

（横坐标：0 表示500以下；1 表示500~1000；2 表示1000~1500；3 表示1500以上）

在统计数据上，平均月花销越低的学生，调换宿舍的意愿越低。统计数据显示，一般而言，月开支小于500元的学生其调换宿舍意愿为12.1%；500~1000元群组调换宿舍的意愿为16.6%；1000至150元的群组为22.3%；而1500元以上的群组调换宿舍的意愿为30%。可见，调换宿舍的意愿与学生的家庭经济条件正相关。

④统计数据上显示，不同成绩群组的GPA成绩对调换宿舍意愿影响的波动范围在17%~24%。我们传统的认为成绩越好的同学，越有可能调换宿舍，因为害怕其他同学的影响。但我们统计数据显示成绩最差和成绩最好群组的学生调整宿舍意愿（17.5%）相对于成绩处在中等水平的学生的高（13.5%）。这样的结果是可以接受的。因为成绩优异或是成绩中下的同学为了追求更为理想的考试结果会对现有学习环境提出要求，而当这些要求没有办法或是仅少数被满足时，他们便会表现出对调换宿舍更大的兴趣。相反，成绩中等的同学无论在提高成绩还是在追求更高成绩上表现的动力都不如上两类极端群体大，故而相比之下他们更安于现状。如图12所示。

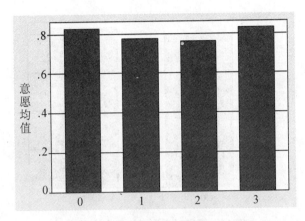

图 12 学习成绩对学生调换宿舍的影响

（横坐标：0 表示 3.0 以下；1 表示 3.0～3.5；2 表示 3.5～4.0；3 表示 4.0 以上）

（5）由于我们抽样的数据覆盖全国的四大区域（Region），因此我们可以在统计数据上比较不同区域对学生调换宿舍意愿的影响。

如图 13 所示，相比于东部和南部，西部和北部的高校学生具有相对更高的调换宿舍的意愿。我们的猜想是可能在学校宿舍管理的质量上，东部和南部的水平要高，因此在统计数据上显示学生调换宿舍的意愿相对较少。

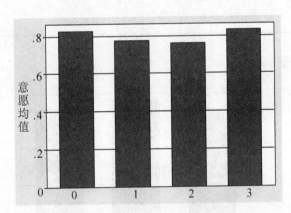

图 13 区域对学生调换宿舍的影响

（横坐标：0 表示东部；1 表示西部；2 表示北部；3 表示南部）

为了印证这种猜想，我们认为如果区域间的学生调换宿舍差异在于区域间学生特征的差异，那么学生籍贯对其调换宿舍意愿的影响应显著。

如图 14 所示，我们的统计数据表明，学生籍贯（Jiguan）对调换宿舍与否的意愿不存在显著差异性。因此，我们部分证实我们关于区域间调换宿舍意愿的差异产生于地区高校学生管理质量差异的事实。

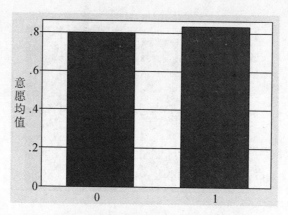

图14　籍贯对学生调换宿舍的影响

（横坐标：0 表示北方户籍；1 表示南方户籍）

（6）考虑学校的不同批次和不同的性质对调整宿舍意愿的影响。

①从统计数据上看，我们看到一本和三本及其以下高校中的学生具有更高的概率去调整宿舍。

表4　学校批次对学生调换宿舍的影响

学校批次	一本	二本	三本及其以下
样本数	1638	721	238
调换宿舍的意愿	20%	14.5%	19%

同样的现象在图15中显示出来。

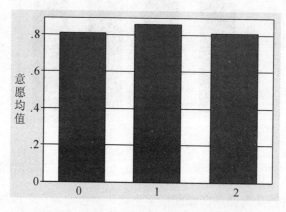

图15　学校批次对学生调换宿舍的影响

（横坐标：0 表示一本；1 表示二本；2 表示三本及以下）

②我们还认为不同性质的学校的学生具有不同的调整宿舍意愿，如图16所示。统计数据显示：相比于其他性质学校，理工类院校的学生具有更高的调整概率，而师范类院校的学生最少，仅为8.8%。一种可能的解释是，理工类院校的男生比例比其他院校的男生比例都高，而根据我们之前对性别因素的分析结果显示，男生相比于女生更倾向于调换宿舍，所以理工类院校的学生具有更高的调整概率。同理也可以解释为什么师范类院校的学生调换宿舍的倾向最小。

表 5　学校性质对学生调换宿舍的影响

学校类型	综合类	财经类	理工类	师范类	语言类	技能及其他类
样本数	100	168	330	216	210	573
调换宿舍的意见	19%	17.3%	26%	8.8%	14.8%	16%

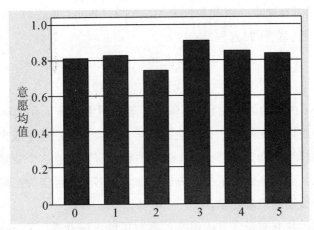

图 16　学校性质对学生调换宿舍的影响

（横坐标：0 表示综合类；1 表示财经类；2 表示理工类；
3 表示师范类；4 表示语言类；5 表示技能及其他类）

以上我们仅仅是从统计描述的角度来分析对调换宿舍意愿的因素。其中存在的问题是以上的现象表明了变量之间仅仅是相互的关系，而不是明确的因果关系。而且，我们应该考察的是在控制其他变量不变的情况下，解释变量对被解释变量的影响作用。因此，我们以下的任务是对影响调换宿舍意愿的因素进行实证分析。

（四）实证分析

在实证分析中，我们主要关注具有转专业的经历对调换宿舍与否的影响。首先，我们进行单变量的回归，验证转专业的经历对调换宿舍与否的影响的显著程度。我们采用单变量的 LMP 模型和 Probit 模型。其次，我们加入更多关心的变量作为控制变量再来检验影响的显著性和大小。再次，我们考虑模型异方差和自相关问题，因此采用异方差稳健性检验。最后，我们剔除不显著的变量，检验我们的假说。

第一，模型 1 是 $Attitude = \beta_0 + \beta_1 Zhuanye$。其中被解释变量 Attitude 表示调换宿舍与否的意愿。其中 0 表示意愿调换宿舍，1 表示不愿意调换宿舍。解释变量 Zhuanye 是有没有转专业的经历。其中，0 表示转过专业，而 1 则没有转专业。是我们想检验的参数。如总回归表 1 所示，我们得出的回归方程如下：

$$Attitude = 0.778 + 0.048 \times Zhuanye$$
$$(t = 31.65) \quad (t = 2.86)$$

其中，Zhuanye 的参数为 0.046，而且 t 值显著大于 2 表明在 1% 的显著水平上转专业对调换宿舍与否有正的影响。平均而言，具有转专业经历的同学调换宿舍的意愿比没有经历过转专业的同学高出 4.8%。这样就印证了我们主要的观点：同专业的同学在一起学习具有正的外部性。这种外部性体现在：①同专业学习的竞争性。由于直面同专业同学的竞争，而且这个竞争是直接感受到的，因此面临同宿舍学生的竞争时，会激发同学们学习的热情。②学习的协同性。由于同宿舍同专业的同学在一起学习，那么可以相互讨论、互组团队，使得学习的效果具有正的溢出效应。此外，实证模型的仅为0.013，这表明仅仅有转专业这个解释变量对学生调换宿舍意愿的解释力很弱。因此，我们需要考虑更多的解释变量。

第二，由于 LMP 模型具有缺点，因此我们利用模型 2（Probit Model）来检验转专业影响的显著性。如总回归表 1 所示，我们的回归方程是：

$$Pro（Attitude = 1）= 0.765 + 0.173 \times Zhuanye$$
$$(t = 8.54)\quad(se = 2.83)$$

我们可以看到 Zhuanye 的参数为正而且在 1% 的显著水平上显著。在边际上进行分析，我们的实证结果表明，没有换专业的同学在相比于换专业的同学，其换宿舍的意愿较少了 2.2%。

第三，我们可以看到模型 1 和 2 的都很小，这表明仅仅有转专业这个变量对解释调换宿舍与否的意愿没有多大的解释力。因此，我们以下的部分通过加入更多的变量作为控制变量来检验。如总回归表 1 所示，我们加入四个方面的控制变量。

①反映宿舍生活氛围的控制变量。其中包括：寝室里的电脑台数（Computer）、是否因平摊水电费而发生分歧（Fee）、是否具有午睡的习惯（Snooze）、是否具有定期的集体活动（Team）。

②反映家庭背景的特征变量。包括：父母具有的不同教育背景（Parent_edu）、户口（Hukou）。

③反映个体特征差异的变量。包括：性别（Male）、年龄（Age）、民族（Minzu）、爱好（Interest）、花销（Expend）、学院（College）、年级（Grad）、GPA、考研（Kaoyan）、楼层（Louceng）、室友个数（Roommates）等变量。

④反映区域特征差异的变量，包括区域（Region）和籍贯（Jiguan）。

⑤反应学校特征的变量。比如：学校的批次（Ranking）和学校的性质（Type）。

1. 多变量的 LMP 模型

从总回归表 1 的模型 3，我们可以看到回归后的模型及其参数为：

$$Attitude = 0.551 - 0.029 \times Male - 0.015 \times Age + 0.044 \times Jiguan + 0.02 \times Hukou + 0.034 \times Zhuanye$$
$$(5.20)\quad(-1.22)\quad(-0.96)\quad(1.71)\quad(0.76)\quad(2.92)$$

$$+ 0.020 \times Parent\_edu + -0.056 \times Expend + 0.063 \times Kaoyan + -0.015 \times Computer$$
$$(1.54)\quad(-3.27)\quad(2.69)\quad(-1.30)$$

$$+ 0.233 \times Fee + 0.064 \times Snooze + 0.024 \times Region + 0.098 \times Ranking - 0.01 \times Type$$
$$(4.97)\quad(2.49)\quad(1.57)\quad(1.96)\quad(-0.97)$$

$$+ 其他控制变量（详见附录表 1）$$

分析回归方程，我们可以得出：

（1）转专业与否（Zhuanye）的参数 0.034 为正数，而且通过显著性检验。表明其他条件不变，没有换专业经历的同学越没有意愿换宿舍。

（2）对于反映家庭特征的变量，父母具有的不同教育背景（Parent_edu）的参数为 0.020，表明在控制其他变量之后，父母收入越高，其子女越没有意愿调换宿舍。这与我们的猜想和统计相违背。但为我们看到参数的 t 值为 1.56，表明其对调整宿舍意愿的影响是不显著的。同样，我们的研究可以得出城镇或者农村户口对调整宿舍意愿都不显著。

（3）对于反映宿舍生活氛围的变量。在控制其他变量不变的情况下，我们实证结果表明：①计算机越多的宿舍越有倾向调换宿舍；②因对分摊水电费而发生分歧的宿舍有很高的概率调整宿舍。③具有午休习惯的宿舍具有更小的概率调整宿舍。因此，我们认为宿舍生活氛围对调换宿舍的意愿有很大的影响，和谐的宿舍氛围有利于学生共同成长。

（4）对于学生个体的差异。

①在性别（Male）上，男生相对于女生越容易调换宿舍。性别的参数为 -0.029，表明相对于女生，在其他情况相同下，男生调整宿舍意愿的概率高出 2.2%。不过参数在 10% 的水平上未通过显著性检验。

②考研（Kaoyan）的参数 0.063 为正数，而且通过显著性检验。表明其他条件不变，具有考研意愿的同学越有意愿换宿舍。

③兴趣的参数为 -0.028，表明其他条件不变，性格外向的人，越愿意换宿舍。

④GPA 的参数为 0.01，这表明其他条件不变，GPA 越高的同学，越不愿意换宿舍。

⑤对于调整宿舍意愿在区域上的影响。由于区域（Region）和籍贯（Jiguan）的参数不显著。这表明，在控制其他特征后，是由于学生个体的差异性揭示了调整宿舍区域间差异的主要原因。而学生调整宿舍的意愿并不存在单纯意义上的的确差异。

⑥在学校特征差异上，我们看到。关于学校特征 Type 的参数没有通过显著性检验，因此在控制其他变量之后，不存在由于学校特征的差异而产生学生调整宿舍意愿上的差异。而学校批次 Ranking 的参数是 0.098，只有在显著水平是 10% 才通过显著性检验。因此，我们的结论是学校批次对调整宿舍意愿有弱的影响。即学校的批次越低，则越没有动机去调整宿舍。其他的影响因素对调换宿舍与否的意愿没有显著的影响。比如：年龄、民族、年级、宿舍的楼层、住宿的人数等对调换宿舍的意愿不显著。

2. 多变量的 Probit 模型

利用 Probit 模型，我们得出的回归方程（模型4）如下：

$$Pro(Attitude = 1) = 0.121 - 0.108 \times Male - 0.0547 \times Age + 0.164 \times Jiguan + 0.0822 \times Hukou$$
$$(0.32)\quad(-1.24)\qquad(-0.94)\qquad\quad(1.79)\qquad\qquad(0.83)$$

$$+ 0.113 \times Zhuanye + 0.076 \times Parent\_edu - 0.204 \times Expend + 0.226 \times Kaoyan$$
$$(2.87)\qquad\qquad(1.55)\qquad\qquad(-3.29)\qquad\qquad(2.64)$$

$$- 0.056 \times Computer + 0.690 \times Fee + 0.230 \times Snooze + 0.091 \times Region$$
$$(-1.27)\qquad\qquad(4.54)\qquad\quad(2.47)\qquad\qquad(1.57)$$

$$+ 0.351 \times Ranking - 0.035 \times Type + 其他控制变量（详见附录表1）$$
$$(1.86)\qquad\qquad(-0.87)$$

利用回归方程，我们可以得出与多元 LMP 模型相似的结论。转专业与否与调换宿舍的意愿正相关；宿舍生活氛围越和谐，调整宿舍的意愿就越低；个人特征中个人的月开支、考研的意愿与 LMP 模型的参数符号一致，参数接近；调整宿舍意愿的区域差异在控制个体特征查验后不显著。所以，我们 LMP 的模型的结论是稳健的。

此外，从多元的 LMP 和 probit 模型，我们加入多元变量以后，解释的显著性明显加强。由 0.013

提高到 0.0615。因此模型更有解释力。

但是，由于担心模型存在异方差和自相关等影响导致回归结果的偏误，我们采用异方差稳健性检验对系数进行修正。

3. LMP 模型的异方差稳健性检验

LMP 修正后的模型：（模型5）

$$Attitude = 0.551 - 0.030 \times Male - 0.016 \times Age + 0.044 \times Jiguan$$
$$\qquad (4.91) \quad (-1.20) \qquad (-0.94) \qquad (1.65)$$
$$\qquad + 0.021 \times Hukou + 0.034 \times Zhuanye + 0.020 \times Parent\_edu - 0.056 \times Expend$$
$$\qquad (.75) \qquad (2.86) \qquad (1.59) \qquad (-3.27)$$
$$\qquad + 0.064 \times Kaoyan - 0.015 \times Computer + 0.233 \times Fee$$
$$\qquad (2.65) \qquad (-1.29) \qquad (4.15)$$
$$\qquad + 0.064 \times Snooze + 0.025 \times Region + 0.098 \times Ranking - 0.011 \times Type$$
$$\qquad (2.44) \qquad (1.61) \qquad (2.01) \qquad (-0.97)$$
$$\qquad + 其他控制变量（详见附录表1）$$

我们的分析可以得出：异方差稳健性检验的结果证明模型3的结论并没有受到异方差和变量序列相关的影响。

4. Probit 模型的异方差稳健性检验

Probit 回归方程：（模型6）

$$Pro(attitude = 1) = 0.121 - 0.108 \times Male - 0.055 \times Age + 0.164 \times Jiguan + 0.082 \times Hukou +$$
$$\qquad (0.32) \quad (-1.24) \qquad (-0.93) \qquad (1.79) \qquad (.82)$$
$$\qquad 0.113 \times Zhuanye + 0.076 \times Parent\_edu - 0.204 \times Expend + 0.226 \times Kaoyan$$
$$\qquad (2.89) \qquad (1.58) \qquad (-3.43) \qquad (2.63)$$
$$\qquad - 0.056 \times Computer + 0.690 \times Fee + 0.230 \times Snooze + 0.091 \times Region +$$
$$\qquad (-1.23) \qquad (4.60) \qquad (2.48) \qquad (1.57)$$
$$\qquad 0.351 \times Ranking - 0.035 \times Type + 其他控制变量（详见表1）$$
$$\qquad (1.82) \qquad (-0.85)$$

异方差稳健性检验的结果表明：虽然在考虑多随机扰动项存在异方差时，显著影响的变量对调整宿舍意愿的边际效用下降，但是参数符号仍然一致而且显著。因此，模型3的结论并没有受到异方差和变量序列相关的影响。

最后，为了检验我们的假说，同时也为了各付多重线性，我们将根据前面的回归剔除没有显著影响的因素，然后再进行具体的分析与讨论。

5. 剔除不显著影响变量的 LMP 模型（模型7）

根据总回归表2，我们可以得出剔除不显著影响变量的 LMP 方程

$$Attitude = 0.585 + 0.0351 \times Jiguan + 0.002 \times Parent\_edu - 0.046 \times Expend$$
$$\qquad (10.03) \quad (2.22) \qquad (0.22) \qquad (-4.17)$$
$$\qquad + 0.024 \times Zhuanye + 0.025 \times Kaoyan - 0.013 \times Computer + 0.275 \times Fee$$
$$\qquad (2.85) \qquad (2.63) \qquad (-2.94) \qquad (6.11)$$

$+0.008 \times$ Snooze $+0.018 \times$ Ranking $+$ 其他解释变量（省略掉，详见附录表 2 模型 7）

$\qquad$ (0.52) $\qquad$ (1.47)

回归模型验证了我们前面的结论：转专业和宿舍的生活环境对调换宿舍的意愿有显著的影响。而关于学生普遍的个体差异中，除了日常开销、考研动机对调整宿舍的意愿具有显著影响外，其他因素（包括年龄、性别、GPA、选课的异质性、年级等）对调换宿舍的意愿没有显著影响。

当排除不相关的解释变量以后，我们新的发现如下：

（1）籍贯（Jiguan）变量对调整宿舍的意愿具有显著的正向影响（参数为 0.0351，而且在 10% 上参数是显著的）。具体而言是北方籍贯的学生更倾向于调整宿舍。

（2）宿舍拥有计算机的数量对调整宿舍的意愿具有影响。表现为宿舍拥有的电脑越多，则也具有意愿调整宿舍。同时，我们发现平摊水电费是否造成矛盾的变量（Fee）参数值变小，而且也相对变得不那么显著。我们的解释是由于宿舍电脑的多少在一部分上解释了调整宿舍意愿的差异，而电脑数量的增多会相应的增加发生纠纷的概率。因此，Fee 对调整宿舍意愿的解释力下降。此外，是否具有午睡的习惯（Snooze）变得不显著。这是因为电脑的数量与由于午睡习惯与否具有相关性，控制住电脑数量后，是否具有午睡习惯就显得不是那么重要。

此外，模型的提高到 0.37，比全变量的线性回归方程的拟合优度有很大的提高。因此，说明这些显著的影响变量对调整宿舍的意愿很有具有解释力。

6. 剔除不显著影响变量的 Probit 模型（模型 8）

根据总回归表 2，我们可以得出剔除不显著影响变量的 Probit 方程：

Pro(Attitude =1) $=0.277$ $+0.139 \times$ Jiguan $+0.008 \times$ Parent_edu $-0.174 \times$ Expend

$\qquad$ (1.53) (2.27) $\qquad$ (0.27) $\qquad$ (−4.29)

$+0.084 \times$ Zhuanye $+0.0101 \times$ Kaoyan $-0.057 \times$ Computer $+0.825 \times$ Fee

$\qquad$ (2.86) $\qquad$ (2.68) $\qquad$ (−2.96) $\qquad$ (6.98)

$+0.023 \times$ Snooze $+0.017 \times$ Ranking $+$ 其他解释变量（省略掉，详见表 2 模型 8）

$\qquad$ (0.37) $\qquad$ (1.41)

对比 Probit 的稳健模型，我们得出的参数值相近显著性一致，而且保持在 0.038，相比于全变量的线性回归方程的拟合优度 0.0065 具有明显的提高。因此，说明这些显著的影响变量对调整宿舍的意愿相当具有解释力。

十、结论

1. 实证研究结果

（1）相对于没有转专业的同学，有转专业经历的同学更倾向于调换宿舍。这表明是同专业的同学住在一起，学习具有聚集效应和正的外部性。在实证表现在转专业的代理变量（Zhuanye）的参数显著的稳健为正数。因此，在其他条件不变，没有换专业经历的同学越没有意愿换宿舍。

（2）宿舍的生活氛围会影响同学们的调换宿舍意愿。舍友之间的关系越好，日常事务处理的融洽的寝室越不会是部分室友产生调换宿舍的意愿。实证表现在电脑拥有数量、是否为缴纳水电费发生过纠纷和是否具有统一的午睡习惯对调换宿舍意愿有显著影响。

（3）个体差异对调换宿舍意愿的影响主要体现在日常的开销上、父母受教育的程度上和考研的意愿上，而其他的因素对调整宿舍意愿的影响不大。比如，年龄、性别、户口、年级、宿舍的地理位置、个人性格和选课的异质性对调整宿舍意愿的影响都不显著。

（4）在调整宿舍意愿的区域差异上，在控制学生个体的差异和宿舍氛围的差异性之后，地理上的差异对学生调整宿舍的意愿没有影响。

（5）学校的批次对学生调整宿舍的意愿的影响很弱。具体而言，一本和三本及以下调整宿舍的意愿相比于二本高一些。对此，我们的解释是，在一本中，学生比较上进，因此如果个别学生分配在不如意的宿舍环境里，那么他们有很强的动机调整宿舍。三本的同学在能力、性格等方面的分布同一本二本同学比更加参差不齐，部分同学仍留有较强的学习愿望而其他同学这方面意向不足，因而造成了学习环境要求上的矛盾。而在二本中，学生相互影响而选择中庸（群体水平中等），因此其调整宿舍的意愿不明显。此外，在控制其他变量之后，不同性质的学校（综合类、财经类、理工类等）不存在明显的调整宿舍意愿差距。

2. 对决策者的建议

（1）学校在新生入学之前，组织所有即将入学的学生在线做一份调查以更人性化地分配宿舍：我们的问卷结果显示宿舍的电脑数量、南北方地域、个人作息习惯以及转专业意向都会对个人是否愿意调换宿舍造成影响。我们认为，这些影响个人调换宿舍的因素均可以由学校在学生入学前解决。我们建议，在新生宿舍分配前，学校组织所有新生在线完成一份调查，这份调查由校方设计，可以涉及调查学生家庭所在地、家庭收入、是否城市户口、父母亲受教育程度、民族、个人爱好、是否打算转专业、希望宿舍所在楼层、希望有几位室友、是否拥有电脑以及个人作息细节等方面。基于我们的问卷结果，我们认为把拥有相同意愿的人分配到一间宿舍可以降低意愿调换宿舍的人数。

（2）建立学生宿舍微调系统，校方将可供学生选择的闲置宿舍或床位在网上进行公布，标示该宿舍具体位置、成员专业等相关信息，依照学生自主申请、系统实时回复、公示滚动刷新的原则，供有意愿调换宿舍的学生申请；另一方面，有调换宿舍意愿的学生也可将个人信息及对新宿舍的要求输入系统，系统将自动为之搜寻、匹配宿舍。

（3）学校在建设新的宿舍楼时，尽量考虑减少每间宿舍的人数以提高调换宿舍的机动性：目前西南财经大学本科学生宿舍均为四人一间，这给调换宿舍带来了一定的难度，因为宿舍内有一人愿意调换宿舍则牵扯到共四人的意愿，这在实际可操作性上带来了不小的难度。在综合考虑研究生宿舍为二人一间和国外宿舍为至多二人一间等因素后，我们认为宿舍人数控制在两人即以下可以较为机动的进行宿舍调换。而且，随着中国经济社会的发展，大学生也会越来越强调个性化。相信在将来，二人间甚至单人间会成为大学宿舍的主流。

（4）学校定期组织宿舍长培训并积极鼓励宿舍集体活动：问卷统计结果显示，有较多集体活动的宿舍愿意调换远远低于集体活动较少的宿舍。为了降低想要调换宿舍的人数，可以组织集体活动等宿舍文化建设，增强宿舍内部的凝聚力和归属感。

3. 研究中发现的问题和结果的不足

（1）实证方法设计考虑欠周全。立项时打算使用 McFadden's Random Utility Maximization Model，并于前期对该计量研究方法进行了大量准备，然而后期实际进行数据分析时发现，由于目前的软件没有集成的命令需要编程，但本队成员缺乏该编程的知识。因此，McFadden's Random Utility Maximization Model 没有能用统计软件实现，不得已放弃 McFadden's Random Utility Maximization Model，调整研究方法，改用其他模型。

（2）调查对象选取不当，造成部分问卷无效。实践调研固然会有无效问卷产生，但有些却是可以避免的。在本次调研中，由于部分地点选在了图书馆、教室，因此受访者中夹杂了研究生，而根据课题要求，本次问卷调查对象只针对本科生，故产生了不必要的废卷。

（3）抽样调查不完全。相比于全国大学生人口而已，我们的数据偏少，所选取的城市、地区和学校也有限，故而数据会有一定程度上的偏差。

4. 还需深入研究的问题

首先，如何确定考虑宿舍是否调换因素的排序。在我们的分析过程中，我们发现，诸如性别、宿舍电脑数量等因素都对学生是否有意愿调换宿舍有一定的影响，但在实际操作过程中，我们还需要明确这些影响因素的重要程度。我们希望能进一步对这些影响因素做出明确的排序作为参照，能够依据这些因素综合进行考虑，以实现学生寝室配置的最优方案。

其次，在所列出的因素之中，是否本身包含内在关系，即因素本身并没有给出最核心的要点。比如性别与宿舍电脑数量两项因素都影响学生是否有意调换宿舍，而男生和宿舍电脑较少的都倾向不调换宿舍，是否有可能是由于男生宿舍内部电脑较多的可以集体参加网络游戏而引发他们不倾向于调换宿舍，而不单纯是这两个变量在起作用？这些因素是不能确定的，有待我们进一步研究讨论。

另外，学生调换意愿与发展需要是否吻合，也是作为寝室优化配置必须要考虑的问题。如上文所说，如果由于处于单纯的便于集体娱乐而不愿调换宿舍，对于学生的学习发展并没有明显的益处。基于这样考虑的不愿调换宿舍，也许对学生的学业发展是一种危害。而对于不同专业、不同学科、不同培养目标，对于学生的素质要求也不尽相同，因此，如何综合考虑这些因素做到寝室最优配置，还需要不断探索。

参考文献

[1] 鲁满新. 中澳高校学生宿舍管理现状之比较分析. 学校党建与思想教育，2007（8）：79-80.

[2] 马冬卉，熊享涛. 学生宿舍生活指导与管理——以香港科技大学为例. 香港高校学，2005（11）：19-23.

[3] 张幼香. 浅析高校学生宿舍管理存在的问题. 科技情报开发与经济，2006（16）：45-48.

[4] 王婷. 浅谈大学宿舍人际冲突的原因及对策. 科研与技术，2007（10）：7-10.

[5] 孙庆群. 浅谈高校学生宿舍的分配管理. 高校后勤研究，1997（2）：23-25.

[6] Dr Barbara Huff. AUI Students Attitudes towards Mixed Dormitories: Their Influence on Academic Performance. Working Paper July 18, 2006.

[7] Scott E. Carrell, Richard L. Fullerton, James E. West. Does Your Cohort Matter Measuring Peer Effects in College Achievement. Journal of Labor Economics. 2009, Volume 27.

[8] Sue Clegg and Deborah Trayhurn. Gender and computing: Not the same old problem. British Educational Research Journal. 2000, Volume 26.

[9] Pascarella and Ernest T. How College Affects Students: Ten Directions for Future Research. Journal of College Student Development. 2006, Volume 47.

附录

附录一：回归分析表

附表 1   回归结果分析表 1

	模型 1	模型 2	模型 3	模型 4
	attitude	attitude	attitude	attitude
Zhuanye	0.0480 **	0.173 **	0.0342 **	0.113 **
	(2.86)	(2.83)	(2.92)	(2.87)
Male			−0.0295	−0.108
			(−1.22)	(−1.24)
Age			−0.0156	−0.0547
			(−0.96)	(−0.94)
Jiguan			0.0443	0.164
			(1.71)	(1.79)
Hukou			0.0209	0.0822
			(0.76)	(0.83)
Parent_edu			0.0204	0.0760
			(1.54)	(1.55)
Minzu			0.00127	0.00455
			(0.11)	(0.11)
Interest			−0.0287	−0.106
			(−1.22)	(−1.24)
Expend			−0.0562 **	−0.204 ***
			(−3.27)	(−3.29)
College			−0.00413	−0.0169
			(−0.26)	(−0.30)
Grad			0.00690	0.0309
			(0.45)	(0.56)
Gpa			0.0132	0.0521
			(0.99)	(1.06)
Kaoyan			0.0638 **	0.226 **
			(2.69)	(2.64)
Louceng			0.00239	0.00939
			(0.30)	(0.32)
Roommates			−0.0184	−0.0639
			(−1.30)	(−1.25)
Times			0.00788	0.0288
			(0.65)	(0.64)
Computer			−0.0154	−0.0558
			(−1.30)	(−1.27)
Fee			0.233 ***	0.690 ***
			(4.97)	(4.54)
Snooze			0.0644 *	0.230 *
			(2.49)	(2.47)

附表1（续）

	模型 1	模型 2	模型 3	模型 4
Team			-0.0320	-0.115
			(-1.32)	(-1.29)
Course			-0.0321	-0.134
			(-1.32)	(-1.49)
Type			-0.0105	-0.0352
			(-0.97)	(-0.87)
Ranking			0.0984	0.351
			(1.96)	(1.86)
Region			0.0247	0.0913
			(1.57)	(1.57)
_cons	0.778 ***	0.765 ***	0.551 ***	0.121
	(31.65)	(8.54)	(5.20)	(0.32)
N	2596	2596	1217	1217

括号内为 t 的统计量

* p < 0.05, ** p < 0.01, *** p < 0.001

附表 2　回归结果分析表 2

	模型 5	模型 6	模型 7	模型 8
	attitude	attitude	attitude	attitude
Zhuanye	0.0342 **	0.113 **	0.0236 **	0.0836 **
	(2.86)	(2.89)	(2.85)	(2.86)
Male	-0.0295	-0.108		
	(-1.20)	(-1.24)		
Age	-0.0156	-0.0547		
	(-0.94)	(-0.93)		
Jiguan	0.0443	0.164	0.0351 *	0.139 *
	(1.65)	(1.79)	(2.22)	(2.27)
Hukou	0.0209	0.0822		
	(0.75)	(0.82)		
Parent_edu	0.0204	0.0760	0.00169	0.00823
	(1.59)	(1.58)	(0.22)	(0.27)
Minzu	0.00127	0.00455		
	(0.11)	(0.11)		
Interest	-0.0287	-0.106		
	(-1.19)	(-1.23)		
Expend	-0.0562 **	-0.204 ***	-0.0455 ***	-0.174 ***
	(-3.27)	(-3.43)	(-4.17)	(-4.29)
College	-0.00413	-0.0169		
	(-0.26)	(-0.30)		

附表2(续)

	模型5	模型6	模型7	模型8
Grad	0.00690	0.0309		
	(0.42)	(0.55)		
Gpa	0.0132	0.0521		
	(1.05)	(1.11)		
Kaoyan	0.0638**	0.226**	0.0245**	0.101**
	(2.65)	(2.63)	(2.63)	(2.68)
Louceng	0.00239	0.00939		
	(0.30)	(0.32)		
Roommates	−0.0184	−0.0639		
	(−1.33)	(−1.28)		
Times	0.00788	0.0288		
	(0.65)	(0.64)		
Computer	−0.0154	−0.0558	−0.0137**	−0.0573**
	(−1.29)	(−1.23)	(−2.94)	(−2.96)
Fee	0.233***	0.690***	0.275***	0.825***
	(4.15)	(4.60)	(6.11)	(6.98)
Snooze	0.0644*	0.230*	0.00796	0.0227
	(2.44)	(2.48)	(0.52)	(0.37)
Team	−0.0320	−0.115		
	(−1.35)	(−1.32)		
Course	−0.0321	−0.134		
	(−1.37)	(−1.56)		
Type	−0.0105	−0.0352		
	(−0.97)	(−0.85)		
Ranking	0.0984*	0.351	0.0176	0.0687
	(2.01)	(1.82)	(1.47)	(1.41)
Region	0.0247	0.0913		
	(1.61)	(1.57)		
_cons	0.551***	0.121	0.585***	0.277
	(4.91)	(0.32)	(10.03)	(1.53)
N	1217	1217	2559	2559

括号内为 t 的统计量

* $p < 0.05$, ** $p < 0.01$, *** $p < 0.001$

附表3　变量名称及其数值意义

变量名称 \ 数值	0(A)	1(B)	2(C)	3(D)	4(E)	5(F)	6(G)
性别	女	男					
年龄	17～18	19～20	20～21	其他			
户籍所在地	北方	南方					
是否城市户口	是	否					
父母受教育程度	小学	初中	中专或高中	大学或大专	硕博	其他	
民族	汉族	蒙古族	维吾尔族	藏族	回族	其他民族	
个人爱好	偏向户外	偏向室内					
平均月花销	500以下	500～1000	1000～1500	1500以上			
所在学院	财经	人文	自然科学				
所在年级	07级	08级	09级	10级			
GPA	3.0以下	3.0～3.5	3.6～4.0	4.0以上			
是否转过专业	是	否					
是否打算考研	是	否					
宿舍所在楼层	一层	二层	三层	四层	五层	六层	其他
宿舍与图书馆的距离	步行0～5分钟	步行5～10分钟	步行10～20分钟	不在意			
室友数	一位	两位	三位	四位	五位	其他	
与现舍友一起生活的时间	一年	两年	三年	其他			
是否拥有电脑	是	否					
宿舍共有多少台电脑	一台	两台	三台	四台	五台	六台	其他
平摊水电费是否造成矛盾	是	否					
是否统一午睡	是	否					
是否有轮流值日	是	否					
是否有定期的集体活动	是	否					
是否经常夜聊	是	否					
与舍友选课是否一致	是	否					
是否曾有换宿舍的想法	是	否					

附录二：调研问卷

尊敬的受访者：

您好，我们是西南财经大学调研课题组。本次调研是一项纯学术性的研究调查，目的在于寻求本科生调换宿舍意愿及影响调换意愿的主要因素进而为大学宿舍分配和管理提供依据，以实现学生个体与学校整体的更优发展。您的回答对我们的研究具有极大的价值，本次调研不记名，您的个人信息我们将严格保密，请放心填写！

衷心感谢您的支持！

西南财经大学调研课题组

1. 请问您的性别是：

A. 女　　　B. 男

2. 请问您的年龄是：

A. 17～18　　B. 19～20　　C. 20～21　　D. 其他

3. 请问您的户籍所在地属于_____（省）

4. 请问您是否是城市户口：

A. 是　　　B. 否

5. 请问您父母的最高受教育程度：

A. 小学　　B. 初中　　C. 中专或高中　　D. 大专或大学　　E. 硕博　　F. 其他

6. 请问您的民族：

A. 汉族　　B. 蒙古族　　C. 维吾尔族　　D. 藏族　　E. 回族　　F. 其他民族

7. 请问您的个人爱好：

A. 偏向户外运动　　　　B. 偏向室内活动

8. 请问您的平均月花销是：

A. 500 以下　　B. 500 ~ 1000　　C. 1000 ~ 1500　　D. 1500 以上

9. 请问您的学院是_____

10. 请问您所在年级是：

A. 2007 级　　B. 2008 级　　C. 2009 级　　D. 2010 级

11. 请问您的平均学分绩点（GPA）为_____（满分 4 分 5 分）

12. 请问您是否转过专业：

A. 是　　　B. 否

13. 请问您是否打算考研：

A. 是　　　B. 否

14. 请问您宿舍所在楼层是：

A. 一层　　B. 二层　　C. 三层　　D. 四层　　E. 五层　　F. 六层　　G. 其他

15. 请问您宿舍与图书馆的距离：

A. 步行 0 ~ 5 分钟　　B. 步行 5 ~ 10 分钟　　C. 步行 10 ~ 20 分钟　　D. 不在意

16. 请问您有几位室友：

A. 一位　　B. 两位　　C. 三位　　D. 四位　　E. 五位　　F. 其他

17. 请问您与现室友一起生活的时间：

A. 一年　　B. 两年　　C. 三年　　D. 其他

18. 请问您在校是否拥有电脑：

A. 是　　　B. 否

19. 请问您宿舍共有多少台电脑：

A. 一台　　B. 两台　　C. 三台　　D. 四台　　E. 五台　　F. 六台　　G. 其他

20. 请问您的宿舍是否有因为平摊水电费而造成矛盾：

A. 是　　B. 否　　C. 有此类问题但未造成矛盾

21. 请问您与室友是否有统一午睡的习惯：

A. 是　　　B. 否

22. 请问您宿舍是否有轮流值日的制度：

A. 有　　　B. 没有

23. 请问您宿舍是否有定期的集体活动：

A. 有　　　B. 没有

24. 请问您与室友是否经常夜聊：

A. 是　　　B. 否

25. 请问您与室友选课是否一致：

A. 是　　　B. 否

26. 请问您是否曾有过换宿舍的想法：

A. 有　　　B. 没有

非常感谢您的支持！

附录三：调研剪影

高校英语听说氛围的创设

——以西南财经大学为实践平台

董龙　张洋　刘唯唯　司胜男　徐子雯　王晓素

【摘要】本项目将着眼于非英语专业学生英语口语学习动机和学习现状，探析提高大学生英语口语水平和口语学习兴趣的途径和思路。以期通过此项研究，为高校非英语专业的口语教学和营造良好的大学校园口语文化氛围等方面提供参考和意见。

【关键词】口语氛围　教学现状　信息平台

一、项目研究背景

随着社会生活的信息化和经济的全球化，我国大学外语教学改革的深入和发展，大学生的英语整体水平有了显著的提高。但是许多学生经历了近十年的英语学习却无法顺利地进行口语交流。目前在国内，学习英语的人很多，但是能把英语说好的人却为数不多。在大学校园里，许多学生虽然已经通过了大学英语四、六级考试，然而英语口语水平却普遍低下，具体表现为表达时词不达意、单词误用、发音不标准等。"哑巴英语"现象长期困扰着中国大学英语教学，大学生因为怕出错、怕丢面子不愿开口说英语，潜意识里回避和压抑自己的口语表述。为了改善这种情况，提高人才的国际竞争力，提高大学生英语口语水平，加强大学校园英语口语文化已迫在眉睫，具有重大意义。

大学英语教学正在进行着一场由应试教育向素质教育转变的重大改革，目的在于促进大学生素质的全面提高以及个性的发展。创新型英语口语交易氛围，就是要使大学生置身于真实、自然的英语口语氛围中，调动学生的自主性、积极性和想象力。当校园英语口语文化建设全面得以开展时，中国的英语教学就不会是一壶烧不开的温水了。

教育部指出大学英语的教学目标是培养学生的英语综合应用能力，特别是听说能力，使在今后工作和社会交往中能用英语有效地进行口头和书面的信息交流。修订后的大学英语大纲提出，要培养学生能以英语为工具交流信息，这比现行的大纲"以英语为工具获取专业所需要的信息"的要求目标提高了，内容也拓宽了，不仅要求能顺利阅读和听懂英语，而且要求用英语进行口头或书面表达。

在当今这个经济全球化时代，英语口语的重要性日益突出，英语口语在我国当前的经济建设、对外交流合作及文化教育中具有举足轻重的作用，我国的许多行业急需各类高级口语人才。多年来大学英语教学一直注重语法、阅读、词汇的教学，英语口语教学的现状和效果并不乐观，学生尽管掌握了一定的语言知识和技能，但一旦要求他们将这些知识技能运用到现实的语境中，他们则往往"哑口无言"，无法交流。口语是英语学习中最重要也是最困难的一部分，它不仅要求训练每个学生的听和说的能力，而且要求学生在语言交流中，具有实际运用语言的能力。总之，我国目前大学校园英语口语学习氛围的营造方面还很薄弱。

在西南财经大学教学范式改革的背景下，学校逐步转变教学模式，转变教学目标。从过去"满堂灌"式的知识传授逐渐变成"知识传递"、"融通应用"、"拓展创造"为一体的教学目标，除了知识的传授外，同时注重理论与实践的结合以及学生发展创造力的培养。以"任务为主线，教师为主导，学生为主体"为基本特征的任务驱动教学法要求课程教学的重点绝对不仅仅在于知识传递，重视学生认知探究的首创性，旨在培养具有创新精神和实践能力的综合素质的应用型人才。大学英语教学模式改革势在必行，口语教学一直是国内各高校提倡的教学项目，口语教学应渗入各个教学环节当中去。从而引导学生在实践中掌握提高口语能力的正确有效的方法和技巧，一步一个脚印地将口语水准逐步提高。让学生去适应社会的发展，从而为社会提供更为全面的英语专业人才。

外语教学的目的最终是语言运用能力的培养，交际能力离不开对所学语言国家文化的了解，学习一种语言必然要学习这种语言所代表的文化，而运用英语的能力仅靠每天40分钟的课堂教学是远远达不到理想目的的，所以创设校园英语口语学习氛围对提高学生运用英语进行初步交际有着不可估量的辅助作用。

二、项目研究目的和意义

（一）项目研究目的

创建一种模拟真实英语口语交际的氛围对当代大学生来说无疑是为展翅飞翔的大雁提供了广袤的蓝天。本项目旨在提高大学生英语口语水平，通过对高校大学生英语口语学习动机及兴趣的调研以及对英语老师的访谈，了解大学生英语口语现状，进而对大学英语教学现状的分析，发现现有英语教学体制在口语教学方面存在的弊端，探索如何有效地提高大学生的英语口语能力。通过外资企业对英语专业学生的口语要求，了解就业市场对英语专业人才的需求标准。

首先，针对西南财经大学英语学科建设中口语课程教学问题，如师生在英语学习中角色转变问题、跨文化教学问题、口语材料选取问题，同时综合用人单位要求，提出适合西南财经大学英语课程教学范式改革的课程模式及建议，注重"唯生，唯学"的改革理念，达到英语口语水平与书面表达水平相一致的教学目标。

其次，针对大学校园内英语口语学习氛围薄弱的问题，探索实施大学英语第二课堂，在不增设课程的基础上，利用课外时间，进行有目标的训练，以第二课堂的形式为学生自主学习和实践创造必要的语言环境，培养用英语进行口头信息交流的能力，提高学生的自学能力和综合文化素质。例如，通过各种交际性游戏，交际模拟训练引导学生自己查找信息踊跃参加实践，练习听力、口语能力的同时，提高思维能力、组织能力及表达能力。通过英语朗读、背诵、演讲、辩论和戏剧表演等，有助于纠正语音语调，提高学生的口头表达能力。学生可以根据自身学习的需要，有针对性地选择适合自己的某项活动。同时以英语节、英语角等活动为契机，大力拓展英语口语学习平台，营造浓厚的学习气氛。

此外，通过此次调查研究，培养学生运用语言的能力，应该以学生的生活经验和兴趣为出发点，在课堂上设计形式多样且具有明确目的的活动，通过交际活动，教师可以向学生渗透新的语言知识，当学生意识到学习英语可以表情达意，并可以获得更多和更新的信息时，便会产生运用英语的欲望和完成学习任务的成功感。了解大学生对英语口语的兴趣，以及英语对学生就业观的影响。根据相关外资企业的需求和志愿者机构对英语翻译志愿者的需要，整合相关信息资源，促进英语口语学习的兴趣及热情。建立信息平台，推动英语口语学习的热潮。

（二）项目研究意义

1. 全面提高大学生素质，推动经济全球化脚步

英语学习已是人们应对全球化浪潮的挑战、成为具有竞争力的国际型、复合型人才而做出的抉择之一。在现代社会中，口语能力是英语能力中最重要的能力。口语能力作为大学英语教学首要目标的趋势不可阻挡。但现阶段将口语能力定位为大学英语教学的首要目标仍有障碍。现阶段的现实选择是渐进性地提高教师的口语教学能力和大学生的口语能力。高等学校无疑应是国际型、复合型人才的最大源头。英语口语交际能力不足，将极大限制人才的能力向国际、向纵深拓展的能力。就短期而言，大学生应聘一份好的工作、寻求留学的机会，包括在国内继续求学，英语口语能力都是一个影响显著的因素。

2. 为全国高校英语口语教学模式改革提供参考经验

为了培养高素质的全面发展型英语人才，本项目以提高校园英语口语为目标进行研究。以大学英语课堂模式该个人为主体，帮助学生习得语言的能力，使其能够运用所学语言进行跨文化交际。同时结合英语第二课堂，实现英语教学的延伸与补充，完全以学生为主体、以能力为中心、以应用为重点，通过大量的实践活动，使学生巩固语言知识，发展英语运用能力，提高综合能力和综合素质，虽然现行的大学英语口语教学存在着诸多问题，但只要我们坚持不懈的努力，找出问题的所在，找准解决问题的方法，大学英语的口语教学质量将会有质的飞跃。

更为关键的是将可行性措施推广至全国各大高校内，带来遍布国内英语口语学习的新浪潮，以国内外经济文化交流为依托，发展和提高中国在全球范围内的经济合作。

三、项目的主要理论依据

（一）英语口语教学和学习的 WTC 模式

WTC 指 Warm up（热身）、Theme Discussion（主题讨论）、Communicative Task（交际任务）。教师安排学生课前预习课文。课堂活动主要集中课文主题内容（如 National Hero、Environment Protection 等）的讨论，在此基础上再进行和课文主题相关的口语交际活动。其基本操作过程是：①教师首先提出和主题相关的话题，让学生发表意见和看法，为进入主题讨论做"热身"准备。②进入主题讨论：教师陈述课文主题内容和个人的看法，然后让学生就课文主题展开小组讨论。③教师提出和课文主题相关的交际任务，让学生做结对、小组讨论或辩论。④学生完成交际任务后，邀请部分学生在课堂发言或进行辩论。之后教师再作点评。

（二）建构主义的教学模式与方法

与建构主义学习理论以及建构主义学习环境相适应的教学模式为："以学生为中心，在整个教学过程中由教师起组织者、指导者、帮助者和促进者的作用，利用情境、协作、会话等学习环境要素充分发挥学生的主动性、积极性和首创精神，最终达到使学生有效地实现对当前所学知识的意义建构的目的。"在这种模式中，学生是知识意义的主动建构者；教师是教学过程的组织者、指导者、意义建构的帮助者、促进者；教材所提供的知识不再是教师传授的内容，而是学生主动建构意义的对象；媒

体也不再是帮助教师传授知识的手段、方法，而是用来创设情境、进行协作学习和会话交流，即作为学生主动学习、协作式探索的认知工具。显然，在这种场合，教师、学生、教材和媒体四要素与传统教学相比，各自有完全不同的作用，彼此之间有完全不同的关系。但是这些作用与关系也是非常清楚、非常明确的，因而成为教学活动进程的另外一种稳定结构形式，即建构主义学习环境下的教学模式。

在建构主义的教学模式下，目前已开发出的、比较成熟的教学方法主要有以下几种：

1. 支架式教学（Scaffolding Instruction）

支架式教学被定义为："支架式教学应当为学习者建构对知识的理解提供一种概念框架（conceptualframework）。这种框架中的概念是为发展学习者对问题的进一步理解所需要的，为此，事先要把复杂的学习任务加以分解，以便于把学习者的理解逐步引向深入。"

支架原本指建筑行业中使用的脚手架，在这里用来形象地描述一种教学方式：儿童被看做是一座建筑，儿童的"学"是在不断地、积极地建构着自身的过程；而教师的"教"则是一个必要的脚手架，支持儿童不断地建构自己，不断建造新的能力。支架式教学是以苏联著名心理学家维果斯基的"最近发展区"理论为依据的。维果斯基认为，在测定儿童智力发展时，应至少确定儿童的两种发展水平：一是儿童现有的发展水平，一种是潜在的发展水平，这两种水平之间的区域称为"最近发展区"。教学应从儿童潜在的发展水平开始，不断创造新的"最近发展区"。支架教学中的"支架"应根据学生的"最近发展区"来建立，通过支架作用不停地将学生的智力从一个水平引导到另一个更高的水平。

支架式教学由以下几个环节组成：

（1）搭脚手架——围绕当前学习主题，按"最邻近发展区"的要求建立概念框架。

（2）进入情境——将学生引入一定的问题情境。

（3）独立探索——让学生独立探索。探索内容包括：确定与给定概念有关的各种属性，并将各种属性按其重要性大小顺序排列。探索开始时要先由教师启发引导，然后让学生自己去分析；探索过程中教师要适时提示，帮助学生沿概念框架逐步攀升。

（4）协作学习——进行小组协商、讨论。讨论的结果有可能使原来确定的、与当前所学概念有关的属性增加或减少，各种属性的排列次序也可能有所调整，并使原来多种意见相互矛盾，且态度纷呈的复杂局面逐渐变得明朗、一致起来。在共享集体思维成果的基础上达到对当前所学概念比较全面、正确的理解，即最终完成对所学知识的意义建构。

（5）效果评价——对学习效果的评价包括学生个人的自我评价和学习小组对个人的学习评价，评价内容包括：①自主学习能力；②对小组协作学习所作出的贡献；③是否完成对所学知识的意义建构。

2. 抛锚式教学（Anchored Instruction）

这种教学要求建立在有感染力的真实事件或真实问题的基础上。确定这类真实事件或问题被形象地比喻为"抛锚"，因为一旦这类事件或问题被确定了，整个教学内容和教学进程也就被确定了（就像轮船被锚固定一样）。建构主义认为，学习者要想完成对所学知识的意义建构，即达到对该知识所反映事物的性质、规律以及该事物与其他事物之间联系的深刻理解，最好的办法是让学习者到现实世界的真实环境中去感受、去体验（即通过获取直接经验来学习），而不是仅仅聆听别人（例如教师）关于这种经验的介绍和讲解。由于抛锚式教学要以真实事例或问题为基础（作为"锚"），所以有时也被称为"实例式教学"或"基于问题的教学"或"情境性教学"。抛锚式教学由这样几个环节组成：①创设情境——使学习能在和现实情况基本一致或相类似的情境中发生。②确定问题——在上述情境下，选择出与当前学习主题密切相关的真实性事件或问题作为学习的中心内容。选出的事件或问题就是"锚"，这一环节的作用就是"抛锚"。③自主学习——不是由教师直接告诉学生应当如何去解决面临的问题，而是由教师向学生提供解决该问题的有关线索，并特别注意发展学生的"自主学习"能力。④协作学习——讨论、交流，通过不同观点的交锋，补充、修正、加深每个学生对当前问题的理解。⑤效果评价——由于抛锚式教学的学习过程就是解决问题的过程，由该过程可以直接反映出学生的学习效果。因此对这种教学效果的评价不需要进行独立于教学过程的专门测验，只需在学习过程中随时观察并记录学生的表现即可。

3. 随机进入教学（Random Access Instruction）

由于事物的复杂性和问题的多面性，要做到对事物内在性质和事物之间相互联系的全面了解和掌握，即真正达到对所学知识的全面而深刻的意义建构是很困难的。往往从不同的角度考虑可以得出不同的理解。为克服这方面的弊病，在教学中就要注意对同一教学内容，要在不同的时间、不同的情境下、为不同的教学目的、用不同的方式加以呈现。换句话说，学习者可以随意通过不同途径、不同方式进入同样教学内容的学习，从而获得对同一事物或同一问题的多方面的认识与理解，这就是所谓"随机进入教学"。显然，学习者通过多次"进入"同一教学内容将能达到对该知识内容比较全面而深入的掌握。这种多次进入，绝不是像传统教学中那样，只是为巩固一般的知识、技能而实施的简单重复。这里的每次进入都有不同的学习目的，都有不同的问题侧重点。因此多次进入的结果，绝不仅仅是对同一知识内容的简单重复和巩固，而是使学习者获得对事物全貌的理解与认识上的飞跃。

随机进入教学主要包括以下几个环节：

（1）呈现基本情境——向学生呈现与当前学习主题的基本内容相关的情境。

（2）随机进入学习——取决于学生"随机进入"学习所选择的内容，而呈现与当前学习主题的不同侧面特性相关联的情境。在此过程中教师应注意发展学生的自主学习能力，使学生逐步学会自己学习。

（3）思维发展训练——由于随机进入学习的内容通常比较复杂，所研究的问题往往涉及许多方面，因此在这类学习中，教师还应特别注意发展学生的思维能力。

（4）小组协作学习——围绕呈现不同侧面的情境所获得的认识展开小组讨论。在讨论中，每个学生的观点在和其他学生以及教师一起建立的社会协商环境中受到考察、评论，同时每个学生也对别人的观点、看法进行思考并作出反应。

（5）学习效果评价：包括自我评价与小组评价，评价内容包括：①自主学习能力；②对小组协作学习所作出的贡献；③是否完成对所学知识的意义建构。

（三）词块理论及其对大学英语口语学习的重要影响

词块又被称为预制语块、程式语或多词单位等。是指"连续或不连续的，预制好的一串词或意义单位，它储存在记忆里，使用时即时提取，无需语法生成和分析"。目前国内使用较多的一类方法是 Nat tinger 和 Decarrico（1992）的四类划分法：①聚合词如 by and large，in brief。这些词作为语篇衔接的形式，不仅在理解上而且在书写时都作为像单词一样的整体形式来看待。②惯用表达式：主要指说话者可以用来整体存储的语言构块，包括谚语、警句、交际套语等形式。如：Love me, love my dog（爱屋及乌）。③限制性短语：通常是一些可以填空的不太长的语块。如 a？ago（时间关系），可以生成短语 a dayago, a long time ago；as I was？（话题提示词），生成 as I was saying, as I was mentioning；the？the？（比较关系结构）。④句子框架：为了表达某个概念提供一个句子框架，框架内容可以有一定的变化。如：I think that？（陈述），如 I think t hat it's a good idea；Would you please？（请求）。

口语表达具有与书面表达不同的特点，口语是动态的、即兴的、受时间的制约。中国学生大量地记忆单词、背诵语法，实际上往大脑输入的是彼此不相联系的词汇和语法。在口语输出时，还需要对存储在大脑中的词汇、语法信息进行信息重组，即大脑要在短时间内选择合适的词汇搭配合适的语法才能产生合适的话语，而且还未必准确、地道。而词块学习能从以下几个方面有效地帮助英语学习者解决这一问题。①有助于增强学生开口说英语的信心。②有助于提高学生口语输出的准确性和地道性。③有助于提高学生口语表达的流利性。④有助于提高学生口语表达的得体性。⑤有助于提高学生会话管理能力。

四、项目研究的主要目标

（1）通过研究，整理、分析目前大学英语口语教学现状。

（2）通过研究，探索有效提高大学口语教学效率和大学生口语能力的途径和方法。

（3）通过研究，了解就业市场对英语专业人才的口语需求标准，并制定和建立口语课程培训有效机制以应对市场需求。

（4）通过研究，整理、总结、构建大学生口语水平提高的有效模式及操作要点。探索符合大学生心理，能提高口语课堂教学效率的课堂教学手段和方式。

（5）通过研究揭示项目特点和如何形成大学生口语提高的支持性环境条件。

（6）试图在研究过程中构建一个为全国高校英语口语教学改革提供参考经验的有效模式。

综上所述，本项目旨在提高大学生英语口语水平。通过对高校大学生英语口语学习动机及兴趣的调研以及对英语老师的访谈，了解大学生英语口语现状，进而对大学英语教学现状的分析，发现现有英语教学体制在口语教学方面存在的弊端，探索如何有效地提高大学生的英语口语能力。其次，通过对外资企业对英语专业学生的口语要求，了解就业市场对英语专业人才的需求标准。

五、项目研究方法

（一）资料收集分析阶段

在此阶段，本项目主要采用了问卷调查、专家以及外籍教师访谈、文献资料法、实地调研、定量分析与定性研究相结合的研究方法。

1. 问卷调查

收集资料阶段，首先使用问卷调查的方法，确定调查指标，即学生对现阶段校园英语口语文化氛围的看法以及对如何构建良好的口语氛围的意见和建议，并据此设计调查问卷，进行问卷调查，然后进行分析总结。

2. 专家以及外籍教师访谈

对从事英语口语教学研究的专家和大学外籍口语教师等相关方面的人员进行访谈，获取有关构建大学校园英语口语文化方面的专业理论知识及实务指导。指导老师进行相关理论知识指导，加深我们对证据规则的认识，提高理论水平，为这次活动要求的实践和论文写作打下基础。

3. 文献资料法

分类阅读并整理英语口语教学、研究、实践方面以及校园文化建设的文献资料和案例，从中全面了解英语口语和校园文化建设的相互关联性，为后期研究储备了丰富的理论知识。

4. 实地调研

拟选取对上海外国语大学、广东外语外贸大学、四川大学、四川外语学院等在英语专业方面较为领先的高校进行实地调研，通过对四川外语学院英语专业的访问，在其建设英语口语学科、发展英语口语实践及英语口语文化建设方面学到了相关的先进经验与方法。

5. 定量分析与定性研究相结合

对问卷调查结果进行定量分析，编制统计图、统计表，计算简单统计指标，对数据进行筛选整理等。同时，对其他资料进行定性研究，获得如何建设校园英语口语文化和构建良好的英语口语氛围的相关资料。

六、项目实施过程

2010 年 7 月项目正式启动以来，系列调研及活动有条不紊的展开，各项活动依照申请计划逐步展开，体现了严谨求实的科研作风。具体活动进程如下：

1. 对英语口语课堂教学氛围进行调查

项目组于 7 月初对本校本科生（包括英语专业）就英语口语课堂教学氛围的情况进行了抽样问卷调查，得出现阶段英语课堂口语教学存在口语氛围不足，学生缺乏足够的口语训练，教学方式较为单一等问题，并通过文献研究以及走访相关学者教授得出改进方案。

2. 对我校现阶段本科生（含英语专业）英语口语状况进行调查

项目组于 7 月中旬对本校本科生（含英语专业）英语口语状况进行抽样调查，并通过分析发现现阶段我校本科生（含英语专业）英语口语状况并未达到学生自身心理预期，学生提升自身英语口语途径较为局限，大多只能通过课堂口语训练以及英语晨读的方式提升口语水平；部分通过听广播以及收看影视作品，将听说结合起来提升口语水平；小部分通过于外教对话交流提高口语水平。

3. 对我校英语口语文化氛围进行调查

项目组于 7 月下旬对我校本科生（含英语专业）就我校英语口语文化氛围进行调查。调查发现我校英语口语氛围建设还较为薄弱，学生接受英语口语输入输出的方式仅限于课堂以及少数一些于英语相关的课堂及为数不多的英语演讲比赛。平时在校园内较少有机会处于英语口语环境氛围中，反映出学校在英语口语环境氛围建设中的不足。这无疑对学生英语口语水平的提升造成了一定的阻碍。调查还发现，通过英文告示、英语广播、英文影视作品、教室英语氛围建设、英语学习讲座、英语学习小组等形式能提升学生主动或被动进入英语口语氛围的意愿以及兴趣，且处于良好的英语口语环境氛围中让学生感到更容易接受英语口语的输入输出，从而对学生造成潜移默化的良好影响。

4. 对项目实施前期调查进行总结分析

项目组于 9 月初对项目实施前期的调查结果进行了系统全面的分析，结合文献资料以及专家学者意见，对现阶段我校英语口语氛围建设以及学生英语口语输入输出中存在的问题进行了分类整理分析，制订符合我校特色的详细的校园英语口语氛围建设方案。包括拓展英语角实施范围，在经贸外语学院学生寝室营造口语对话氛围，在 I 座教室试点实施营造英语口语氛围、校园英语每日一句等。

5. 校园英语口语文化氛围体验计划实施

项目组于 9 月中旬在校园内几个小型活动空间（I 座教室、宿舍楼下展板等）进行了英语每日一句的安放；与英语俱乐部等社团联合举办了英文演讲比赛以及英文电影配音比赛；在经贸外语学院院内试点进行英语角的推广；并邀请外国友人与同学进行定期交流活动。系列活动使同学们更好的体验到校园英语口语文化氛围的存在，扩大了影响。

七、研究成果

本项目立足于建设大学校园英语口语文化和构建良好的英语口语文化氛围这一中心，得到了相关方面的实施方案和具体改进建议，实施校园英语口语文化体验计划的工作方案和运行机制，例如成功拟定建设大学校园英语口语文化方案，成功实施英语口语文化校园体验计划以及逐渐加强与外国大学的交流合作。

1. 成功拟定建设大学校园英语口语文化方案

以需求分析理论为指导，结合大学校园英语口语文化建设在实际操作情况中的经验与意见反馈，提出了适合西南财经大学学科特点和发展目标的校园英语口语文化建设方案。

2. 成功实施英语口语文化氛围校园体验计划

以营造英语口语文化氛围为目标，结合校园生活，彰显财经特色，发挥英语口语文化的作用，通过宣传活动、环境布置和系列活动在校园内塑造了有利于英语口语学习的小型活动空间，例如：定期开展演讲、配音等形式多样的口语大赛（21 世纪以及外研社杯口语大赛的成功举行）；积极发挥社团对学生的号召作用，丰富英语社团的口语交流活动（英客 INK 部落英语文学社和英语天堂定期开展英语角活动）；外籍英语教师融入学生，帮助其掌握地道的英语口语等。

八、项目研究过程中存在的主要问题和今后设想

本项目将立足于建设大学校园英语口语文化和构建良好的英语口语文化氛围这一中心，以得到相关方面的实施方案和具体改进建议，实施校园英语口语文化体验计划的工作方案和运行机制，加强与外国大学的交流合作，建立长期的与英语口语相关的实习实践基地。

在具体研究过程中，进行问卷调查的部分由于前期采访对象的数量不足，后期进行再次调查以获得更具说服力的问卷结果；在进行参与式观察的过程中，不能够完全有效地达到预期的采访结果。

今后设想：

1. 根据制订的方案建设大学校园英语口语文化

实施一项英语口语文化校园体验计划，以营造英语口语文化氛围为目标，结合校园生活，彰显财经特色，发挥英语口语文化的作用，通过宣传活动、环境布置和系列活动在校园内塑造有利于英语口语学习的小型活动空间，例如：定期开展演讲、配音等形式多样的口语大赛；积极发挥社团对学生的号召作用，丰富英语社团的口语交流活动；外籍英语教师融入学生，帮助其掌握地道的英语口语等等。该计划旨在提升学生用英语交流的技能，丰富校园文化形式和内容。

2. 开展一项长期与外国大学交流合作的方案

以增强校园英语口语文化氛围为目的，结合西南财经大学的实际情况，既保留其财经特色，又增强其英语文化尤其是英语口语的文化氛围，增加以英语母语的国外大学交流合作的机会。从现有的交

流合作案例中总结经验，构想更符合中国学生自身特点的英语口语教学方案。通过使学生对欧美文化更加深入的了解，以激发其对英语口语学习的兴趣。

3. 建设一批与英语口语相关的课外实习实践基地

借鉴其他院校校园英语口语文化的建设经验，突出西南财经大学学科特点，充分利用校友资源，结合课程实习、暑期社会实践和毕业实习，建设一批英语口语实习实践基地。让学生有机会在用人单位通过良好的英语交际能力，强化专业技能训练，积累实际工作经验，提升自身文化素质，增强就业竞争力，开拓国际视野，应对经济全球化的挑战。

参考文献

［1］Krashen, s d. Principles and Practice in Second Language Acquisition. Oxford：pergamon，1982.

［2］Brown H D. Principles of Language Learning and Teaching. Englewood Cliffs, NJ：Prentice - Hall，1987.

［3］兰月秋，刘萍. 英语教学中优质听写资源的开发途径研究［J］. 长春理工大学学报（社会科学版），2009（1）.

［4］韩苏，王路阳. 大学英语精品课程建设的实践与思考［J］. 当代教育科学，2010（5）.

［5］吴学忠. 跨文化交流背景下音乐融入外语教育的理论与实践研究［D］. 华东师范大学，2011.

［6］刘雯，王茹. 论高校外语教学中跨文化渗透教学方法［J］. 语言与文化研究（第三辑），2008.

［7］孙慧琦，张扬. 浅谈英语教学中的文化迁移现象［A］. 都市型高等农业教育教学改革论文专辑，2007.

图书在版编目(CIP)数据

西南财经大学本科生科研项目成果汇编. 第⑥集/卓志主编. —成都:西南财经大学出版社,2012.7

ISBN 978 - 7 - 5504 - 0642 - 1

Ⅰ.①西⋯ Ⅱ.①卓⋯ Ⅲ.①社会科学—文集②自然科学—文集 Ⅳ.①Z427.6

中国版本图书馆 CIP 数据核字(2012)第 096290 号

西南财经大学本科生科研项目成果汇编第⑥集

卓 志 主编

责任编辑:张明星

助理编辑:李小锐

封面设计:郭海宁 穆志坚

责任印制:封俊川

出版发行	西南财经大学出版社(四川省成都市光华村街 55 号)
网 址	http://www.bookcj.com
电子邮件	bookcj@foxmail.com
邮政编码	610074
电 话	028 - 87353785 87352368
照 排	四川胜翔数码印务设计有限公司
印 刷	郫县犀浦印刷厂
成品尺寸	205mm ×280mm
印 张	17
字 数	460 千字
版 次	2012 年 7 月第 1 版
印 次	2012 年 7 月第 1 次印刷
书 号	ISBN 978 - 7 - 5504 - 0642 - 1
定 价	48.00 元